教育部人文社会科学重点研究基地成果
中国语言文学国家"双一流"建设学科成果

汉语方言语法研究丛书

顾问　邢福义　张振兴

主编　汪国胜

汉语方言小称范畴比较研究

刘大伟 ◎ 著

中国社会科学出版社

图书在版编目（CIP）数据

汉语方言小称范畴比较研究/刘大伟著. —北京：中国社会科学出版社，2023.12
（汉语方言语法研究丛书）
ISBN 978-7-5227-2957-2

Ⅰ.①汉…　Ⅱ.①刘…　Ⅲ.①汉语方言—语法—方言研究　Ⅳ.①H17

中国国家版本馆 CIP 数据核字（2024）第 033996 号

出 版 人	赵剑英	
责任编辑	张　林	
特约编辑	张冬梅	
责任校对	夏慧萍	
责任印制	戴　宽	
出　　版	中国社会科学出版社	
社　　址	北京鼓楼西大街甲 158 号	
邮　　编	100720	
网　　址	http://www.csspw.cn	
发 行 部	010-84083685	
门 市 部	010-84029450	
经　　销	新华书店及其他书店	
印刷装订	北京君升印刷有限公司	
版　　次	2023 年 12 月第 1 版	
印　　次	2023 年 12 月第 1 次印刷	
开　　本	710×1000　1/16	
印　　张	22.75	
插　　页	2	
字　　数	365 千字	
定　　价	129.00 元	

凡购买中国社会科学出版社图书，如有质量问题请与本社营销中心联系调换
电话：010-84083683
版权所有　侵权必究

总　　序

20世纪80年代以来，随着汉语方言研究的拓展和深化，方言语法的研究越来越受到学界的关注和重视。这一方面是方言语法客观上存在着不同程度的不容小视的差异，另一方面是共同语（普通话）语法和历史语法的深入研究需要方言语法研究的支持。

过去人们一般认为，跟方言语音和词汇比较而言，方言语法的差异很小。这是一种误解，它让人忽略了对方言语法事实的细致观察。实际上，在南方方言，语法上的差异还是不小的，至少不像过去人们想象的那么小。当然，这些差异大多是表现在一些细节上，但就是这样一些细节，从一个侧面鲜明地映射出方言的特点和个性。比如，湖北大冶方言的情意变调，[①] 青海西宁方言的左向否定，[②] 南方方言的是非型正反问句，[③] 等等，这些方言语法的特异表现，既显示出汉语方言语法的丰富性和复杂性，也可以提升我们对整体汉语语法的全面认识。

共同语语法和方言语法都是对历史语法的继承和发展，它们密切联系，又相互区别。作为整体汉语语法的一个方面，无论是共同语语法还是历史语法，有的问题光从本身来看，可能看不清楚，如果能将视线投向方言，则可从方言中获得启发，找到问题解决的线索和证据。朱德熙和邢福义等先生关于汉语方言语法的许多研究就是明证。[④] 由此可见方言语法对于共同语语法和历史语法研究的重要价值。

[①] 汪国胜：《大冶话的情意变调》，《中国语文》1996年第5期。
[②] 汪国胜：《从语法角度看〈现代汉语方言大词典〉》，《方言》2003年第4期。
[③] 汪国胜、李䴖：《汉语方言的是非型正反问句》，《方言》2019年第1期。
[④] 朱德熙：《从历史和方言看状态形容词的名词化》，《方言》1993年第2期；邢福义：《"起去"的普方古检视》，《方言》2002年第2期。

本《丛书》由教育部人文社会科学重点研究基地华中师范大学"语言与语言教育研究中心"筹划实施并组织编纂，主要收录两方面的成果：一是单点方言语法的专题研究（甲类），如《武汉方言语法研究》；二是方言语法的专题比较研究（乙类），如《汉语方言疑问范畴比较研究》。其中有的是国家或教育部社科基金项目的结项成果，有的是作者多年潜心研究的学术结晶，有的是博士学位论文。就两类成果而言，应该说，当前更需要的是甲类成果。只有把单点方言语法研究的工作做扎实了，调查的方言点足够多了，考察足够深了，有了更多的甲类成果的积累，才能更好地开展广泛的方言语法的比较研究，才能逐步揭示汉语方言语法及整体汉语语法的基本面貌。

出版本《丛书》，一方面是想较为集中地反映汉语方言语法的研究成果，助推方言语法研究；另一方面是想为将来汉语方言语法的系统描写做点基础性的工作。《丛书》能够顺利面世，得力于中国社会科学出版社张林编辑的全心支持，在此表示衷心的感谢。《丛书》难免存在这样或那样的问题，盼能得到读者朋友的批评指正。

汪国胜
2021 年 5 月 1 日

目　　录

第一章　绪论 …………………………………………………… (1)
第一节　相关研究与选题背景 ………………………………… (1)
一　相关研究 …………………………………………… (1)
二　选题背景 …………………………………………… (6)
第二节　研究目标与意义 ………………………………………… (8)
一　研究目标 …………………………………………… (8)
二　研究意义 …………………………………………… (9)
第三节　小称研究现状 …………………………………………… (10)
一　历史语法的小称研究 ……………………………… (10)
二　共同语领域的小称研究 …………………………… (18)
三　方言领域的小称研究 ……………………………… (25)
四　民族语言的小称研究 ……………………………… (36)
第四节　研究理论与研究方法 …………………………………… (37)
一　研究理论 …………………………………………… (37)
二　研究方法 …………………………………………… (41)
第五节　本书框架与相关说明 …………………………………… (42)
一　本书框架 …………………………………………… (42)
二　相关说明 …………………………………………… (43)

第二章　小称概说 ……………………………………………… (45)
第一节　小称的概念 ……………………………………………… (45)
一　概念的提出 ………………………………………… (45)
二　学界的认识 ………………………………………… (45)
三　本书的界定 ………………………………………… (49)

第二节　小称的分类 …………………………………………… (50)
　　一　基于形式的分类 ………………………………………… (50)
　　二　基于语义的分类 ………………………………………… (52)

第三章　附加式小称 ………………………………………………… (56)
第一节　"儿"类小称 ……………………………………………… (56)
　　一　儿尾小称的类型 ………………………………………… (56)
　　二　儿尾小称的语法意义 …………………………………… (60)
　　三　儿化小称的类型 ………………………………………… (66)
　　四　儿化小称的语法意义 …………………………………… (70)
　　五　儿类小称的特点 ………………………………………… (75)
第二节　"子"缀小称 ……………………………………………… (78)
　　一　"子"缀小称的语音类型 ………………………………… (78)
　　二　"子"缀小称的方言分布 ………………………………… (79)
　　三　"子"缀小称的构成类型 ………………………………… (84)
　　四　"子"缀小称的语法意义 ………………………………… (86)
　　五　"子"缀小称的语义发展 ………………………………… (95)
第三节　"崽"类小称 ……………………………………………… (97)
　　一　"崽"类小称的语音形式 ………………………………… (97)
　　二　"崽"类小称的构成类型 ………………………………… (99)
　　三　"崽"类小称的语法意义 ………………………………… (106)
第四节　"唧"缀小称 ……………………………………………… (112)
　　一　"唧"缀小称的方言分布 ………………………………… (112)
　　二　"唧"缀小称的语法意义 ………………………………… (113)
　　三　"唧"缀小称的特点 ……………………………………… (120)
第五节　"娃"类小称 ……………………………………………… (121)
　　一　"娃"类小称的来源考察 ………………………………… (121)
　　二　"娃"类小称的构成类型 ………………………………… (122)
　　三　"娃"类小称的语法意义 ………………………………… (123)
　　四　"娃""儿"小称的对比考察 ……………………………… (125)
第六节　"囝"缀小称 ……………………………………………… (127)
　　一　"囝"缀小称的来源考察 ………………………………… (127)

二　"囝"缀小称的语音类型 …………………………（128）
　　三　"囝"缀小称的组合类型 …………………………（132）
　　四　"囝"缀小称的语法意义 …………………………（134）
　　五　"囝"缀小称的特点 ………………………………（140）
第七节　"圪"缀小称 ……………………………………（142）
　　一　"圪"缀小称的结构类型 …………………………（143）
　　二　"圪"缀小称的语法意义 …………………………（152）
　　三　"圪"缀小称的对比考察 …………………………（153）
　　四　"圪"缀小称的几点认识 …………………………（156）

第四章　重叠式小称 ……………………………………（158）
第一节　名叠式小称 ………………………………………（159）
　　一　名叠式小称的语表形式 ……………………………（159）
　　二　名叠式小称的方言分布 ……………………………（165）
　　三　名叠式小称的语法意义 ……………………………（178）
　　四　名叠式小称的特点 …………………………………（179）
第二节　量叠式小称 ………………………………………（182）
　　一　量叠式小称的语表形式 ……………………………（183）
　　二　量叠式小称的语法意义 ……………………………（193）
　　三　量叠式小称的特点 …………………………………（195）

第五章　变音式小称 ……………………………………（201）
第一节　变音概念的界定 …………………………………（201）
　　一　音变和变音 …………………………………………（201）
　　二　小称音变和小称变音 ………………………………（202）
第二节　变音式小称的语表形式 …………………………（203）
　　一　变调 …………………………………………………（203）
　　二　变韵 …………………………………………………（209）
　　三　变韵＋变调 …………………………………………（211）
　　四　变声＋变调 …………………………………………（216）
　　五　变声＋变韵＋变调 …………………………………（217）
第三节　变音式小称的语法意义 …………………………（217）
　　一　表量 …………………………………………………（217）

二　表情 ………………………………………………… (222)
　第四节　变音式小称的特点 …………………………… (225)
　　一　语形特点 …………………………………………… (225)
　　二　语义特点 …………………………………………… (226)
　第五节　小称变音的来源与发展 ……………………… (227)
　　一　小称变音的来源 …………………………………… (227)
　　二　小称变音的发展 …………………………………… (231)

第六章　小称的地理分布 ……………………………… (233)
　第一节　小称形式的总体分布 ………………………… (233)
　第二节　附加式小称的地理分布 ……………………… (234)
　　一　"儿"类小称分布 ………………………………… (234)
　　二　"子"缀小称分布 ………………………………… (238)
　　三　"崽"类小称分布 ………………………………… (240)
　　四　"唧"缀小称分布 ………………………………… (242)
　　五　"娃"类小称分布 ………………………………… (243)
　　六　"囝"缀小称分布 ………………………………… (244)
　　七　"圪"缀小称分布 ………………………………… (245)
　第三节　重叠式小称的地理分布 ……………………… (246)
　　一　名叠式小称的地理分布 …………………………… (246)
　　二　量叠式小称的地理分布 …………………………… (249)
　第四节　变音式小称的地理分布 ……………………… (250)
　　一　变音式小称分布图 ………………………………… (250)
　　二　变音式小称分布表 ………………………………… (251)

第七章　小称的共时比较 ……………………………… (253)
　第一节　方言与普通话的比较 ………………………… (253)
　　一　语法形式 …………………………………………… (253)
　　二　语法意义 …………………………………………… (255)
　　三　差异成因 …………………………………………… (259)
　第二节　官话与非官话的比较 ………………………… (260)
　　一　官话方言的小称 …………………………………… (261)
　　二　非官话方言小称 …………………………………… (265)

三　差异性与联系性 …………………………………………（273）
第八章　结语 ……………………………………………………（277）
　第一节　本书的基本认识 ……………………………………（277）
　　一　对小称概念的认识 ……………………………………（277）
　　二　小称语法形式的多样性 ………………………………（277）
　　三　小称类型分布的不平衡性 ……………………………（279）
　　四　小称语法意义的延展性 ………………………………（279）
　第二节　本书存在的不足 ……………………………………（280）
　　一　材料的收集和整理 ……………………………………（280）
　　二　解释的广度和深度 ……………………………………（281）
　第三节　研究的几点体会 ……………………………………（283）
　　一　重视语法的比较研究 …………………………………（283）
　　二　重视语音同语法的关系 ………………………………（284）
　　三　研究展望 ………………………………………………（285）
附　录 ……………………………………………………………（286）
参考文献 …………………………………………………………（308）
后　记 ……………………………………………………………（350）

第一章　绪论

第一节　相关研究与选题背景

一　相关研究

（一）关于汉语方言差异研究

在漫长的人类历史长河中，由于社会的变迁、人口的迁徙、地理的阻隔和语言间的接触等原因，逐渐形成了分布在不同地域上的方言。汉语方言历史悠久，分布广泛，内部差异很大。

汉语方言的分歧自先秦就已存在，早在周代就有了"殊方异语"的说法。《礼记·王制》说"五方之民，言语不通，嗜欲不同"[1]。这说明，彼时的汉语已经形成了方言分歧，有的方言之间甚至已经不能相互通话，孟子曾经斥责楚人许行，是"南蛮鴃舌之人"[2]，也就是"南方说鸟语的野蛮人"，由此可见，当时南方方言已经非常晦涩难懂，齐楚之间已经不能相互通话。

袁家骅先生根据先秦典籍的零星记载认为："秦汉统一以前的黄河流域，居民已经经过了几度的变迁，种姓是很复杂的，语言或方言也必然是复杂的"[3]。

西汉时期，有学者开始整理各地方言，其中，最杰出的是扬雄。他经过长期的搜集与整理，写出了我国语言学史上第一部方言专著《方言》，该书包含丰富的方言语料，记录了当时不同方言区的诸多方言词

---

[1] 戴圣：《礼记》，中华文化讲堂注译，团结出版社2017年版，第52页。
[2] 孟轲：《孟子》，杨伯峻、杨逢彬注译，岳麓书社2000年版，第92页。
[3] 袁家骅等：《汉语方言概要》（第二版），语文出版社2001年第2版，第17页。

汇。涉及的地域范围很广，不仅包含长江流域和黄河流域各地区，还涉及少数民族居住区。《方言》反映了在漫长的历史发展过程中所形成的汉语方言分布情况，首次较系统地展示了当时汉语方言的面貌。

东汉时期，许慎的《说文解字》作为一部字书，大量引用方言俗语作为解释。该书所用的方言词共有191条，涉及68个地区或地点，其中出现次数最多的地方是楚、秦、齐。① 书中涉及数量众多的方言词汇，许慎利用保存在方言中的古语古义来进行解形和释义，对于整个汉语史的研究具有一定的价值。《说文解字》也成为研究汉语方言的重要参考资料。

魏晋南北朝时期，中国社会发生了剧烈的变动，出现了"南染吴越、北杂夷虏"的混杂局面。② 频繁的征战，政治中心的转移，人民的迁徙，民族的融合等因素都推动着汉语及其方言不断地发展变化。更多的学者开始关注汉语方言之间的差异，尤其是南北方言的差异性。颜之推指出："南方水土和柔，其音清举而切诣，失在浮浅，其辞多鄙俗。北方山川深厚，其音沉浊鈋钝，得其质直，其辞多古语"③。陆法言在《切韵序》中也提到了南北方言的不同："吴楚则时伤清浅，燕赵则多伤重浊。秦陇则去声为入，梁益则平声似去"。唐陆德明在《经典释文·序录》云："方言差别，固自不同，河北江南，最为钜异，或失在浮清，或滞于沈浊。"这说明当时方言南北分立的局面已经形成。

到了南宋时期，汉语方言的宏观地理格局基本形成。北方有北方话，江浙有吴语、江西有赣语、福建有闽语、湖南有湘语、广东有粤语、广西有平话的前身、客话则主要散处闽西、赣南和粤北。④ 汉语各大方言的形成与人口迁徙的关系非常密切，各大南方方言主要是北方汉族多次大规模向南迁徙形成的。中国南方原来都是各少数民族居住区，北方汉族进入南方以后，北方汉语与南方少数民族语言发生接触、融合，成为汉语各大南方方言的源头。汉语方言在不断的分化中形成了现

---

① 游汝杰：《汉语方言学导论》，上海教育出版社1992年版，第92—93页。
② 颜之推：《颜氏家训》，夏家善、夏春田注释，天津古籍出版社1995年版，第201—202页。
③ 颜之推：《颜氏家训》，夏家善、夏春田注释，天津古籍出版社1995年版，第201页。
④ 游汝杰：《汉语方言学导论》，上海教育出版社1992年版，第95页。

代汉语方言的格局。

在汉语的发展史中，方言和共同语从来都是共存的，二者都是历史发展的结果。春秋时期，就有称为"雅言"的共同语出现。"雅"是规范、标准的意思。《论语·述而》篇说："子所雅言，《诗》《书》、执礼，皆雅言也。"到了汉代，扬雄在《方言》中提到的"凡语""通语"就是当时的共同语。魏晋时期，战乱的频仍，人口的四处流亡，反而使得汉语共同语在各地广为流传。宋元明时期，汉语共同语一般称为"中原雅音"。陆游在《老学庵笔记》卷六中推崇洛阳音为标准音，他说："中原惟洛阳得天地之中，语音最正"。到了元朝，由于共同语的进一步传播，出现了"四海同音"的现象。明清时期共同语改称"官话"，清末改称"国语"，新中国成立以后则称为"普通话"。

汉语方言，差异显著，是不同时代汉语不断分化和接触的结果。而这些都会在语音、词汇、语法等方面留下诸多印记。

（二）关于汉语方言语法研究

中国古代有文字、音韵、训诂之学，语法的论述散见于小学的各个门类之中，没有形成独立的学科，直到1898年，《马氏文通》的出版，标志着汉语语法学成为一门独立的学科。但是语法学的研究主要是书面语共同语语法，方言语法的研究一直处于薄弱环节。一方面，长期以来，语言学界，包括老一辈语言学家都认为汉语方言之间的语法差异不大。赵元任先生认为："方言语法与普通话语法实际上是一致的"[1]。吕叔湘先生认为："方言的差别最引人注意的是语音。凡是语音的差别比较大的，语汇的差别也比较大。至于语法，在汉语方言之间差别都不大，如果把虚词算在语汇一边的话"[2]。另一方面，相对语音、词汇来说，作为内部规律的语法是隐形的，其差异往往不易被人察觉，自然也就难以引起人们的关注。直至20世纪80年代，人们开始探索研究方言语法的新思路。朱德熙先生致力于结合方言语法来研究现代汉语语法，不同于以往的研究思路，他的《北京话、广州话、文水话和福州话里的"的"字》《汉语方言里的两种反复问句》等一系列文章，引发了学界

---

[1] 赵元任：《汉语口语语法》，吕叔湘译，商务印书馆1979年版，第13页。
[2] 吕叔湘：《语文常谈》，生活·读书·新知三联书店2008年版，第98页。

对方言语法研究的极大兴趣，推动了汉语方言语法研究的发展。

20世纪90年代，最为突出的节点是黄伯荣先生的《汉语方言语法类编》，将截至1991年以前的汉语方言语法研究，作了全面而系统的分类和整理，共收录语法条目2500多条，涉及各大方言区250多个方言点，是我国首部专注于汉语方言语法、反映汉语方言语法概貌的综合性著作。后来，黄伯荣先生选取最有代表性的例句，按词法、句法分类，重新组织编纂了《汉语方言语法调查手册》，弥补了我国长期以来缺乏一部较为完善的语法调查大纲的缺憾。以上研究，"推进了汉语方言语法研究的深入发展，也有利于汉语语法科学体系的建立"[①]。此外，各地方言词典的编纂，成了方言语法研究的资源宝库，尤为重要的是许宝华、宫田一郎主编的《汉语方言大词典》、李荣主编的《现代汉语方言大词典》，以上研究成果，提供了翔实的方言语料，也为方言语法的比较研究奠定了坚实基础。

21世纪以来，方言语法研究进入了一个全面发展的阶段。学者们纷纷探索方言语法研究的新思路，认为方言语法在传统以描写为主的基础上，应该加强比较研究。首届国际汉语方言语法学术研讨会于2002年在黑龙江大学举行，会上张振兴提出："方言语法研究要注意比较。这里比较有两个意义，一是方言与方言之间的比较；二是与共同语的比较。比较的时候既要注意横向的比较，又要注意纵向的比较"[②]。李如龙先生认为："方言语法比较应该包括方言语法特点的共时比较、方言语法特点的历史比较、方言语法的跨语言比较"[③]。陆俭明先生指出："在扎实的方言语法调查的基础上，必须开展对比研究，包括双方言语法对比研究，方言和普通话语法对比研究，方言和古汉语语法对比研究，以及方言、古汉语、普通话语法对比研究。这种对比研究跟汉语方言语法调查研究起着互动的作用，将大大有助于推进汉语方言语法的调查研究"[④]。此外，汪国胜（2000），刘丹青（2003），游汝杰（2005），

---

① 黄伯荣：《汉语方言语法类编》，青岛出版社1996年版，第1页。
② 张振兴（2002）在黑龙江大学举办的首届国际汉语方言语法学术研讨会闭幕词中提出。
③ 李如龙：《汉语方言学》，高等教育出版社2007年版，第230—238页。
④ 陆俭明：《关于汉语方言语法调查研究之管见》，《语言科学》2004年第2期。

邵敬敏（2005），彭小川（2006），张振兴（2009）等学者纷纷指出方言语法比较研究的重要性。

（三）关于语义语法范畴研究

语法范畴是当前汉语语法研究的重要内容之一。胡明扬指出"语法研究的任务主要是对语法范畴的研究"，"语法范畴是把语法意义归类得出来的类"①。一般来说，语法范畴可以分为"形式语法范畴"和"语义语法范畴"。"形式语法范畴"，指的是从形式入手建立的范畴，以往从西方语言学理论引进来的语法范畴，就是这样的形式范畴。如："性、数、格、时、体、态"等。"语义语法范畴"是"由隐性语法形式和相应的语法意义建构的范畴，因为这类语法范畴和语义的联系比较明显，也是为了从语义内容着手去寻找相应的语法形式，从而确立新的语法范畴"②。

以往的汉语语法研究中，人们较重视形式语法范畴，而忽视语法意义本身的"语义语法范畴"。对于语义语法的研究，吕叔湘先生的《中国文法要略》下卷"表达论"，开创了"从意义到形式"的语法研究新思路。朱德熙先生提出"语法研究的最终目的，就是弄清语法形式和语法意义之间的对应关系"③。邢福义先生主张语法研究要"由表察里，由里究表，表里互证"。以上先贤们的研究，奠定了语义语法范畴研究的基础。胡明扬先生提出"语义语法范畴"这一概念后，得到了学者们的认同，马庆株先生的《汉语动词和动词性结构》《汉语语义语法范畴问题》是他致力于语义语法范畴研究所取得的成果。邵敬敏先生（1988）提出"以语法意义为研究的出发点去寻找形式上的证明，反过来又促进语法意义解释得更精确、科学、合理，似乎更适合于汉语"④。陆俭明先生在讨论关于汉语方言语法的调查时提到，可以"表达范畴"为纲开展调查研究。在方言语法调查的基础上，开展对比研究，这种对比研究将大大有助于推进汉语方言语法的调查研究。刘丹青先生指出，

---

① 胡明扬：《语法形式和语法意义》，《中国语文》1958 年第 3 期。
② 胡明扬：《再论语法形式和语法意义》，《中国语文》1992 年第 5 期。
③ 朱德熙：《语法答问》，商务印书馆 1985 年版，第 80 页。
④ 邵敬敏：《形式与意义四论》，《语法研究和探索》（四），北京大学出版社 1988 年版，第 346—347 页。

"我们在调查分析方言语法时,不仅要关注语法手段的差异,也要注意由于形式的语法化而导致语法范畴的变化和发展。目前方言语法研究在语法范畴方面相对薄弱和零碎,所以这是一个值得加强的领域"①。

语义语法范畴的研究,不仅可以深化对汉语语法特点的认识,也是对传统语法研究的发展和创新,只有掌握有效的方法,分析汉语事实,才能解释汉语自身的语法规律。以上两种语法范畴,代表着汉语语法研究的两种思路。可以从形式入手,也可以从意义入手。但无论哪种思路,都是语法形式和语法意义的统一体。因此,研究语法时,应当把形式和意义有机地结合起来。如何贯彻这一原则,主要是从形式出发还是从意义出发的问题。

二 选题背景

基于汉语方言形成历史,以及汉语方言之间,方言与共同语之间,古代汉语和现代汉语之间的差异,结合学界对汉语方言语法研究的重视,本书从语义语法范畴入手,研究共时层面汉语方言"小称"这一语义语法范畴。主要基于以下原因:

(一)汉语方言小称的复杂性

汉语一向被认为是缺乏形态变化的语言。可是,汉语形态变化的种类虽少,但是对于"小称"这一语法范畴而言,在不同的方言中充分展现它在形态变化上的多样性。汉语方言小称的复杂多样,首先体现在小称标记的多样化。有"儿化、儿尾、重叠、子缀、崽缀、囝缀、变音"等多种形式,可见,汉语方言中有着丰富的小称形式,有的方言存在着几种小称形式,它们在使用上存在着明显的分工;即使是同一小称形式,在不同方言中的语音形式也有所不同。其次体现在语法意义上的不平衡性。不同方言小称的语法意义会各有差异。有的小称标记可以跨越多个语义域表示"小"或"少",而有的小称标记表义范围却较为狭窄。多样化的小称形式,不同的语法意义,充分体现了汉语方言小称范畴的多姿多彩。正是由于小称是汉语方言中非常复杂的问题,以至于当前关于小称概念的界定、小称的分类、语法意义等问题,学界还未达成

---

① 刘丹青:《语法化理论与汉语方言语法研究》,《方言》2009 年第 2 期。

共识。汪国胜（1998）指出"方言的共时差异反映着语言历时演变的轨迹"。我们不禁要思考，这些共时差异的背后，隐藏着怎样的历时演变规律？汉语方言小称共有哪些类型？这些类型的地域分布特点分别是什么？汉语方言小称的总体面貌特点是什么？这些悬而未决的问题等待我们去探索和发现。①

（二）汉语方言小称的跨方言比较

近些年来，单点方言的小称研究积累了丰富的语言事实。汪国胜（1996），施其生（1997），赵日新（1999），庄初升（2000），曹志耘（2001），伍巍、王媛媛（2006）等，对此都有较为全面的论述。而单点的方言研究往往局限于某一种方言，并未把它放到更大的范围内考察，因此得出的结论，不免有些单薄。科学严谨的比较在语言研究中的作用一向不可忽视。新时期以来，学者们开始注重汉语的类型比较研究。早在20世纪70年代，吕叔湘曾经指出，"一种事物的特点，要跟别的事物比较才显出来……语言也是这样，要认识汉语的特点，就要跟非汉语比较；要认识现代汉语的特点，就要跟古代汉语比较；要认识普通话的特点，就要跟方言比较；无论语音、语汇、语法，都可以通过对比来研究"②。对于如何进行方言语法研究，汪国胜指出，方言语法的研究"既可以从具体的现象或事实出发，也可以着眼于一些重要的语法、语义范畴，比如体貌、否定、可能、处置、被动、致使、比较、疑问、祈使、指代、数量等，考察这些范畴在方言中的具体表达形式"③。"小称"作为一种语义语法范畴，我们将它放在比较的视野之下，可以在更大的范围内和更高的层次上深化对方言现象的认识。就比较而言，不仅可以进行方言和普通话比较、方言和方言之间横向比较、方言和民族共同语比较，还可以对方言语法作历时的纵向比较。实际上，目前就小称范畴而言，"整体汉语"意义上的比较并不多见。

鉴于此，我们将在已有研究成果的基础之上加强汉语方言的比较研究，通过比较现代汉语方言之间表现形式上的异同，初步探求小称这一

---

① 汪国胜：《可能式"得"字句的句法不对称现象》，《语言研究》1998年第1期。
② 吕叔湘：《通过对比研究语法》，《语言教学与研究》1992年第4期。
③ 汪国胜：《谈谈方言语法研究》，《华中师范大学学报》（人文社会科学版）2014年第5期。

隐性语法形式和它所对应的语法意义及其相互之间的对应关系的研究，进一步认识汉语方言的差异和各自的特点，加深对小称的整体认识。

第二节 研究目标与意义

一 研究目标

综上，本书选择现代汉语方言小称作为研究对象。在跨方言语法比较的主体视角下，通过考察汉语方言的语表形式、语法意义、地域分布等，获取对汉语方言小称的整体认识。就汉语方言小称的研究而言，依然面临着很多亟须解决的难题：

首先，小称的概念需要界定。从目前来看，各家对小称的定义众说纷纭，说法不一。如，日本平田昌司认为："小称"是相当于北京方言儿化的语法现象，也可以说是广义的"儿化"。小称表示微小、亲昵、藐视等意义，也有时候变换词性。① 曹志耘认为："小称"的基本功能或初始功能是"指小"，在"指小"的过程中，自然衍生出表示喜爱、亲昵、戏谑等功能，有时，"指小"功能甚至已经不太明显了。② 可以看出，学者们的界定存在着一定的分歧。这样，反映出来的方言语料也是五花八门。面对纷繁复杂的材料，如何去取舍，就成为摆在我们面前的一个难题。因此，需要给小称下一个科学的定义，这样，我们才能对材料有的放矢。

其次，对汉语方言小称形式做一个合理的分类。汉语方言小称的表现形式极为丰富。不仅存在前缀、后缀形式，还存在重叠和变音形式。很多单点方言中，同时存在几种小称形式，那么，各种小称形式之间的差异和表义范围有哪些区别？从现有的一些研究成果来看，有的方言的不同的小称形式，形成了表量的层级。如河南辉县（穆亚伟，2016）："一圪 A 儿 A 儿＜一圪 AA ＜一 AA"。有的方言的不同小称形式，形成表义的互补关系。如福建宁德（陈丽冰，2012）存在"囝"缀小称和小称变调两种形式，其中，"囝"是主要小称形式，小称变调是次要小

---

① ［日］平田昌司：《"小称"与变调》，《CAAAL 亚非语言数理研究》1983 年第 21 期。
② 曹志耘：《南部吴语的小称》，《语言研究》2001 年第 3 期。

称形式，主要用于亲属称谓和人名。

最后，对小称在汉语方言分布的不平衡性原因进行解释。如官话方言多存在儿缀小称和重叠小称，东南方言多存在变音小称。可见，汉语方言小称的分布具有不均衡的特点。那么，这些表层形式的深层原因是什么？是语言接触的结果，还是历史遗留的产物，都需要我们去考量。

二 研究意义

（一）全面把握汉语方言小称特征

语法研究的重要目标就是弄清楚语法形式和语法意义之间的对应关系。由于汉语方言之间发展的不平衡性，这就使得汉语方言"小称"的语法形式与语法意义之间的关系更为错综复杂。在汉语方言中，不仅存在丰富多样的小称形式，而且小称的语法意义也明显不同。这样，不同地域的不同形式的小称构成了汉语方言纷繁复杂的语言事实，描写汉语小称，探究汉语各方言小称形式和意义的区别和联系，有助于全面把握汉语方言小称的本质特征。

（二）为汉语史的研究提供线索

罗常培、吕叔湘在《现代汉语规范问题》中指出："方言是研究汉语史的一部分极其宝贵的资料，可以和书面语相印证，尤其是能够补充书面材料的不足"[①]。方言的共时差异往往是语言发展的历史折射。比如，汉语方言中的"儿"小称的语音形式，在历史长河中不断变化，差异逐渐明显，以至于形成了汉语方言中"儿"语音形式的千差万别。新的语音形式产生，旧的语音形式不会马上消失，二者之间会并存一段时间。因此很多方言存在"儿尾""儿化"并存现象。如贵州遵义（胡光斌，2010）、四川西充（王春玲，2011）等。通过"儿"小称在汉语方言中的表现形式，我们可以去构拟"儿"的历时演变过程。基于这样的认识，我们通过对汉语方言"小称"的共时比较研究，可以探索小称的历时演变规律，为汉语的历时演变研究提供线索或证据。

（三）全面深入地认识汉语方言

方言是一个完整的系统，涉及语音、词汇、语法等。李如龙

[①] 罗常培、吕叔湘：《现代汉语规范问题》，《语言研究》1956年第1期。

（1962）曾指出："要深入而全面地认识方言，必须把方言的语音、词汇、语法联系起来，进行全面的分析研究。因为语言是语音和语义（词汇意义和语法意义）统一起来的符号体系，语音是语言的物质外壳，基本词汇和语法构造的各种特点都是通过语音形式表现出来的。只有把方言的语音、词汇、语法作为一个完整的体系来研究，弄清楚它们之间的联系，才能充分地揭示方言的特点和规律"[①]。"小称"是与语音、词汇、语法密切相关的。小称是用一定的语音形式，表示一定的语法意义。有时也涉及词汇意义。如"小称变音"，是以语音手段作为表现形式，但是它体现的是一种词汇、语法现象。这样，联系语音现象来考察词汇、语法现象，不仅可以开拓新思路，还可以全面认识汉语方言事实。

第三节　小称研究现状

小称问题是近年来汉语语法学界持续关注的热点问题之一。对于小称研究，学者们进行了深入细致的研究和探讨。本书将在此基础上梳理汉语小称的研究现状。具体从历史语法、共同语、汉语方言和民族语言四个领域进行整理，尽可能全面梳理小称的研究进展，把握小称这一语义语法范畴的动态表现，为跨方言比较研究寻求新的思路和视野。

一　历史语法的小称研究

马建忠《马氏文通》（1898）的出版，标志着汉语语法学开始成为一门独立的学科。该书作为一部开创性著作，既具有开创性，又具有启发性。后继的语法学者在《马氏文通》的启发下，汲取经验，创作出一系列后出转精的语法著述。历史语法领域的研究，我们以《马氏文通》的出版为界限，分前后两个阶段：初始阶段和发展阶段。

（一）初始阶段

这一时期也被称为传统语文学时期。追溯历史，最早论述小称语法意义的是东汉刘熙。刘熙在《释名·释形体》中说："瞳子，瞳，重

[①] 李如龙：《厦门话的变调和轻声》，《厦门大学学报》（社会科学版）1962年第3期。

也。肤幕相裹重也；子，小称也，主谓其精明者也；或曰牟子。牟，冒也，相裹冒也"①。汉代的人已经认为"子"是小称。

《说文》："雏，鸡子也。"段注："鸡子，鸡之小者也。""涓，小流也。"段注："凡言涓涓者，皆谓细小之流"②。

《方言》卷五："瓯……周魏之间谓之甀。"郭璞《方言注》："今江东亦呼甖为瓯子。"又："瓺，陈魏宋楚之间谓之题。"郭璞《方言注》："今人亦呼小盆为题子"③。其中，"题子"指小盆，因此，"子"为指小的意义。

清翟灏所著的《通俗篇·器用》探讨了许多语法问题，其中包括词缀问题。如："刀子，俗呼器物，多以子为助，惟'刀子'与'刀'，似有大小之别。《宋书·朱龄石传》：剪纸著舅枕，自以刀子悬掷之，百掷百中。《南史·到扐传》：王敬则执棨檛，以刀子削之。《袁象传》：武帝在便殿，用金柄刀子削瓜。《徐之才传》：有以骨为刀子柄者，之才曰：此人瘤也。《隋书·薛道衡传》：胡仲操就孺借刀子，削瓜甲。《急救章》注：羬羊角差小，堪为刀子把。观诸说则刀子之为小刀显然"④。

通过以上研究，可以看出，学者们已经发现了表达事物的"大小"之别，并用不同的形式予以区别。但这些论述是零散的、片面的，不是有意识地对小称进行系统研究。可以说，这一时期不是真正意义的语法层面的研究，而更多是为了解经服务。

（二）发展阶段

自 20 世纪初至今，小称研究进入了发展时期。这一时期的小称研究主要体现在专书语法研究和断代语法研究中。

1. 专书语法研究

这方面的研究主要体现在通论性的语法专著中。

最早从语法层面来研究小称的是王力先生。王力《汉语史稿》⑤ 在

---

① 王先谦：《释名疏证补》，上海古籍出版社 1984 年版，第 107 页。
② 段玉裁：《说文解字注》，中国戏剧出版社 2013 年版，第 551 页。
③ 钱绎：《方言笺疏》，中华书局 2013 年版，第 185 页。
④ 翟灏：《通俗篇》，商务印书馆 1938 年版，第 588 页。
⑤ 王力：《汉语史稿》，中华书局 2015 年版，第 219—224 页。

"名词的发展"中梳理了"子""儿"的历史演变情况。他指出：上古时代"子"已经有了词尾化的迹象。小称就是它的词尾化的基础。"儿"尾的产生比"子"晚，词尾"儿"字用作词尾，是从"小儿"义发展起来的，可能开始是用作小字（小名）的词尾，后用于动物、无生之物，应该说词尾"儿"是从唐代才开始产生的。

几乎是与王力先生《汉语史稿》同时，日本著名汉学家太田辰夫在《中国语历史文法》①中探讨了近代汉语中"子""儿"的发展演变。"子"在名词后缀中是最早发展起来的，到唐代，"子"也能附于相当大的东西后面了。"儿"的出现比"子"要晚。到了宋代，广泛地用于一般名词后面，但仍然保留一点用于小的或可爱的东西的意味。

潘允中《汉语语法史概要》认为，词尾"子"产生得更早，在上古时期已经存在。自春秋至两汉，"子"已经不限于小称。汉魏六朝，"儿"不只表小称，而是有词尾性质了。② 与此观点相同的还有舒化龙《汉语发展史略》③。

孙锡信《汉语历史语法要略》认为，名词词尾"子"是由小称"子"发展而来。汉魏以后，"子"附于名词后只起称述某种事物的作用，而不指小，"子"虚化为词尾。实词"儿"虚化为词尾比"子"晚。④

向熹《简明汉语史》⑤ 认为，名词词尾"子"，上古用于人名和小而圆的东西，中古用法大大扩大。名词词尾"儿"是由儿子的"儿"虚化而来。六朝"儿"常用来表示人的小名，还保留有"小"的意思。

综上所述，以上各家的语法专著中都涉及小称问题，有的与王力先生的观点有所不同，有的在王力先生论析的基础上略有补缺。

2. 断代语法研究

这方面的研究主要体现在断代语法著作、硕博论文和单篇文章中。

---

① ［日］太田辰夫：《中国语历史文法》，蒋绍愚、徐昌华译，北京大学出版社2003年版，第85—90页。
② 潘允中：《汉语语法史概要》，中州书画社1982年版，第34—36页。
③ 舒化龙：《汉语发展史略》，内蒙古教育出版社1983年版，第95—96页。
④ 孙锡信：《汉语历史语法要略》，复旦大学出版社1992年版，第101—107页。
⑤ 朱熹：《简明汉语史下》，高等教育出版社1993年版，第175—180页。

（1）断代语法著作

柳士镇《魏晋南北朝历史语法》①论述了词缀"子""儿"的语义发展。"子"用作后缀是从小称虚化而来的。它的起源很早，秦汉时期已经有了虚化的趋势，在魏晋南北朝时期，"子"完成了虚化过程。"儿"本指小儿，常用来表示幼小之称，后缀"儿"是从"幼小"义逐步虚化而来的。柳先生认为，在魏晋南北朝时期，"儿"尚未完全虚化，"儿"具有表小义。到了唐代，"儿"完成了词义上的虚化过程。

日本学者志村良治《中国中世语法史研究》所说的中世汉语时期，指从魏晋至唐末五代。该书谈到，"子"原来作为指小语表示小的东西或可爱的东西，"子"开始明显地词尾化，暂定是在魏晋以后。并指出，唐代这个"子"的指小性开始消失。"儿"大约从唐代开始使用，比"子"迟一些，最初也是指小语，并认为"儿"可能首先在幼儿语里词尾化的。②

赵克诚《近代汉语语法》③首先肯定词尾"子""儿"的前身都是表示小称，由小称义虚化而来。汉代以后，词尾"子"开始使用，词尾"儿"开始虚化。

杨建国《近代汉语引论》④认为，人物有贵贱，物体有大小，而"贱称"与"小称"是后缀"子"的特色。因此，凡根素加"子"而有"贱称""小称"意义，这"子"就视为后缀"子"。关于"儿"缀，元曲中，发现了量词可以带后缀"儿"，意念上都表示轻量，因此，量词前的数词，都是很小的数字。这里，我们可以看出，"儿"缀的搭配范围进一步扩大，不仅可以与名词连用，还可与量词连用，表示轻量。

蒋冀骋、吴福祥《近代汉语纲要》⑤认为，词尾"儿"起于唐，但广泛运用还是近代汉语时期。在这里，作者提出了判断儿尾的标准：只

---

① 柳士镇：《魏晋南北朝历史语法》，南京大学出版社1992年版，第101—104页。
② ［日］志村良治：《中国中世语法史研究》，江蓝生、白维国译，中华书局1995年版，第29页。
③ 赵克诚：《近代汉语语法》，陕西师范大学出版社1987年版，第11—13页。
④ 杨建国：《近代汉语引论》，黄山书社1993年版，第128—141页。
⑤ 蒋冀骋、吴福祥：《近代汉语纲要》，湖南教育出版社1997年版，第203—206页。

有当它附在"无生命"的名词后而且不带"小"的意味时,才能看作词尾。言外之意,就是表示小称义的"儿"不能算作词尾。

蒋宗许的《汉语词缀研究》①,该书语料较为全面,说到"子""儿"在成为后缀的词义演变过程中,分别谈到了它们的小称义。作者认为"子"本义指小儿,经过引申而有"小"义,从专指表小儿而到泛指其他动植物之子;又因小则不足道,不足道则自然微贱。"儿"缀中的"儿"原指小儿、幼童,引申而指生物之细小者或卑下不足道者。从魏晋南北朝时期,"儿"已开始虚化,到唐代演变而成后缀。

杨贺《中古汉语词缀研究》② 一书中设专门章节讨论子缀"小称"。这比以往的研究更加深入细致和系统全面。该书单列"子"缀小称章节。认为"小称"是子缀形成的基础。"子"缀作为汉语的一个极为能产的后缀,真正发展起来是在中古以后。作者认为"子"的本义"婴儿"是了解"子"历史发展的基础,该义进一步虚化后,得到的共有意义是[＋有生命＋小],并认为这是后缀"子"虚化的意义基础和起点。通过分析,作者认为"子"的"小称"义产生于本义的感情意义层。

断代的语法专著,比专书的语法专著论述更加翔实,是在前人基础上将小称问题向前推进了一步。不仅涉及小称的来源与演变问题,还涉及小称语义的扩展和界定等问题。

(2)硕博论文

近年来一些硕博论文中也会设专章探讨小称问题。如:

褚福侠《元曲词缀研究》(2007)指出,到了元代,用于表小称的"子"自唐以后不再具有产生新词的能力,元代表小称的双音词,如"珠子、眼子、本子、匣子、刀子、腔子"等多沿用前代。后缀"儿"体现"小"的语法意义。除表细小事物,还可以引申出轻蔑、鄙视、看不起的意思,还可以表示数量少、程度低等。

宋开玉《明清山东方言词缀研究》(2007)认为,词缀"子""儿"都从小称义发展而来。都提到了"人名＋词缀"的用法。"人名＋子"或"人名＋儿",这种用法多用于长辈对晚辈、年长者对年幼者或位尊

---

① 蒋宗许:《汉语词缀研究》,巴蜀书社2009年版,第172—178、232—234页。
② 杨贺:《中古汉语词缀研究》,山东大学出版社2016年版,第156—169页。

者对位卑者的称呼。

马晓燕《论〈歧路灯〉中的儿化词》(2009)指出：称谓词的儿化依然具有表小的特征。这些词广泛使用在长辈对晚辈的称呼中，主要是乳名的儿化。这是"儿"的本义"小儿"的引申用法。

贾华杰《〈盛明杂剧〉"X—儿"形式研究》(2010)通过明代文学作品中"X—儿"形式的研究，认为在明代文学作品中，大部分儿缀已经虚化，但仍有一部分儿缀有着表小的功能，主要表现在附加于表形体小或幼小的事物名词之后，或表达小视的情感，或用于一种轻松、戏谑的语气等方面。

（3）单篇文章

单篇文章的小称研究主要体现在对文学作品的小称研究和小称词缀的具体研究中。

第一，文学作品中的小称研究。

文学作品中，关注最多的就是《红楼梦》和《金瓶梅》。不少学者以《红楼梦》为研究对象。周定一《〈红楼梦〉里的词尾"儿"和"子"》[①]（1984），是专书小称研究的第一篇文章，文中指出儿尾有表示"小"义的作用，但并不多见。海洋《〈红楼梦〉儿化词初探》（1994）提到书中的人名儿化词共有100多个，反映着人的层次和地位，它们大都表示"小"和"爱"的意思，同时也有称呼下人的贱称。李明《从〈红楼梦〉中的词语看儿化韵的表义功能》（1995）谈到了儿化韵的表义功能，较之于之前的文章，该文第一次明确将儿化韵的"小称"义单列出来探讨。彭鲜红《浅析〈红楼梦〉语言的儿化特征》（2002）提到数词后缀，表示"小或少"的意思。谢新暎《浅谈〈红楼梦〉的儿化词》（2005）在探讨儿化词的作用时，指出儿化词可以表示事物"小"、数量"少"或程度"轻"的意味。张鹏《〈红楼梦〉词缀研究》（2008）指出后缀"子""儿"都可以表小称，不同之处在于，《红楼梦》中的"子"有时含有贱称义，而"儿"则含有昵称、爱称义。

李思敬《从〈金瓶梅〉考察十六世纪中叶北方话中的儿化现象》（1984）指出："《金瓶梅》一书，可以说是儿尾词的宝库"。周建民

---

① 周定一：《红楼梦里的词尾"儿"和"子"》，《中国语言学报》1985年第2期。

《〈金瓶梅〉中的词尾"儿"、"子"、"头"》（1990）讲到了"儿"尾的表情作用：用于小称时，表微小短暂；用于爱称时，表娇爱亲昵；用于卑称时，表轻蔑卑视的情感。同时附加温婉轻松的语感。潘攀《金瓶梅词话的"儿"尾》（1996）通过对"儿"尾的考察发现，"儿"尾对它所黏附的成分具有增加指小色彩的作用。这一作用在指人的词语中表现得尤为充分。

其他文学作品涉及小称研究的有：董玉芝《〈抱朴子〉词缀研究》（2005）：大部分"子"都有比较实在的词汇义。主要有两种用法，一是表示"小"义；二是表示对男子的尊称。高婉瑜《明初的小称词"子"与"儿"——以〈老乞大谚解〉和〈朴通事谚解〉为考察中心》（2008）文章通过《老》《朴》两本书来观察明初的小称词"子""儿"的语法化现象，从语义、语音、构词、语用、语法等方面，展示了两种小称词缀的诸多差异。史翠玲《〈西厢记〉中的"X—儿"形式考察》（2016）认为，在《西厢记》中，"儿"的指小意味还较为明显。翁颖萍《从儿缀词看〈水浒传〉中的杭州方言因素》（2016）将《水浒传》中所有的儿缀词与《梦粱录》和《武林旧事》中的儿缀词进行对比发现，"小称"义是儿缀词的典型语用意义。刘秀芬、阎建军《〈搜神记〉中"子"的用法考察及其虚化研究》（2008）中对"子"的用法进行了穷尽性的调查和系统的分析，指出"子"依然存在小称义，分别体现在动物的初生者或植物的果实，在虚化的过程中还表示球形的小东西。王静《〈儿女英雄传〉儿化词浅析》（2010）文章从词汇角度对儿化词进行分析，儿化可以赋予词以细小、轻松、可爱、亲昵等附加色彩。

第二，小称词缀的具体研究。

小称词缀的具体研究，主要集中在探讨"儿"缀、"子"缀的演变机制。

关于词缀"儿"的演变机制：

王云路《说"儿"》（1998）该文从词语考释的角度梳理"儿"缀主要义项之间的联系，指出"儿"的基本含义为婴儿、幼童。由此引申出年龄低和地位低等意义。文章重点分析了表"地位低"的"儿"的三种情形：对女子的蔑称；对奴仆的称呼；对他人的蔑称。为我们理解小称的历时发展演变提供了明晰的思路。

竺家宁《中古汉语的"儿"后缀》(2005)，作者通过考察佛经语料，认为"儿"缀的语法功能经历了一定的变化，"儿"最初表卑下义，后发展为爱称。并认为，在中古汉语中，这样的发展还不明显。

林霞《南宋时期的词尾"儿"》(2002)通过对南宋吴自牧《梦粱录》中的"儿"尾词和"子"尾词数量的统计，认为南宋时期"子"，随着词缀化程度的提高，原有的小称意味逐渐淡化，后来，"儿"接替了"子"的"指小"功能。曹芳宇《浅谈宋代附加语素"儿"的发展》(2006)认为，宋代"儿"缀的小称义处在逐渐消失的阶段，其原因主要是泛化。

徐海英《古汉语中"儿"字用法概说》(2003)该文以古汉语为语料，探讨了"儿"的小称义包括"年龄小、地位低、贱称"等。董志翘《"儿"后缀的形成及其判定》(2008)在调查大量古代语料的基础上，对"儿"的常见义项进行整理，尤其指出"儿"表小义具体包括"年幼的人、地位卑下的人"等。

马楠《汉语儿缀演变的动态考察》(2010)该文通过检索多部文学作品得出，金元以后，随着儿缀虚化程度的不断加深，"儿"的小称功能在逐渐弱化，没有表示细小意味的儿缀词越来越多，并将儿缀的功能分为小称的语义功能、构词的语法功能和示律的语音功能。

关于词缀"子"的演变机制研究：

白平《谈汉语中的子尾问题》(1997)在谈"子"尾词义演变的过程中，列举了古代汉语中出现的"子"的小称义，如孩子和小动物具有卑小的特点，植物的果实和动物的卵具有团粒形的特点，具备这些特点的东西，其名称往往带有"子"字。

萧黎明《从郭璞注看名词"子"尾的产生》(1997)主要论述了郭璞时代名词"子"尾已经产生。在论述的过程中指出名词"子"尾是由小称的"子"发展而来。

郭作飞《从历时平面看汉语词缀演化的一般规律——以"老"、"子"为例》(2004)，在探讨词缀"子"的形成及流变过程中，指出表小称正是词缀"子"虚化的基础。在上古时期，"子"用于表示小而圆的东西和用于人名。

刘宇菲《"子"词缀的形成与发展》（2011）和黄明亮《汉语词缀"子"的历时考察及认知性分析》（2015），两篇文章主要运用认知语言学的范畴化理论考察词缀"子"的历史发展脉络。

历史领域的小称研究，在传统语文学时期，还不是语法意义上的小称。随着汉语语法学的建立，小称研究取得了令人瞩目的研究成果。不仅体现在通论性的或断代的语法专著中，同时出现在一些硕博论文以及单篇文章中。

不足之处，在历史语法层面，总体来说，学者们往往研究词缀的历史演变过程，同时在词缀的语义演变中提及小称义。可见，这时的小称研究，还不是专门研究，处于一种附庸的地位，小称作为一种重要的语法现象，此时，还未受到学者的关注和青睐，也未得到应有的重视。

二 共同语领域的小称研究

（一）初始阶段

这一阶段是指20世纪初至20世纪70年代末，一些语法著作或文章都曾提及小称标记。早在1920年，胡适《国语的进化》在讨论复音字的造法时就曾提到"语尾"这一概念，"在本字后加'子''儿'等语尾，例如儿子，妻子，女子，椅子……这种语尾，最初都有变小和变亲热的意味"[①]。这是较早谈及小称标记的文章。此后，一批语法学者也纷纷提及。

吕叔湘《中国文法要略》（1942）上卷"词句论"中，谈到词尾时指出："'子'和'儿'原来都带有'小'的意味，可是现在已经不很明显，尤其是'子'字。有些名词加'子'或加'儿'，可以区分大小，如瓶子（大），瓶儿（小）"[②]。

王力《中国语法理论》（1954）第三章"语法成分"里，把"儿""子"，定义为表示性质的记号。"记号"就是"凡语法成分，附加于词或仂语或句子形式的前面或后面，以表示它们的性质者。"认为"儿""子"二字，最初的时候像西洋词尾，因为"除了表示名词的词性之

[①] 杨宏峰：《新青年简体典藏全本》第1—4号，宁夏人民出版社2011年版，第256页。
[②] 吕叔湘：《中国文法要略》，商务印书馆2014年版，第11页。

外,还带着'小'的意思;现在'小'的意思已渐消失,就和西洋所谓词尾相差颇远了。现代的'儿'和'子'却很像西洋纯粹表示词性的字尾(ending)"①。

高名凯《汉语语法论》(1948)第四章的"汉语是否黏着语"一节,"子"本来是实词,最初的意义是"儿子","儿子"代表小的东西,后来就拿来称一切细小的东西,然而现在所用的"子"就连所谓细小格(dimunitive)的意思也不见得有。"子"已经变为一般的后加成分。"儿"和细小格的"子"一样,本来都是代表细小的东西的,现在则变为一般的后加成分,且有和前一词混合而成其音缀之一成分的趋向。②

俞敏在《汉语的爱称和憎称的来源和区别》(1954)中提到俄语和英语里都有这种细小格词尾。认为"'儿''子'的起源是细小格词尾"③。这里是借用俄语语法里的术语来阐释"儿"和"子"的区别,分别用"爱称"和"憎称"来概括。

苏联的龙果夫(1958)分析了语尾"儿"和"子"的意义和作用。文中提到了语尾"儿"的小称爱称作用的同时,也指出了"儿"的非小称范畴意义。还指出了以往语法学者未曾关注到的问题:"在否定结构里用语尾'儿',小称的意义不包含在词或词组的意义之中,而是直接由语尾'儿'本身附加上,因而其小称的意义就表现得非常明显。现代汉语里语尾'子'跟'儿'不同,'儿'有褒美,爱称和小称的作用,'子'却具有否定的,贬低的意义"④。

孙常叙《汉语词汇》(1957)⑤详细地阐述了后缀"儿"的发展演变史,谈到了"儿"音的演化及时代,并对现代汉语中"儿"的造词作用做了非常细致的考察。从现代汉语来看,"儿"的造词作用包括增加情感、提炼词义和改造词性、调整词形等。其中,增加情感义包括以

---

① 王力:《中国语法理论》,中华书局2015年版,第145—146页。
② 高名凯:《汉语语法论》,商务印书馆1986年出版,第42—43页。
③ 俞敏:《汉语的爱称和憎称的来源和区别》,《中国语文》1954年第2期。
④ [苏联]龙果夫:《现代汉语语法研究》(第一卷),科学出版社1958年版,第69—78页。
⑤ 孙常叙:《汉语词汇》,吉林人民出版社1957年版,第148—150页。

下三点："微小短暂义、娇爱亲昵义和轻蔑义"。

张涤华《现代汉语》（1958）① 在讲到小称"儿"的形成时指出，"儿"本作"兒"，它原来是名词，"婴儿""大儿""小儿"之类，就是用的原义。此外，"儿"还有"小"和"可爱"的意味，因而古代的许多女子的名字也喜欢用它，如"婉儿""红儿"等。这样再发展一步，一切小的或可爱的东西都可以用"儿"，"儿"就变成"小称"，它的词尾的性质也就越来越明显了。

丁声树等《现代汉语语法讲话》②（1961）提到"儿"尾、"子"尾本来都是指小的，但是在现代汉语里附加"儿"尾、"子"尾都有把别类词变为名词的作用。

赵元任《汉语口语语法》（1979）表示："'儿'一般说是指小，但实际上只是一个名词标记。作为后缀，'子'跟'儿'在形式和意义上有很多相似之处，但是也有几个重要的不同之点。虽然'子'的本义是'孩子'，可是作为后缀却没有指小的意思，或轻松的口吻，只有名词化的作用。"

（二）发展阶段

这一时期指20世纪80年代至今。进入80年代以后，语法学的研究迎来了一个新的春天，学者们对小称问题的研究也由著作中提及，发展到对小称语义的深入探讨。对汉语共同语的小称研究主要集中在以下几个方面：

1. 小称标记的综合研究

主要体现在语法专著中。

吕叔湘《现代汉语八百词》③（1980）中，指出了"名词+儿"有指小的作用。吕先生还认为："带儿的形式比不带儿的形式显得轻松些，亲切些。"

任学良《汉语造词法》④（1981）指出："不过，现在词尾'子'用

---

① 张涤华：《张涤华文集第1集》，安徽师范大学出版社2011年版，第71页。
② 丁声树、吕叔湘、李荣等：《现代汉语语法讲话》，商务印书馆2004年版，第221—222页。
③ 吕叔湘：《现代汉语八百词》，商务印书馆1999年版，第191—192页。
④ 任学良：《汉语造词法》，中国社会科学出版社1981年版，第53页。

得太普遍,'小称'的意义已经不那么显著了。"

刘月华等《实用现代汉语语法》(1983)认为:"有些语素可以加'子',也可以加'儿'。加'儿'一般表示所指的事物小巧,或表示喜爱的感情色彩。""'子'的本义是'孩子',作为后缀'子'没有'小'或'轻视'的意思,而只有名词化作用"①。

2. 小称标记的具体研究

对于具体小称标记的研究,探讨最多的就是"儿"和"子"。关于"儿"的研究主要围绕"儿"的语法性质、"儿"的表义功能来进行。

(1)"儿化"的语法性质

对于儿化的性质,各家众说纷纭,主要有如下观点:

认为"儿化"具有词缀性质。吕叔湘《中国文法要略》(1942)、朱德熙《语法讲义》(1982)及通行的语法教材把"儿"与"子"、"头"等词缀并行列举,同样看待。宋玉柱《关于"—儿"的语法性质》(1991)在对"—儿"语法性质的探讨过程中,认为"儿"有两种,一个是构词形态,即后缀;另一个是构形形态,即形素,两者之间的本质区别在于是否创造新词。吴继光(1988)认为,最好还是把"儿"看成后缀,一个特殊的后缀。周一民(1998)将儿化作为名词后缀,指出,"儿"是北京话里最活跃的名词后缀,并细致考察了"儿"的出现条件。

认为"儿化"具有语素性质。赵元任《汉语口语语法》(1979)卷舌韵尾"儿"—r,或更确切地说从"里""日"和"儿"派生出来的三个同音后缀,是官话中仅有的非音节语素。李延瑞《"儿化"性质及普通话儿化韵的发展趋势》(1996)认为,把"儿"看作语素完全合乎情理。王立《北京话儿化成分的语义特点及语素身份》(2001)认为北京话儿化音节中的[+卷舌]特征,不仅不能自成一个音节,也不能自成一个音段,但凡有它出现的地方都带有"北京口语风格色彩"的意义,因此它符合"最小的音义结合体"的定义,是一个语素。刘雪春《儿化的语言性质》(2003)从音义结合和在词中所起的作用两方面证明"儿"的语素身份。它可以增加"小""喜爱""随意"等附加意

---

① 刘月华:《实用现代汉语语法》,商务印书馆2001年版,第40页。

义，而且"儿"不可再分割，应该将"儿"看作语素。曹芳宇《汉语语素"儿"的性质》(2010) 从历时和共时相结合的角度出发，运用认知语言学及语法化学说的理论，分析了"动+儿""形+儿""名+儿"这几种结构，说明了其中"儿"语素的性质。

认为"儿化"具有语音节律性质。李立成《"儿化"性质新探》(1994) 则认为"儿化"中的"儿"不是一个独立的音节，"儿化"纯粹是一种语音节律现象。与此观点大致相同的还有劲松(2009)，根据《现代汉语词典》中的 2100 多个儿化词统计中得知，整个儿化词的 80% 具有韵律功能。因此，韵律功能是儿化词的主要功能。①

认为"儿化"是一种音变现象。鲁允中《普通话的轻声和儿化》(1995) 从构词的角度来看，"儿化"性质，实际上是属于一种构词的或者构形的内部变形（或叫内部屈折）的形态单位。葛本仪《汉语词汇研究》(1985) 认为"儿化"是发生在一个音节范围之内，它没有独立的音节作为自己的语言形式，因此，是一种音变现象，不应当看作后缀语素。

（2）"儿化"的表义功能

现代汉语共同语中，对于"儿化"的表义功能，学者们还存在一定的分歧。一种观点认为"儿化"的区别词性、词义、表小称爱等意义是"儿"本身的作用。

李明《"儿化"浅谈》(1980) 认识到"儿化"不是一种纯粹的语音现象，它跟词义、语法以至修辞等都有密切的关系。认为"儿化"可以区别词义、转换词性，含有"小""少""轻微"的意思，"儿化"词常常带有某种特殊的感情色彩，或表喜爱和亲昵，或表厌恶和鄙视。郭良夫的《现代汉语的前缀和后缀》(1983) 称"儿"是一个指小后缀，表示"小"的意义特别明显。

另一种观点则认为它是一种附带的意义，是修辞作用的结果，是和一定的语境相联系的，因此，放在修辞或语用层面探讨：

鲁允中《普通话的轻声与儿化》(1995) 从词汇、语法和修辞三个方面，分析了儿化在普通话中的作用。词汇方面，具有赋予词以细小、

---

① 劲松：《社会语言学研究》，民族出版社 2009 年版，第 118—120 页。

轻松和亲昵、可爱等附加的色彩；语法方面，有改变词性和改变语素组合的性质；修辞方面，儿化是一种表情手段。

周一民《北京口语语法》（1998）对北京话"儿"的附加意义重新进行考察，认为儿化表"细小、喜爱、亲切"的三种意味之中，"细小"是一种附加的类意义，"喜爱""亲切"是附加的感情色彩。

刘群《现代汉语中词语儿化后的语义类型》（2002）也指出，儿化是现代汉语中的一种音变形式，一个词儿化后，往往会引起语义的变化，或者理性意义发生实质性的改变，或者获得新的色彩意义。有些词语儿化后表示细小可爱即为色彩意义。

贾迪扉《词缀"儿"特殊性浅论》（2004）词缀"儿"不仅在构词别义上起着各种作用，而且具有一定的修辞作用，使用"儿"缀词可以增加示小、喜爱、厌恶等感情色彩。对于儿缀表示的感情色彩，认为并非"儿"本身具有，而是由于说话人某种情感附加在了词语上，认为儿化词的修辞功能是语用的产物。

徐小兵《词缀"儿"的语用功能研究》（2009）该文就词汇"儿"的语用功能进一步研究，归纳词缀"儿"具有一定的修辞作用，"儿"具有情感色彩功能和语体色彩功能。

孔军《儿化词的对外汉语教学研究》（2010）对必读儿化词进行了语义分析，认为儿化后改变了理性意义，儿化后增加了表示"小""少""时间短"等含义，儿化后附加了一定的色彩意义。

项梦冰《是"V/A 儿"还是"N 儿"》（1994）谈及现代汉语中"儿"尾的语法意义："儿"尾的基本作用是表小，同时兼表喜爱的感情色彩；或表小的作用虚化只表喜爱的感情色彩，最后甚至连表感情色彩的作用也可以虚化。

董秀芳《汉语词缀的性质与汉语词法特点》（2005）引述 Beard 的观点将表达性派生词缀分为五类：指小；增量；轻蔑；喜爱；表敬。认为汉语的"子、儿、头"这些词缀原本都具有指小功能，但这些指小词缀在发展过程中指小功能逐步萎缩，发展出一些主观评价功能，比如喜爱。指小词缀更一进步的发展是表达非正式的功能。指小成分的这种功能变化可以看作词法与语用相互作用的结果。

蒋斌《"子"、"儿"的指称变化及构词功用》（2003）认为：

"'子'、'儿'的语义最初无性别之分，只是到了后来才发展到专指男性，开始时指称小，后来也可以用于表示大的意义。值得注意的是，'儿'这种表示大的意思的用法是不多见的，'儿'用在词尾的时候更多还是表示小。在这个问题上，'儿'是有别于'子'的，这可以看作它们在语义发展过程中产生的分化。"

石毓智《表现物体大小的语法形式的不对称性——"小称"的来源、形式和功能》（2005）从认知语言学角度，系统地分析了小称词缀的功能和表义规律。在说到小称的功能时，指出小称都与量的表达有关。

雷容《汉语小称的语义演变机制》（2017），文章以词缀"儿"为例，探讨了汉语小称的语义演变机制及其语法化的动因。文章在对小称语义分析的基础上，从隐喻、推理、泛化三方面探讨了汉语小称的语义演变机制，从认知语言学角度和语用两个方面分析了小称的语法化动因。

彭宗平《北京话儿化词研究》（2005），全书以社会语言学研究视角对北京话儿化词的总体特征、差异与变化、儿化词的规范等方面，进行了系统的研究。并从共时和历时两个层面来探讨儿化词语义的轻化现象。

关于"子"的研究则主要围绕语义和功能来进行。吕叔湘《中国文法要略》（1942）、任学良《汉语造词法》（1981）、赵元任《汉语口语语法》（1979）、刘月华（1983）等，大致认为："子"的本义是"孩子"，作为后缀"子"没有"小"或"轻视"的意思，而只有名词化作用。但依然有一些学者从其他角度来分析探究"子"的小称作用。

张梦井《汉语名词后缀"子"的形态学研究》（2001）文章从对外汉语教学的角度另辟蹊径，通过选取生活中的语料，指出"子"作为名词后缀在现代汉语中可以表微小、表蔑称、表爱称、表轻松等。李琦《现代汉语名词后缀"子"的用法探析》（2003）、杨秋玲《词缀及类词缀的"子"》（2004）也探讨了表小义的"子"的语法意义。秦坚《后缀"子"的类型和意义》（2005）通过分析现代汉语后缀"子"的类型及特点，认为"子"可以表示词的某一意义类属，其中包括表小义。王光全《构词域与后缀"子"的语义问题》（2009）考察了"子"

的构词域，并以构词域为视角分析了后缀"子"的表义问题，认为"子"在一定的构词域内有表小功能。

朱爱娴《语法视域下后缀"子"的功能意义探究》（2017）认为后缀"子"的演变，是一个语法化过程，同时在语法化的过程中，"子"的功能意义不断被丰富，随着"子"由实转虚的过程中，认为在"子"缀小称语义逐渐扩展的过程中，可以表人，表物，表小，表颗粒。贺晓英《语法化视角下后缀"子"的词类标记性研究》（2010）根据后缀"子"的形成发展史，探讨了后缀"子"的语法化轨迹。"子"经历了语音语法化和语义语法化，最后探讨了"子"标记词类的语法化机制。

杨振兰《汉语后缀"子"的范畴化功能》（2007），文中谈到了广义"子"缀词的语义特点："子"的起源意义是孩子，后缀"子"在某些词中所附带的意义与其有一定的渊源关系，如"指物的词尾'子'所含'小'义"，在现代汉语中的一些词汇中与其"表小"意义是有联系的。雷容《指小词的语义、语用功能及其认知机制》（2015），文章从认知角度分析了指小词的语义特征、语用功能及其认知机制。

共同语领域小称的研究，初始阶段还只是在专著或文章中提及，并未形成系统的研究。研究成果还不多。到了发展阶段以后，出现了很多专门研究小称标记的文章，集中在对"儿"和"子"的研究上，主要从共时平面探讨"儿""子"语义演变，其中不乏一些新的研究视角，学者们从认知语言学理论、语法化理论、社会语言学角度进行深入探讨。

通过研究得知，共同语中的小称，主要通过"儿化"形式体现，而从古代汉语中发展至今的"子"缀，小称语义渐趋不明显。

三 方言领域的小称研究

汉语方言领域的小称研究分为两个阶段。以 20 世纪 70 年代末为节点，分为前后两个时期：70 年代以前为初始阶段，80 年代以后为发展阶段。

（一）初始阶段

李荣《汉语方言调查手册》①（1957），是为全国开展方言普查作参考而写的调查手册。重点调查的是语音，同时也有少量的语法调查项目。在讲到"如何记词汇和语法例句"时，列举了方言里的"儿"和"子"并加以说明。

王力《汉语史稿》②（1958）指出，"在现代广西博白方言里……例如'鹅'字一般念［ŋɔ］，但如果形容其小，或加上感情色彩，就说成［nɕy］"。这是我们所知道的有关现代汉语方言"小称"的较早记载。

20世纪六七十年代，《中国语文》也陆续发表了几篇方言语法的论文，都谈到了小称问题。主要有：黄丁华《闽南方言虚字眼的"阿"和"仔"》（1958）是较早对闽南方言小称词缀进行研究的文章，并与普通话做了简单的对比，但还算不上真正意义上的语法比较研究。温端政《浙南闽语里的"仔""子"和"囝"》（1958）三个词尾均表小称义，但每个词缀的用法和分工不同。曹广衢《温岭话入声变调同语法的关系》（1958）温岭话入声变阴声或入声变阳声，可以用来表示细小义。李龄《四川邛崃话里的后加成分"儿"和"儿子"》（1959）邛崃话中有儿化的说法，也有后加成分"儿"和"儿子"的说法，它们都有表示"小"或"可爱"的意思。相对来说，儿化的用法是比较少见的，趋向于衰退状态，而加"儿"或"儿子"的说法则正在扩张。范继淹《重庆方言名词的重叠和儿化》（1962）重叠儿化形式具有小称的色彩，跟非重叠形式对立。詹伯慧、黄家教《谈汉语方言语法材料的收集和整理》（1965）提出要重视汉语方言语法调查研究，并列举了兰州方言两种名词重叠小称形式，"XX子"和"XX儿"；闽方言的潮州话和海南话表示名词的"小称"时，除加一个"囝"外，还有一个"囝"放在"囝"的后面，形成一种特殊的"双词尾"，进一步加强了细小的程度。

李荣《温岭方言的变音》（1978）对温岭方言又做了更为细致的考察。温岭方言本调和变调之间是语音变化的关系，本音和变音之间是语

---

① 李荣：《汉语方言调查手册》，科学出版社1957年版，第137—148页。
② 王力：《汉语史稿》，中华书局2015年版，第103页。

法变化的关系。变音有"表示小"的作用。郑张尚芳《温州方言的儿尾》（1979）最早对温州方言儿尾词进行研究。认为："儿尾在词汇、语法、修辞各方面都起积极的作用。儿尾具有构成词形、区分词义、变换词性以造成新词的构词作用，和表示小称、爱憎、语气、附加感情色彩的修辞作用。"熊正辉《南昌方言的子尾》（1979）认为，"子"尾表示数量小，程度轻。这些研究表明，自20世纪50年代起，方言语法的研究是较为零散的，但已经开始受到研究者的重视，并取得了一定的研究成果。

（二）发展阶段

20世纪80年代到90年代末，在朱德熙、邢福义等学者的积极倡导下，方言语法研究渐趋活跃，出现了单点方言研究的新局面。小称作为汉语方言语法的研究对象之一，开始得到学者们的关注，研究成果陆续增多。就当前的研究成果来看，单点方言的研究主要集中在专著、硕博论文和单篇文章中。

袁家骅《汉语方言概要》①（1960）是我国第一部系统、全面介绍现代汉语方言的综合性著作。它对汉语方言七大方言区的语音、词汇、语法特点进行了深入细致的分析和描述。其中，介绍了小称变调，认为小称变调同词义语法关系密切，并对吴语永康方言的小称变调做了详细的描写。同时，还提到了湘语的"基"尾小称，粤语的"仔"尾小称以及闽南话的"仔"尾、"挈"尾小称。

黄伯荣主编的《汉语方言语法类编》（1996）汇集了语法条目2500多条，内容涵盖全国29个省、市、自治区和香港地区250多个方言点的语法材料500多篇，有如一部方言语法辞典。这本书的整理汇编，不仅有助于促进汉语方言语法的深入研究，也有助于汉语语法科学体系的建立，还有助于汉语史以及理论语言学的研究和探索。同时，这也是第一次对小称研究资料进行综合整理，让我们看到了近几十年来方言领域小称研究的主要研究成果，据初步统计，仅名词小称的文章就有42篇之多。

王福堂《汉语方言语音的演变和层次》（1999）注重用新的视角和

---

① 袁家骅：《汉语方言概要》（第二版），语文出版社2001年版，第85页。

观点，充分利用方言语料，从历史演变角度把方言研究提升到了一个新的高度。其中设专章探讨儿化韵在各方言的语音形式、儿化韵的性质、形成、发展和衰亡的过程。并重点探讨了粤方言区小称变调的发展过程。

  单篇方言的研究，已经有学者开始关注到了变音表小这一形式。郑张尚芳在方言杂志上发表的两篇文章《温州方言儿尾词的语音变化（一）》（1980）、《温州方言儿尾词的语音变化（二）》（1981），对于研究儿尾转化为鼻音及小称变调的形成问题，具有一定的参考价值。叶国泉、唐志东《信宜方言的变音》（1982），对信宜方言的小称变音进行系统研究，该文不仅对小称变音的调值及性质，变音引起的韵尾变化等方面进行了详细描写，而且对变音引起的词义变化等进行了系统的考察。此后，有关小称变音的研究，开始得到了学者们的持续关注。不仅粤方言，其他方言区也开始陆续出现。何天贞《阳新三溪话的小称形式》（1982），黄景湖《大田县后路话的特殊音变》（1983），徐通锵《宁波方言的"鸭"［ε］类词和"儿化"的残迹》（1985），罗康宁《信宜话数词、代词、副词的变音》（1986），周祖瑶《广西容县方言的小称变音》（1987），潘悟云《青田方言的连读变调和小称音变》（1988），颜森《黎川方言的仔尾和儿尾》（1989），麦耘《广州话的特殊35调》（1990），应雨田《湖南安乡方言的儿化》（1990），钱惠英《屯溪方言的小称音变及其功能》（1991），田希诚《霍州方言的小称变韵》（1992），陈忠敏《宁波方言"虾猪鸡"类字声调变读及其原因——兼论汉语南方方言表小称义的两种语音形式》（1992），黄群建《湖北阳新方言的小称音变》（1993），汪国胜《湖北大冶话的情意变调》（1996），明生荣《毕节方言的几种语流音变》（1997），赵日新《徽语的小称音变和儿化音变》（1999）等。其中，汪国胜先生的《湖北大冶话的情意变调》提供了小称变调同语义、语法关系密切的鲜活例证。大冶话的变调可以区别事物的大小、程度的不适中、数量的微小，表达喜爱、轻蔑的感情，缓和说话的语气等。

  同时，其他小称形式的成果也不断推陈出新。黎纬杰《广州话的词尾"仔"》（1981），胡松柏《广丰方言的"儿"尾》（1983），乐玲华《阜阳地区方言"子尾词"的初步考察》（1985），刘丹青《苏州方言重叠式研究》（1986），蔡勇飞《杭州方言儿尾的作用》（1987），郑有仪《北京话和成都话、重庆话的儿化比较》（1987），林连通《福建永春方言的"仔"尾》（1988），梁玉璋《福州方言的"囝"字》（1989），万幼斌《鄂州方言的儿化》（1990），刘纶鑫《江西上犹社溪方言的"子"尾》（1991），方松熹《浙江吴方言里的儿尾》（1991），陈慧娜《龙岩话的"仔"尾》（1993），施其生《汕头方言量词和数量词的小称》（1997），向道华《镇龙方言儿尾》（1998）等，是对附缀小称形式的描写。同时，高葆泰《兰州方言的叠音名词》（1984），何天祥《兰州方言里的叠字》（1984），张宁《昆明方言的重叠式》（1987），梁德曼《成都方言名词的重叠式》（1987），张文轩《临夏方言的叠音名词和叠音形容词》（1988），喻遂生《重庆话名词的重叠构词法》（1988），侯精一《平遥方言的重叠式》（1988），张淑敏《兰州话量词的用法》（1997）等，是对重叠小称形式的描写。

另外，综合性的语法著作和硕博论文也已把小称研究纳入专门章节来探讨。语法著作有：李永明《衡阳方言》（1986），贺巍《获嘉方言研究》（1989），邵则遂《天门方言研究》（1991），陈昌仪《赣方言概要》（1991），方松熹《舟山方言研究》（1993），贺巍《洛阳方言研究》（1993），汪国胜《大冶方言语法研究》（1994），马重奇《漳州方言研究》（1996），周长楫、欧阳忆耘《厦门方言研究》（1997），项梦冰《连城客家话语法研究》（1997），夏剑钦《浏阳方言研究》（1998），侯精一《现代晋语的研究》（1999），彭泽润《衡山方言研究》（1999），郑庆君《常德方言研究》（1999），张晓勤《宁远平话研究》（1999）等。硕博论文有：陈小荷《丰城赣方言语法研究》（1989）最早在方言语法研究中运用量范畴概念，并明确区分了主观量、客观量。所谓"主观量"，是指用语音或语法手段（重读、重叠、附加）改变数量结构的形式，以表达说话人对数量大小所持的主观看法。把说话人认为大的量称为主观大量，认为小的量称为主观小量，不包含主观看法的量称为客观量。"小称"，其实是"主观小量"的一种。邵慧君《吴、粤小称变音与"儿"尾》（1994）是第一篇专门研究小称问题的博士学位论文。文章选取吴语、粤语为研究对象，集中探讨了吴粤语的小称变音与"儿"尾的语音形式、词汇语法意义及其历史来源，并把它们进行比较研究，这为汉语方言的小称比较研究提供了很好的示范作用，具有重要的参考价值。

新时期以来，汉语方言语法研究经历了"认识上由忽视到重视、内容上由单一到多元、方法上由平面到立体、方式上由分散到合作"等多方面的重大转变（汪国胜，2000）。① 汉语方言小称研究就是这一转变的生动反映。研究成果的数量和质量，广度和深度，都比从前有明显提高。这一时期的研究主要体现在以下几个方面：

第一，从共时角度探讨单点方言的小称研究。

主要分为系统研究和专门研究两个方面。系统研究主要体现在各地方言的语法专著、硕博论文以及单篇论文中。语法专著和硕博论文主要有：乔全生《晋方言语法研究》（2000），张安生《同心方言研究》（2000），徐慧《益阳方言语法研究》（2001），曹志耘《南部吴语语音研究》（2002），李启群《吉首方言研究》（2002），钱奠香《海南屯昌闽语语法研究》（2002），张晓勤《永州方言研究》（2002），梁金荣《临桂两江平话研究》（2005），张桂权《资源延东直话研究》（2005），周本良《临桂义宁话研究》（2005），唐昌曼《全州文桥土话研究》（2005），戴昭铭《天台方言研究》（2006），陈淑梅《鄂东方言的量范畴研究》（2006），罗昕如《湘方言词汇研究》（2006），范慧琴《定襄方言语法研究》（2007），卢小群《湘语语法研究》（2007），易亚新《常德方言语法研究》（2007），王文卿《晋源方言研究》（2007），兰玉英《泰兴客家方言研究》（2007），胡松柏、林芝雅《铅山方言研究》（2008），郭校珍《山西晋语语法专题研究》（2008），林亦、覃凤余《广西南宁白话研究》（2008），阮桂君《宁波方言语法研究》（2009），周政《平利方言调查研究》（2009），邢向东、蔡文婷《合阳方言调查研究》（2010），钱曾怡《汉语官话方言研究》（2010），钟武媚《粤语玉林话语法研究》（2011），王春玲《西充方言语法研究》（2011），罗昕如《湘语与赣语比较研究》（2011），冯泉英《勾漏片方言词汇比较研究》（2013），曹志耘、秋谷裕幸《吴语婺州方言研究》（2016）等。硕博论文主要有：甘

---

① 汪国胜：《新时期以来的汉语方言语法研究》，《华中师范大学学报》（人文社会科学版）2000年第3期。

于恩《广东四邑方言语法研究》(2002)，彭兰玉《衡阳方言语法研究》(2002)，吴云霞《万荣方言语法研究》(2002)，赵冬梅《粤北土话小称研究》(2002)，张桃《宁化客家方言语法研究》(2004)，丁崇明《昆明方言语法研究》(2005)，殷润林《自贡方言语法研究》(2005)，殷相印《微山方言语法研究》(2006)，覃东生《宾阳话语法研究》(2007)，李立林《娄底湘语常用后缀研究》(2007)，姚丽娟《绥阳方言研究》(2007)，周琴《泗洪方言语法研究》(2007)，刘佳佳《孟州方言重叠式研究》(2008)，艾红娟《山东长山方言语音研究》(2008)，蒋晓晓《浙江省玉环话微探》(2009)，陈瑶《徽州方言音韵研究》(2009)，杨根增《夏邑话"子"尾词研究》(2009)，田娟《山西霍州方言语音研究》(2009)，余凯《梧州话语法研究》(2009)，王鹤璇《汉中方言语法研究》(2010)，林华青《吴川方言小称变音研究》(2011)，林晓晓《吴语路桥方言语音研究》(2011)，邰晋亮《晋城方言重叠式研究》(2011)，曾艳萍《合江方言语音研究》(2011)，刘春梅《广西平南（官成）话语音研究》(2012)，阮咏梅《浙江温岭方言研究》(2012)，李静《湖南邵东方言词缀研究》(2012)，宗丽《长阳方言语法研究》(2012)，郭宇丽《榆林方言小称研究》(2012)，周洪学《湖南安仁方言语法研究》(2012)，黄燕《彭埠镇方言语音研究》(2013)，何慧璐《浙江武义话语音研究》(2013)，侯超《皖北中原官话语法研究》(2013)，孙立新《关中方言语法研究》(2013)，张晓静《河北武邑方言语法研究》(2014)，蒋协众《湘方言重叠研究》(2014)，王芳《安阳方言语法研究》(2015)，莫水艳《桂北平话名词后缀研究》(2015)，陈秀《湖北仙桃方言研究》(2015)，黄涛《闽东罗源方言描写语法》(2016)，穆亚伟《辉县方言语法研究》(2016)，冼文婷《广东阳江话研究》(2016)，马晓梅《漾濞方言语法研究》(2016)，李欢《梧州话语音研究》(2016)，宋珊《甘肃天祝县汉语方言语法研究》(2017)，林玉婷《枞阳方言语法研究》(2017)，张贵艳《江西赣方言小称研究》(2017)，沈雪瑜《贵阳方言重叠研究》(2018)，李聪聪《滑县方言变韵研究》(2018)，葛翠菱《浙江象山鹤浦方言语音研究》(2018) 等。

单篇论文主要有：涂光禄《贵阳方言的重叠式》(2000)，刘俐李

《论焉耆方言的变调类型》(2000)，麦耘《广州话的声调系统与语素变调》(2000)，刘近勤、周先龙《枣阳方言后缀"娃儿""儿"的语言学特征考察》(2003)，陈小明《粤语量词的表量方式》(2004)，胡光斌《遵义方言儿化的分布与作用》(2005)，邵宜《赣语宜丰话词汇变调的类型及其表义功能》(2006)，徐越《杭州方言儿缀的修辞功能》(2006)，兰玉英、曾为志《成都洛带客家方言"子"尾的用法研究》(2007)，郭辉《皖北濉溪方言的"子"尾词》(2007)，王洁《合肥话派生式"子"缀词初探》(2008)，丘秀文《安徽定远方言中的"子"》(2010)，邵宜《赣语宜丰话的"唧"尾》(2011)，杨永成《合肥方言的"子"尾词和"头"尾词》(2012)，王毅《湖南祁东方言的名词重叠式》(2017)等。

专门研究主要包括就某种小称形式的探讨和多种小称形式的综合研究。就某种小称形式的探讨有：庄初升、林立芳《曲江县白沙镇大村土话的小称变音》(2000)，李炜《兰州方言名词、量词的重叠》(2000)，梁忠东《玉林话的小称音变》(2002)，伍巍《广东曲江县龙归土话的小称》(2003)，陈宝贤《闽南漳平方言的"仔"化变调》(2003)，傅国通《武义话的小称变音》(2003)，李芒《广西北流白话的变调》(2007)，梁驰华《广西平南大新白话的儿尾》(2007)，辛永芬《河南浚县方言形容词短语的小称儿化》(2008)，李映忠《甘肃省礼县燕河流域 AA 式名词概述》(2009)，孙雪英《甘肃省甘谷话"AA+儿"重叠式词语探析》(2010)，李冬香《粤北土话小称变音的变异研究》(2010)，姚玉敏《也谈早期粤语中的变调现象》(2010)，龙安隆《邵武方言小称变调质疑》(2011)，陈泽平《福州话的小称后缀》(2011)，曾建生《舒声促化：粤语恩平沙湖话的一种小称形式》(2015)，吴维《广西北通粤语类儿化现象探究》(2016)，陈李茂《化州那务话的小称变调》(2017)，陈才佳《广西贺州桂岭本地话的"儿"小称》(2017)等。

就多种小称形式的综合研究有：曹志耘《南部吴语的小称》(2001)，李玉珠《广西灵川灵田水埠方言中的"崽"尾和"哩"尾》(2004)，陈小明《"儿"、"仔"对粤语小称格局的影响》(2005)，邵慧君《广东茂名粤语小称综论》(2005)，伍巍、王媛媛《徽州方言的小称研究》（2006），王丽彩《河北鸡泽话中的小称词缀研究》（2008），苏俊波《丹江方言的小称》（2009），陈明富、张鹏丽《河南罗山方言的小称类型考察》（2009），王三敏、杨莉《商州方言的小称形式》（2010），李绍群《湖南安乡黄山头话中的小称》（2011），陈丽冰《福建宁德方言小称后缀和小称变调》（2012），周海霞《牛蹄乡赣语方言岛方言的小称研究》（2013），张慧丽《郾城方言的两种小称变调和音步模式——兼论亲密与音长的可能关联》（2014），秋谷裕幸《浦城县观前、临江方言的子尾、子变音和小称变调》（2015），顾海洋《海安方言小称研究》（2016），窦林娟《河南博爱方言小称研究》（2017），杨琳《浅析襄阳方言的名词性小称》（2017），祁淑玲《天津方言的小称》（2018）等。

第二，从历时角度探讨小称的来源与演变。

方言小称的历时研究：徐瑞蓉《闽方言"囝"的词义演变》（2000），陈忠敏《论广州话小称变调的来源》（2002），施其生《一百年前广州话的阴平调》（2004），陈小燕《广西贺州本地话的"儿"尾——兼论粤语小称形式的发展和演变》（2006），王媛媛《南方方言"儿"类标记词虚化现象研究》（2006），杨秀明《从〈祖堂集〉看唐末闽南方言"仔"缀语词的发展》（2008）和《闽南方言"仔"缀语词近现代的语音演变》（2009），钟蔚苹、郭必之《粤东闽语的小称后缀"儿"：形式、功能、来源及演变》（2018）等。

第三，类型学视野下的跨方言小称比较研究。

普通话与方言的比较研究有：王立群《汉语方言词缀的类型学研究——以石首话的"子"和北京话的"儿"为例》（2008），禚韬《龙口方言与普通话"儿化"比较研究》（2010），侯超《汉语词缀的功能与皖北方言的"子"尾》（2012），田丹、劲松《比较中探究枣庄话儿词缀的意义和功能》（2012）等。

同一方言区内的比较研究有：曹志耘《南部吴语的小称》（2001）归纳出南部吴语中小称的类型，说明它们之间的关系，推断其形成和发展演变的过程。邵慧君、甘于恩《闽语小称类型比较》（2002），邓享璋《闽中、闽北方言的名词后缀"子"》（2004）对闽语小称类型进行了比较，蒋平、沈明《晋语的儿尾变调和儿化变调》(2002)、林华勇、卢妙丹《粤西粤语小称的形式和功能》(2016)、郭必之《粤语方言小称变音的类型及其历史来源》(2016)、周婷《湖北官话小称研究》(2016)等，以上文章是针对同一方言区小称的内部比较研究。

另外，近年来，也开始陆续出现不同方言区的比较研究：陈鸿运《海南闽语的"囝"》(2002)对闽语"囝"缀进行了系统而全面的考察，通过普方古的对比，得出"囝"的用法和来源可以追溯到上古汉语。朱晓农《亲密与高调——对小称调、女国音、美眉等语言现象的生物学解释》(2004)从跨方言比较角度用生物学原理"高频声调表示体型小"来统一解释汉语方言中小称的语音形式。石毓智《表现物体大小的语法形式的不对称性——"小称"的来源、形式和功能》(2005)从类型学的角度探讨汉语小称标记的历史来源、语音形式和功能扩展的机制和规律。刘双林《对湖南江华官话中"崽"字的考察》(2007)把江华官话与长沙话（新派）的"崽"字进行比较。刘若云、赵新《汉语方言声调屈折的功能》(2007)通过比较，认为声调屈折是汉语方言构成小称的一种重要手段。

施其生《汉语方言中词组的"形态"》(2011)通过方言中的语言事实，认为"小称"范畴不只局限在词法范畴内，还可以扩展到词组层面。这在一定程度上拓宽了小称范畴的研究范围。此外，还有罗昕如、李斌《湘语的小称研究——兼与相关方言比较》(2008)，余颂辉《汉语方言中低频的小称变调》(2009)，张则顺《汉语名词重叠研究的类型学视角》(2009)，罗昕如《湘语与赣语名词后缀"子"及其相关后缀比较》(2011)，王芳《重叠多功能模式的类型学研究》(2012)，王玲玲《汉语单音节形容词重叠式的方言差异及历史发展》(2013)，张成材《论汉语方言儿尾的表现形式和表意功能》(2013)，刘丹青《方言语法调查研究的两大任务：语法库藏与显赫范畴》(2013)，覃远雄《汉语方言词的一种偏正结构及相关问题》(2015)，郝红艳《类型学视角下的方言"子"尾研究》(2015)，王堉程《从语言库藏类型学视角看文水方言中的小称范畴》(2016)，高亚楠《跨方言比较视角下汉语量词显赫功能及动因》(2017)，郭中《论汉语小称范畴的显赫性及其类型学意义》(2018) 等。以上研究是针对跨方言语法的比较研究。

第四，其他角度和视野的研究。

语言接触与演变的视角：汪锋《应山话小称词缀演变规律初探》(2001) 文章从语言演变的角度，综合词汇、音系结构以及社会因素，采用内外结合的方式，揭示小称词缀演变的面貌。首先从音系结构的协和要求说明了小称词缀演变的起因，进而由于权威方言的侵入、叠置和类推作用构成了小称的变异格局，最后通过与社会因素的相关分析显示出变异趋势。

罗昕如《湘语在广西境内的接触与演变研究》(2017) 揭示广西湘语在语音、词汇、语法各方面的基本面貌和特点，并通过与湖南境内湘语、桂北西南官话的比较，探讨湘语在广西境内接触与演变的问题。

林华勇、马喆《广东廉江方言的"子"义素与小称问题》(2008) 透过廉江方言及周边方言的现状，可以看出，在接触中，粤语的典型小称形式"仔"的使用能力最强。

语法化视角：有的学者在探讨小称的历时演变时，从语法化理论的视角出发。李如龙《闽语的"囝"及其语法化》(2005)，曹逢甫《语法化轮回的研究——以汉语鼻音尾/鼻化小称词为例》(2006)，曹逢甫《语法化轮回的研究——以汉语鼻音尾/鼻化小称词为例》(2006)，高婉瑜《论粤语小称词及其语法化》(2007)，欧青青《从郴州话的"小称"看语言的"更新"》(2010)，董思聪《粤语的语缀"仔"及汉语小称标记的去语法化现象》(2014)，李小军《汉语语法化演变中的音变模式——附论音义互动关系》(2015)，夏俐萍、严艳群《湘赣语小称标记"唧"的主观化及形态演变——以湖南益阳方言为例》(2015)，傅文臻《丰城方言"叽"尾的语法化考察》(2017) 等。

语言地理类型学的视角：杨彦宝《汉语方言名词后缀"子""儿"的地理分布差异分析》(2015)、孙建华《汉语方言小称变音的地理分布及其演变》(2018) 文章指出："汉语方言名词小称变音的9种基本形式，可以在全国形成四种对立的地理分布类型，与此对应有两种地理分布模式：一是山西晋语和吴徽语呈现的"远隔分布"，二是东南方言南北两端呈现的双重"远隔分布"，小称变音的地理分布模式隐含了其历史演变的过程。

量范畴研究视角：近年来，关于量范畴的研究，已经积累了很多研究成果。张一舟《成都话主观量范畴的特殊表达形式》（2001）、陈淑梅《鄂东方言量范畴研究》（2006）、如王霞《湖南慈利话的重叠儿化量词、量词结构及主观量》（2009）、龚娜《湘方言程度范畴研究》（2011）、罗荣华《赣语上高话的主观量表达》（2011）、姜天送《东北官话量范畴研究》（2015）、周婷《湘北官话小称研究》（2016）、宋艳艳《枣庄方言量范畴研究》（2018）等，以上文章都较为详细地从方言的视域下构建量范畴系统，从不同层面描述了方言的量语义。其中，有很多涉及量范畴理论视角下的小称研究。

方言小称研究在 20 世纪以后已经成为方言语法领域的热点问题。随着人们对方言语法研究的重视，小称研究也积累了丰富的研究成果。但也看到了存在的一些不足：

就现有研究成果来说，多数研究从微观上对单点方言进行研究，而有些方言点的小称描写并不深入。从整体汉语的视野，撑起"普—方—古"大三角来讨论，甚至具有类型学视野的文章，还不多见。多数都集中在一个方言区内部的比较，而跨方言的系统比较研究较为少见，可见，小称研究还有待深入。因此，我们需要对小称进行系统全面的类型学意义的研究，以丰富小称研究的成果。

四　民族语言的小称研究

民族语言中的小称研究主要见于各民族语言的系统研究中。

单篇文章有：卢诒常《瑶族勉语标敏方言的构词变调与构形变调》（1985），王德光《贵州威宁苗语量词拾遗》（1987），赵则玲、郑张尚芳《浙江景宁畲话的语音特点》（2002），李云兵《苗语的形态及其语义语法范畴》（2003），雷艳萍《丽水畲话形容词 AA 式的变调》（2008），陈宏《贵州松桃大兴镇苗语研究》（2009），钱虹《语言接触下的畲话语音变迁——以安徽宁国云梯畲话为例》（2015），蔡吉燕《布依语派生名词词缀的分类及功能》（2016）前缀［lɯk33］本义为"儿子"，语义泛化后具有表示细小的功能。杨通银《侗语芋头话的昵称变调研究》（2016）通过韵母变化表示量词的指小。

硕博论文有：韦学纯《水语描写研究》（2011），韦蓝海《东兰县巴拉壮语语音屈折试析》（2016）首先把小称单列章节进行讨论，一部分韵母屈折承担着指代物体体积小或者范围小以及程度轻的任务。普忠良《纳苏彝语语法研究》（2016），黄玉姣《富川平地瑶八都话词法研究》（2016），王保锋《萝卜寨羌语语法研究》（2017），李教昌《怒江傈僳语参考语法》（2018）等。

专著有：张均如等合著的《壮语方言研究》（1999），马学良《汉藏语概论》（2003）阐述了羌语内部各语支的小称词缀。赵则玲《浙江畲话研究》（2004），黄布凡、周发成《羌语研究》（2006），黄成龙《蒲溪羌语研究》（2007），刘纶鑫《贵溪樟坪畲话研究》（2008），常俊之《元江苦聪话参考语法》（2011）等。

近年来，小称的专门研究也初见成果，主要有：邵明园《书面藏语的小称》（2012），黄芳《水语小称标记 ti^{33} 及与汉语方言的比较》（2014），沐华《浅议峨山彝语土话小称》（2016），李旭平、刘鸿勇、吴芳《湘西苗语中的大称和小称标记》（2016）等。

上面的文献可以看出，民族语言中的小称研究由最初在语法特点中举例性地提及，发展到了后来的专门研究，说明小称研究已渐渐成为民族语言语法研究的热点问题之一。

总体来说，以往的小称研究大致可分为以下三个阶段：一、兴起于20世纪五六十年代，研究通过引入国外语法概念进行定义。二、进入八九十年代以后走向繁荣，学者们开始关注小称的语法意义研究。三、进入21世纪以后，进入扩展阶段，逐渐把目光扩大到小称类型的具体研究，涉及名词、动词、形容词、量词及短语的研究。并逐渐引入语法化理论以及语言类型学理论，开始出现跨方言的比较研究。本书力求在前人研究成果基础上，做出更加全面的描述和分析。

第四节　研究理论与研究方法

一　研究理论

（一）"两个三角"理论

汉语缺乏严格意义的形态变化，语法规律呈隐性状态，因此，对于汉语的语法研究，需要采用动态的立体的研究思路和方法。邢福义先生的"两个三角"理论，就是这一研究思路的具体体现。"两个三角"包括"表—里—值"的"小三角"和"普—方—古"的"大三角"。

1. 关于"小三角"

"小三角"由语表形式、语里意义和语用价值所构成。在"小三角"里，"表—里—值"被分别看成三个角。"小三角"的事实验证，包括"表里印证"和"语值验察"两个方面。

邢福义先生（1996）所提出的"表里印证"，是指在表里之间寻找规律性联系，以揭示有关事实的特定规律。基本做法是"由表察里，由里究表，表里相互印证"①。所谓"语值验察"是对所研究的语法事实进行检验和考察。具体表现为"语里同义，语表异形，究其语值"②。本书以小称的跨方言比较为研究对象，小称作为一种语义语法范畴，语表形式是指"显露在外的可见的小称形式"，语里意义是指"隐含在内的不可见的小称的表义功能"。"由表察里"是指通过汉语方言中各种小称形式的描写，考察各类形式所表达的语法意义。"由里究表"小称的语义表达可以用哪些形式来表达，各种形式之间，表义上有什么不同。经过这样的"表里相互印证"，我们才能总结小称形式与意义之间的对应关系。研究一个语法事实，首先要研究"表""里"两角，接着，往往还有必要研究"值"角，以便弄清该事实在语言表达系统中特定的语用价值。小称往往附带表示一定的感情色彩。这可以通过"语值验察"，来发现各种小称形式语用价值的区别。这样，通过"表—里—值"的三角互证，可以深化我们对方言小称的整体认识。

2. 关于"大三角"

"大三角"指"普—方—古"三角，是两个三角中的第二个三角。"大三角"的事实验证，包括"以方证普"和"以古证今"两个方面。

"以方证普"，这是"普—方"验证。即立足于普通话，横看方言，考察所研究的对象在方言里有什么样的表现，以方言印证普通话。③"以古证今"这是"普—古"验证。即立足于今，上看古代近代汉语，

---

① 邢福义：《汉语语法学》，东北师范大学出版社1996年版，第443页。
② 邢福义：《汉语语法学》，东北师范大学出版社1996年版，第451页。
③ 邢福义：《汉语语法学》，东北师范大学出版社1996年版，第465页。

考察所研究的对象在古代近代汉语里有什么样的表现，以古印证今。①但如何检验"角"与"角"之间的规律性关系，必须从实际需要出发。对于汉语方言小称的比较研究中，在"大三角"理论的指导下，具体而言，我们进行以下几个方面的比较：一是以"方—方"比较，通过"A 方言—B 方言"比较，把汉语方言放在一个共时平面进行比较，对各方言中的小称形式进行总体分类；二是"方—普"比较，通过"普—方"的纵向比较视角，即通过普通话和方言的比较研究，可以看出小称发展的历史更替现象，从而把握汉语小称的整体发展规律和演变趋势；三是"汉方言—民族语"比较，汉藏语言中也存在大量的小称现象。通过方言与汉藏语言的比较，可以找到它们的共性和特性。

作为验证思路和验证方法，对于汉语方言的语法事实而言，"小三角"是内证，"大三角"是外证。汪国胜（2014）指出，通过"多角考察"，可以求得问题研究的深入。通过比较，不断挖掘语法事实的客观规律性。

（二）量范畴理论

"量"作为一种客观存在，最初是一个哲学范畴，是人们认知世界、把握世界及表述客观世界的一种手段或方式，是指"事物存在和运动的规模、程度、速度以及构成事物的共同成分在空间上的排列等可以用数量表示的规定性"②。

早在古希腊时期，亚里士多德（1991）就曾提出"量"，并为之分类："有些事物因其本性而称为'量'，有些因其属性而为'量'的，有些则得之于本体的某些禀赋与状态，例如多少、长短、阔狭、深浅、重轻以及其他"③。客观世界中这些"量"的因素在人们的认知世界中逐渐形成了"量"的认知范畴。量范畴作为一种重要的认知范畴，是人类社会发展到一定阶段的产物，也是人类把握外部世界的最基本途径之一。量范畴是客观世界在人们头脑中的反映，是经过人们概括、抽象而产生的某一类事物、事件、性状等在量上的共同特征。"量"的这种认知范畴投射到语言中，就形成了语言世界的量范畴，具体体现在语言

---

① 邢福义：《汉语语法学》，东北师范大学出版社 1996 年版，第 467 页。
② 谭鑫田等：《西方哲学词典》，山东人民出版社 1992 年版，第 299 页。
③ ［古希腊］亚里士多德：《形而上学》，吴寿彭译，商务印书馆 1959 年版，第 103 页。

世界中就成为一种语义语法范畴。一种语义语法范畴就是一束语言意义的类聚，需要用一定的语法形式表现出来。

我国较早进行"量范畴"研究的学者是吕叔湘先生。他在论及数量范畴时说："一般说起来，物件有数量，性状无数量……其实程度的差别也就是数量的差别，只要有测量的标准，程度是可以用精确的数量来表示的"[①]。这里的"量"已不是狭义的只表数量意义，而是外延更加宽泛的量范畴。朱德熙（1982）区分了动词所指动作行为的"时量"和"动量"，并指出"形容词重叠以后本身包含着量的意义"[②]。陈小荷（1989）首次提出"主观量"概念，"主观量"是含有主观评价意义的量，与"客观量"相对立。并对"主观量"作出了"主观大量"和"主观小量"的分类。陈小荷的研究开辟了一条新思路，文中引入了说话者的主观因素，是一个较大的突破，从此"主观量"问题渐渐成为量范畴研究的热点问题。李宇明《汉语量范畴研究》（2000）是第一部全面系统研究汉语量范畴的著作。作者从纵横两方面对量范畴进行分类，尝试建立汉语的量范畴系统。纵向在表达内容上，"量"分为物量、空间量、时间量、动作量、级次、语势六类次范畴，横向在表达形式上，分化为几组对立的次范畴：明量/暗量、实量/虚量、确量/约量、客观量/主观量等，作者重点探讨了"主观量"和"约量"。该文采用了"从内到外"的研究路向，即从"量"这一语义范畴入手，考察它的语言表现形式，大大丰富了量范畴的内涵。李善熙（2003）在李宇明对量的分类的基础上，把量范畴归纳为"语言量"和"非语言量"。并将语言量分为："空间量""时间量"和"性状量"三大类范畴。以上的研究都是从语义范畴的角度对语言中的"量"范畴进行研究，相对于从前的单纯描写，语义范畴的研究更加注重解释性，使汉语语法研究向前推进了一步。

汉语是一种形态不太丰富的语言，但汉语方言中的小称是一种比较突出的形态标记。小称中存在着大量的隐性表量的语法现象。如果从量范畴的理论来诠释小称义，可以说，小称表示一种"小量"，因此，本

---

① 吕叔湘：《中国文法要略》，商务印书馆2014年版，第200页。
② 朱德熙：《语法讲义》，商务印书馆1982年版，第57页。

书在"小量"的视域下探讨汉语方言小称的语法意义和语法形式。

二 研究方法

(一) 文献法

文献法指搜集、鉴别、整理文献,并通过对文献的研究,形成对事实科学认识的方法。文献法在科学研究的准备阶段和进行过程中,经常被使用。这一研究方法的优点有:超越了时空限制,可以广泛占有资料;简洁方便,只要找到了必要的文献就可以随时随地进行研究。对于本书的研究对象而言,文献研究适用于方言对比研究,只有积累了大量的方言小称语料,才能进行跨方言的比较研究,不同方言的文献可以帮助我们厘清小称发展演变的历史脉络。

(二) 比较法

比较研究是汉语方言语法研究中最常用、最重要的一种思维方法之一。这种方法就是将汉语方言看成一个整体,从整体出发,多角度、多方位地进行比较。朱德熙(1993)提出的"三结合"理论、邢福义(1996)主张"两个三角",汪国胜(2014)在两位先生的基础上,将汉语方言研究的总思路精练地概括为八个字:"多边比较,多角考察"。"多边比较"具体是指"方—普"比较、"A方言—B方言"比较、"汉方言—民族语"比较、"方—古"比较。前三者是横向比较,后者是纵向比较,这都是一种"外部"的比较。所谓"多角考察",是指"表—里—值"的"小三角"考察。"表"指语表形式,"里"指语里意义,"值"指语用价值。这是一种"内部"的考察。通过"多角考察",可以求得问题研究的深入。将汉语方言中的小称现象进行跨方言的对比研究,通过比较,求同求异,进而挖掘语法事实的客观规律性。

(三) 语言地图

将汉语方言中的小称语料制作成数据库,然后借助 ArcGIS 地理信息系统软件,绘制小称形式的地理分布图。这是一种地理语言学的研究方法,以众多地点的语言事实调查为基础,利用语言地图的方式描述语言现象的地理分布状况。语言地图的使用,为方言之间进行比较以及语言的历史演变提供可靠的资料。本书运用绘制语言地图的方法,把现代汉语方言中小称在共时平面上的地理分布做了统计,并对其地理分布进行了总结。

（四）三个"充分"

邢福义（1991）谈到了现代汉语语法研究的三个"充分"：观察充分、描写充分、解释充分。这既是一种研究方法，同时也是深入研究的要求和目标。只有充分观察，才能有充分的了解；只有充分描写，才能有充分的反映；只有充分解释，才能有充分的认识。[①] 就现代汉语方言小称问题的研究而言，观察和描写是解释的基础，我们要尽可能详尽地搜集小称的方言语法事实，在充分观察的基础上，对语料进行甄别、分类和整理，系统描写各方言小称形式与意义之间的关系。

第五节 本书框架与相关说明

一 本书框架

全书共八章：

第一章：绪论。明确选题背景、研究目标与研究意义，全面总结汉语方言小称的研究概况，从历史语法、共同语、方言领域分别进行梳理，从而确定小称的跨方言比较研究作为本书的研究对象，并对全书的研究理论、研究方法以及论文框架等做了说明。

第二章：小称概说。首先在前人定义基础上，得出本书对小称概念的界定。进而对小称进行形式上的分类和意义上的分类。从形式来看，小称可分为：附加式小称、重叠式小称、变音式小称三大类。从意义上说，小称可分为"表小、少量、短暂、程度"等，这些意义可以体现在"物量""数量""时量""性量""动量"等几个方面。

第三章：附加式小称。选取"儿尾""儿化""子"缀、"崽"缀、"唧"缀、"娃"缀、"囝"缀、"圪"缀等小称形式，描写它们的语音类型、方言分布、语法意义，并总结各种小称的特点。

第四章：重叠式小称。主要探讨了名叠式小称和量叠式小称，并对两种小称形式的语法形式、语法意义及其特点进行详细描写。

[①] 邢福义：《现代汉语语法研究的三个"充分"》，《湖北大学学报》（哲学社会科学版）1991年第6期。

第五章：变音式小称。首先区分了三组概念，进而明确小称变音的研究范围。对小称变音的语法形式、语法意义及其特点进行归纳整理，在此基础上探索了小称变音的来源及其发展走向。

第六章：小称的地理分布。利用 ArcGIS 地理信息系统软件，绘制小称形式分布图。并以图表结合的方式，直观地展示各种小称形式的地理分布特征。

第七章：小称的共时比较。主要包括两部分内容，一是方言和普通话的对比，一是官话方言和非官话方言的对比。通过比较，发现它们的共性及差异，进而呈现汉语方言小称的总体研究面貌。

第八章：结语。总结全书的主要内容，并对未来的研究提出思考和认识。

二 相关说明

1. 语料来源

本书基于已有方言调查资料进行跨方言比较研究，属于一种总结性研究。本书的方言语料均来自公开发表的文献，主要有以下途径：

（1）参考张振兴、李琦、聂建民辑录的《中国分省区汉语方言文献目录（稿）》（2014）对1985年至2001年有关的小称研究成果进行初步筛选，对于1985年以前、2002年以后的研究成果，主要通过知网、读秀等中文数据库进行补充。

（2）语料来自权威的方言词典、方言志、方言专著、硕博论文以及公开发表的期刊论文。

2. 术语使用

（1）关于小称术语的使用。关于小称的分类，本书分为"附加式小称""重叠式小称""变音式小称"三大类型。有些著作中提到的混合式小称，本书采取分散到以上三种形式的具体描写中。各种小称的下位分类，主要依据小称的具体形式命名。具体如下：

"附加式"小称类型分为两种：有的是以"类"来划分，比如"儿"类、"崽"类；有的是以"缀"来划分，比如"子"缀、"唧"缀、"团"缀、"娃"缀、"圪"缀。

"重叠式"小称类型分为"名叠式"和"量叠式"。

"变音式"小称类型分为"变调""变韵""变韵+变调""变声+变调""变声+变韵+变调"。

（2）本书涉及的汉语方言分区，主要依据中国社会科学院语言研究所编的《中国语言地图集第2版·汉语方言卷》(2012)[①]。

3. 体例说明

使用符号说明：

（1）本书凡需注音的，一律用国际音标标注，音标外加方括号"[ ]"，调值一律在音节右上角用数字表示，"□"代表本字不明同音字。

（2）本书的例句均采用五号仿宋_GB2312，方言的普通话注释用六号仿宋_GB2312表示，并附于例句后面。

（3）本书例句的编排顺序，以三级标题为单位，每一级标题下重新编排例句序号。

（4）例句中的文献出处用圆括号"（ ）"表示，附于例句后面，注明作者和年份。

（5）用"、"号代表句间的分隔符号。"↗"表示高升调；"→"表示高平调；"↘"表示高降调；"ʔ"表示紧喉调。

[①] 中国社会科学院语言研究所、中国社会科学院民族学与人类学研究所、香港城市大学语言资讯科学研究中心编：《中国语言地图集·汉语方言卷》（第2版），商务印书馆2012年版。

第二章 小称概说

第一节 小称的概念

一 概念的提出

"小称"一词最早出现在东汉。刘熙在《释名·释形体》中说:"瞳子。瞳,重也。肤幕相裹重也;子,小称也"。《释居·释兵》:"狭而长者曰步盾,步兵所持,与刀相配者也;狭而短者曰子盾,车上所持者也。子,小称也"。"小",《说文》云"物之微也";《广韵·小部》:"小,微也"。物之微,就是说物体的体积细小。由此可见,小称是对体积细小的物体的称呼。小称的得名从古代开始,但它还不是一个严格意义上的语法术语。

二 学界的认识

关于小称的基本内涵,目前学术界还没有形成统一的、固定的认识。

20世纪四五十年代,有些学者模仿印欧语法,用西方语法术语来解释汉语语法事实。高名凯《汉语语法论》(1948)指出,"儿"和"子"都是细小格。[①] 俞敏《汉语的爱称和憎称的来源和区别》(1954)对"细小格"进行了解释。"在有些语言里,常用一种词尾加在名词的后头,加上之后,就在原来那个名词的意义上头加上'小'的意思。"黄丁华《闽南方言虚字眼的"阿"和"仔"》(1958)"仔"用作名词

---

① 高名凯:《汉语语法论》,商务印书馆1986年版,第42—43页。

词尾,表示小或少,也就是细小格。①

高先生的观点是建立在西方语法形态比较丰富的语言基础之上的,尤其是以"格"作为基础,结合汉语的"爱称"和"憎称"现象,引出了汉语"细小格"。本书认为,汉语缺少丰富的形态,也没有格范畴,因此,"细小格"的说法是不太适合汉语小称的,但其观点的借鉴意义在于凸显了"小或少"的量的变化问题。

20世纪80年代以后,随着语法研究的深入开展,小称成为汉语的一种语法标记,小称问题已经成了汉语语法学界普遍关注的热点问题。学者们纷纷从不同角度理解小称的内涵。

日本平田昌司(1983)认为:"小称"是相当于北京方言儿化的语法现象,也可以说是广义的"儿化"。小称表示微小、亲昵、蔑视等意义,也有时候变换词性。

日本学者的不足之处是把作为语音现象的"儿化"等同于语法意义上的小称,这是非常错误的说法。这种观点可能缘于部分"儿化"有表小称作用,但是"儿化"只是小称的具体语法形式,而不是语法意义。

根据Crystal(1997)的定义,小称指的是"形态学用来表示'小'的词缀,经常引申为表示'可爱'的意思。从这个定义可以看出,小称的主要表达手段应该是形态上的"②。Crystal认为"小称"是表小的词缀,但小称的表现形式并不仅仅是词缀形式,"可爱"只是小称语法意义的某一方面,对小称意义的研究还缺少全面的认识。

黄景湖(1983)指出,辈分称呼上存在着"老、少";事物计量上存在着"多、少""大、小""长、短""重、轻""高、矮""宽、窄""厚、薄"。"小称"是对"少""小""短""轻""矮""窄""薄"的总称。黄景湖观点的可取之处在于引入了"量"的变化。并且对"量"进行了较为细致的分类。

陈忠敏(1992)认为小称在词汇、语法、修辞各方面都起积极作用。小称具有构成词性、区分词义、变换词性以造成新词的构词作用,

---

① 黄丁华:《闽南方言虚字眼的"阿"和"仔"》,《中国语文》1958年第1期。
② [英]戴维·克里斯特尔(David Crystal):《现代语言学词典》,沈家煊译,商务印书馆1997年版,第116页。

和表示指小、爱憎、语气、附加感情色彩的修辞作用。本书认为，小称是语法现象，是对语法意义的分类，而不应与词汇意义、修辞色彩意义等混为一谈。词缀是用来构词的，表达的是词汇意义，其作用是构词；有些表达小称意义的形态虽然与构词词缀共用某种形式，但表达小称意义的是构形形态，二者应明确区分。例如"细""小""崽""儿""囝"等作为实词，也表小，是词汇意义上的小，而不是语法意义上的小。因此，构成词性、区分词义、变换词性及造成新词，不应是小称的功能。

邵慧君（1994）认为，小称最典型的特征当为称小，它首先从名词的称小而来，用于指称幼小的或形体小的人或事物，并由表示"小、少"而引申出特指义，用于特定的或较常见的事物，有时还附加感情色彩，带上昵称或蔑称的意味。由于小称主要用于名词或名词词素，所以它往往又具有名物化的作用。在用于修饰非名词或非名词词素时，如形容词、动词、动量词、副词等，小称还具有减轻形容程度、表示动作轻微和持续时间短暂以及缓和说话语气等作用。邵慧君对小称的定义较为全面，不仅指出了小称的起源、发展与演变，还谈到了小称的表现形式。

曹志耘（2001）认为，"小称"的基本功能或初始功能是"指小"，在"指小"的过程中，自然衍生出表示喜爱、亲昵、戏谑等功能，有时，"指小"功能甚至已经不太明显了。邵慧君和曹志耘，都强调小称以"小"为起点，这是值得重视的。

沈明（2003）认为，小称简而言之就是表小指爱。通常认为小称主要指名词表小指爱，也有人认为某些形容词表喜爱义，某些动词表示动作短暂，某些量词表示量少，所以小称应该包括这四类词。这种观点指出了小称的语法形式在词类方面的范围，以名词为主，同时还包含动词、形容词和量词。

朱晓农（2004）认为，小称的初始义和核心义是亲昵。"小称"（diminutive）应该叫"昵称"（affective）。他把小称分为"中性小称"和"亲昵小称"。"中性小称"表示细小义，"亲昵小称"表示亲昵、亲切、喜爱等感情色彩。他认为"亲昵"是小称的充要条件，小称的出现离不开"亲昵"。当小称不表示亲昵义仅表细小义时，也就是小称的功能已经退化,"亲昵小称"的示爱核心义没有了,昵称变成了泛泛的"中性小称"。朱先生认为小称的初始义是"亲昵",由"亲昵"义再发展到"表小"义。

石毓智(2005)认为,"小称"是一种稳定的、能产的形态标记或者语法手段,但语法手段是对语法形式的分类,不是对语法意义的分类,这显然偏离了作为语法意义的小称的本质,而且对小称的描述也不够具体。

伍巍、王媛媛(2006)认为,"小称"是对汉语某些具有"表小"功能语言现象的概称,常见的汉语"小称"一般包括"儿化""小称变调""语素重叠"及"喉塞"等形式。伍巍、王媛媛紧紧围绕小称的"表小"功能,并且从形式的角度对小称进行了分类,我们认为他们的研究已经触及小称的实质,对于本书的研究有很大的启发意义。

林华勇、马喆(2008)认为,"小称"在形式上,应有小称形式(变式)和非小称形式(基式)的对立,二者的区别性特征为小称形式的有无;意义上,变式比基式所表示的意义小/少等。由于具备形式和意义两个方面,小称实际上是一种语义语法范畴。林华勇等强调小称是形式和意义上的结合,实际上是一种语义语法范畴。他们结合汉语的实际情况,变换研究思路,关于语义语法范畴的说法,给了小称全新的定位,这促使我们不断思考,并将语义语法范畴引入本书的研究。

辛永芬(2006)认为,小称是现代汉语及汉语方言广泛具有的语法范畴,最初由名词而来,用来称小。辛永芬将小称明确为语法范畴,并指出现代汉语和方言中广泛存在,同时也说明这一语法现象源自名词,将其功能定位为称小。

张则顺(2009)指出:"一种语言或方言表示小称意义,既可以采取词汇手段,也可以采取语法手段。表示小称意义的最常见的词汇手段就是'小 + 名词',表示小称意义的最常见的语法手段则是重叠、加后缀'子'和发生卷舌音变'儿',有时这几种手段可以并用。"这是从语法形式的角度对小称进行了描述式的说明。

郑明中(2011)认为,小称广见于汉语方言,是汉语里透过附着词缀(bound morpheme)造成形态变化的少数方式之一。郑明中指出小称在汉语方言中是非常常见的一种语言现象,并且指出其主要采用附加的语法形式来表达语法意义。

刘丹青（2013）认为，小称是一个见于众多语言的形态范畴，在汉语各方言中更是属于显赫范畴。"显赫"一词，让我们看到小称在汉语方言中的普遍性和重要性。

也有一些学者从"量"的角度来解释小称，"量"可以概括为一个新的语义语法范畴。陈小荷（1989）小称是一种"主观小量"。李善熙（2003）小称语缀分为"客观小称"和"主观小称"。汪国胜（2007）"小称"实际上也是一种减量。方梅（2007）北京话儿化的指小功能包括"客观小量"和"主观小量"两种情况。他们的研究将小称研究推向了科学化、理论化的道路上来。量是一种重要的认知范畴，这种认知范畴用语言形式表达出来就形成语言的范畴。表达量范畴的手段很多，小称其实就是表示量范畴的一种语法手段，"小量"是小称最基本的语法意义。

学者们尝试从不同角度对小称这一概念进行探讨，既有一致性，也有差异性，总的来说还存在以下不足之处：一是没有形成科学严谨的定义，很多所谓的定义都存在诸多的缺陷与不足。二是小称的外延泛化无边，有的甚至把修辞功能上的差异和语用价值的变化也纳入小称，本书认为这是不正确的。三是目前的研究多半是零星的单点方言报告，还没有站在理论的高度，形成专书，对小称问题作出系统的阐述。这也正是本书特设一章深入讨论小称这一术语的原因。

三 本书的界定

根据上文对小称有关观点的认识和分析，本书对小称做如下定义：

小称是用一定语法形式表示"小量"的语义语法范畴，有的附加一定的情感意义。

本书认为，从本质上讲，小称是一种语义语法范畴。语义主要指语法意义，本书强调表小是起点和核心，只不过这个"小"已经不是单纯的表大小，而是上升到量的变化，是一种通过抽象的概念得来的。作为语法意义的小称，有的通过词汇手段来表现，有的通过语音手段来表现，有的则通过语法形态来表现。词汇意义和语法意义胶着，但在汉语方言发展的过程中，显然小称更多地用来表示语法意义，因此，本书将小称定义为语义语法范畴。

语义语法范畴：胡明扬（1992）指出，由隐性语法形式和相应的语法意义构成的语法范畴不妨称为语义语法范畴。因为这类语法范畴和语义的联系比较明显，尽管任何语法范畴都和语义有联系。汉语作为一种非形态语言，显性语法形式不多，作为一种补偿，隐性语法形式和有关的语义语法范畴就会多一些。可以说，小称是用隐性语法形式表示一定语法意义的语义语法范畴。

本书所说的小称，表示的是一种小量，小量是由"小"为基础延伸而表达出来的语法意义，以及附带一定的感情色彩。

第二节 小称的分类

一 基于形式的分类

邢福义（2004）主张"形义语法"。[①] 重视形式与语义的相互验证，注意考察语用对语法的影响，崇尚多角度、多侧面的动态研究思路。语法形式是表达语法意义的形式。语法意义和语法形式密切相关。一定的语法形式与一定的语法意义相结合，即成为语法范畴。语法范畴是语法的功能类别，在形式上必然会有所显示。同时，语法形式也离不开它所表达的意义。汉语方言中存在着丰富多彩的小称形式，只是学者们的分类有所不同。

曹志耘（2001）从语音层面指出小称的形式，有"变韵""变音""小称变调"、韵母"鼻尾化"或韵母"鼻化"等。

赵冬梅（2002）把现代汉语方言小称分为三种基本的形式，即词缀式、词尾式[②]和内部曲折式。

沈明（2003）将汉语方言中常见的名词小称表达法概括为"①重叠；②儿尾或儿化；③子尾；④小称变音"四种形式，并指出了山西方言中常见的"圪"头词、"忽"头词等前缀表示小称的形式。

[①] 郭生：《在突破口上——邢福义谈建立中国特色的汉语语法学》，《光明日报》，2004年10月21日。

[②] 词尾式是指小称后缀加"儿""子"等附着在根词（或词根）后面，在语音上与根词（或词根）相融合，不能单独成音节。

石毓智（2005）根据众多学者对各种语言的调查，把表示"小称"的形态手段的语音形式分为：鼻音、重叠、高频率声调、前高元音、前辅音。

伍巍、王媛媛（2006）认为，常见的汉语"小称"一般包括"儿化""小称变调""语素重叠"及"喉塞"等形式。

刘丹青（2013）指出，从形式上看，小称是汉语中最接近狭义形态的语法手段。汉语方言中表达名词小称的形式手段大致有："①儿化；②儿缀①；③变韵；④变调；⑤'子'系后缀及其他来源的后缀；⑥重叠"这六大类语法手段，有些大类内部还包括一些小类。有时同一个小称名词采用多种语法手段，如"变韵+变调""儿化+变调""重叠+儿化"等。

蒋协众（2014）将汉语方言中的名词小称表达法归纳为"附加型""重叠型""音变型"三种基本形式，这几种基本形式既可以单独使用，也可以由其中的某几种混合起来使用。

综合以上学界认识，我们把汉语方言中的小称分为"附加式""重叠式""变音式"三种形式。

（一）附加式小称

附加式小称是汉语方言中较为活跃的小称形式之一。附加式是指词根加词缀的构词方式，词缀是虚语素，词根是实语素。汉语中词缀是由实语素虚化后变成构词词缀，但词缀的虚化程度不同，有的在做词缀时还明显有实在的词汇意义，有的语法化后已经看不到词缀本来的意义了。尽管虚化的程度不一，但为了术语的统一，我们统称为词缀。前加式，是指词根前面加词缀的构词方式，其词缀称为前缀。后加式，是指词根后加词缀的构词方式，其词缀又称为后缀。附加式小称分为前缀式小称和后缀式小称。根据本书收集整理的资料，对附加式小称做了分类，前加式包括："圪"缀；后加式小称包括："儿"类、"子"缀、"崽"缀、"唧"缀、"娃"缀、"囝"缀。

（二）重叠式小称

共同语和汉语方言中都存在着丰富的重叠现象。"重叠"是指使某

---

① "儿缀"具体分为以下情况：自成音节的[ɚ]、[əl]、[zʌʔ]等，自成音节的[n̩]、[ʋ̍]、[n̩i]等，作为韵尾的[r]、[ɚ]、[ɯ]等和作为韵尾的[n]、[ŋ]等。

语言形式重复出现的语言手段。① 重叠后的形式称为"重叠式",与之相对的是"基式"。重叠式是汉语中普遍存在的语法形式。从词类来说,不仅名词可以重叠,量词、动词、形容词、副词、代词也可以重叠。不仅多种词类可以重叠,重叠的形式也较为复杂。但重叠后表小,名词和量词体现得较为明显。动词重叠和形容词重叠,也可以表示小称,但限于语料,本书不做讨论。因此,本书的研究,只限于名词重叠和量词重叠两种类型。

(三)变音式小称

变音是汉语方言中较具特色的语法形式。它是通过语音变化的形式表示一定的语法意义。变音可以表达多种语法意义,可以表示时、体、态、人称等。变音也可以表示小称,汉语方言中就存在着丰富的变音小称形式。根据变音的形式可以分成以下类型:"变调""变韵""变韵+变调""变声+变调""变声+变韵+变调"。

汉语方言中存在着多样化的小称形式,有的方言不只存在一种小称形式,而是几种小称形式的混合使用,这种混合式小称我们的处理办法是综合在以上三种小称形式中来描写。

二 基于语义的分类

语法是语法形式和语法意义的统一体。语法研究,既可以从形式入手,也可以从意义入手。对于汉语来说,由于缺乏严格意义的形态变化,所以从意义入手显得更为方便、直接。李宇明(2000)指出,这是一种"从内到外"的研究路向。小称作为一种语义语法范畴,小称的语法意义是小称的重要研究内容。

对于小称的语法意义,目前有以下几种认识:

(1)小称的核心意义是用来称"小"。施其生(1997)认为"量词小称表示事物的单位较非小称的同类单位小","数量词小称的意义是把事物的数量往小里说"。这里,他强调小称的表"小"。伍巍、王媛媛(2006)认为,"小称"是对汉语某些具有"表小"功能语言现象的

---

① 石毓智、李讷:《汉语语法化的历程——形态句法发展的动因和机制》,北京大学出版社2004年版,第151页。

概称。

（2）小称的初始功能是指"小"，但在指"小"的过程中可以衍生出喜爱或厌恶的感情色彩。如曹志耘（2001）认为，小称的基本功能或初始功能是指小，在指小的过程中，自然衍生出表示喜爱、亲昵、戏谑等功能。

（3）小称典型特征是称"小"，或"少"，并由表示"小、少"而引申出其他语义，并附加昵称或蔑称的意味。如邵慧君（1994）。

可见，学界对小称语法意义的认识也处在不断地深化过程中。近年来，有的学者结合汉语的实际情况，变换研究思路，把小称上升到一个语义语法范畴，这更加丰富了人们对小称的认识。如林华勇、马喆（2008），辛永芬（2006）等。语义语法范畴是一种从语义到语形的研究方法，是一种新兴的语法研究的理论和方法。

尤其需要指出的是，有的学者已经开始将"量"的概念引入语义语法范畴，陈小荷（1989）、李善熙（2003）、汪国胜（2007）、方梅（2007）等，他们的研究将小称研究推向了科学化、理论化的道路上来。

综合以上学界认识，本书认为：小称的初始意义是表"小"，这是小称意义的起点。由表"小"到"少"，这是小称语义的延伸。这种语义上的引申，我们可以在汉语史层面找到例证：

"少"：《说文解字》解为"不多也"，段玉裁注："不多则小，故古少、小互训通用。""少"从"小"，"小亦声"，声中有义。小，物之微，言体积小；少，不多，谓数量少。体积"小"，就数量而言是"少"；数量"少"则体积自"小"，故少、小通用。《史记·秦始皇本纪》："少近宫。"索隐："少，小也。"《吕氏春秋·长利》"宽少者弗识"，又《当务》"甚少矣"，高并注云："少，小也。"在古代，"少有小义，故凡从少之字多有小义"[①]。

表小，起点，核心变少，量小和少的意义是相通的。结合上文"量范畴"的理论观点，我们界定小称语法意义的核心是"小量"。即小称是用一定语法形式表示"小量"的语义语法范畴。根据"小量"在汉

---

① 石云孙：《释小》，黄山书社2011年版，第11—12页。

语方言中的语法表现，小称的"小量"语义包括"物量""数量""动量""性量""时量"等。

1. 物量：具体事物都有空间性。空间性是指事物的长、宽、高及由此形成的面和体等。空间性具有一定的量，这种量称为物量。① 物量是表示事物具体大小的量。小称表达的是事物具体大小的小量。与物量有关的主要是名词。

2. 数量：事物可以用多少来计量，这种量是一种"多少"量，称为"数量"。小称所表示的数量，多表主观上的数量少。与数量相关的主要是数词、量词或数量短语。

3. 动量：计量行为动作的强度、活动的幅度、反复的次数等。小称所表示的动量主要有动作轻、幅度小、频次少等。与动词和动量词有关。

4. 时量：表示动作或事件的时间量，简称"时量"。小称所表示的时量主要为时间短。与时点和时段词语有关。

5. 性量：即性状量，一般表示性状的轻微。主要表现为形容词及其短语形式，有时也和副词有关。

同时小称往往伴随相关情感色彩的变化，因事物的"小"而让人心生怜悯、喜欢、亲昵等；因事物的"小"而让人产生轻视、蔑视、厌恶、戏谑、调侃等。总体来说，分为以下类别：

1. 亲昵：细小的事物容易让人心生喜爱之情。所以，小称往往带有喜爱的思想感情。

（1）用于人名、姓氏、排行等称呼语后面的儿尾，表示长辈对晚辈或同辈之间的亲切、喜爱、亲昵之情。

（2）用于亲属称谓+儿：表年龄小或"亲昵"的感情色彩。

2. 蔑视：从人被轻视、小看这个角度来说，也含"小"义。也有人称为"憎称"。如俞敏（1954）、黄丁华（1958）等。黄丁华先生还对这种憎称进行了解释。熟悉滋生感情，是爱称；熟悉也会产生轻视，那是憎称。细小的就瞧不起，是憎称；细小的也引人怜惜，又是爱称。他认为爱称和憎称是可以相互转化的。憎称，带有特殊感情相反是爱

---

① 李宇明：《论词语重叠的意义》，《世界汉语教学》1996年第1期。

称。以憎称翻作爱称，也本是修辞通例。①

（1）常用于称呼人的职务、地位或人品的低下，表轻蔑的感情色彩。

（2）对身体有缺陷的人的称谓，也是一种"卑称"。

3. 戏谑

表示语气轻松、婉转，有一种幽默诙谐的感情色彩。

从上面的分析可以得知，小称作为一种显赫范畴，具有极为丰富的语义。刘丹青（2013）对汉语小称的"显赫"进行了详细阐释，其显赫体现在语法形式与语法意义两个方面："一是小称用语法化程度高且能产的形态手段来表达，二是小称具有相当强大的表义功能，能够从核心原型语义'小称'出发，跨越多个语义域，延伸到离形态的原型语义相当遥远的语义，但仍然带着原型义的印记"②。在本书小量语义的视域下，小称的这种语义扩展功能首先体现为所搭配的词类的扩展，最初，小称一般是名词，后来扩展到其他词类。随着搭配范围的扩大，小称的词类还可以延伸至量词、形容词、动词、副词等，有时还能扩展到短语层面。那么，从语义来说，小称可以表示事物的细小、数量的减少、动作的短暂和程度的轻微、时间的短暂等意义。表示多个语义域是指数量、空间、时间、具体动作、感情色彩等。

---

① 黄丁华：《闽南方言虚字眼的"阿"和"仔"》，《中国语文》1958 年第 1 期。
② 刘丹青：《方言语法调查研究的两大任务：语法库藏与显赫范畴》，《方言》2013 年第 3 期。

第三章 附加式小称

根据前文从形式的角度对小称的分类，汉语方言中表达小称的语法手段有重叠式、附加式、变音式等。本章探讨现代汉语方言的附加式小称。

第一节 "儿"类小称

汉语方言中表达小称的语法手段有重叠式、附加式、变音式等。"儿"是表达小称最普遍的语法手段，在汉语方言中有"儿化"和"儿尾"两种形式。方言中并非所有的"儿"都表小称义。本书的研究将"儿"限定在小称语义范畴内。把方言中表小称义的"儿"统称为"儿类小称"，根据"儿"音节的语音形式，我们将"儿类小称"分为"儿尾小称"和"儿化小称"。其中，"儿尾小称"是附加式小称形式，"儿化小称"是变音式小称形式。为了便于叙说，我们统称"儿"类小称。本书从共时平面对"儿类小称"在汉语方言中的类型分布及语法意义进行描写，从而揭示汉语方言儿类小称的特点。

一 儿尾小称的类型

（一）儿尾小称的语音类型

儿尾小称是语素"儿"附加在词根语素后的小称形式，"儿"自成音节。

儿尾小称自成音节在方言中有不同的表现，主要有卷舌音儿尾、元音儿尾、鼻音儿尾、边音儿尾等几种语音形式。

1. 卷舌音儿尾。儿尾以卷舌形式存在，具体音值有［ər］、［ɚ³³］、

[əɭ] 等，主要分布在官话方言区。例如：

（1）贵州毕节 [ər]：锅儿 [ko⁵⁵ ər²¹] 小锅、耗儿 [xau²¹³ ər²¹] 小耗子（明生荣，1997）

（2）湖南吉首 [ɚ]：羊儿 [iaŋ¹¹·ɚ] 小羊、狗儿 [kəu⁴²·ɚ] 小狗（李启群，2002）

（3）四川镇龙 [əɭ]：牛儿、狗儿、猪儿、杯儿（向道华，1998）

2. 元音儿尾。指的是除卷舌音以外的元音儿尾，有 [ɛ]、[e]、[i]、[ɯ] 等。有的方言存在复合元音儿尾（如：[æe]）。下面是官话方言的例子：

（4）青海西宁 [ɛ]：牌牌儿、凳凳儿、盖盖儿、扣扣儿、环环儿、蛋蛋儿（王双成，2009）

（5）甘肃兰州 [ɯ]：罐罐儿 [kuɛ̃¹¹ kuɛ̃³ ɯ³] 小罐儿、钩钩儿 [kəu³¹ kəu³ ɯ³] 小钩儿（高葆泰，1984）

（6）湖南安乡黄山头 [e]：秧儿、桶儿、缸儿、枣儿、饺儿（李绍群，2011）

非官话方言赣语、粤语、晋语的少部分地区也有分布。例如：

（7）江西黎川 [i]：本儿、钳儿、柴儿、包儿 小包袱（颜森，1989）

（8）广西梧州 [i]：碗儿、凳儿、鸡儿、狗儿、虫儿（余凯，2009）

（9）山西阳曲 [æe]：鸟儿、画儿、猴儿、盆儿（孟庆海，1991）

3. 鼻音儿尾。包括 [n̠i]、[n̠ie]、[ɲi]、[nĩn]、[n]、[ŋ] 等。这一类型主要分布在粤语、吴语、徽语中。例如：

（10）广西贺州 [n̠i]：狗儿 [kou⁵⁵⁻³³ n̠i⁵²]、虾儿 [ha⁵²⁻³³ n̠i⁵²]、雀儿 [tʃiak⁵⁻³ n̠i⁵²]（陈小燕，2006）

（11）浙江松阳 [n̠ie]：囡儿、刀儿、瓶儿（方松熹，1993）

（12）江西广丰 [nĩn]：被儿 小被子、竹儿 小竹子、装饭儿 小孩子玩煮饭的游戏（胡松柏，2013）

（13）浙江云和 [ɲi³²⁴]：鸡儿 [tsɿ³²⁴⁻⁴⁴ ɲi³²⁴] 小鸡、鸭儿 [ɑʔ⁵ ɲi³²⁴] 小鸭、猫儿 [mɑu⁴²³⁻⁴⁴ ɲi³²⁴] 小猫、猪儿 [ti³²⁴⁻⁴⁴ ɲi³²⁴] 小猪（曹志耘，2001）

（14）广西廉州 [ɲi]：一蔸儿 [jɐt⁵⁵ tɐu⁵⁵ ɲi⁵⁵] 一小棵、一联儿

[jɐt⁵⁵lin²²ȵi⁵⁵]一小瓣儿、一张儿 [jɐt⁵⁵tsɛŋ⁵⁵ȵi⁵⁵]一小张儿、一支儿 [jɐt⁵⁵tsi⁵⁵ȵi⁵⁵]一小支（陈小明，2004）

（15）浙江平阳 [ŋ]：刀儿、被儿、鞋儿、衣裳儿、鸡儿（陈承融，1979）

（16）安徽绩溪 [n]：三四斤儿 [tɕiã³¹⁻⁴⁴n⁰]、一两瓶儿 [p'iã⁴⁴⁻²²n⁰]、十来转儿 [tɕ'yẽ²²⁻⁵⁵n⁰]、几十只儿 [tɕieʔ³²⁻⁵⁴n⁰]（赵日新，1999）

4. 边音儿尾。有边音儿尾的方言不多。例如：

（17）贵州遵义 [l]：刀儿 [tau⁵⁵l³¹]、石头儿 [se³¹t'əu⁵⁵l³¹]、花猫儿 [xua⁵⁵mau⁵⁵l³¹]、箩兜儿 [no³¹təu⁵⁵l³¹]、水竹儿 [suei⁵³tsue³¹l³¹]（胡光斌，1994）

（18）安徽宿松 [l̩³⁵]：麻雀儿、蚊虫儿、蛤蟆儿、盆儿、车儿（唐爱华，2005）

此外，甘肃甘谷、通渭、武山一带，儿尾自成音节，这类"儿"文读为 [ər³¹]，白读为 [zɿ³¹]，记为轻音 [·z]，这是韵母脱落的结果。例如：

（19）甘肃武山 [·z]：刀儿、锅儿、核儿（李荣，1957）

（20）甘肃甘谷 [·z]：桌桌儿、凳凳儿、棒棒儿（孙雪英，2010）

（二）儿尾小称的组合类型

儿尾小称的组合有单纯儿尾和混合儿尾两种类型。

1. 单纯儿尾型。"儿"作为词尾附加在词根后边，声调和韵母不发生变化。这一类型主要分布在南方的吴语、粤语和徽语区，官话区只有零星分布。例如：

（21）浙江杭州：虫儿小虫、棒儿小棒、布儿小碎布、洞儿小洞、袋儿小袋（蔡勇飞，1987）

（22）江西铅山：毛毛儿、指头儿小指、锄头儿小锄头、虾公儿小虾（胡松柏、林芝雅，2008）

（23）广西玉林：簿儿、柜儿、粉笔儿、鸡儿、萝卜儿（钟武媚，2011）

（24）广西小江：一杯儿一小杯、一碗儿一小碗、一橛儿一小截儿（陈

小明，2004）

（25）广东吴川：护士儿小护士、石头儿小石头、凳儿小凳子、梳儿小梳子（林华青，2011）

（26）安徽旌德：蜻蜓儿、伢儿、燕儿、姐儿（赵日新，1999）

（27）四川镇龙：瓜米儿、松毛儿、油渣儿、蒜苗儿（向道华，1998）

（28）广西临桂：镰刀儿小镰刀、面布儿小洗脸巾、牙刷儿小牙刷、耳朵儿小耳朵（周本良，2005）

2. 混合儿尾型

混合儿尾型包括"儿尾+变调""儿尾+变韵""重叠+儿尾"。以下分别说明：

A. 儿尾+变调。即儿尾通过变调表示小称。这一类型存在于吴语和粤语，西南官话也有分布。例如：

（29）浙江丽水：儿尾只用在动植物名词的后面，主要功能是"指小"，"儿"不读本调，而读如阴入调[5]。如：猪儿[$ti^{24-44}\eta^{11-5}$]猪崽、橘儿[$tɕyɪʔ^{5-3}\eta^{11-5}$]小橘子（王文胜，2002）

（30）广西北流：儿尾变读为阴平调[54]。如：牛儿[$\eta eu^{21}\eta_{\textctj}i^{21-54}$]小牛、鸡儿[$kei^{54}\eta_{\textctj}i^{21-54}$]小鸡（李芒，2007）

（31）贵州毕节：儿尾有时读阳平，有时读阴平。读音不同时，语法意义会有差别。其中，读阳平[21]调的儿尾一般表示"小"。如：

猪儿[$tsu^{55}ər^{21}$]小猪崽、马儿[$ma^{42}ər^{21}$]小马驹、板凳儿[$pan^{42}tən^{213}ər^{21}$]小板凳（明生荣，1997）

（32）江西广丰：做词根的"儿"在广丰方言中读阴上调[$ȵ^{53}$]或[$ȵi^{53}$]，做词缀时读小称调[$nĩn^{55/35}$]。如：牛儿[$ȵiɤɯ^{231-211}nĩn^{35}$]小牛、碗儿[$uẽn^{53-43}nĩn^{35}$]小碗、猪儿[$ta^{55}nĩn^{55}$]小猪、讨饭儿[$fãn^{211-55}nĩn^{55}$]小要饭的，对小孩的昵称（胡松柏，2013）

B. 儿尾+变韵。即儿尾通过变韵表示小称。目前见于粤语。

（33）广西平南："儿"[$ȵi^{553}$]在词尾表小称时可读鼻音韵，声调保持阴平不变。词尾的鼻音韵有三种形式：[m]、[n]和[ŋ]。语流中具体选择哪种形式，与词干的韵尾有关。

词干音节韵母以[-m]、[-n]、[-ŋ]收尾时，小称词尾"儿"

分别读为单鼻音音节［m̩］、［n̩］、［ŋ̍］。例如：

杉［sam⁵⁵³］—杉儿［sam³³ m̩⁵⁵³］、银［ŋen³²］—银儿［ŋen²² n̩⁵⁵³］、钟［tsoŋ⁵⁵³］—钟儿［tsoŋ³³ ŋ̍⁵⁵³］。

词干音节韵母以［-p］、［-t］、［-k］收尾的入声字，小称词尾"儿"分别读鼻音音节［m̩］、［n̩］、［ŋ̍］。例如：

鸭［ap²⁴］—鸭儿［ap³³ m̩⁵⁵³］、袜［mat³¹］—袜儿［mat³¹ n̩⁵⁵³］、木［mok³］—木儿［mok² ŋ̍⁵⁵³］（刘春梅，2012）

C. 重叠＋儿尾

基式为"A"，重叠式为"AA儿"。重叠和儿尾是两种小称手段，两者共同表示小称，重叠式后附加"儿"尾可以增加表小和喜爱的意味。这主要分布在官话区，以甘肃、青海等地的官话最为常见。非官话区的赣语也存在。例如：

（34）青海西宁：盖盖儿、水水儿、面面儿、嘴嘴儿（李艳，2010）

（35）陕西牛蹄乡：盅盅儿、壶壶儿、桶桶儿（周海霞，2013）

二　儿尾小称的语法意义

据郑张尚芳（1981）考证：汉魏六朝时"儿"已经有小称表人的意义了，唐宋时儿尾词已经相当发达，指物儿尾词屡见不鲜。[①] "儿"的本义是"小儿"。《说文》："儿，孺子也。从儿，象小儿头囟未合。" "小称"义正是"儿"最初，也是最常见的功能。"儿"由词根发展到词缀，渐渐成了一种小称标记。不仅用来指人，还可以用来指物，因此，小称最初只用于名词，随着语义的发展，逐渐扩展到了量词、动词、形容词等其他词类；不仅可以表人，还可以表示事物以及数量、动作、性状等。如前所述，小称是一种"小量"范畴。小量范畴作为量范畴的一种，是由若干次范畴组成的，由于使用对象的不同，小称往往会表现出不同的小量义，具体而言，不同形式、不同词类所表现出来的小量义会有所不同。

（一）物量

物量是表示事物具体大小的量。小称表达的是事物具体大小的小

---

① 郑张尚芳：《温州方言儿尾词的语音变化（二）》，《方言》1981 年第 1 期。

量。与物量有关的主要是名词。

1. 动物名词+儿。表示动物的幼崽或形体较小者。例如：

（36）四川邛崃：水牛儿、麻雀儿、狗狗儿、猴猴儿（李龄，1959）

（37）江西玉山：鸡儿、鹅儿、鸭儿、狗儿_{小狗}、老鼠儿_{小老鼠}（汪应乐，1991）

（38）浙江遂昌：猫儿、鸟儿、燕儿_{燕子}、蟋蟀儿_{蟋蟀}、虾儿（曹志耘，2001）

（39）广东高州：雀儿、马骝儿、老鼠儿、蛇儿（林华勇、卢妙丹，2016）

（40）广东信宜：牛儿_{刚出生的牛}、猪儿_{刚出生的小猪}、鸡儿_{刚出生的小鸡}（邵慧君，2005）

（41）湖南溆浦：猪儿、羊儿、鸡儿、鱼儿、狗儿（贺凯琳，1999）

2. 植物名词+儿。表示植物的幼苗。例如：

（42）广西贺州桂岭：番薯儿_{小红薯}、芋儿_{小芋头}、芥菜儿_{小芥菜}、菌儿_{小蘑菇}（陈才佳，2017）

（43）安徽宿松：表示未成熟的小的瓜果蔬菜。如：西瓜儿、黄瓜儿、桃子儿、茄子儿、辣椒儿（唐爱华，2005）

（44）广西平南大新：木儿_{小树}、萝卜儿_{小萝卜}、芥菜儿、木瓜儿、雪梨儿（梁驰华，2007）

（45）湖南耒阳：桃儿_{桃子}、枣儿_{红枣}、柿儿_{柿子}、菇儿_{菌子}、蔗儿_{莓子}（王箕裘、钟隆林，2008）

3. 非生命名词+儿尾。表示事物的小者。如：

（46）湖北长阳：桌儿、椅儿、柜儿、篮儿、绳儿、瓶儿（宗丽，2013）

（47）广西宾阳：屋儿_{小屋子}、锅儿_{小锅}、碗儿_{小碗}、刀儿_{小刀}（覃东生，2007）

（48）河南罗山：桶儿_{小桶}、田儿_{面积较小的田}、水库儿_{容积较小的水库}（祁永敏，2007）

（49）广西贺州：山儿_{小山}、棍儿_{小棍子}、房儿_{小房间}、寨儿_{小村子}、石

头儿小石子（陈小燕，2006）

（50）广东茂名：勺儿饭勺、脚儿脚趾、印儿图章（邵慧君，2005）

（51）江西安福：眼儿小孔、刀儿小刀、镢头儿小锄头、尺儿小直尺（雷冬平、胡丽珍，2016）

（52）广东吴川：梳儿小梳子、笞儿小箩筐、屋儿小房子、岭儿小山丘、裇儿小背心（林华青，2011）

（二）数量

与数量相关的主要是数词、量词或数量短语。

1. 数词 + 儿

有时数词本身不一定是小量，但加上"儿"后，数词本来不算少，加"儿"尾后表示说话者要把它缩小的意图。例如：

（53）广西平南：

a. 今日又收入两百儿。今天又赚了两百块钱。（表不多钱）

b. 佢架车可能值四万儿。他那辆车可能值四万块钱。（表不会太多）（刘春梅，2012）

（54）浙江温州：如：双百儿、单千儿、双千儿（郑张尚芳，1979）

2. 量词 + 儿

表示计量单位的量小。数词为"一"时，更多的情况下省略数词形式，以"量词 + 儿"的形式出现。例如：

（55）广西贺州桂岭：袋儿一小袋、钵儿一小钵、箩儿一小箩、吨儿才一吨（陈才佳，2017）

（56）广西平南大成：双儿一双、次儿一次、杯儿酒一小杯酒（黄静丽，2014）

（57）广西横县：个儿只有一个、朵儿只有一朵、千五文儿一千五百块钱而已、几百斤儿只有几百斤（闭思明，2003）

3. 量词重叠 + 儿

表小的意味更加明显。例如：

（58）四川镇龙：捧捧儿、撮撮儿、点点儿、层层儿（向道华，1998）

（59）四川五通桥：斤斤儿、条条儿、筒筒儿、匹匹儿、节节儿。强调量微少。（叶南，2004）

4. 数量短语 + 儿

量词有时用重叠形式。例如：

（60）四川西充：一撮儿盐、一间儿房子、一双儿新鞋（王春玲，2011）

（61）四川邛崃：一方方儿布_{很小的一块布}、一撮撮儿米_{很少的一撮}（李龄，1959）

（62）广西贺州桂岭：

a. 渠捉倒几头儿狗蚤。[ky²³¹ tʃ'øk³⁴⁻³ lu⁵⁵ ki⁵⁵ tou⁵⁵⁻³³ tu⁵⁵] 她才捉了几只跳蚤。

b. 两吨儿煤一阿儿烧齐了。[liaŋ²⁴ tuon²¹⁴⁻²¹ ȵi⁵² mui²³¹ iot⁵ a²¹⁴⁻²¹ ȵi⁵² tu⁵²⁻³³ ʃiu⁵²⁻³¹ θoi²³¹ lɛu³³] 才两吨煤一下烧完了。（陈才佳，2016）

需要说明的是，"儿"作为小称标记，用在量词和数量短语后边，表义是不同的。施其生（1997）明确区分了量词小称和数量词小称，认为"量词小称表示事物的单位较非小称的同类单位小"，"数量词小称是把事物的数量往小里说"①。因此，上文（55）—（59）表示的是事物的单位小，而（60）—（62）表示的是事物的数量小。也就是说，"儿"是附属于整个短语层面上的，为短语增加了主观量少的语法意义。

（三）动量

动量主要表示动作轻、幅度小、频次少等。与动词和动量词有关。例如：

（63）广东鉴江流域：吃儿饭_{吃点饭}、睇儿书_{看点书}、做儿工_{干点活}（李健，1996）

（四）时量

小称所表示的时量主要为时间短。与时点和时段词语有关。例如：

（64）广西平南：吃阿驳儿_{吃一段时间}、穿阿阵儿_{穿一段时间}、砍阿刀

---

① 施其生：《汕头方言量词和数量词的小称》，《方言》1997年第3期。

儿砍一刀（黄静丽，2014）

（65）广西贺州桂岭：两三瞬儿、几分儿、三秒儿、两年儿、两日儿、几围儿（陈才佳，2016）

（66）广西平南大新：一阵儿_{一小会儿}、一年儿_{短短的一年}、一夜儿_{短短的一夜}（梁驰华，2007）

（五）性量

性指性状，事物性状的量称为"性量"。小称所表示的性量为程度轻。主要与形容词有关。例如：

（67）广东鉴江流域：低儿_{处低一点的地方}、好多儿_{有点多}、好高儿_{有点高}（李健，1996）

（68）广西平南大新：黄黄儿_{有点儿黄}、扁扁儿_{有点儿扁}、权权儿_{有点儿圆}（梁驰华，2007）

以上"儿"尾做形容词后缀，表程度较轻。

需要说明的是，时量往往跟动量相关，或者说，动量往往跟时量相关。动量小往往时量短。而且时量、动量也跟数量相关。不过三者侧重面不同，时量侧重于短，动量侧重于小，数量侧重于少。比如，上文（63）"睇儿书"，既表动作小（动量），也表时间短（时量）。上文（66）"一阵儿"，既表时间短（时量），也表数量少（数量）。

（六）表亲昵

东西小了惹人怜爱，因此，小称可以用来表示爱称、昵称。

用于人名、姓氏、排行等称呼语后面的儿尾，表示长辈对晚辈或同辈之间的亲切、喜爱、亲昵的色彩。

1. 用于人名或小名，一般用于长辈对晚辈或平辈之间的称呼，是一种昵称。

（69）河南安阳：张儿、李儿、芳儿、曹猛儿、王虎儿（王芳，2015）

（70）江西九江：国珍儿、红萍儿、洁萍儿、宝玲儿（张林林，1992）

2. 用于亲属称谓+儿，表年龄小或"亲昵"的感情色彩。

（71）浙江温州：孙儿、侄儿、外甥儿、表姊夫儿（背称）

妗娘儿_{舅母}、表兄儿、表姊儿（面称）（郑张尚

芳，1979）

（72）广西梧州：新妇儿、表姐儿、哥哥儿、姐姐儿（李欢，2016）

（73）广西宾阳：阿公儿_{小老头}、阿婆儿_{小老太婆}、舅公儿_{对年纪很小就当上了舅舅的人的称呼}、姨媤儿_{对年纪很小就当上了姨妈的人的称呼}（覃东生，2007）

（七）表轻蔑

一些词语加上"儿"尾后，往往表示轻视、瞧不起的情感色彩。这种用法是"儿"的基本意义的引申。"儿"具有表"小"义，其后加"儿"具有把对方往"小"里看，使表示人的儿尾词带有贬义的感情色彩。

1. 常用于称呼人的职务、地位或人品的低下，表轻蔑的感情色彩。

加"儿"不是形体上的细小微小，而是指地位或人品的卑下，或谓之"卑称、蔑称"。即使是原词并非卑微的词，一带上"儿"也就表示对他们的轻视的意味。如：

（74）浙江温州：窝老人儿_{冤大头、易受骗的外行人}、嫩头儿_{雏儿、不知世故的}、打赌仙儿_{赌棍}、马拘儿（郑张尚芳，1979）

（75）广西平南："职业身份名词+儿"，主要表轻视。

a. 佢啱系只干部儿。_{他只不过是个小干部。}

b. 做只老师儿有乜嘢架势？_{当个小老师有什么了不起？}（刘春梅，2012）

（76）广西平南大新：山冲儿_{山里人}、教师儿、煤呆儿_{媒人}、贼儿、发瘟儿（梁驰华，2007）

2. 对身体有缺陷的人的称谓，也是一种"卑称"。

（77）浙江杭州：哑巴儿、葛嘴儿_{口吃的人}、二麻子儿_{脸上有雀斑的人}、白果眼儿_{斜眼}（徐越，2006）

（78）安徽宿松：缺嘴儿、跛子儿、只眼儿、驼子儿、瞎子儿（唐爱华，2005）

（79）浙江温州：佝背儿_{驼子}、大舌拉儿_{结巴}、烂头儿_{癞痢头}、歪孔儿、破嘴道爷儿_{豁唇者}（郑张尚芳，1979）

（三）表戏谑

语气轻松、婉转，有一种幽默诙谐的感情色彩。

（80）浙江温州：有些词加上儿带着诙谐打趣的语气，不带儿时则显得正经。如：丈母娘儿调侃新丈母、舅老爷儿调侃新舅爷、新姊夫儿调侃新女婿、清水人儿调侃人打扮齐整（郑张尚芳，1979）

（81）浙江杭州：儿缀词表亲昵，可以营造轻松活泼的气氛。杭州方言中有很多用儿缀词构成的俗语、民谣。如："二月二，煎糕炒豆儿；三月三，荠菜花儿上灶山；四月四，杀只鸡儿请灶司；六月六，猫儿狗儿同洗浴"。（徐越，2006）

三 儿化小称的类型

（一）儿化小称的语音类型

儿化小称是语素"儿"经过弱化，与词根融合为一个音节的小称形式，有时带来词根音节韵母的变化，"儿"不能自成音节。王福堂（1999）认为，儿化形成阶段表现为自成音节的"儿"尾向儿化韵过渡，是"儿"尾和前一语素韵母合音的要求来推动的。从历时层面，儿尾到儿化，反映了词根"儿"在语法化过程中的不同阶段①。

"儿"音跟前一音节韵母的融合，一般是"儿"成为韵尾。有卷舌元音式、舌面元音式、鼻音韵尾式、鼻化韵尾式、边音韵尾式等几种语音形式。

1. 卷舌元音式

"儿"与韵母合音为一个音节，并使该韵母转化为卷舌韵母。儿的读音有［ər］、［ar］、［ɐr］、［ɚ］、［r］等。卷舌元音是大部分北方官话方言的存在形式，同时，晋语区也存在卷舌元音。首先来看官话方言：

（82）重庆：虫虫儿［tsʻuŋ²¹ tsʻuer⁵⁵］、盖盖儿［kai¹³ kər⁵⁵］、刀刀儿［tau⁵⁵ tər⁵⁵］（范继淹，1962）

（83）贵州思南：眼儿［iãr⁴²］小窟窿、米儿［miər⁴²］、碗儿［uãr⁴²］（何赟，2017）

（84）湖北钟祥：钩钩儿［kou²⁴ kour⁰］、格格儿［ke³¹ ker⁰］、箍箍儿［khu²⁴ khur⁰］（陈孝玲，2004）

---

① 王福堂：《汉语方言语音的演变和层次》，语文出版社1999年版，第112页。

（85）陕西商州：窟窿儿［kʻu²¹luə̃r⁰］小洞、恁儿大［nə̃r⁵³ta⁵⁵］东西数量小（张成材，2000）

（86）山东泰安：把儿［par⁵⁵］、芽儿［iar⁴²］、袜儿［uar²¹］、花儿［xuar²¹³］（田兆胜，1995）

（87）江苏海安［r］：勺儿、绳儿、风车儿、豇豆儿（顾海洋，2016）

（88）湖北孝感［r］：袋儿、门儿、瓶儿、鱼儿（王求是，2009）

（89）辽宁长海［r］：线球儿［ʂan⁵⁴kʻiəur⁵⁴］、辫儿［piɐr⁵⁴］、棍儿［kuər⁵⁴］（厉兵，1981）

（90）北京［r］：锅铲儿、汤勺儿、铅笔刀儿、眼镜儿（周一民，2011）

（91）辽宁盘锦［ər］：雪花儿、甜杆儿、酒瓶儿、脑勺儿（孙悦，2014）

再来看晋语：

（92）河南安阳［ɚ］：刀儿、坑儿、汽车儿、疙瘩儿（王芳，2015）

（93）山西定襄：勺勺儿［ʂou³¹ʂər³¹］、边边儿［piẽ²¹⁴piər³¹］、带带儿［tæ⁵³tər²¹⁴］（陈茂山，1995）

（94）山西晋城：箱儿［ɕiẽr³⁵］、宿儿［ɕyəʔ⁴³］、匣儿［ɕiər⁴³］、钉儿［tiər³⁵］、裙儿［tɕʻyə̃r³⁵⁴］（沈慧云，1983）

2. 舌面元音式

一些方言中，"儿"的单字音是不卷舌的舌面元音，这样形成的儿化韵就是"舌面元音式"，读音为［ɯ］、［ə］等。例如：

（95）河南洛阳［ɯ］：一两天儿［i³³liaŋ⁵³tʻiɐɯ³³］、阵些儿［tʂən⁴¹²siɐɯ⁵³］一点点儿、恁大儿［nən⁴¹²tɐɯ⁴¹²］那么小（贺巍，1993）

（96）河南博爱［ɯ］：丝儿［sʅɯ⁴²］、偷儿［tʂɯ¹³］、味儿［vɐɯ²¹³］（窦林娟，2017）

（97）云南昆明［ə］：几串儿串儿［tɕi⁵³tʂʻuə²¹²tʂʻuə²¹²⁻⁴⁴］、几截儿截儿［tɕi⁵³tɕiə³¹tɕiə³¹⁻⁴⁴］（丁崇明，2005）

3. 鼻音韵尾式

儿化音节末尾加不自成音节的［n］、［ŋ］。该形式基本集中在徽语和吴语。吴语和徽语中存在自成音节的儿尾，儿尾很容易跟前字形成合音，成为鼻音韵尾，构成鼻音韵尾式小称。例如：

（98）安徽屯溪：栗［le¹¹］—栗儿［len²⁴］小毛栗、柜［tɕy¹¹］—柜儿［tɕyn²⁴］小柜子（钱惠英，1991）

（99）安徽休宁：杯［pɤ³³］—杯儿［pen²⁴］、瓶［pã⁵⁵］—瓶儿［pan⁵⁵］（伍巍、王媛媛，2006）

（100）浙江汤溪：方言"儿"字单读［ŋ¹¹］，表小称时［ŋ］附到本音韵母的末尾充当韵尾。例如：

细鸡儿［sia⁵²⁻³³tɕie-iŋ²⁴］小鸡、柏儿［pa-aŋ⁵⁵］、竹儿［tɕiɔ-iɔŋ⁵⁵］（曹志耘，2001）

4. 鼻化韵尾式

儿化音节末尾变为不自成音节的鼻化韵。鼻音韵尾合并、消失，鼻音韵就转化为鼻化韵。这是韵母演变的结果。例如：

（101）安徽歙县：歙县城关只有很少一部分口语词今天尚保留鼻化，不附加小称变调。例如：虾［xa³¹］—虾虾儿［xa³¹⁻³³xã³¹］、一下下［iʔ³²⁻⁵xa³³xa³³］——一下下儿［iʔ³²⁻⁵xã³³xã³³］一会儿（伍巍、王媛媛，2006）

（102）河南博爱：小称后主要元音［a］发生改变，并鼻化为［ɛ̃］，同时，发音时韵尾［ŋ］变成略微靠前的［n］。如：庄［tsuaŋ⁴²］—小庄［tsuɛ̃n⁴²］地名（窦林娟，2017）

5. 边音韵尾式

儿化音节末尾加不自成音节的边音。这在方言中比较少见。例如：

（103）贵州遵义［l̩］：刀儿［tæl⁵⁵］、树树儿［su¹³sul̩¹³］小树、包包儿［pau⁵⁵pæl̩⁵⁵］（胡光斌，2005）

（二）儿化小称的组合类型

儿化小称的组合类型分为单纯儿化型和混合儿化型两种。

1. 单纯儿化型

单纯儿化型是较为普遍的存在形式。

（104）山东即墨：草儿刚长的嫩草、水儿极少量的水、道儿小路（王玉佳，2016）

（105）湖北安陆：院儿、罐儿、鸡儿、狗儿（盛银花，1999）

（106）贵州思南：刀刀儿、桌桌儿、椅椅儿、盆盆儿（何赟，2017）

（107）河南夏邑：刀儿、碗儿、锅儿、脚丫儿小孩的脚指头（杨根增，2009）

（108）山西大同：树叶儿、瓶盖儿、奶锅儿（马文忠、梁述中，1986）

（109）山西万荣：刷儿小刷子、包儿小袋子、布儿小布块儿（吴建生，1997）

（110）湖北郧县：花生米儿、眼睛毛儿、豆腐泡儿、手指头儿（苏俊波，2016）

（111）江苏泰兴：刀儿小刀、塘儿小凹塘、棒儿小棍子（顾黔，2015）

（112）湖北浠水：板儿、杯儿、盘儿、瓢儿、筒儿（郭攀、夏凤梅，2016）

（113）湖北蕲春：盆儿小盆、船儿小船、线儿细线、辫儿小孩的辫子（南安，1998）

（114）山东莘县：砖儿、饼儿、毛儿、盆儿、钱儿（王宁宁，2016）

2. 混合儿化型

方言中多用这一形式。这种形式比单纯儿化的小称义更为明显。

A. 重叠 + 儿化

基式为"A"，重叠式为"AA儿"。这在西南官话是较为典型小称形式，晋语中也有。有的方言中，重叠并没有表小义，也不单说，只有重叠儿化后才表示小称意义。如：

（115）四川成都：虫虫儿、毛毛儿、刀刀儿（梁德曼，1987）

（116）湖南常德：眼眼儿洞眼、管管儿较小的管子、米米儿小果仁（郑庆君，1997）

（117）山西临汾：本本儿、盘盘儿、瓶瓶儿（潘家懿，1990）

（118）山西山阴：罐罐儿、板板儿、门门儿、腿腿儿（杨增武等，2007）

B. 鼻尾 + 变调

主要集中在吴语、徽语区。

（119）安徽屯溪：袋［ta¹¹］—袋儿［tən²⁴］小袋子、刀［tə¹¹］—刀儿［tən²⁴］小刀、椅通称［i³¹］—椅儿［in²⁴］小竹椅（钱惠英，1991）

（120）安徽休宁：杯［pɤ³³］—杯儿［pen²⁴］、刀［tɤ³³］—刀儿［ten²⁴］、盒［xɤ³⁵］—盒儿［xen³⁵］（伍巍、王媛媛，2006）

C. 鼻化+变调

（121）浙江金华：枣儿［tsɑu－ɑ̃⁵³⁵⁻⁵⁵］、鸡毛帚儿［tɕie³³⁴⁻³³ mɑu³¹³⁻³³ tɕiu－iũ⁵³⁵⁻⁵⁵］鸡毛掸子、柿儿［sɿ－zɿ̃⁵³⁵⁻¹⁴］、桔儿［tɕyəʔ－yẽ⁴⁻⁵⁵］（曹志耘，2001）

D. 重叠+变调+儿化

海安方言重叠往往与变调、儿化叠加使用表示小称，而变调、重叠不单独出现，曲折调［213］占小称变调的绝大多数。

（122）江苏海安：尖尖儿［tɕi ĩ²¹ tɕir²¹³］小的尖角、圆圆儿［yũ³⁵ yʊr²¹³］小圆圈（顾海洋，2016）

E. 儿化变韵

山东方言中普遍存在一种比较特殊的变韵现象，钱曾怡（2010）认为这是一种儿化变韵现象。① 亓海峰、曾晓渝（2008）对莱芜方言的这些变韵词语进行了统计，发现这些变韵后的词语具有很明显的表"小"特征②。这种现象主要分布在山东西部的淄博、莱芜、定陶、章丘、微山、平邑等地区。例如：

（123）山东章丘［ei］：门［mẽ］—门儿［mei］、针［tʂẽ］—针儿［tʂei］、信［ɕĩ］—信儿［ɕei］（李秀明，2012）

（124）山东淄川［ɛ］［ei］［iei］：碗儿小碗［vɛ⁵⁵］、鸡儿小鸡［tsiei²¹⁴］、蛋儿［tɛ³¹］（孟庆泰、罗福腾，1994）

四 儿化小称的语法意义

如前文所述，小称的语法意义可以从物量、数量、动作量和性状量四个角度分析，儿化小称的语法意义也可以从这几个方面进行描述。

（一）物量

小称所表示的物量主要表示事物的细小。

---

① 钱曾怡：《汉语官话方言研究》，齐鲁书社2000年版，第397页。
② 亓海峰、曾晓渝：《莱芜方言儿化韵初探》，《语言科学》2008年第4期。

1. 动植物名词+儿化。表示动物的幼崽或植物的幼苗。例如：

（125）湖北巴东：麻雀儿、喜鹊儿、舌头儿、画眉儿（田祚森，1989）

（126）陕西榆林：牛不郎儿牛犊、牛面儿还在母牛腹中的牛胎儿（郭宇丽，2012）

（127）河北宣化：兔儿、猫儿、毛驴儿（郭凤岚，2007）

（128）湖南汉寿：北瓜瓜儿小南瓜、萝卜卜儿小萝卜、竹竹儿小竹子、西瓜瓜儿小西瓜（周婷，2016）

2. 用来表示无生命事物的小者。"儿"多与具体事物名词连用。

（129）四川自贡：桌桌儿、旗旗儿、点点儿、碟碟儿（吕志新，1989）

（130）重庆：沟沟儿、洞洞儿、坝坝儿、口口儿（喻遂生，1988）

（131）贵州遵义：洞洞儿很小的洞穴、盒盒儿很小的盒子、草草儿短小、纤弱、娇嫩的草、缺缺儿小的缺口（胡光斌，2005）

（132）湖南石门：桶儿、刀儿、歌儿、铺儿小店、凼儿小水坑（易亚新，2005）

（133）湖北襄阳：疙瘩儿、火儿、洞儿、布袋儿、盖儿（杨琳，2017）

（134）湖北宜都：签签儿、板板儿、圈圈儿、须须儿、沟沟儿（李崇兴，2014）

（135）山西洪洞：桌儿小桌子、盔儿小容器、刀儿小刀子、柜儿小柜子（乔全生，1999）

（136）河南光山：酒窝儿、手头儿手指头、脚孔儿脚指甲、鼻子眼儿鼻孔（张贤敏，2012）

（137）江苏泰州：瓶儿、钉儿、板儿、缸儿、壳儿（俞扬，1986）

（138）辽宁长海：八仙桌儿、提包儿、线球儿、棍儿、一捆儿（厉兵，1981）

（二）数量

小称所表示的数量，多表主观上的数量少。与数量相关的主要是数词、量词或数量短语。

1. 量词重叠 + 儿化

（139）湖南慈利：个个儿、件件儿、条条儿、把把儿（吕建国，2010）

（140）四川九寨沟：一撮撮儿、几捧捧儿、一截截儿、几桶桶儿、一盅盅儿（申向阳，2014）

2. 数量短语 + 儿化

通常以"（数词 + 量词重叠）+ 儿"的形式出现，表示的是一种主观量少之意，说话人认为量少才能儿化，量少和数词没有必然联系，"儿"附加的语法意义是属于整个短语的。

（141）四川西充：一捧捧儿花生、两撮撮儿盐、三包包儿糖（王春玲，2011）

（142）湖南常德：半斤斤儿苹果、一根根儿烟、一两张张儿纸（任永辉，2006）

（143）湖南安乡：一两双双儿鞋、两三只只儿鸡、七八斤斤儿鱼（应雨田，1990）

（144）湖北襄阳：一盒儿火柴、一挑儿水、两捆儿柴、一桶儿油漆（谭停，2017）

（145）四川合江：

我们一共才二十个人儿，咋拦得住他们两百个人嘛！

我喊他买九十九朵花，他只买了五十朵儿！（曾艳萍，2011）

（146）湖北巴东：

我能喝几斤酒，两三杯杯儿酒算什么！

七八角角儿钱，你还找他要？（田祚森，1989）

（147）湖南桃源：

一坨坨儿红薯紧斗吃。就一块红薯还吃上老半天。

一片片儿辣椒吃哒要么得紧。就吃一片辣椒没关系的。（周婷，2016）

（三）动量

表示动作的轻微和时量的短暂。

"动量词 + 儿化"，表示动作轻微及时间短暂。

（148）湖北丹江：你等下儿，我马上就来。（苏俊波，2009）

（149）湖南慈利：表示动作的短时。如：

下下儿棋、打下儿牌、吃下儿烟、坐下儿椅子。(吕建国，2010)

(150) 贵州遵义：给他一下儿轻轻地、亲一嘴儿轻轻地、捻一砣儿一小砣（陈遵平，2009）

（四）性量

1. 形容词重叠+儿化，表示程度的减轻或程度的适中。例如：

(151) 湖北枣阳：

他聪明的很，就是有点儿懒懒儿的。

臭豆腐闻倒臭臭儿的，吃倒香香儿的。（刘金勤、司先龙，2003）

这两个句子，儿化后贬义的色彩大大减弱，表示程度的轻微，含有喜爱之意。

(152) 湖南吉首：稀稀儿的、白白儿的、高高儿的（李启群，2002）

(153) 贵州遵义：

脸一个团团儿脸略微有些团、酸纠纠儿的略带酸味儿、辣呼呼儿的辣辣的，好吃（胡光斌，2005）（154）湖南永顺（李启群，1992）：

这瓜苦苦儿的，也还好吃。

他长得肥肥儿的，白胖白胖的。

这两个句子，"儿化"后使原来的程度减弱，意思是"有点儿……，不过适中"的意思。

2. 形容词短语+儿化。形容词位于具有指示程度或数量意义的成分后边发生儿化，儿化是附加在形容词短语上的，表示程度量或数量往小里说。例如：

(155) 河北武邑：

这水坑子三米深。这水坑子才三米深儿。

校儿里那院墙一人高。校儿里那院墙才一人高儿。（张晓静，2014）

(156) 河南浚县：

镇高儿 [tʂən²¹³ kor²⁴] 长得矮、恁们长儿 [nən²¹³ məntʂʻɚ⁴²] 很短、不多宽儿 [pu²⁴ tuə⁵⁵ kʻuor²⁴] 很窄、条河三米深儿 [san²⁴ mi⁵⁵ tʂʻɚ²⁴] 河很浅（辛永芬，2006）

(157) 河南唐河：

班里才镇些儿人_{人少}。

这条路才二米宽儿，过不了大卡车_{很窄}。（杨正超，2013）

(158) 河南中牟：两米高儿、五米深儿、镇高儿、冇多多儿、一指长儿（鲁冰、常乐，2015）

(159) 河南镇平：三尺厚儿、尺把深儿、丈把高儿（侯恒雷，2008）

(160) 河南陕县：核桃大儿、针尖儿大儿、指头粗儿、筷板儿宽儿（张邱林，2003）

(161) 湖北巴东：他个子没有好高儿_{比较矮}、这箱子就这么重儿_{比较轻}（田祚申，1989）

"多+A+儿"：这个格式里的"多"是一个程度疑问代词，用在疑问句中表示询问的程度。"［多+A］儿"和"多+A"构成了语义上的对立。用"多+A"时，只是客观的询问，用小称式"［多+A］儿"时，指询问者预先假设所问的程度是一个小程度。如：

(162) 河南新郑：

他家离这儿多远？（只是客观地询问长度、路程，没有心理预设）

他家离这儿多远儿？（表示询问者预设长度不大、路程不远）（王娟，2015）

（五）表亲昵

用于人名、姓氏、排行等称呼语后面的儿化，表示长辈对晚辈或同辈之间的亲切、喜爱、亲昵的色彩。有时也用于小地名，表示喜爱的感情色彩。

1. 用于人名或姓氏

(163) 湖北英山：小王儿、李兰儿、李国庆儿、刘嫂儿（项菊，2005）

(164) 江苏徐州：王儿、刘儿、廖儿、张儿（李申，1983）

(165) 湖南永顺：彭家芬儿、肖时桂儿、李家俊儿、李子芳儿（李启群，1992）

2. 用于人的排行

儿化后带有"亲切、爱昵"的感情色彩。

(166) 河南罗山：刘三儿、张四儿、王五儿、杨六儿、幺儿（祁

永敏，2007）

（167）湖北孝感：三儿、四儿、五儿、六儿、九儿（王求是，2009）

（168）湖北鄂州：老大儿、老二儿、老三儿、老四儿（万幼斌，1990）

3. 用于亲属称谓＋儿

表年龄小或"亲昵"的感情色彩。

（169）甘肃临夏：表示上对下的亲昵的感情。如：外孙儿、妮孩儿、儿媳妇、小叔儿、小姑儿。（王森，1995）

4. 一些小地名儿化，用以表示喜爱的感情色彩。

（170）河北迁西：白堡店儿、半壁店儿、三屯营儿、松岭儿、碗儿峪（江海燕，2000）

（六）表轻蔑

东西小了，有时会被"小看"，表轻视的感情色彩。常用于称呼人的职务、地位或人品的低下，表轻蔑的感情色彩。

（171）湖北宜昌：瞎瞎儿盲人、广广儿对操粤方言者的谑称、偌偌儿对疲沓、不整洁者的谑称（胡海，1994）

（172）山东文登：傻帽儿、瘪三儿、败家娘们儿（王颖，2013）

（七）表戏谑

（173）贵州遵义：重叠量词表示轻松语气。如：

回回儿都赢，手气太好啰。（语气轻松）

回回都输，手气太背啰。（语气沉重）（陈遵平，2009）

（174）贵州遵义：有的名词儿化，借以显示说话人的俏皮、幽默和风趣等感情色彩，是为小称的一种变体。例如：钓鱼儿、打球儿、落雨儿、喝酒儿。（胡光斌，2005）

对一个事物的小称可以体现出喜爱和厌恶两种感情色彩。一方面因为小而可爱，这是儿化主要的感情色彩；另一方面少数儿类词也可以用小称表现贬抑的感情色彩。由于小称有爱昵的感情色彩，所以也常用来表达轻松活泼、戏谑调侃的语气，起着舒缓语气的作用。

五　儿类小称的特点

汉语方言的"儿"类小称在语音形式、地域分布、语法意义等方面都有自己的特点。

（一）从语音形式看儿类小称

汉语方言纷繁复杂，"儿"的语音形式千差万别，既有自成音节的卷舌儿尾，如毕节话的 [ər]；又有平舌儿尾，如兰州话的 [ɯ]、西宁话的 [ɛ]、黎川话的 [i]；也有鼻音儿尾，如安徽绩溪话的 [n]、浙江平阳的 [ŋ]；还有边音儿尾，如遵义话的 [l]。不仅如此，儿尾进一步发展，会跟前一音节韵母合音，成为儿化韵。有卷舌韵尾，如北京话的 [r]、重庆话的 [er]、安阳话的 [ɚ]；也有平舌韵尾，如洛阳话的 [ɯ]；有鼻音韵尾，如休宁话"杯儿" [pen^{24}]；还有鼻化韵尾，如歙县话的"虾虾儿" [xa$^{31-33}$xã^{31}] 等。"儿"的语音形式的共时差异，体现了其历史发展的渐变过程。

王媛媛（2007）① 总结了从中古到现代汉语"儿"音的发展历程：

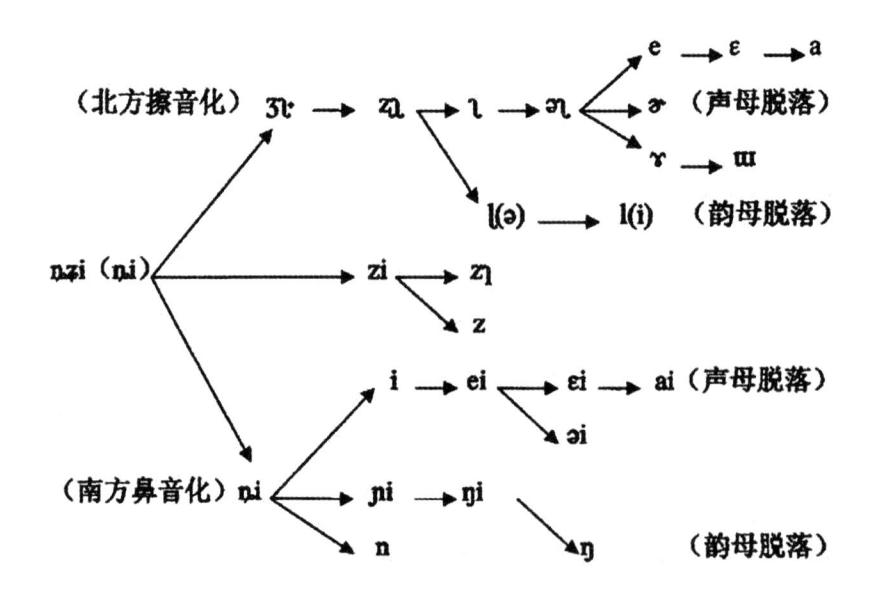

```
                                              e → ɛ → a
                                            ↗
         (北方擦音化) ʒɿ → ʐɿ → l → ɻ → ɚ  (声母脱落)
       ↗                                    ↘
      /                                       ɤ → ɯ
     /                        l(ə) → l(i)  (韵母脱落)
nʑi(ɲi)        →  zi → ʐɿ
     \                     ↘
      \                     z
       \
        \                     i → ei → ɛi → ai (声母脱落)
         \                              ↘
          \                              əi
         (南方鼻音化) ɲi ←  ɲi → ŋi
                        ↘            ↘
                         n            ŋ  (韵母脱落)
```

"儿"音在方言中的不同语音形式，其实是这一渐变过程的某个片段，但把这些片段联系起来，就构成一个完整的历史发展过程。通过考察，我们看到，"儿"在南北方言中形成了不同的演变路径，北方话中

---

① 王媛媛：《汉语"儿化"研究》，博士学位论文，暨南大学，2002年。

的"儿"大多具有卷舌音的特点，而南方方言仍然保持着鼻音的性质。"儿"的各种语音形式，为"儿"音的历史发展提供了佐证。

（二）从语法意义看儿类小称

从事实考察中我们看到，儿尾小称和儿化小称表现出基本相同的语法意义，都可以表示物量、数量、动量、时量、性量的"小、少、轻"等义。我们还看到，"儿类"小称的语义变化经历了以下过程：在单纯儿尾型小称的方言中，儿尾独立表示小称的意义较为显豁，如浙江温州、广东贺州等，小称意义较为丰富，可以涉及物量、数量、动量、时量等多个义域。在儿尾和儿化并用型的方言中，儿尾和儿化均表小称，但呈现互补状态，比如四川西充，单音节儿尾词和双音节儿化词分别表示小称。又如贵州遵义，大部分儿尾词表小义，但现有的儿尾词在逐渐减少，儿尾已成为一种正在消失的残存语言现象，同时"儿化"的表义功能也在弱化。在单纯儿化型小称的方言中，有的方言儿化表小称义明显淡化。比如云南昆明，只有少数的儿化表小称。可见，在"儿尾"向"儿化"转化的发展历程中，"儿"表小称义处于一种渐趋磨损的过程。随着"儿类"小称的逐渐减少，汉语方言将会催生新的小称形式。

小　结

本书对汉语方言"儿类"小称的类型分布及语法意义进行了考察。结果显示："儿类"小称的语音类型，既有儿尾形式，也有儿化形式，展现了"儿"类小称形态变化的多样性，也显示了"儿类"小称历时发展的轨迹。组合类型上，"儿"可以与其他语法手段结合，构成"儿尾变调""儿尾变韵""重叠＋儿尾""鼻尾＋变调""鼻化＋变调""重叠＋变调＋儿化"等小称形式，这也说明单纯儿尾或儿化表小称的形式在逐渐弱化，而趋于结合其他语法手段。"儿类"小称在地域分布上是不平衡的，呈现南方多儿尾，北方多儿化的小称格局。"小量"是小称最基本的语法意义，小称不仅可以表示事物和数量的微小，还可以表示动作和性状的轻弱、时间的短暂等，反映出"小称"语义功能的不断扩展。从"儿类"小称可以看到汉语方言小称的丰富性。深入考察"儿类"小称，有助于深化我们对汉语方言小称问题的认识。

第二节 "子"缀小称

"子"是汉语方言中普遍存在的小称词缀。但各方言子缀小称在使用范围、存在数量上有很大差异，语音形式及分布特点也具有明显的地域性。

一 "子"缀小称的语音类型

汉语方言中，小称词缀"子"的语音形式，在不同的方言区，声韵母都会有所不同。具体情况如表3-1所示：

表3-1　　　　　汉语方言"子"缀小称语音形式

声调类型	语音形式	方言区	方言点举例
轻读	tsə	江淮官话	安徽合肥
	tsa	乡话	湖西古丈
	tsɚ	江淮官话	江苏泗洪
	tsɛ	中原官话	河北魏县
		江淮官话	江苏高邮
	tsɿ	中原官话	甘肃天水
		赣语	江西南昌
		土话	湖南宜章
		湘语	湖南湘潭
	tə	江淮官话	安徽定远
	te	闽语	福建浦城
	r	西南官话	湖北荆门
重读	tse	客家话	广东中山
	tsai	客家话	福建连城
	tsei	客家话	福建宁化
	tʃei	粤语	广东阳江
	tsi	闽语	福建罗源
	tsɿ	客家话	福建武平
		赣语	安徽宿松
		土话	湖南嘉禾

从表 3-1 可以看出,"子"缀的声调类型分为两类:一类是重读。客家话、粤语等南方方言较为常见;另一类变读为轻声,江淮官话、中原官话、湘语中较为常见。在重读的方言中,有的方言发生了变调现象,如湖南湘潭、福建浦城;有的方言发生了变韵现象,如:江苏高邮(姚亦登,2008)。具体情况见下文。

有的方言中,可以用几种读音形式表示小称,根据词根的不同,语音形式会有所不同。如:

福建浦城:浦城观前方言存在着四种读音形式:[e¹¹³]、[ie¹¹³]、[ue¹¹³]、[ŋe¹¹³]。如:

(1)"子"尾在阳声韵后面读[ŋe¹¹³]。这是受到了词干鼻尾或鼻音成分同化的结果。如:

船子[sỹ¹¹⁻³¹ ŋe¹¹³]小船、铰剪子[kɑo⁴⁴ dzaẽ-tsaæ̃¹¹³⁻⁵³ ŋe¹¹³]小剪刀、鼎子[diã-tiã¹¹³⁻⁵³ ŋe¹¹³]小锅

(2)"子"尾在[aæ]韵后面读[ie¹¹³],此时词干的[aæ]韵变成[a]韵。如:

鸡子[kaæ⁴⁴⁻⁵³ ie¹¹³]小鸡、鞋子[aæ-a³¹ iie¹¹³]小孩穿的鞋

(3)"子"尾在[ao, io, əu, iəu]韵的后面受到了词干元音韵尾的同化而读成[ue¹¹³]。如:

牛子[niəu¹¹⁻³¹ ue¹¹³]小牛、瓯子[əu⁴⁴⁻⁵³ ue¹¹³]酒杯

(4)"子"尾在[i, u, y, a]韵的后面读[e¹¹³]。如:

狗子[u¹¹³⁻⁵³ e¹¹³]小狗、牛牯子[niəu¹¹ gu-ku¹¹³⁻⁵³ e¹¹³]小公牛、鸡角子[kaæ⁴⁴ ku²⁵⁻⁵³ e¹¹³]小公鸡(秋谷裕幸,2015)

二 "子"缀小称的方言分布

"子"缀小称在各大方言区均有分布。就官话而言,在江淮官话和中原官话中分布较广,其他官话因文献不足,还有待进一步调查。

江淮官话

(5)安徽合肥:蚊子、珠子、脚子残渣、盏子小瓷碗、量子提水用的小木桶(杨永成,2012)

(6)安徽定远:大明子、老宝子、二子、三子(岳秀文,2010)

(7)安徽枞阳:起子、蜂子、虼子、苗子、雪子(林玉婷,2017)

（8）安徽怀远：斜子、矬子、结巴子、要饭子、老拐子（陈珂、张琳琳，2016）

（9）江苏高邮：叶贴子蝴蝶、叽溜子知了、鼻涕虫子蜒蚰、刀螂子螳螂（姚亦登，2008）

（10）江苏泗洪：嘴子壶或者瓶等物体的嘴儿、沟子小沟、刀子小刀、路子小的纹路、水儿汁儿（周琴，2007）

中原官话

（11）安徽阜阳：豆饼子、鼻尖子、肉皮子、毛子、柱子、三子（乐玲华，1985）

（12）皖北濉溪：星星子、果果子、狗狗子对小孩的昵称（郭辉，2007）

（13）甘肃天水：刀子小刀、帽子、碟子、罐子、面片子（王廷贤，2004）

（14）甘肃酒泉：刷刷子、铲铲子、钩钩子、提提子、掸掸子用鸡毛或条布做成的除尘工具、兜兜子布袋（孙占鳌、刘生平，2013）

（15）河南夏邑：羊羔子、牛犊子、猪秧子、驴驹子（杨根增，2009）

（16）山西新绛：车子自行车、盆子小盆、盘子小盘、罐子小器皿（翟维娟，2015）

西南官话

（17）湖南安乡黄山头：眼嘴子、鞋带子、菜叶子、索子细绳子、缸子喝水用的小缸子（李绍群，2011）

（18）湖北仙桃：雪子子雪花、窗子子窗户、玻璃子子破碎的玻璃、刷子子刷子、豌豆子子、谷子子（陈秀，2015）

在非官话方言区，子缀小称在赣语、客家话、粤语、闽语、湘语、晋语及湘语土话中均有分布。

赣语

（19）江西南昌：三四个子人、几块子钱、两句子、几回子、个把子月、寸把子（熊正辉，1979）

（20）江西新干：石子体积较小的石头、芋子芋头上生出的圆圆的小芋头（王柔曼，2015）

（21）安徽宿松：石头子小石子儿、瓦片子细碎瓦片、土巴子细碎的泥土、夹粑子细小的米粉面粉疙瘩、眼珠子眼球、拳头子小拳头，一般指胎儿、婴儿的拳头（唐爱华，2005）

客家话

（22）江西上犹：粉笔头子、杉树尾子、钢笔尖子、萝卜须子、茶壶耳子、衫袖口子、铅笔芯子（刘纶鑫，1991）

（23）江西南康：猫牯子、猫婆子、猪牯子、猪婆子、狗牯子、狗婆子、生牯子、生婆子（刘汉银，2006）

（24）江西遂川：刀子小刀、石子小石头、镯子手镯、妹子女儿、侄唔子侄子（胡秋平，2015）

（25）四川泰兴：小郎子丈夫之弟、阿文子、阿万子、阿英子、阿根子（兰玉英，2007）

（26）四川洛带：尾子末尾、脚子残存物，液体的沉淀物、须子须（兰玉英、曾为志，2007）

（27）福建连城：鱼子小鱼儿、狗子小狗儿、桌子小桌子、凳子小凳子、盖子小盖子（项梦冰，1997）

（28）福建宁化：碗子小碗、刀子小刀、饼子小圆饼、丸子小丸子（张桃，2004）

（29）福建武平：一刻子一会儿、一下子、一滴子一点子、一点子一点儿、一两日子一两天、三四月子（练春招，2000）

（30）广东梅县：老妹子妹妹、学生子学生、参子人参、芋卵子小芋头、狗子小狗、囊蚁子蜻蜓（谢栋元，2002）

粤语

（31）广东阳江：红红子、甜甜子、热热子、高高子（冼文婷，2016）

（32）广东四邑：用于瓜果蔬菜类的籽粒或单瓣，如"瓜子"瓜果中的籽、"蒜子"单个的蒜瓣。（甘于恩，2002）

闽语

（33）福建罗源：麻雀子麻将牌、腰子动物的肾、蒜头子蒜瓣儿、算盘子算盘珠子、哨子、铜子铜钱、骰子色子、冻子冻疮（黄涛，2016）

（34）福建沙县：刀子铅笔刀、巷子胡同、鸡角子小公鸡（邓享璋，2004）

（35）浙南闽语：表示植物的种子或小动物的卵。如：麦子麦的种

子、橘子橘的种子、鱼子鱼的卵、蚕母子蚕的卵（温端政，1958）

在闽方言中，有部分方言点，有些"子"会写成"仔"。但其实，其本字是"子"。例如（36）—（38）方言中的"仔"，其实是"子"。为尊重原文，这里，仍写作"仔"。

（36）福建南平：仔［tsai］，这个"仔"其实是"子"。如：凳仔、刀仔、石头仔、杯杯仔、狗仔、庙仔、盘盘仔、锄头仔（廖云泉，1994）

（37）福建松溪：仔［tsiɛ］。如：猪仔小猪、鸡仔小鸡、索仔小绳子、桌仔、帽仔（松溪县志地方志编纂委员会编，1994）

（38）福建永安：仔［tsã³］。瓜仔［kuɔ¹tsã³］瓜子、钮仔［giau³tsã³］扣子、棋仔［ki²tsã³］棋子、手骨仔［tʃ⁶iau³kui⁶tsã³］手指头（周长楫、林宝卿，1992）

湘语

（39）湖南长沙：萝卜子子萝卜籽儿、白菜子子白菜籽儿、木子子乌桕树的果实,可榨油、棋子子棋子儿、沙子子沙粒儿、雪子子雪珠儿（鲍厚星，1999）

（40）湖南衡阳：点点子、片片子、粒粒子、格格子、下下子、刻刻子（李永明，1986）

（41）湖南娄底：豌豆子豌豆、黄豆子、花苞子花苞、慈姑子荸荠、油麻子芝麻（李立林，2007）

（42）湖南湘乡：姚兰子、黄娟子、张燕子、李华子、秀峰子、丽银子（姚兰，2007）

（43）湖南新邵：疤子、烟子、笋子、球子、缝子、图子、茧子（周敏莉，2006）

晋语

（44）陕西榆林：酒盅子、针尖子、灯捻子、麦茬子、牛面子牛犊、雪脖子下大雪之前先下的小雪珠儿、海子内陆小湖泊、蚂蚁子蚂蚁（郭宇丽，2012）

（45）河南安阳：刀子、羹子、勺子、椅子、杯子、盒子、颗星子、点子（崔闪闪，2014）

（46）河北涉县：芳子、金子、丑子、梅子、雷子（康成玉，2018）

土话

（47）湖南泸溪李家田乡话：车子_{小孩玩的车}、粉筛子_{孔非常小}、索子_{细小的麻线编制而成}、凉杠子_{冬天在屋檐上看到的细小物}、毛棚子_{相对房子来说较小}（邓婕，2016）

（48）湖南嘉禾：指人时表示卑微渺小或轻贱之义。如：疯子、婊子、寡婆子、聋子、驼子、麻子、癫子。（卢小群，2010）

我们将"子"缀小称总体分布做了统计，具体情况如表3-2所示：

表3-2　　　　　汉语方言"子"缀小称总体分布

方言区		方言点	点数
官话	江淮官话	安徽：合肥、定远、枞阳、怀远 江苏：高邮、泗洪、扬州、赣榆	8
	中原官话	安徽：阜阳、濉溪；山西：新绛 甘肃：天水、酒泉；河南：罗山、固始、夏邑 陕西：镇安、商州	10
	西南官话	湖北：宜昌、荆门、仙桃 湖南：安乡黄山头、慈利	5
非官话	赣语	江西：南昌、蒋巷、永修、新干、泰和；安徽：宿松	6
	湘语	湖南：长沙、衡阳、娄底、湘乡、新邵寸石、涟源、湘阴、湘潭、株洲、益阳	10
	客家话	江西：上犹、南康、遂川、赣县 四川：泰兴、洛带 福建：连城、宁化、武平、永定 广东：梅县、大埔	12
	粤语	广东：阳江、四邑	2
	闽语	福建：浦城、罗源、沙县、盖竹、永安、建瓯、宁德、南平、松溪	9
	晋语	陕西：榆林；河南：安阳；河北：涉县	3
	平话、土话、乡话	湖南：泸溪、古丈、嘉禾、宜章 广西：全州	5

从表3-2统计可以看出，"子"缀小称在汉语方言中的分布地域

非常广泛。既存在于官话方言区，又存在于非官话方言区。其中，官话方言主要集中在江淮官话、中原官话区，少量集中在西南官话区。非官话方言区的分布较为普遍，客家话、湘语有较多分布，闽语、赣语、平话和土话次之，粤语分布较少。

三 "子"缀小称的构成类型

（一）"A＋子"

1. 单音节＋子

（49）安徽合肥：骗子、赖子、瘸子、矮子、秃子、矬子_{个子矮的人}、豁子_{豁唇子}（杨永成，2012）

（50）河南夏邑：三子、迪子、羊子、蛋子（杨根增，2009）

（51）湖南泸溪李家田乡话：苗子、疯子、跛子、瞎子、聋子、哑子（邓婕，2016）

2. 双音节＋子

（52）河南固始：矬把子_{身材矮小的人}、豁牙子、背锅子_{驼背的人}、结巴子、半语子_{说话不清楚不完整的人}（安华林，2005）

（53）江西上犹：兰英子、招娣子、福生子、国强子、姨娘子（刘纶鑫，1991）

3. 多音节＋子

（54）皖北濉溪：鲤鱼拐子_{小鲤鱼}、鲫鱼壳子_{小鲫鱼}、手巾捏子（郭辉，2007）

（55）陕西镇安：萝卜丝子、肩膀头子、钢笔尖子（赵雪，2015）

（二）"AA＋子"

（56）安徽定远：珠珠子、兜兜子_{肚兜}、顶顶子_{顶针儿}（岳秀文，2010）

（57）皖北濉溪：星星子、果果子、狗狗子_{对小孩的昵称}（郭辉，2007）

（58）陕西镇安云镇：毛毛子_{细小貌}、片片子_{片状}、籽籽子_{小颗粒状}、面面子_{细末状}、坨坨子_{块状}（李文娟，2008）

（三）"A 子子"

"A 子子"，就其内部结构而言，这种形式是偏正式合成词后加

"子"缀形式,即"A 子₁ + 子₂"两个"子"连说,"子₁"是词根,表达的是"颗粒状物体"的实义,读原调,是词根,"子₂"读轻声,是表小的词缀。"A 子"一般也表示较小的事物,在其后加"子"更加强调了"小"这个意义。

(59)安徽怀远:枪子子、瓜子子、石子子(陈珂、张琳琳,2016)

(60)江苏高邮:瓜子子、卵子子、炮子子(姚亦登,2008)

(61)江苏泗洪:石子子、瓜子子、弹子子(朱文夫、冯薇,2004)

(62)河南罗山:雪子子、盐子子、蛋子子、石头子子、瓜头子子(尹百利,2013)

(63)河南固始:麦子子、油菜子子、枪子子_子弹_、蛋子子_隐指睾丸_(安华林,2005)

(64)湖南益阳:弹子子_小玻璃球_、眼珠子子_眼珠儿_、石子子_石子儿_、盐子子_盐粒_、算盘子子_算珠儿_(徐慧,2001)

此外,安徽定远(岳秀文,2010)、湖北荆门(高娟,2016)、湖北宜昌(曾立英,2002)、湖南涟源(陈晖,1999)等也出现"子子"连用的情况,表示"细小义"。

(四)"A 子儿"或"A 子子儿"

(65)陕西牛蹄乡:羊子儿、狗子儿、猫子儿、鸡子儿、鸭子儿、刀子儿、箱子儿、盒子儿、瓶子儿(周海霞,2013)

(66)河南安阳:剪子儿、盖子儿、扇子儿、镜子儿(崔闪闪,2014)

(67)湖南慈利:把子子儿、对子子儿、杯子子儿

该式由"A 子"派生出来,更加强调量小。末尾儿化音节读轻声。这一形式只可与"一"结合。如:

一对子子儿牌都摸不到哦。

你硬是一点子子儿运气都没得。

今朝儿没得事,看场子子儿戏去。(吕建国,2010)

(五)"N 子子子"

形容最小的东西时,名词后可附加"子子子",构成"名词 + 子子子"的形式,最后一个子读轻声。

(68) 陕西商州：石头子子子［ʂʅ³⁵ tou²¹ tsʅ⁵³ tsʅ⁵³ tsʅ⁰］最小的石头、沙子子子［sA⁵³ tsʅ⁵³ tsʅ⁵³ tsʅ⁰］最小的沙粒、碎子子子［suei⁵⁵ tsʅ⁵³ tsʅ⁵³ tsʅ⁰］（王三敏、杨莉，2010）

(69) 甘肃酒泉：茄子子子茄子的种子、石头子子子最小的石头（孙占鳌、刘生平，2013）

（六）子变音

1. 子变调：有的方言中，"子"缀发生小称变调。

(70) 福建浦城山下："子"表小称发生变调，子变为［te²¹］或［te⁰］，如：

a：□蟆子［dza²² ma²² te²¹⁻⁰］小青蛙、刀子［tao⁵⁵ te³¹⁻⁰］小刀、鸭子［a²¹⁴ te³¹⁻⁰］小鸭子

这里，"子"变为轻声。

b：鼎子［tiaŋ³¹ te³¹⁻²¹］小锅、牛牯子［niu²² ku³¹ te³¹⁻²¹］小公牛、新妇子［seiŋ⁵⁵ xuʔ⁵⁴⁻⁵² te³¹⁻²¹］童养媳（秋谷裕幸，2015）

(71) 湖南湘潭：子，原读［tsʅ⁴²］，做小称词缀时，不读上声，而变读为阴平［33］调，即［tsʅ³³］。如：刀子［tsʻɒ²⁴ tsʅ³³］、杯子［pəi³³ tsʅ³³］、扇子［ɕye³³ tsʅ³³］。（曾毓美，2001）

2. 子变韵：

(72) 江西石城：含有"细小"义的词语，其最后音节的韵母末尾带有［t］尾，温昌衍认为石城高田话的小称音变其实是"子"的音变形式，即方言中相当于普通话"子"缀与前一语素的合音音变。小称音变体现为"子"变韵。如：鸡大鸡［kie⁴³］—鸡［kie^t⁴³］小鸡、猪大猪［tsə⁴³］—猪［tsə^t⁴³］小猪、间［kan⁴³］大房间—间［kan^t⁴³］小房间、枪［tsʻiɔŋ⁴³］真枪—枪［tsʻiɔŋ^t⁴³］玩具枪。（温昌衍、温美姬，2004）

四 "子"缀小称的语法意义

"子"缀小称的语法意义可分为表量和表情。表量包括：物量、数量、性量和动量。

（一）物量

1. 用来表示体型较小的动植物或动植物的幼崽、果实。

(73) 安徽怀远：鳖蝠子、蝎虎子、蛐知子（陈珂、张琳琳，

2016）

（74）江苏扬州：蝴蝶子、刀螂子螳螂、鼻涕虫子蛭蚰、黄鼠狼子（陈晨，1981）

（75）湖南安乡黄山头：鸡子、猪子、狗子、猫子、蚂蚁子、麻雀子（李绍群，2011）

（76）湖南泸溪李家田乡话：辣子小辣椒、鸡子小鸡、蛇生子蜥蜴、葵花子、犬子狗崽、虫子指蚕儿（邓婕，2016）

（77）福建宁德：鱼子鱼卵、虾子虾卵、菜子蔬菜的种子、蒜头子蒜瓣（陈丽冰，2012）

（78）广西全州：子子［tsæ²⁴tsæ］，用在动物或植物名后，表示幼崽或果实。如：牛子子牛崽、猪子子猪崽、鸡子子鸡崽、鸭子子、竹子子、麻子子、豆子子、落花生子子。（唐昌曼，2005）

（79）江西上犹：鸡公子、鸡婆子、猫牯子、猫婆子、猪牯子、猪婆子、狗牸子、牛牸子（刘纶鑫，1991）

2. 用来表示体积不大、细小的事物。

名词词根是成词语素，可以单说，表示通称或该物的大者，附加上"子"尾后，使整个名词增加了小称意义。如：

（80）河南夏邑：绳粗大的绳—绳子细小的绳儿、板较大的板—板子较小的板、车较大的车—车子较小的车。如：

（A）a：这绳中个屁！捆不了这个猪。这个绳不行，捆不下这头猪！
　　　b：这绳子挺好看，用它扎辫子吧。这绳儿挺好看，用它扎辫子吧。

（B）a：车来啦，快跑！大车开过来了，快跑！
　　　b：借你哩车子用用，骑子上县。借你的自行车用用，骑着去趟县城。
（杨根增，2009）

（81）江西永修：刀切菜的大刀—刀子专指削铅笔的小刀、盆洗脸和洗衣服的盆，相对大—盆子专指盛饭菜的样子像盆的碗具、凳长条凳—凳子小凳子、车大型的车，如汽车—车子自行车（郝玲玲，2009）

（82）福建连城：竹毛竹—竹子小竹子、树大树—树子灌木、柑柚子—柑子柑橘、米—米子碎米粒儿、铳鸟枪—铳子一种竹制儿童玩具、手帕毛巾—手帕子手绢（项梦冰，1997）

（83）福建宁化：碗—碗子小碗、刀—刀子小刀、饼—饼子小圆饼、

丸—丸子_{小丸子}（张桃，2004）

（84）福建武平：秤_{大杆秤}—秤子_{卖菜用的小杆秤}、索_{粗绳子}—索子_{细绳子}、藤椅_{通称}—藤椅子_{小孩坐的小藤椅}、竹椅_{靠背的竹制椅子}—竹椅子_{没有靠背的小竹椅}、梯楼梯—梯子_{可以搬动的小椅子}（练春招，2000）

（85）湖南长沙：划子_{小船}、宰子_{凿金属的小凿子}、錾子_{凿石头的小凿子}、端子_{竹筒制成的水舀子}、土堆子_{小土堆}、毛雨子_{毛毛雨}、毛栗子_{野生小栗子}（李永明，1991）

（86）陕西商州：包包子_{包儿}、裙裙子_{专指小女孩的裙子}、沫沫子_{细沫子}、泡泡子_{小泡泡}、叶叶子、絮絮子、堆堆子、房房子、柜柜子、箱箱子、条条子、人人子、片片子（王三敏、杨莉，2010）

（87）福建建瓯：建瓯的名词重叠后加"子"后缀，极言其小。如：

嘴嘴子_{器物尖嘴的末端}、桑桑子_{桑葚儿}、人人子_{画的或塑的小人儿}、尾尾子_{最末尾、最后}、边边子/沿沿子_{边沿，非常靠边的地方}。（邓享璋，2004）

（88）湖北荆门：雪子子、沙子子、色子子。"沙子、雪子、色子"都是非常小的事物，所以在其后加"子"用来强调"小"这个意义。还有一类：泡泡子、块块子、角角子。如：

把这面上的泡泡子都舀走。

萝卜要切成块块子才行。

角角子钱我才不要咧！（高娟，2016）

后缀"子"表示"小"是指这些数量很多的事物在形态上都具有"小"这个特征。

（89）湖南古丈：帕子_{短头巾}、门子_{窗户}、蜂子_{蜜蜂}、蜘蛛子_{蜘蛛}、树截子_{树墩}（伍云姬，2007）

（90）江西蒋巷：船子_{小船儿}、凳子_{小凳儿}、缸子_{小缸}、脚盆子_{小洗脚盆}（谢留文，1991）

（91）江西永修：杌子_{小凳子}、手捏子_{手帕}、洞牯脐子_{肚脐眼}、镯子、猪旺子_{猪血}（郝玲玲，2009）

（92）安徽合肥：须须子_{细小的须}、道道子_{细小的长形印记}、沫沫子_{细小的泡沫}、屑屑子_{碎屑}、脚脚子_{碎小的残渣}（杨永成，2012）

（93）甘肃酒泉：缸缸子_{喝茶用的}、碗碗子_{孩子吃饭的小碗儿}、盆盆子、

刀刀子、虫虫子、棍棍子（孙占鳌、刘生平，2013）

（94）江西南康：当"子"前面的语素是指一些物体的首、尾、枝节等突出部分时，就含有"小"义。如：粉笔头子、松鼠尾子、番薯根子。（刘汉银，2006）

（95）江西赣县：一般情况下，赣县客家方言中的"子"尾是没有特殊的感情色彩和意义的，但是，当"子"尾之前的语素代表物体的首尾或者尖端等突出部位的名称时，它便带有"小"的意思了。如：竹蔸子、衫袖筒子、电笔芯子、丛树尾子、钢笔嘴子、粉笔头子、菜饮子、火笼耳子。（肖春燕，2013）

（二）数量

这一形式出现在数量结构中，表示主观上认为小或少，具有减势功能。

数词+量词+子：

（96）湖南慈利：一把子、一下子、一棍子、一刀子。如：

一把子柴都搞不回来。

一升子米都买不起。

一下子就搞好哒。（吕建国，2010）

（97）江西永修：黏附于数量词后，加"子"后表示数量少。如：

一个子、一把子、一口子、一日子、三四个字、七八只子、十来桌子、二十几岁子

表示说话人认为数量少或说话人为了表示谦虚或轻视而故意将本来不少的数量往少里说。

a. 二十几岁个人，还讲么不懂事。二十多岁的人还这么不懂事。

b. 二十几岁子个人，就晓得做讲么多事。二十几岁的人就知道这么多事。（郝玲玲，2009）

a 句表达了说话人主观上认为年龄大，b 句表达了说话人主观上认为年龄小。

（98）江西上犹：一滴子—点儿、一股子—小段、一口子—小口、两斤子、两尺子、两到子—两遍。

孩该两斤子东西都可以打飞脚！这几斤中的东西，都可以挑着跑！

该两里子路你走了咁久！这几里路你走了那么久！（刘纶鑫，1991）

（99）福建连城：一碗子、几头子、三块子、两个子

一碗子饭那角食得饱 a^3。那么一小碗饭哪儿吃得饱哇。

几头子菜消得几多水 a^3。那么几棵菜用不了多少水。（项梦冰，1997）

（100）福建武平：几块子、几个子、几间子、几斤子、几头子、几条子（练春招，2000）

（101）湖南湘阴：三四根子、两斤子、三四天子、十几斤子（孙益民，2004）

带"子"尾的数量结构能表示出说话人对数量的看法，一般来说，表示说话人认为数量少。如：

才住三四天子算么哩？才住了三四天子算什么久呢？

数词+量词重叠+子：

（102）皖北濉溪：一点点子、一粒粒子、一星星子、一丝丝子、一捆捆子、一丁丁子（郭辉，2007）

（103）湖南株洲：一点点子、一下下子。如：

他一下下子就回。他马上就回，表时间极短。

姆妈有一点点子脑壳痛。妈妈有一丁点儿头疼，表疼痛轻微。（言岚，2002）

量+把+子：

（104）江西蒋巷：个把子、斤把子、年把子、个把子。如：

我礼拜日里钓到了斤把子鱼。我星期天钓到了一斤左右的鱼。（数量不算多）

这根木头有丈把子长。这根木头有一丈左右长。（不算长）（谢留文，1991）

（105）江西上犹：表示说话人在感情上认为数量太少，不值什么。如：

介把子人做得了咁多事？一个人哪里干得了这么多活儿？

买斤把子菜还要带篮区装？买一斤菜还要带菜篮子去盛？

该碗把子饭够得佢食？这一碗饭他怎么够吃？（刘纶鑫，1991）

（106）福建武平：个把子、斤把子、尺把子、头把子少数几颗、日把子、到把子少数几次（练春招，2000）

数词 + 子：

（107）江西永修：出现在打扑克、麻将游戏中，具有轻松随意、非正式的特点。如：

一个二子［it⁵ko⁵⁵le¹³tsʅ⁰］、一对七子［it⁵ti³³tɕ'it⁵tsʅ⁰］、三个五子［san⁴⁵ko⁵⁵ŋ²¹²tsʅ⁰］、万子［uan¹³tsʅ⁰］

"子"缀附于表概数的数词成分后表达数量少。如：三四百子、五六千子、七八万子。

a. 这件衣裳三四百买个。

b. 这件衣裳三四百子买个。（郝玲玲，2009）

a 句表达说话人主观认为花钱多，b 句表达说话人认为花钱不算多。

（三）动量

1. "V + 下 + 子"：黏附于动量性成分后，表达动作的轻微，时间的短暂，其实表达的也是一种量少的意义。

（108）江西永修：看下子、玩下子、想下子、走下子、晒下子、洗下子（郝玲玲，2009）

（109）湖北宜昌：想下子、坐下子、玩下子、躺下子、乐下子（曾立英，2002）

2. "VV + 子"：

（110）广东阳江："子"在动词重叠后，可表持续时间短暂。如：行行子、望望子、写写子、做做子。（冼文婷，2016）

（四）性量

1. AA 子：黏附于单音节形容词重叠形式后，表示程度轻的语法意义，相当于"有点儿 A"。

（111）广东中山：形容词重叠加"子"尾，程度减弱。如：

冷冷子有点冷、傻傻子有点儿傻、烧烧子有点儿热、嘛嘛子情况一般，不好不坏，还可以（甘甲才，2003）

（112）江西永修：轻轻子、酸酸子、平平子、薄薄子、慢慢子、软软子。如：

菜弄得咸咸子个。菜弄得有点儿咸。

衣裳还毛太干，韧韧子个。衣服还没太干，有点儿湿。

尔慢慢子走。你慢点儿地走。（郝玲玲，2009）

（113）江西上犹：表示略具该形容词所指的性状，表示程度不深，很有描写性。如：

拿该根弯弯子格竹崽子。把那根稍有点儿弯的小竹子给我。

该只晃晃子格苹果哪人食？那个稍带点黄色的苹果谁吃？（刘纶鑫，1991）

（114）福建连城："AA+子"，"子"加在"AA"式状态词后，AA式表示程度很深，加上"子"后，表示程度适中，有喜爱的色彩。如：香香非常香——香香子挺香的、靓靓非常漂亮——靓靓子挺漂亮的、淡淡非常淡——淡淡子挺淡的

a. 人时系发得丑丑子，做事时知得几会 a[55]。人呢是长得不很漂亮，干活呢可是一把好手。

b. 佢恁喜欢食哑哑子个染菜。它喜欢吃有些走味儿的咸菜。（项梦冰，1997）

a 句不仅有减轻程度的作用，还带有怜爱的意味。b 句有减轻程度的作用。

（115）福建武平：红红子个花有点儿红的花、薄薄子个纸有点儿薄的纸、短短子个索有点儿短的绳子、烧烧子个饭有点儿热的饭、新新子个衫有点儿新的衣服（练春招，2000）

（116）福建永定：加上子尾后，语气就显得比较客气。如：慢慢子行走、静静子听、好好子写、轻轻子放。（黄雪贞，1982）

2. 指示词+形容词+子：

（117）江西南昌："这+形+子"，"子"表示程度轻。如：这高子、这热子、那远子、那重子、几胖子、几大子。（熊正辉，1979）

（118）江西永修："箇/许/讲/狠+单音节形容词+子"，"箇""许""讲""狠"为表示程度的指示代词，相当于普通话的"这么/样""那么/样"，用于这一形式的单音节形容词一般表示积极意义的"大、高、长"一类。这一结构不加"子"前可单用，表示程度重，加"子"后则表示形容词性状的程度低，还有比较的意味。如：

a. 箇个箱子箇/讲重，渠肯定拿不起。这个箱子这么重，他肯定拿不动。（认为箱子很重）

b. 箇个箱子箇/讲重子，渠肯定拿得起。这个箱子这么点重，他肯定拿得动。（认为箱子不重）（郝玲玲，2009）

(119) 福建永定:"□ [aŋ³³] + 形容词 + 子",表示程度较低。"□ [aŋ³³]"修饰的"厚、重、长、远"一类形容词,加子尾后,带有"才"的意思。如:

你 [aŋ³³] 多子钱,哪里买得 [aŋ³³] 多东西到?你才这么点儿钱,哪能买到那么多东西?

拿 [aŋ³³] 长子个线来 [tiŋ⁵³] 被,唔 [la³³]。只用这么长的线来做被子,不够。

行 [aŋ³³] 远子个路,无乜打紧。才走这么远的路,没什么关系。(黄雪贞,1982)

3. 表量成分 + 单音节形容词:加"子"后强调形容词性状的程度浅。

(120) 江西永修:指头粗子、巴掌大子、一尺阔子、滴咖高子。如:

a. 巴掌大个一块布。有巴掌那么大的一块布,强调大。

b. 巴掌大子个一块布。比喻布小,强调小。(郝玲玲,2009)

再说表情。

用来称呼人的小名、诨名等,这通常出现在长辈对晚辈的称呼中。或者指辈分低或年龄小的人,这也是小称的一种表现。

(五) 表亲昵

用于表人:表示亲昵、喜爱的感情色彩。

(121) 安徽定远:小平子、小红子、大明子、老宝子、二子、三子、小晚子(岳秀文,2010)

(122) 江苏高邮:兰子、干子、李兰子、花林子(姚亦登,2008)

通常用于长辈称呼晚辈,表亲切,可爱。

(123) 江苏泗洪:表亲切。如:军子、雷子、明子、芳子、强子、娟子、勇子。(周琴,2007)

(124) 河南固始:用于小名。如:黑子、芳子、珍子、大帽子、华松子。(安华林,2005)

(125) 江西永修:用于长辈称呼晚辈或平辈之间。如:

青子、兰子、葵子、宝子、菊子、毛子、梅子、老九子(郝玲玲,2009)

(126)陕西榆林：用于人名，表示喜爱的感情色彩。如：

佳子、妞子、玉子、旭子、霞子（郭宇丽，2012）

（六）表轻蔑

因职业、年龄等处于劣势而被小看。或者用于对具有某种属性的人进行贬损，一般词根含有贬义。

(127)湖南湘乡：用来表示贬义称呼。如：

湘矮子、华胖子、杰溜子、广佗子、志明麻子、海坤猛子（姚兰，2007）

(128)陕西榆林：矮子、呆子、傻子、蛮子、秃子、疯子、瘸子、聋子（郭宇丽，2012）

(129)湖南嘉禾：疯子、婊子、寡婆子、聋子、驼子、麻子、癫子哦（卢小群，2010）

(130)安徽枞阳：傻子、驼子、丫头子、矮子、孬子（林玉婷，2017）

(131)皖北中原官话：直筒子、混子、六叶子、老嫲子（侯超，2013）

(132)湖南宜章：表示戏谑或对人的贬称。如：结子说话结巴的人、眼子瞎子、蠢子傻子、缺子豁嘴唇的人、左拐子左撇子。（沈若云，1999）

(133)江西上犹：称呼人的"牯、佬（指男性）、婆（指女性）"后面以及表示生理缺陷的语素后面也可以加"子"，含有鄙视的意味。如：

矮牯子、壮牯子、丫婆子、痢疾婆子、驼背子、拐脚子、哑巴子（刘纶鑫，1991）

(134)福建连城：子加在表示级别、军衔等的名词后面表示主观上的小，较高级别或等级的名词一般不能加"子"尾。这类子尾词用于指自己往往有自谦之意，用于指别人则往往有蔑视之意。如：

科长——科长子小科长、司长——司长子小司长、乡长——乡长子小乡长、县长——县长子小县长

咱=一个村长子那角比得上尔［a^{55}］。我一个小村长哪儿比得上你呀！

一个连长子也敢着解角镜镜击击。一个小连长居然也敢在那儿牛烘烘的。（项梦冰，1997）

五 "子"缀小称的语义发展

"子"缀的语义是一个不断发展的过程。"子"《说文·子部》："子，婴儿。"《释名·释形体》："瞳子，子，小称也。""子"最初也是由"小儿"义发展起来的。王力（1958）指出：上古时代"子"字已经有了词尾化的迹象。小称是"子"词尾化的基础，小称义消失后，成为真正的词缀。志村良治（1995）认为"子"指小的东西或可爱的东西，即指小性，从唐代开始消失。董志翘、蔡镜浩（1994）认为"唐代以后，在一些相当大的物体名词后均可以加上后缀子"。"子"尾词在历史发展的过程中，一直是朝着虚化的程度发展，并且这种趋势一直延续。一种语法形式或语法结构的产生和发展是一个渐进的过程，在现代汉语普通话中，"子"缀彻底虚化，成了名词的标志。

但在汉语方言领域，"子"虚化的程度有深有浅，很多方言中的"子"并未完全虚化，虽作为词尾，仍然保留着"小"的含义。下面我们将上文小称的语法意义梳理如下：

"子"最初的意义是"婴儿"。小称语义的发展，都是在这个基本义的基础上引申而来的。小称是表"小量"的语义语法范畴，"表小"是小称的基本语义，有时附加亲昵、喜爱、戏谑等感情色彩。我们可以说分为"表量"和"表情"两个方面。

由最初的"婴儿"义引申，主要表示"细小"义。具体体现在：（一）动物的幼崽或形体小。与人类相同，动物也要繁衍后代，"子"的意义由表人到表动物，因此，动物幼崽或形体小的动物称为"子"。（二）植物的幼苗或种子。植物也需要繁殖后代，因此，"子"用来表示植物的种子。（三）无生命物体或抽象事物的形体小。由有生命事物扩展到无生命事物。（四）表示数量上的"小"或"少"。（五）表示动作轻、时间短。（六）表示性状的程度低。

以上是小称表"小量"语义发展的过程。从词性来说，最初用于名词，后用于量词、动词、形容词等。这充分展现了小称语义的扩展过程。

"小称"除了能表达一种"小量"语义，还附加一定的感情色彩。由"小"义可以引申出两种色彩义。一种由"小"引申出亲昵、喜爱的感情色彩。具体体现在：（一）用于人的小名，通常体现在长辈对晚辈的称呼，有时也用于平辈之间，表示亲昵。（二）对年龄小、辈分低的人的称呼。一种由"小"引申出"小看""轻视"等感情色彩。具体体现在：一是表示对人所从事职业的轻视。二是表示对某种生理缺陷的人的称呼，往往还有轻视、戏谑之义。

根据"子"缀小称的语法意义，我们可以看到其逐步虚化的过程。现在，很多方言点的"子"缀已经不表小称，而主要是作为词尾，成为名词的标志。这说明，"子"缀的虚化程度已经很高。有的方言中，随着社会的进步，语言间的影响不断加深，"子"缀正在逐渐消失。有的方言中，"子"的小称义虽然保留，但表义范围非常狭窄，只有在表示物体的"首、尾、尖端、部分"等意义时，含"小"义，这都说明，"子"缀小称语义正在走向逐渐衰落的过程。

在整个汉语方言内部，可以看到，"子"缀小称的语义弱化过程。一是"子"缀小称较为丰富的地区，"子"缀小称的语义内涵也较为丰富。如福建连城、江西永修等。二是对于"子"缀小称分布较少的地区，"子"缀往往和其他小称形式并存，"子"缀不能承担主要的小称义。如在闽方言区，"子"缀有时与"囝"缀共同表小称，如福建宁德、罗源等；在粤方言区，"子"缀与"仔"缀共同表小称，如广东四邑、阳江等；在湘赣语区，"子"缀和"崽"缀并存表小称，如江西南昌、泰和、湖南长沙、湘乡等。三是有些地区的"子"缀已经不能单独表小，为了突出表"小"义，通常采用"子"缀叠用形式或和其他词缀连用形式。如江西赣语、河南固始，都采用"子子"形式表小称，有些地方，采用"子尾儿化"形式表小，如河南安阳、陕西牛蹄乡等。这都说明，在整个汉语方言中，"子"缀小称语义呈逐渐弱化的趋势。

小 结

汉语方言中存在的大量"子"缀表小称的语言现象，为语言的发展演变提供了丰富的例证。通过对"子"缀小称的考察，可以发现方言中"子"缀的读音各不相同，语法意义也呈现明显的地域特点。语音形式上，官话多数都读轻声，非官话方言多数重读。从表义特点来说，有些地方"子"尾小称的表义功能较强，有些地方的小称语义功能较弱。"子"缀小称义的差异化表现，体现了方言区之间发展的不均衡性。从地域分布来看，"子"缀小称的使用具有一定的地域通用性，"子"缀在不同方言区的使用，不仅是古汉语词缀"子"在现代汉语方言中的共时体现，也是汉语方言间互相接触和渗透的结果。

第三节 "崽"类小称

"崽"已经成为湘方言的一个特色词，这与它的历史来源是分不开的。《方言》卷十记载："崽者子也，湘沅之会凡言是子者谓之崽也，若东齐言子矣。"《集韵》上声海韵中也有记载："崽，子亥切，湘沅呼子曰崽。"《方言》郭璞注："崽音枲，声之转也。""湘沅之会"的"湘沅"指湘江、沅江，这二水均在湖南境内，因此我们倾向于认为"崽"最早为湘语词。

一 "崽"类小称的语音形式

"崽"表小称义在方言中的语音形式不尽相同，本书将收集到的"崽"的读音做了以下统计，具体情况如表3-3所示：

通过表3-3对"崽"的语音形式的描写可以看到：

（一）"崽"的语音分歧较为明显。

不同方言区，"崽"的读音并不统一。如湘语区，"崽"的语音形式不一，有崽［tsai］、［tsæ］、［tsɛ］、［tse］等不同形式，不同方言点之间，"崽"的读音更是明显不同。这都说明，"崽"的语音形式经历了一系列的变化过程。汪国胜（1998）指出，"方言的共时差异反映着语言历时演变的轨迹"，汉语方言中"崽"的语音形式在地域上的共时分布，正反映了小称标记历史演变的轨迹。

（二）"崽"表小称义语音形式发生了变化。

多数方言点"崽"的语音形式和本音一致。而有些方言点"崽"变成了轻声表小称。如：湖南耒阳。"崽"缀的重叠形式"崽崽"表小称，第二个"崽"会变成轻声，如湖南邵阳、祁阳、涟源、广西资源城关、兴安、全州等6个方言点，详见下文。

表 3-3　　　　　　　　　　"崽"的语音形式统计①

语音形式	方言区		方言点
崽 [tsai]	湘语	湖南	长沙：崽子 [tsai^{41}·ts]；邵东：崽唧 [tsai^{32}·tɕi] 邵阳：崽崽 [tsai^{42}·tsai]；衡阳：崽唧 [tsai^{33}·tɕi] 湘潭：崽唧 [tsai^{42}dẓi^{21}]；新邵寸石 [tsai^{31}tɕi^{55}] 祁阳：崽崽 [tsai^{53}·tsai]；城步新化：崽崽 [tsai$^{21-35}$ tsai$^{21-35}$]
		广西	灌阳：崽 [tsai^{54}]；全州、资源城关：崽崽 [tsai^{53}·tsai] 资源延东：崽 [tsai$^{33-44}$] 兴安：崽崽 [tsai^{54}·tsai]
	赣语	江西	铅山：崽儿 [tsai^{45}ȵi^0]；抚州：崽 [tsai^{35}]
		湖南	浏阳：崽唧 [tsai^{33}tɕi^{55}]；资兴：崽 [tsai^{21}]
	土话	广西	资源延东：崽 [tsai$^{33-44}$]
		湖南	新田南乡：崽 [tsai^{55}]
崽 [tsæ]	西南官话	广西	桂林：崽 [tsæ^{54}]
	湘语	湖南	新化：崽 [tsæ$^{21-45}$]；衡山：崽唧 [tsæ^{13}tɕi^{33}] 冷水江：崽 [tsæ$^{31-45}$]
		广西	资源新化话：崽 [tsæ$^{21-45}$]
	赣语	湖北	阳新：崽 [tsæ^{21}]
崽 [tsɛ]	湘语	湖南	涟源：崽崽 [tsɛ^{42}tsɛ^0]；安仁：崽 [tsɛ^{51}]
	客家话	广西	玉林高峰镇：崽 [tsɛ^{21}]
崽 [tsɛi]	赣语	江西	黎川：崽儿 [tsɛi$^{44-53}$ i^0]
崽 [tse]	湘语	湖南	双峰：崽唧 [tse^{31}tɕi^{55}]
	赣语	湖南	耒阳：崽 [·tse]
崽 [tɕie]	客家话	四川	泰兴：崽崽 [tɕie$^{31-45}$tɕie$^{31-45}$]
崽 [tsei]	赣语	江西	南康：崽 [tsei$^{31-5}$]
崽 [tsɯ]	土话	湖南	江永：崽 [tsɯ^{35}]
崽 [tsə]	平话	湖南	宁远：崽崽 [tsə^{33}tsə^{33}]
崽 [tsie]	赣语	湖南	安仁：崽 [tsie]

---

① 有变调的方言点以"-"标出，没有标出的即是"崽"的本音形式。

从以上的分析中，可以看出，"崽"缀小称的语音形式在有些方言中会发生变调。其中，湖南较少方言点变调，江西赣语较多方言点都发生变调现象。"崽"的声调发生了变化的方言点有：湖南新化、冷水江、广西资源新化，这几个方言点的声调变成了高升调，广西资源延东变成了高平调［44］，而江西黎川变成了高降调［53］，江西南康变成了高短调［5］；湖南城步新化的"崽崽"同时变成［35］调，四川泰兴"崽崽"同时变成［45］调。为什么会发生变调呢？我们认为，变调是为了凸显小称，这样显得特别亲切和响亮。以往人们的认识，认为高调表示小称，但通过"崽"缀小称声调的变化，我们发现，变调不仅有高升调，而且还有降调和短调，这都是为了凸显小称的意义。

二 "崽"类小称的构成类型

"崽"是汉语方言中较为常见的小称形式。但同时还存在着几种与"崽"相关的形式，主要有"崽"缀、"崽唧"缀、"崽崽"缀、"崽子"缀、"崽儿"缀等，以上几种，我们统称"崽"类小称。下面分别来讨论。

（一）"崽"缀

"崽"缀在官话方言、湘语、赣语、土话、平话、客家话中的分布较广。

官话方言

（1）广西桂林：崽［tsæ⁵⁴］只后附于动物名词、表人名词和少数其他名词后。如：

把爷崽小孩子、娃崽小男孩儿、妹崽小女孩儿、鹅崽小鹅儿、鸟崽鸟儿、鱼崽小鱼、牛崽牛犊子、羊崽羊羔、猫崽小猫、狗崽小狗、猪崽小猪、鸡崽小鸡儿、鸭崽小鸭儿、刀崽小刀子（罗昕如，2017）

（2）湖南江华：牛崽、狗崽、孙女崽、媳妇崽、凳崽、桶崽、碗崽、木崽、箩崽（刘双林，2007）

湘语

（3）湖南新化："崽"［tsæ²¹⁻⁴⁵］，新化方言中的"崽"的本调为上声［21］调，用作小称后缀时，变成高升调［45］，调类为阴去。如：

吉唧崽小男孩、妹唧崽小女孩、毛毛崽婴儿、妹妹崽小妹子、外甥崽小外甥

麦崽麦的子实、南瓜崽小南瓜、树崽小树、笋崽小根的竹笋、鹅梨崽小梨子（罗昕如，1998）

（4）湖南冷水江：崽［tsæ³¹⁻⁴⁵］，声调为高调，读同去声，但比去声稍轻短。冷水江方言中的"崽"可附于各类名词后表小称。如：

玲崽、文崽、东崽、平崽、云崽、鸡崽小鸡、狗崽小狗、虾公崽小虾子、笋崽小根的竹笋、竹崽竹子、瓜崽瓜子（谢元春，2002）

（5）广西资源新化话：崽［tsæ²¹⁻⁴⁵］，外甥崽小外甥、妹妹崽小妹子、牛崽牛犊儿、猪崽小猪、麦崽麦的子实、芋头崽小芋头、苹果崽小苹果。（罗昕如，2017）

湘方言中的"崽"缀小称都是"词缀+变调"的形式，据罗昕如（2011）统计，目前在湘语中还没有发现词缀"崽"不变调用于表示小称的情况。

赣语

（6）江西抚州：崽［tsai³⁵］，猪崽小猪、鱼崽小鱼、鸡崽小鸡、羊崽小羊、勺崽勺子、伢崽男孩、毛伢崽婴儿（付欣晴，2006）

（7）江西樟树："仔"，读"高轻声［tsɛ⁰⁵］"，作者从俗，记作"仔"。这里记作"崽"。如：桶崽、鞋崽、裤崽、刀崽、凳崽、眼镜盒崽、舅崽、姑崽、姨崽、峰崽。（付婷，2006）

（8）江西丰城：毛伢崽刚出生的婴儿、徒弟崽、鱼崽小鱼、锅崽小锅、图书崽小人书（曾莉莉，2016）

（9）江西永新：竹崽小竹子、木崽小木头、牛崽小牛、死女崽小女孩、婆崽年轻媳妇、眼崽小眼儿（龙安隆，2013）

（10）江西萍乡：鸟崽、刀崽、缝崽、乃崽男孩儿（魏钢强，1998）

（11）湖北咸宁：鸡崽、猪崽、牛崽、桌崽、椅崽、凳崽（王宏佳，2015）

（12）湖北通山：牛崽、鸡崽、袜崽、褂崽、碗崽、屋崽、伢崽（黄群建，1994）

（13）湖北阳新：牛崽、猪崽、老鼠崽、狗崽、伢崽小孩、土匪崽（黄群建，2016）

土话、平话

（14）湖南江永："崽［tsɯ³⁵］"，算盘崽小算盘、西瓜崽小西瓜、辣椒崽小辣椒、树秧秧崽小树苗、鸡崽小鸡、牛崽、鸟崽小鸟、兔崽兔、裤崽小孩裤子（黄雪贞，1993）

（15）湖南嘉禾：圳崽小水沟、溪崽小溪、毛崽雨毛毛雨、鼓崽石柱下石、牛虻崽牛虻、青头蚊崽绿头苍蝇（卢小群，2010）

客家话

（16）广西玉林高峰镇：崽［tsɛ²¹］，"崽"含小义，虚化为小称词缀，可以附在有生命和无生命的词根后面，表示动物、事物的小称，也可指人。如：

牛崽小牛、鸡崽小鸡、猫崽、鸭崽、狗崽、鸟崽、鹅崽、番薯崽、芋头崽、南瓜崽、木瓜崽（李城宗，2013）

（17）广西柳城大埔镇：刀崽小刀、石头崽小石头、鸡公崽小公鸡、鱼崽小鱼、笋筐崽小笋（蔡芳，2015）

（二）"崽唧"缀

"崽唧"缀集中分布在湘语和赣语区。

湘语

（18）湖南衡阳：崽唧［tsai³³·tɕi］（该书记作"崽儿"，这里归一为"崽唧"）。如：妹崽唧、俫崽唧、人崽唧、细阶崽唧、鸡崽唧、鸟崽唧、萝卜崽唧、梨子崽唧、杯子崽唧、桌子崽唧、凳崽唧、床崽唧。（彭兰玉，2002）

（19）湖南杨家滩：猪崽唧、鸭崽唧、鸡崽唧、面盆崽唧、桌子崽唧（彭春芳，2003）

（20）湖南新化：仅用于表幼小的动物。如：牛崽唧、狗崽唧、猪崽唧、鸡崽唧。（罗昕如，1998）

（21）湖南衡山：细崽唧、孙崽唧、鸡崽唧、牛崽唧、鸭崽唧、猪崽唧（彭泽润，1999）

赣语

（22）湖南浏阳：崽［tsai²⁴⁻⁰］，树崽唧、刀崽唧、笔崽唧、房崽唧、烟筒崽唧、手巾崽唧、帽子崽唧、桌子崽唧。（夏剑钦，1998）

（23）湖南安仁：在安仁话中，人们往往对一些无生命的东西，为

了强调其"小"的特点，称为"凳崽唧""箩崽唧""桶崽唧"。(周洪学，2012)

(24) 湖南茶陵：岭崽唧_{矮小的山岭}、瓜崽唧_{未成熟的小瓜}、鸡崽唧_{小鸡}、鸭崽唧_{小鸭}、猪崽唧_{小猪}（李珂，2005）

(25) 江西丰城：人崽唧_{小人儿}、猪崽唧_{小猪}、马崽唧_{小马}、狗崽唧_{小狗}、间崽唧_{小房间}、屋崽唧_{小屋}（曾莉莉，2016）

（三）"崽崽"缀

"崽崽"缀主要分布在湘语及湖南的平话、土话区。

1. "崽崽"后缀

湘语

(26) 湖南邵阳：牛崽崽［ȵiəɯ^{12} tsai^{42} tsai^0］、猪崽崽［tɕy^{55} tsai^{42} tsai^0］、鸡崽崽［tɕi^{55} tsai^{42} tsai^0］、羊崽崽［ʑiã^{12} tsai^{42} tsai^0］（储泽祥，1998）

(27) 湖南涟源：崽［tsɛ^{42}］，牛崽崽［ŋɑu^{13} tsɛ^{42} tsɛ^0］_{牛犊}、羊崽崽［ioŋ^{13} tsɛ^{42} tsɛ^0］_{羊羔}、猪崽崽［ty^{44} tsɛ^{42} tsɛ^0］_{小猪}、鸡崽崽［tɕi^{44} tsɛ^{42} tsɛ^0］_{小鸡儿}。（陈晖，1999）

平话、土话

(28) 湖南宁远：崽崽［tsə^{33} tsə^{33}］，刀崽崽、凳崽崽、猪崽崽、牛崽崽。（张晓勤，1999）

(29) 湖南新田南乡：崽崽［tsai^{55} tsai^{33}］，女客人崽崽_{小女孩，贬义}、□lia^{35}人个崽崽_{小孩}、刀崽崽_{小刀}、凳崽崽_{小凳}（谢奇永，2006）

2. "崽崽"前缀

方言中只有"崽崽"前缀形式的有：

(30) 广西兴安城关话：崽崽妹崽_{小女孩}、崽崽外甥_{小外甥}、崽崽牛_{牛犊}、崽崽鸟_{小鸟儿}、崽崽田螺_{小田螺}、崽崽山_{小山}、崽崽馒馒_{小馒头}（罗昕如，2017）

3. "崽崽"前缀和"崽崽"后缀

有的方言中同时存在"崽崽"前缀和"崽崽"后缀两种形式。

(31) 湖南祁阳：

"崽崽"前缀：崽崽晚晚_{排行最末的一个叔叔}、崽崽妹子、崽崽锅_{小锅}

"崽崽"后缀：猪崽崽_{猪崽}、鸡崽崽_{鸡雏}、羊崽崽_{羊羔}、鸭崽崽_{小鸭子}

（李维琦，1998）

（32）湖南新化：重叠形式"崽崽［tsai³⁵ tsai³⁵］"同时变成高调。如：

妹唧崽崽／崽崽妹唧小女孩、侄女崽崽／崽崽侄女小侄女、外甥崽崽／崽崽外甥小外甥、羊牯崽崽／崽崽羊牯羊的幼崽、猫嗯崽崽／崽崽猫嗯猫的幼崽、苹果崽崽／崽崽苹果小苹果、南瓜崽崽／崽崽南瓜小南瓜（陈艳芸，2018）

（33）广西兴安湘漓话："崽崽"［tsai⁵⁴·tsai］，"崽崽"表人名词一般前置，其他名词既可前置于名词，也可后附于名词。

崽崽老老小男孩、崽崽外甥小外甥、崽崽外孙小外孙、崽崽毛毛婴儿、崽崽牛牛犊／牛崽崽牛产的幼子、崽崽羊羊羔／羊崽崽羊产的幼子、崽崽苹果／苹果崽崽小苹果、崽崽南瓜／南瓜崽崽小南瓜、崽崽眼睛／眼睛崽崽小儿眼睛、崽崽鼻孔／鼻孔崽崽小儿鼻子、崽崽碗／碗崽崽小碗、崽崽盆子／盆子崽崽小盆子（罗昕如，2017）

（四）"崽子"缀

"崽子"缀分布在湘语、赣语及客家话中。

湘语

（34）湖南长沙：长沙方言在表示人或动物的名语素后附加词缀"崽子［tsa⁴¹ tsᴀ］"表小称。如：伢崽子男孩儿、妹崽子女孩儿、孙崽子孙子、马崽子小马驹、牛崽子牛犊儿、羊崽子、狗崽子、鸡崽子、鸭崽子、芋头崽子小芋头。（鲍厚星，1999）

赣语

（35）江西南昌：牛崽子、猪崽子、狗崽子、鸡崽子、鸭崽子、女崽子女孩儿、男崽子男孩儿（熊正辉，1998）

（36）江西泰和：汽车崽子小车子、刀崽子小刀、芋崽子小芋头、狗崽子小狗（昌梅香，2003）

客家话

（37）江西南康："崽子"中的"崽"变调，如果读一半上声调，指一般小称；如果读得高而重，则表示强调特别小。如："狗崽［tsei³¹］子"，指的是小狗，"狗崽［tsei⁵］子"，指好小的狗。（温珍琴，2009）

（38）江西上犹：细伢崽子男孩子、妹崽子女孩子、桶崽子、盎崽子小

瓶子、镬头崽子小锅子、间崽子小房间、院崽子小院子（刘纶鑫，1991）

（39）四川成都：细崽子小孩、妹崽子女孩、俫崽子男孩、羊崽子羊羔、鸭崽子小鸭、狗崽子小狗（郄远春，2012）

（五）"崽儿"缀

这一形式在湘语中很少见到。我们在赣语中发现为数不多的例子。如：

（40）江西铅山：崽儿［tsai⁴⁵ȵi⁰］复合词缀"崽儿"，附于动物名词和物品名词之后，表示其中的小者。如：猪崽儿小猪、羊崽儿小羊、猫崽儿小猫、鹅崽儿小鹅、碗崽儿小碗、刀崽儿小刀、凳崽儿小凳子。（胡松柏、林芝雅，2008）

（41）江西黎川："崽儿［tsɛi⁴⁴⁻⁵³ i⁰］"，巷仔崽儿小胡同、房仔崽儿小房间、船崽儿小船、镜崽儿小镜子、柴儿崽儿小棍子。（颜森，1989）

（六）其他形式

（42）湖南郴州：郴州方言中，要表示"动物幼崽"或"物之小者"，必须在［tə］前加崽，形成"崽tə"形式，"崽tə"是黏着一起的，用于表示"动物幼崽"或"物之小者"等意义。如：鸡崽tə小鸡儿、狗崽tə小狗儿、猪崽tə小猪儿、牛崽tə小牛儿、猴子崽tə小猴儿、桶崽tə小桶儿、碗崽tə小碗儿、调羹崽tə小勺儿。（欧青青，2010）

（43）江西芦溪："崽仔"，表示同类事物中的小者，芦溪方言通常用"崽仔"。如：狗崽仔小狗、鸡崽仔小鸡、猪崽仔小猪、芋崽仔小芋子。（刘纶鑫，2008）

（七）"崽"缀小称的并存形式

1. 崽崽/崽

这一形式主要集中在湘语区。

（44）广西资源城关话：崽崽［tsai⁵³·tsai］/崽［tsai⁵³］

"崽崽"：用于家养动物名词，可前置或后置，动物名词都可单用"崽［tsai⁵³］"表小称。如：崽崽牛/牛崽崽/牛崽牛犊儿、崽崽猪/猪崽崽/猪崽小猪、崽崽狗/狗崽崽/狗崽小狗、崽崽羊/羊崽崽羊羔、崽崽鸡/鸡崽崽/鸡崽小鸡儿。

"崽"：表人名词和非动物名词单用"崽［tsai⁵³］"。如：外甥崽小外甥、黄豆崽黄豆、凳崽小凳子、刀崽小刀、口袋崽小口袋、车子崽小车、石头

崽小石头。（罗昕如，2017）

（45）广西灌阳话：崽崽［tsai⁵⁴·tsai］/崽［tsai⁵⁴］，使用范围有限，指附于动物名词、少数表人名词和植物名词后，没有前置用法。如：

人崽崽/人崽小孩、猫崽崽/猫崽小猫、鸡崽崽/鸡崽小鸡、香瓜崽崽小南瓜/芋头崽崽小芋头。"崽"还可用于同辈或晚辈的称呼中，表示亲昵的感情色彩。如：老袁崽、小凤崽、老春崽、老水崽。（罗昕如，2017）

（46）广西桂林：崽［tsæ⁵⁴］/崽崽［tsæ⁵⁴·tsæ］只后附于动物名词、表人名词和少数其他名词后。"崽崽"只有后缀用法。如：

把爷崽小孩子、娃崽小男孩儿、鸭崽小鸭儿、鹅崽小鹅儿、鱼崽小鱼、刀崽小刀子、牛崽崽牛犊儿、狗崽崽小狗、刀崽崽小刀、鸡崽崽小鸡儿、红薯崽崽小红薯（罗昕如，2017）

（47）广西直话：崽崽/崽［tsai³³⁻⁴⁴］。非崽尾词用崽尾表小称，其中动物名词的"崽"一般要叠用成"崽崽"形式。如：鸡崽崽/鸡崽、狗崽崽、噘崽崽、猪牯崽小公猪、猪婆崽小母猪。（张桂权，2003）

2. 崽崽/崽子；崽/哩崽

（48）四川泰兴：崽崽［tɕie⁴⁵tɕie⁴⁵］/崽子［tɕie³¹tsɿ³¹］

"崽子"和"崽崽"可以附在各种动物名后面表示该类动物中的小者。如：

鹅崽子/崽崽、鸭崽子/崽崽、狗崽子/崽崽、猪崽子/崽崽、马崽子/崽崽（兰玉英，2007）

"崽子"还可以用在某些植物和物品名后面表示其中的小者。如：番薯崽子、刀崽子、芋崽子。

（49）广西灵田水埠：崽/哩崽

牛崽牛犊、羊崽羊羔、妹崽妹妹、媳妇崽儿媳妇、凳崽板凳儿、绳崽绳子；

两三斤崽、五六个崽、一篮崽菜一小篮菜、一团崽线一小团线；

巷哩崽小胡同、镜哩崽小镜子、柑哩崽小柑子、狮哩崽小狮子（李玉珠，2004）

3. 崽/崽唧；崽崽/崽唧

（50）湖南娄底：崽/崽唧。如：

刀崽小刀、碗崽小碗、鼎崽小铁锅、桌子崽小桌子、车子崽小车子、筛子崽小筛子、褥子崽小褥子、吉崽唧小男孩儿、妹崽唧小女孩儿、树崽唧小树、凳崽唧小凳子、桶子崽唧小桶子、石头牯崽唧小石头、木砣牯崽唧小木头块（李立林，2007）

（51）湖南邵东：崽崽/崽唧［tsai³² · tçi］的使用规律基本相同。如：

鸡崽唧/鸡崽崽、鸭崽唧/鸭崽崽、蛇崽唧/蛇崽崽、猴子崽唧/崽崽、红薯崽唧/红薯崽崽、茄子崽唧/茄子崽崽、西瓜崽唧/西瓜崽崽、人崽唧/人崽崽小孩子、毛毛崽唧/毛毛崽崽小婴儿、伢唧崽唧/伢伢崽崽小男孩（李静，2012）

（52）湖南常宁：崽崽/崽唧

鸡崽崽/鸡崽唧、鸭崽崽/鸭崽唧、狗崽崽/狗崽唧、鞋崽崽/鞋崽唧、帽子崽崽/帽子崽唧（吴启主，1998）

三 "崽"类小称的语法意义

"崽"类小称的形式较为多样，这里，我们主要探讨"崽""崽唧""崽崽""崽子"等几种形式的语法意义。

首先来看"崽"缀小称的语法意义。主要体现在物量和数量两个方面，极少数表示时量。

（一）"崽"缀的语法意义

1. 表示动、植物的形体小或年龄小。

（53）湖南资兴：猪崽小猪、鸡崽小鸡、鱼崽小鱼、虾公崽小虾、蚁公仔小蚂蚁、豺狗仔小豺狼（李志藩，1996）

（54）湖南安仁：鸡崽、鸭崽、鹅崽、狗崽、猪崽、牛崽、马崽、羊崽、鱼崽（周洪学，2012）

（55）湖南城步新化：红薯崽小红薯、洋芋崽小土豆、苹果崽小苹果、鹅梨崽小梨子、苞谷崽小玉米（陈艳芸，2018）

（56）湖南益阳：猪崽唧、鸭子崽唧、羊崽唧、牛崽唧、鸡崽唧（夏俐萍、严艳群，2015）

（57）江西樟树：鸡崽、猴崽、兔崽、狗崽、马崽、鹅崽、羊崽、老鼠崽（付婷，2006）

（58）江西贵溪：鱼崽小鱼、猪崽小猪、狗崽小狗（占雪婷，2018）

2. 表示具体事物的个体小或体积、面积小。

（59）湖南新化：凳崽小凳子、椅子崽小椅子、桌子崽小桌子、盆崽小盆子、桶崽小桶子、鼎崽小饭锅、衣衫崽小衣服、鞋子崽小鞋子（罗昕如，1998）

（60）广西玉林高峰镇：石崽、凳崽、车崽、瓢羹崽、杯崽、碗崽、镬崽、刀崽、船崽小船（李城宗，2013）

（61）湖南耒阳：刀崽小刀子、碗崽小碗、凳崽小凳子、竹崽小竹子（王箕裘、钟隆林，2008）

（62）湖南冷水江：桌子崽小桌子、凳崽小凳子、碗崽小碗、盆崽小盆子、沙崽沙子（谢元春，2002）

3. 附在数量结构后，表示数量的"小"或"少"，以及时间的短暂。

（63）湖南江华：

"数量+崽"：两三件崽、三四双崽、四五尺崽、两三年崽；

"量+把+崽"：斤把崽、个把崽、盒把崽、天把崽、双把崽；

"量+崽"："点崽"，不仅表示少，而且是个约数。如：你去出街哎？帮我买点崽菜回来吧！（刘双林，2007）

（64）广西灵川：两三斤崽、五六钱崽、七八两崽、五六个崽、两三次崽。这种"崽"尾结构，表示说话人认为数量少。（李玉珠，2004）

（65）湖南浏阳：数量词之后有时也可加"崽"尾，表示微小。

数+量+崽：一张崽票、三斤崽鱼、五担崽谷；

数+数+量+崽：两三斤崽肉、四五间崽屋；

量+把+崽：斤把崽油、担把崽谷。（夏剑钦，1998）

（66）江西萍乡：一尺崽、两双崽、两根崽、喫杯崽酒、歇口崽气休息一会儿、一报崽一会儿。这里的"崽"表示"数量少、时间短"。（魏钢强，1998）

4. 用在人名或亲属称谓后，表示亲昵或喜爱的感情色彩。

（67）广西柳城：人崽小孩、妹崽小姑娘、接养崽养子、满崽最小的儿子（蔡芳，2015）

(68) 湖南浏阳：

a. 单名可连姓加"崽"，只适用于年轻人。如：刘贵崽、李满崽、胡红崽、谢四崽；不连姓只呼单名加"崽"，只适用于呼小孩。如：贵崽、满崽、红崽、四崽、燕崽。

b. 双名前边不用姓称呼时可加"崽"，也只适用于年轻人。如：秋莲崽、淑平崽、茂林崽、春香崽。

c. 一般人称年幼的加"崽"。如：伢崽、妹崽。（夏剑钦，1998）

(69) 广西灌阳：用于同辈或晚辈的称呼中，表示亲昵的感情色彩。如：老袁崽、小凤崽、老春崽、老水崽。（罗昕如，2017）

"崽"最初由"儿子"义而来，现在"崽"已经虚化为后缀，并且发展成为一个较为成熟的小称标志，表示"小、少"等意义。随着社会的发展和语言的变化，"崽"的表义范围也在不断地发生变化，不仅可以表示"儿子"，而且可以表示动物的幼崽、植物的幼苗、事物的形状体积小等，以及人名和亲属称谓，与"崽"类词结合的通常是表示具体事物的名词，有个别方言点"崽"的小称不仅局限在事物范畴内，而且延伸到数量上的"小"，如湖南江华、湖南浏阳、广西灵川等。总体来说，"崽"的虚化历程由"儿子"义发展到动物的幼崽、植物的幼苗，以及具体事物的"细小"，这说明"崽"类后缀虚化的程度较低。

(二) "崽唧"缀的语法意义

1. 表示动物的形体小或年龄小。

(70) 湖南常宁：鸡崽唧、鸭崽唧、狗崽唧（吴启主，1998）

(71) 湖南浏阳：鸡崽唧、狗崽唧、牛崽唧、猫崽唧、老虎崽唧（夏剑钦，1998）

(72) 湖南冷水江：冷水江方言"崽唧"的使用范围较窄，只适用于一部分表禽兽类的名词。如：牛崽唧小牛、猪崽唧小猪、狗崽唧小狗。（谢元春，2002）

(73) 湖南东安：牛崽唧牛犊、猪崽唧、桑叶崽唧桑葚儿、落花生崽唧花生米（鲍厚星，1998）

2. 表示事物的形状或体积小。

(74) 湖南安仁：凳崽唧、箩崽唧、桶崽唧（周洪学，2012）

(75) 湖南双峰：伞崽唧、碗崽唧、灯泡崽唧、桌子崽唧、田崽

唧、商店崽唧、学堂崽唧、眼婆崽唧小洞儿、小坑儿（贺卫国，2010）

（76）湖南娄底：刀崽唧小刀儿、凳崽唧小凳子、碗崽唧小碗、杯子崽唧小杯子、石头牯崽唧小石头（李立林，2007）

3. 表示人名或亲属称谓，表示亲昵的感情色彩。

（77）湖南邵东："崽唧"只与表示有生命特征的名词连用，表示生物生命成长过程中的幼小期。无生命特征名词不能与"崽唧"连用。如：

人崽唧小孩子、细家崽唧小孩子、妹唧崽唧小女孩、伢唧崽唧小男孩、毛毛崽唧小婴儿（李静，2012）

（78）湖南新邵寸石：妹唧崽唧、伢唧崽唧、人崽唧、学生崽唧、贼古子崽唧（周敏莉，2006）

（79）湖南双峰：村长崽唧、县长崽唧、经理崽唧、皇帝崽唧、总统崽唧、校长崽唧（贺卫国，2010）

相对于"崽"而言，"崽唧"的表小义较为明显，具有增加小称和爱称的修辞色彩。但"崽唧"在各方言点中，表义并不均衡。有的方言点中，"崽唧"的表义范围较为广泛，如湖南衡阳（彭兰玉，2002）、湖南浏阳（夏剑钦，1998）、湖南双峰（贺卫国，2010）等，可以和表示动物、事物和人有关的名词搭配。有的方言点中，"崽唧"只能承担部分小称义，湖南湘潭（曾毓美，2001）、湖南衡山（彭泽润，1999）等，仅用来表示动植物名词和表人名词。有的方言点中，表义范围较窄，如湖南冷水江（谢元春，2002）、湖南新化（罗昕如，1998），"崽唧"只能与表示动物的名词搭配。

从目前的语料来看，"崽唧"一般只与名词连用。可以表示动植物的幼小或年龄小，表示对人的称呼和亲属称谓以及职业称谓，还可以表示具体事物的形体小。与"崽唧"连用的名词，多为具体事物名词，很少与抽象事物名词连用。语义还未延伸到数量范畴，这说明"崽唧"虚化的程度更低一些。

（三）"崽崽"缀的语法意义

1. 表示动植物的形体小或年龄小。

（80）湖南城步新化：猪崽崽猪的幼崽、鸡崽崽小鸡、狗崽崽小狗、牛崽崽牛犊、马崽崽马的幼崽、羊牯崽崽/崽崽羊牯羊的幼崽、猫嗯崽崽/崽崽

猫嗯猫的幼崽（陈艳芸，2018）

（81）四川泰兴：鹅崽崽、鸭崽崽、狗崽崽、牛崽崽、羊崽崽、猫崽崽、兔崽崽、猪崽崽（兰玉英，2007）

（82）广西资源延东：花生崽崽、棉花崽崽、油菜崽崽、白菜崽崽、南金瓜崽崽南瓜籽（张桂权，2003）

（83）湖南邵阳：牛崽崽牛犊、鸡崽崽小鸡儿、鸭崽崽小鸭、羊崽崽羊羔、猪崽崽猪崽（储泽祥，1998）

2. 表示事物的形状或体积小。

（84）湖南新化：刀崽小刀、碗崽小碗、盆崽小盆、桶崽小桶、鼎崽小饭锅、镬崽小菜锅、毛雨崽毛毛雨、构崽小块冰、石古崽小石头、溪坑崽小溪、屋崽小房子（罗昕如，1998）

（85）湖南祁阳：崽崽眼珠/眼珠崽崽、崽崽水桶/水桶崽崽、崽崽山/山崽崽、崽崽圳坑/圳坑崽崽小水沟（罗昕如，2006）

（86）广西全州：崽崽帽子/帽子崽崽小儿帽子、崽崽碗小碗、崽崽鞋子/鞋子崽崽小儿鞋、崽崽车子/车子崽崽小车（罗昕如，2017）

3. 用于表人名词，表亲昵感情色彩。

（87）湖南宁远：兵崽崽、鬼崽崽谑称小孩、人崽崽动画、剪纸及图画上的人像、毛毛崽崽婴儿（张晓勤，1999）

（88）广西全州：崽崽妹/妹崽崽小女孩、崽崽俫崽小男孩、崽崽外甥小外甥、崽崽外孙小外孙、崽崽侄女小侄女、崽崽人/人崽崽小孩子（罗昕如，2017）

与其他"崽"类词缀不同的是，"崽崽"缀分为前置和后置两种用法。在不同方言中，有不同的表现。有的方言同时具有"崽崽"前缀和后缀两种用法，它们在表义上并无区别，如湖南城步新化（陈艳芸，2018）。有的在表义上，总体来说无太大区别，但在动物名词中有区别。"崽崽"前缀强调小，"崽崽"后缀既表小，又有动物幼子之义。如：

（89）广西全州："崽崽［tsai⁵³·tsai］"用作准前缀，前置与名词表小称，有的也可后附于名词表小称。如：

崽崽牛牛犊/牛崽崽牛产的幼子、崽崽羊羊羔/羊崽崽羊产的幼子、崽崽猪小猪/猪崽崽猪产的幼子、崽崽狗小狗/狗崽崽狗产的幼子（罗昕如，2017）

"崽崽"前置和后置有所区别，"崽崽"前置强调小，"崽崽"后置既表小，又有动物幼子之义。

（90）广西兴安湘漓：崽崽螺蛳/螺蛳崽崽小田螺、崽崽牛牛犊/牛崽崽牛产的幼子、崽崽羊羊羔/羊崽崽羊产的幼子、崽崽猪小猪/猪崽崽猪产的幼子、崽崽狗小狗/狗崽崽狗产的幼子、崽崽鸟/鸟崽崽小鸟儿（罗昕如，2017）

（91）湖南邵东：后缀"崽崽"一般只与动物名词结合，既表小，又表动物的幼儿期。如：崽崽狗/狗崽崽小奶狗、崽崽牛/牛崽崽小牛犊。（王毅，2017）

从上文来看，"崽崽"缀一般只与名词连用，表示动植物的形体小或年龄小、表示事物的形状体积小，表示对人的称谓。"崽崽"一般只与名词连用，表示物量，尚未发展到数量范畴，这说明，"崽崽"缀的虚化程度也较低。

（四）"崽子"缀的语法意义

表示动物的幼小或具体事物的细小。

（92）四川洛带：狗崽子、猪崽子、马崽子、牛崽子、羊崽子（兰玉英、曾为志，2007）

（93）湖南汝城：刀崽子小刀、石崽子小石头、人崽子画的或制作的小人、包车崽子小吉普车（黄伯荣，1996）

小 结

通过"崽"类小称在汉语方言中语法意义的考察中，我们发现，从整体来看，"崽"类小称语义较为有限，仅局限在物量、数量、时量语义中。这说明"崽"类小称的语法化程度较低。具体来看，"崽"类小称词缀的语法意义并不完全相同，其中，"崽"缀小称的语法意义在表量方面，可以表示物量小、数量少、时量短等几个方面。在表情方面，仅表示亲昵的感情色彩。"崽唧"缀和"崽崽"小称表义范围仅表示物量小和用于表人名词，有亲昵的感情色彩，语义尚未延伸到其他量范畴。"崽子"缀的语义范围最为狭窄，只能局限于动物名词和具体名词连用。这说明，在"崽"类小称中，各种小称形式的语法意义具有一定的不均衡性。这正是语言发展的不平衡性在方言中的表现。

从地域分布来看，"崽"在扬雄的《方言》中已有记载，如前文所述。显然，"崽"是古楚地的方言词。综观现代方言，主要集中在湘语、赣语区。至于客家话、土话、官话区也用"崽"表小称，那是湘赣语词汇向周边方言渗透的结果。

第四节 "唧"缀小称

"唧"是湘赣方言中普遍存在的小称后缀，读音一般为［tsi］、［tɕi］、［tɕie］等，本字各家说法不同，有多种表音写法。如："唧""基""叽""积""几""口机"等，写作"基"的如湖南双峰（袁家骅，1960）、江西上高（罗荣华，2011）；写作"叽"的如湖南茶陵、江西吉安、江西丰城；写作"积"的如江西宜丰（邵宜，2004）；写作"几"的如湖南沅江（丁雪欢，2004）；写作"口机"的如湖南衡山（彭泽润，1999）等，为了便于说明，本书归一化为"唧"。

一 "唧"缀小称的方言分布

"唧"主要集中在湖南湘语区和江西赣语区，另外湖南的客家话和湘南土话区也有零星分布。

湘语

（1）湖南双峰：细人唧、毛毛唧婴儿、细家［ka²⁵］唧、伢［ŋo¹²］唧、妹唧、鸟唧、树跨唧小树枝、斤把唧（贺卫国，2010）

（2）湖南娄底：孙女唧孙女、二毛唧二毛，小孩人名、丽唧人名、一天唧、两斤唧（李立林，2007）

（3）湖南益阳：鸟唧、麻雀唧、盆唧、菩萨唧（夏俐萍、严艳群，2015）

（4）湖南湘潭：它它唧小的形状可爱的圆球、皮皮唧小小的皮儿、粒粒唧（曾毓美，2001）

（5）湖南冷水江：滴滴唧丁点儿、粒唧点儿、斤把唧一斤左右、六七天唧六七天左右（谢元春，2002）

（6）湖南沅江：眼唧小洞、棒棒唧、坨坨唧、点点唧、条条唧（丁雪欢，2004）

赣语

（7）江西宜丰：鱼唧小鱼儿、桃唧桃儿、桌唧桌子、猪唧小猪崽、厂唧

小工厂、车唧小车（邵宜，2004）

（8）湖南安仁：细把唧小孩、俫唧、妹唧、鸟唧小鸟、麻鸟唧、燕鸟唧、华唧、亮唧、云唧、军唧、学唧（周洪学，2012）

（9）湖南浏阳：一担唧谷、二两唧盐、一撮撮唧、一滴滴唧、一刀刀唧、一句句唧（夏剑钦，1998）

（10）湖南醴陵：鸭凳唧小板凳儿、一刻唧、一下唧、斤把唧（颜艳莎，2013）

（11）江西吉安：帽子唧小帽子、桌子唧小桌子、兔子唧小兔子、石头唧小石头、斧头唧小斧头、木头唧小木头（昌梅香，2003）

（12）江西丰城：盖唧小盖子、凳唧小凳子、辫唧小辫子、刷唧小刷子、袱唧小包袱、长长唧有点儿长、贵贵唧有点儿贵（陈小荷，1989）

（13）江西上高：三斤唧油、两里唧路、五尺唧布、五根唧笔、两条唧手巾（罗荣华，2011）

（14）江西安福：瓶唧小瓶儿、纸唧小张的纸、布唧小布片、树唧小树、江唧小江、斧头唧小斧头（赵从春、王先顺，1995）

客家话

（15）湖南汝城：俫唧小男孩、妹古唧姑娘、弟唧弟弟、满唧小弟弟或小儿子（曾献飞，2006）

湘南土话

（16）湖南东安：细竹唧、鸟唧鸟儿、鸽唧鸽子、蜜唧蜜蜂、飞哈唧蝴蝶（鲍厚星，1998）

二 "唧"缀小称的语法意义

"唧"的语法意义分表量和表情两个层面。

其一是表量，有以下几种情况。

（一）物量小

1. 用于表示动植物的幼小。

（17）江西樟树：鸟唧、土狗唧、口口唧蝉、猴唧、蚊唧、跺蚂唧螳螂、塘泥蛇唧蚯蚓、鸭唧。如：

渠拿网网到了一只鸟唧。他拿网捕到了一只小鸟。

夜边里筒蚊唧真多。傍晚的飞蚊真多。

草里有好多跺蚂叽。草丛里有很多螳螂。（吴慧，2011）

（18）湖南汝城：鸡唧、鹅唧、鸭唧、蚊唧、麻唧芝麻、桔唧、茄唧、梅唧杨梅（曾献飞，2006）

2. 表示事物形体的细小、体积小。

（19）江西吉安：笋唧小笋筐、锅唧小锅、桶唧小桶、席唧小孩睡的席子、肚唧小孩的肚子、奶唧小孩的乳房（昌梅香，2007）

（20）江西樟树：脚叽剩余物、残渣、屑叽。如：

碗里剩筒脚叽我全部倒落了。碗里剩的残渣我全部倒掉了。

把该些屑叽捡起来！把这些垃圾捡起来！（吴慧，2011）

（21）江西丰城：刀唧铅笔刀、凳唧、绳唧、棍唧、胯唧专指幼儿的阴部、吹打唧玩具小唢呐（曾莉莉，2014）

（22）湖南汝城：锤唧、笛唧、瓶唧、碟唧碟子、板唧木板、笊唧似笊篱，用来捕鱼、盖唧盖子（曾献飞，2006）

（23）江西宜春：车唧小孩玩的车、女唧小女孩、伢唧、竹唧小竹、刀唧小刀、风雨唧（黄伯荣，1996）

（二）数量上的"小"或"少"

常见于数量短语+唧。主要有以下形式：

1. 数量词+唧。表达主观小量。如：

（24）江西吉安：一尺唧、几双唧、两只唧、几次唧、两盘唧。如：

一起有一百只题目，到现在佢才做哩几只唧，还咯多冇做。一共有一百个题目，到现在他才只做了几个，还有很多没做。

炒两盘唧够契么？(只)炒两盘（菜），够吃吗？（昌梅香，2003）

（25）江西丰城：三只唧、一两日唧、两三回唧、一盒唧、三杯唧（曾莉莉，2014）

（26）湖南沅江：一阵唧、一下唧、一点唧、一坨唧（丁雪欢，2004）

（27）湖南醴陵：一把唧菜、一盏唧灯、两三斤唧肉、五六门唧功课、三四支唧笔（言岚，2007）

（28）江西上高：三四只唧鱼、十一二里唧路、七八千斤唧谷（罗荣华，2011）

（29）湖南浏阳：四次唧、两下唧、三四回唧、五六到唧、七八下唧（夏剑钦，1998）

（30）湖南益阳：一丝丝唧、一指指唧、一顿顿唧、一下下唧、一坨坨唧、一点点唧、一阵阵唧、一会会唧（夏俐萍、严艳群，2015）

（31）江西宜丰：

今年咯南瓜只结了两三只唧。今年的南瓜只结了两三个。

还差三四只唧就够了。还差三四个就够了。

兜底七八块积钱，零头才不够。总共才七八块钱，连零头都不够。（邵宜，2004）

（32）湖南株洲：

他到街上买咖四箱唧啤酒。他到集市上买了四箱啤酒。

他只喂哒三只唧鸡。他只喂了三只鸡。

住的咯样近，他只来过两三回唧。住得这样近，他只来过两三回。（言岚，2002）

2. 数量词+把+唧。表示说话人主观认为数量少的意思。

（33）江西丰城：只把唧、日把唧、次把唧、百把个唧（曾莉莉，2014）

（34）江西樟树：个把唧、里把唧、条把唧、篇把唧、瓶把唧

该哩离车站里把唧路，走路去好近。这里离车站一里路左右，走路去好近。

瓶把唧酒，还毋够噢一餐。大约一瓶酒，还不够喝一餐。（吴慧，2011）

（35）江西宜丰：言外之意，都有"少量"的意思。

佢喫了杯把唧酒就醉了。他喝了一杯左右就醉了。

从阿哩屋下到佢哩屋下有里把两里唧路。从我家到他家有一两里路。

次把两次唧不要紧，莫舞得次数多了。一次两次不要紧，次数多了可不行。（邵宜，2011）

（36）湖南株洲：

咯条鱼只有斤把唧，太轻哒。这条鱼只有一斤左右，太轻了。

他今天不舒服，只吃了碗把唧饭。他今天不舒服，只吃了一碗左右的饭。

他只打哒下把唧球就走哒。他只打了一小会儿球就走了。（言岚，2002）

（37）湖南新化：件把件唧、天把天唧、年把年唧、回把回唧（刘卓彤，2007）

（38）江西上高：斤把唧酒、支把唧笔、块把唧地、张把唧纸、封把唧信（罗荣华，2011）

3. 量词重叠+唧

量词重叠不能单独成词，"唧"尾的作用主要是表示数量的微小。如：

（39）江西樟树：点点唧、片片唧、丝丝唧、块块唧、格格唧（吴慧，2011）

（40）湖南涟源：格格唧、块块唧、阵阵唧、丝丝唧、句句唧（刘仁江、蒋重母，2000）

（41）湖南湘乡：把把唧、粒粒唧、只只唧、个个唧、件件唧、块块唧、次次唧（姚兰，2007）

（三）**性量低**

指程度的轻微，主要用于形容词或形容词短语形式。

1. "单音节形容词重叠+唧"，即"AA唧"式，加上"唧"尾表示程度的降低，常指相比较而言"有点……"

（42）江西丰城：宽宽唧、尖尖唧、高高唧、瘦瘦唧、黑黑唧、慢慢唧、轻轻唧（曾莉莉，2014）

（43）湖南浏阳："形容词重叠+唧"具有减轻程度，具有委婉的修辞作用。如：大大唧比较大、细细唧比较小、瘦瘦唧比较瘦、矮矮唧比较矮。（夏剑钦，1998）

（44）江西樟树：单音节形容词重叠AA+式唧。表示略微超过某种程度。如：

衣裳连得大大式唧。略微大了一些。

该菜味道还可以，就是弄得咸咸式唧。（吴慧，2011）

（45）江西宜丰：形容词重叠+唧。具有减轻程度的作用。如：

佢做事慢慢唧咯，急得人死！他做事慢兮兮的，急死人了！

佢话事细细唧咯声，一忽才听不到。他说话声音很小，一点也听不见。（邵宜，2004）

2. "形容词短语+唧"，表示程度轻。

"形容词短语+唧"后，程度降低到适度，"唧"具有减轻程度的作用。如：

（46）湖南冷水江：绯红唧、焦酸唧、溜滑唧、清甜唧、滚热唧（李姣雷，2014）

（47）湖南益阳：长长家唧_{有点儿长}、扁扁家唧_{有点儿扁}、小小式唧_{有点儿小}、窄窄式唧_{有点儿窄}（夏俐萍、严艳群，2015）

（48）湖南衡阳："唧"是弱程度表示法，即比较黄和比较白。如：

筒只梨子黄黄的唧。_{这个梨黄黄的。}

其咯皮肤白白的唧。_{她的皮肤白白的。}（彭兰玉，2002）

名词＋形容词＋唧：这种格式中的形容词多指见于正向意义的单音节形容词，名词通常是体积小的物体，加上"唧"尾后减轻了形容词的程度，有主观"夸小"的效果。

（49）江西丰城：巴掌大唧、眼屎多唧、指头粗唧。如：

分哩块巴掌大唧個地_{分了一块巴掌大的田（这是一种主观夸小的说法，表示不满）}（曾莉莉，2014）

（50）江西樟树：手指拇粗唧、凳子高唧、鬼仔长唧_{很短小}。如：

该碗仔只有巴掌大唧，只盛得下一嘛唧饭。_{这碗只有巴掌那么大，只盛得下一点点饭。}

许根竹子只有手指拇粗唧，一下就撼断了。_{那根竹子只有手拇指那么粗，一下就掰断了。}（吴慧，2011）（51）湖南涟源：虱婆子大唧、眼屎大唧、手指脑长唧、两指宽唧、卵屎高唧，这一结构中的名词是比喻性的，如"眼屎大唧"，是指像眼屎那么大，比喻很小。（陈晖，1999）

3."指示代词＋形容词＋唧"，相当于"这么/那么点儿 ＋ 形容词"，表程度轻。

（52）江西丰城：个重唧、许重唧、个大唧、许多唧。试比较：

a. 该只细人唧有个重啊，你冒骗我吧？_{这个小孩有这么重啊，你没骗我吧？}（认为"很重"）

b. 个重叽猪，卖得什哩钱到啊？_{这么点重的猪，能卖到什么钱？}（认为"一点儿也不重"）（曾莉莉，2014）

（四）动量小

有时带有"随便"义。

1."动词重叠＋唧"，即"VV唧"。

（53）江西丰城："VV＋唧"，表"随便、短暂"义。如：

话话叽、笑笑叽、哭哭叽、吃吃叽、跑跑叽（步）、做做叽（操）等。如：

哭哭叽、笑笑叽，个着做什哩哦。哭哭笑笑（一会儿哭，一会儿笑），这到底是干什么？

我平时冒什哩事就是打打叽拳，跑跑叽步，看看叽电视。我平时没什么事，就是打打拳，跑跑步，看看电视。（曾莉莉，2014）

（54）湖南茶陵：唧[tɕi³]是轻短的中调。"动词重叠+唧"表示程度的轻微。如：走走唧走一走、看看唧看一看、坐坐唧坐一坐、等等唧等一等、笑笑唧笑一笑。（李珂，2005）

（55）湖南安仁："AA唧"表示动作时间的短暂。如：看看唧、坐坐唧、听听唧、等等唧。（周洪学，2012）

2. 动词+下唧

（56）湖南湘乡：耍下唧、看下唧、听下唧、吃下唧，表示动作持续时间的短暂。（姚兰，2007）

（五）时量短

（57）湖南衡阳："唧"附于表时间的"刻"后，或附于"指代+前"后，表示不确定的短时。如：一刻唧一会儿、一下唧一会儿、两天唧、刻刻唧、箇前唧这时候。（彭兰玉，2002）

其二是表情。包括以下几种情况：

（六）表亲昵

用于长辈称呼晚辈或关系好的平辈间的称呼，常用于称呼人名，表示一种亲近、亲昵的语气。

（58）江西吉安：美凤唧人名、宣唧人名、强唧人名、孙唧、孙女唧、妹唧（昌梅香，2003）

（59）湖南沅江：瓶唧、月唧、婷唧、伟唧、月珍唧、建月唧（丁雪欢，2004）

（60）湖南衡山：用于小孩的小名。

男孩小名：菊华奶唧、辉奶唧；

女孩小名：云妹唧、丽华妹唧。（彭泽润，1999）

（61）湖南涟源：在人名后直接加后缀"安唧"。用以表示长辈对晚辈的称呼。如：青安唧、丽安唧、伢唧、江伢唧、妹唧、柔妹唧。

(刘仁江、蒋重母，2000)

（62）湖南安仁：用在人名后，表示昵称。如：华唧、亮唧、云唧、军唧、学唧。(周洪学，2012)

（63）湖南新化：国军唧、新汉唧、桂花唧、红林唧（用于小辈）(罗昕如，1998)

（64）湖南衡阳：石生唧、秋松唧、莲英唧、桂秀唧、花香唧、镜明唧、阳春唧、甲林唧、小青唧（用于乳名）(彭兰玉，2002)

（65）湖南湘乡：龙伢唧、华伢唧、松伢唧、兰妹唧、秀妹唧、芳妹唧（罗昕如，2011）

（66）江西吉安：丫鬟唧年龄小的丫鬟、徒弟唧年龄小的徒弟、伢唧男孩儿、女唧女孩儿、细太唧小孩（昌梅香，2003）

（67）湖南新邵寸石：妹唧女孩、细唧小孩、细个唧小孩、囡囡唧小孩（周敏莉，2006）

（68）湖南冷水江：吉唧男孩子、妹唧女孩子、细人唧小孩子、毛唧婴儿或胎儿（谢元春，2002）

（69）湖南衡山：奶唧男孩子、妹唧女孩子、细客唧小客人、忙忙唧婴儿（彭泽润，1999）

（70）湖南衡阳：细家唧 [ɕi³⁵ka⁵⁵·tɕi] 儿童、囡囡唧 [liɛ⁵⁵liɛ⁵⁵·tɕi] 小孩、毛毛唧 [mau¹²mau¹²·tɕi] 婴儿、伢哩细唧 [ŋa¹²·li·ɕi³⁵·tɕi] 用于通称男孩、妹哩细唧 [mei³⁵·li·ɕi³⁵·tɕi] 用于通称女孩（彭兰玉，2002）

（七）表轻视

用于贬称。这是"唧"缀由"小"义引申出的"卑微"义。带有"鄙视、讥笑、讽刺"等附属义，多指从事不起眼的职业者，用于背称。

（71）江西丰城：接生婆唧、兵狗唧、北方佬唧、斋婆唧、斋公唧（曾莉莉，2014）

（72）湖南衡阳：用于官位名词后，表示主观上认为官不大，并带诙谐色彩。自称时带有谦虚意味。如：

其得只箇局长唧当起。好神气。他当了个小局长，很神气。

我得只箇厅长唧当起，连有空。我当厅长没点儿空。（彭兰玉，2002）

三 "唧"缀小称的特点

(一)"唧"缀小称的语音特点

"唧"的读音在各个方言中会有所不同。主要有两种读法,主要体现为尖团音的区别。读作尖音[tsi]的有湖南冷水江、湘乡、衡阳、娄底、浏阳、茶陵、醴陵等,以及江西的吉安、宜丰、宜春、萍乡、安仁等。读作团音[tɕi]或[tɕie]的有湖南新化、涟源桥头河、双峰、衡山、衡阳、益阳、新化、祁阳、邵阳、浏阳、涟源、湘潭及包括东安在内的一些湘南土话中,语音的不同是各地语音发展不同步的结果。

(二)"唧"缀小称的语义特点

1. "唧"的语义分布具有不平衡性。

"唧"作为小称后缀,在湘赣语中的很多方言中都存在,"唧"的用法在不同方言中语义并不一致。有的方言中,"唧"缀小称的使用范围非常有限,仅用于表人。如湖南双峰、湖南邵东、湖南新邵寸石等地。有的方言中,"唧"的语法意义较为丰富,这主要表现在部分赣语中,如江西宜丰、江西吉安、江西丰城、江西安福、湖南安仁、湖南茶陵、湖南汝城、湖南益阳等地,"唧"缀不仅可以附加在亲属称谓名词、动植物名词、事物名词后表现小称义,同时也附加在形容词后表示程度轻微,附加在数量词后表示数量上的"小"或"少",附加在动词后表示时间的短暂。这说明,小称词缀"唧"的语义经历了一个不断扩展的过程。总体来说,"唧"缀小称在湘赣语中的语义分布具有不平衡性,其中,湖南赣语和江西赣语的"唧"缀小称义较为丰富,而湖南湘语的"唧"缀小称语义相对有限。"唧"缀在有些方言使用范围广,有些方言中使用范围有限,这是语言发展不平衡的结果。

"唧"缀同各类词的黏着能力要比"崽"类后缀强,使用范围比"崽"缀广。"崽"只能用作名词词尾,而"唧"缀不仅能附着在名词后表小称,而且还可以附缀在动词、形容词、数量词后表小称义,这说明,"唧"缀的语法化程度相对于"崽"类后缀要更高。

2. "唧"缀小称功能渐趋泛化。

随着"唧"缀小称语义不断扩展的同时,我们也看到,有的方言中,如湖南益阳(夏俐萍、严艳群,2015),"唧"在保留部分小称义的同时，有的已经渐趋虚化为一个词缀，不表任何意义，这在多数方言中都有所体现。这说明，"唧"缀的小称语义已经渐趋磨损。因此，"唧"缀小称的方言点中，往往产生新的小称形式来强化小称的功能。"唧"的使用范围在逐渐扩大，不仅用于词而且可以用于短语，如形容词短语、动词短语、数量短语等，由词到短语，"唧"的语义也在逐渐地虚化。

江西中部和湖南的"唧"尾呈片状分布状态。周边的湘南土话和客家话也同样存在"唧"表小称功能，表现形式基本相同，主要见于名词表"小、可爱、亲昵"，量词表"量少"，形容词表"程度轻"、动词表"随意、短暂"之意。这其实是小称义不断泛化的结果。

（三）"唧"的语源问题

关于"唧"尾的来源，各家说法向来不一。主要有几类见解：

认为"唧"缀来源于"子"：罗昕如（2006）认为"唧"来源于"子"，是"子"在演变过程中产生的方言变体。刘纶鑫（1999）也认为，后缀"唧"实为"子"的音变。李立林（2007）认为娄底方言的"唧"缀来源于"子"。昌梅香（2007）认为吉安方言的"唧"缀来自"子"。

认为"唧"缀不是来源于"子"，而是另有其字：崔振华（1998）认为益阳话中的"唧"缀来源于"家"。郑张尚芳（2008）考证了汉语方言表"孩子"义的七个词根的语源，认为湘赣语中的"唧"尾本字为"瘠"。陈小荷（1989）认为现有材料还不足以证实"唧"来自"子"，有待进一步去考证"唧"的本字。"唧"均表"孩子"义，后来虚化为小称词缀。

正因为学界的分歧，本书把"唧"缀单列来探讨。

第五节 "娃"类小称

一 "娃"类小称的来源考察

"娃"：古代对美女的称呼。扬雄《方言》："娃、嫷、窕、艳，美也。吴楚衡淮之间曰娃，南楚之外曰嫷，宋卫晋郑之间曰艳，陈楚周南之间曰窕。自关而西秦晋之间，凡美色或谓之好，或谓之窕。故吴有馆娃之宫，秦有窥娥之台。秦晋之间美貌谓之娥，美状为窕，美色为艳，美心为窈。""娃",《说文解字》"圜深目貌,吴楚之间谓好曰娃"。郑张尚芳认为,表"孩子"义的"娃"与本义无关,只是借用其字形,本字应为"哇",表示小孩儿的啼哭声、学语声,后来再用孩声专指小孩儿。因为"哇哇"不像称人的名词,后来才写为"娃娃"①。

《汉语方言大词典》② 对"娃"也做了解释,"娃":①小孩儿。清光绪十四年《永寿县志》:"呼子曰娃,小女曰女娃。"清嘉庆十六年《山西通志》:"呼小儿曰娃"。②幼小的动物。1919 年《解县志》:"犬生子曰娃"。可见,清朝时期,"娃"已有表小孩和幼小动物的称呼。

二 "娃"类小称的构成类型

"娃"类小称在汉语方言中的构成类型,可以是"娃儿"形式,也可以是"娃子"形式。有的方言中,两种方式并存。

(一)"娃儿"

(1)湖北襄阳:男娃儿、俩娃儿、姑娘娃儿、香玲娃儿、秀娃儿(杨琳,2017)

(2)陕西商州:猪娃儿、狗娃儿、鸡娃儿、猫娃儿、狼娃儿、兔娃儿(张成材,2000)

(3)湖北巴东:刀娃儿小刀、车娃儿小车、锅娃儿小锅、灯娃儿小油灯、盆娃儿小盆子(田恒金、郑莉,2014)

(4)湖北安陆:凳娃儿、锁娃儿、棍娃儿、坛娃儿、缸娃儿、篮娃儿(盛银花,1999)

(5)陕西镇安:桌子娃儿、铺盖娃儿、枕头娃儿、灯笼娃儿、电灯娃儿(赵雪,2015)

(二)"娃子"

(6)宁夏隆德:"娃子",表示动物幼崽,带喜爱色彩,常表示家养动物的幼崽。如:

鸡娃子、鸭娃子、鹅娃子、猪娃子、狗娃子、驴娃子、兔娃子(杨苏平,2015)

---

① 郑张尚芳:《汉语方言表"孩子"义的七个词根的语源》,《语文研究》2008 年第 1 期。

② 许宝华、[日]宫田一郎:《汉语方言大词典》,中华书局 1999 年版。

（7）甘肃礼县：猪娃子、狗娃子、猫娃子、驴娃子、鸡娃子、雀娃子小鸟（李映忠，2010）

（8）甘肃天祝：猫娃子、狗娃子、鸡娃子、猴娃子（宋珊，2017）

（9）甘肃民乐：鱼娃子、猫娃子、鸽娃子、驴娃子、鸡娃子、狗娃子（钱秀琴，2009）

三 "娃"类小称的语法意义

这里，我们将"娃"类小称统一起来归纳它的语法意义。

（一）物量

1. 放在动物名词后面，表示动物的幼崽。

（10）湖北孝感：狗娃儿、猫娃儿、鸡娃儿、鱼娃儿、鸭娃儿（王求是，2009）

（11）陕西商州：猪娃儿、狗娃儿、鸡娃儿、猫娃儿、狼娃儿、兔娃儿（张成材，2000）

（12）陕西平利：鸡娃儿、牛娃儿、狗娃儿、猪娃儿、羊娃儿、鸭娃儿（周政，2007）

（13）陕西留坝：猪娃儿、猫娃儿、狗娃儿、牛娃儿、鸡娃儿、狼娃儿（孙立新，2004）

（14）甘肃敦煌：驴娃子小驴、鸽娃子小鸽、雀娃子小雀、骡娃子小骡、猴娃子小猴（刘伶，1988）

（15）陕西宝鸡：狗娃儿小狗、猫娃儿小猫、牛娃儿小牛（任永辉，2004）

2. 用于植物的幼苗或未成熟的果实。

（16）湖北枣阳：树娃儿、瓜娃儿、红薯娃儿（刘金勤、周先龙，2003）

（17）湖北丹江：树娃儿、桃娃儿、花娃儿（苏俊波，2009）

（18）河南南阳：红薯娃儿、北瓜娃儿、萝卜娃儿、小树娃儿（樊守媚，2012）

3. 用于表示事物的细小，通常指与人们生活联系密切的日常事物。

（19）湖北襄樊：手巾娃儿、板凳娃儿、狗娃儿、鸡娃儿（周娟，2007）

(20) 湖北郧县：刀娃儿、屋娃儿、凳娃儿、椅娃儿、盆娃儿（苏俊波，2016）

(21) 甘肃民乐：盆娃子、凳娃子、椅娃子、树娃子、桌娃子（钱秀琴，2009）

(22) 湖北襄阳：石头娃儿、砖头娃儿、树娃儿、手娃儿、脚娃儿、拳头娃儿（杨琳，2017）

(23) 湖北巴东：脸娃儿、舌头娃儿、骨头娃儿、嘴娃儿、耳朵娃儿、背心娃儿（田恒金、郑莉，2014）

（二）数量

表示数量的微少。

(24) 湖北襄樊：一碗娃儿、三勺娃儿、四车娃儿（周娟，2007）

(25) 湖北丹江：一碗娃儿、几桶娃儿、三勺娃儿（苏俊波，2009）

(26) 河南罗山：他一顿能吃一碗娃儿饭！他吃得太少了，应该多吃一点儿。（王东、原新梅，2002）

（三）表示亲昵或厌恶

1. 用于表人名词后面，含有喜爱之意，常表示年龄小或长辈对晚辈的昵称。

(28) 陕西镇安：儿娃子男孩儿、女娃子女孩儿、毛娃子婴儿、雪娃子、萍娃子（赵雪，2015）

(29) 湖北枣阳：学生娃儿小学生、徒弟娃儿小徒弟、姑娘娃儿姑娘家、红娃儿、王明娃儿（刘金勤、周先龙，2003）

(30) 湖北恩施：姑娘娃儿、年轻娃儿、学生娃儿、徒弟娃儿、女婿娃儿、弟娃儿弟弟（王树瑛，2017）

(31) 陕西镇安：再给地地搁些石头娃子刚美再给地里放些小石头正好。（赵雪，2015）

2. 表示厌恶。

表示厌恶的感情色彩多用于"娃子"，而"娃儿"多表喜爱，这也是"娃儿""娃子"在表义上的区别。这种表义的区别，主要存在于"娃儿""娃子"并存的方言中。两者并存的方言中，它们形成表义色彩上的互补性。"娃儿"通常表示喜爱的感情色彩，"娃子"根据语境

的不同会有所不同,多表示厌恶的感情色彩。如:

(32)湖北襄阳:"娃儿"偏重于表喜爱的感情色彩,"娃子"偏重于表示厌恶、不满的感情色彩较多。如:

A:a:它们屋里养了好多猫娃儿呀!(表示对猫咪的喜爱)

　　b:它们咋养了恁多猫娃子咪!(表现出讨厌猫的情绪)

B:a:它们屋里老狗子下了一窝狗娃儿,都多好看!(表达对小狗的喜爱)

　　b:狗娃子在屋里到处乱拉乱尿,屋里一股子骚臭味儿!(表达出强烈的不满、厌恶之情)(杨琳,2017)

四 "娃""儿"小称的对比考察

1. 从语音形式来看,"儿"的语音形式极为复杂,主要包括"儿尾"和"儿化"两种形式。通过前文(本章第一节)对"儿类"小称的分析,我们得知"儿尾"是词缀小称,"儿化"是变音小称。"娃"类小称的语音形式较为简单,主要分为"娃儿"和"娃子"两种形式,二者都是词缀小称。其中,"娃儿"是"娃"的儿化形式,"娃子"的"子"自成音节,是一个词缀。

2. 从分布范围来看,"儿"类小称的分布地域十分广泛,基本存在于各大官话方言区和非官话方言区。"娃"类小称的分布地域较为狭窄,只存在于官话方言区的西南官话、中原官话、江淮官话、兰银官话区,集中在我国的河南、陕西、湖北、甘肃等地。具体情况如表3-4所示:

3. 从与其他词语搭配的能力来看,"儿"类小称的搭配能力要强些,"娃"类小称的搭配能力相对弱些。"娃"类通常与一部分名词搭配,用来表示与人们日常关系比较密切的具体事物,极少与量词搭配;"儿"不仅可以与名词搭配,而且可以跟量词、形容词、动词、副词搭配表示小称。

表 3-4　　　　　"儿"类、"娃"类小称的方言分布

分布	语法形式	"儿"类	"娃"类
官话	西南	+	+
	中原	+	+
	江淮	+	+
	兰银	+	+
	胶辽	+	
	北京	+	
	东北	+	
非官话	吴	+	
	徽	+	
	湘	+	
	赣	+	
	晋	+	
	客		
	闽		
	粤	+	
	平话、土话	+	

4. 从语法意义来看，也有相同点和不同点。虽然"儿"和"娃儿"都作为小称标记，都有表示"小"和亲切、喜爱等感情色彩。前文的分析得知，"儿"类小称可以跨越多个语义域，不仅可以表示物量小、数量少，而且可以表示动量轻、时间短、性状低等意义。"娃"类小称语法意义要窄得多，"娃"只表示物量小，只有少部分表示数量少。语法意义上的差别，反映出了二者的语法化程度不同，"娃儿"是一个语法化程度较低的词缀，而"儿"是一个语法化程度较高的词缀。"娃儿"是"娃"的儿化形式，表示为"孩子"义，由"孩子"义虚化为名词后缀，这与"儿"的虚化历程是基本一致的。但二者的虚化程度不同，"娃"是一个尚未完全虚化的词缀。娃的语义还比较实在，使用范围相对有限。

5. 从语法功能来看，"儿"的语法功能更加丰富，不仅可以表"小

称",而且还具有成词、改变词性、改变词义等作用。"娃儿"可以说是专门的小称词缀,很少表示其他语义。

小 结

从"娃儿"与"儿"的比较中发现,"娃"类小称和"儿"类小称存在着明显的不同,无论是从语音形式、构成类型、地域分布,以及语法意义,都存在着明显的差别。从形式上看,"儿"的读音较为复杂,"娃儿"的读音相对单纯。从语法意义上来看,"娃儿""娃子"专门用于表小称,语义比较实在,表小称的语义范围有限,一般只限于与人们的生活联系较为密切的具体事物。"儿"的表义范围较为广泛,不仅可以指物量、数量上的小,还可以表示性状、动作的轻。从语法功能来看,"娃儿""娃子"专门表小称,而"儿"的语法功能,"小称"语义已逐渐走向虚化,多表示成词、改变词性和词义等作用。

第六节 "囝"缀小称

一 "囝"缀小称的来源考察

"囝"是闽语的特征词,表示"儿子"。宋《集韵》"囝,九件切,闽人呼儿曰囝"。唐代诗人顾况所作古诗《囝》:"囝生闽方,闽吏得之,乃绝其阳。"自注曰:"囝,音。蹇,闽俗呼子为囝。"可见,"囝"是闽语中很有特色且较为古老的一个方言词。"囝",表示"儿子"或"儿女"。这在古代的文献中就已经有所体现:

(1) 阿囝略如郎罢老,稚孙能伴老翁嬉。——宋·陆游《戏遣老怀》

(2) 久留闽囝谁堪语,却忆番君可与言。——宋·刘克庄《送张应斗还番易》

(3) 晴雨幽人曾侯鹤,水风闽囝亦占虹。——宋·刘克庄《三和二首》

(4) 阿翁阿囝自相随,赏遍江淮春盛时。——宋·杨万里《舟中即事》

(5) 使我闽囝翁,翘首瞻佳气。——元·洪希文《闻清漳近信》

(6) 郎罢耕田呼囝牧，阿翁眠起问姑蚕。——民国·陈衍《元诗纪事·俞埜山》

从上文来看，"囝"的说法出自闽语区。这些诗人中，多数是闽地人或在闽地做过官，如刘克庄和洪希文，是地道的莆田人。陆游在闽地做过官员，在福建宁德、福州等多地做官。杨万里，江西人，在漳州潮州当过官。陈衍是福建福州人，是闽派代表诗人。可见，"囝"是闽语的特色词汇，古已有之。经历了数千年的发展，"囝"在闽方言中至今仍然具有能产性，构词能力非常强，不仅可以用来表示实词，而且已经发展成为一个表义明显的小称词缀。

闽语中的"囝"，闽东地区多写为"囝"，闽南地区，很多学者从俗，写作"仔"。对于"囝""仔"，很多学者都认为是一个字，其中"囝"为本字，"仔"是俗字。杨秀芳认为"a"应是由"囝"演变而来。① 邵慧君、甘于恩通过闽语内部次方言的例子，认为闽南话的"仔[a]"当是"囝"的音变形式。② 冯爱珍认为："囝"俗写作"仔"。③ 陈泽平指出："囝"，闽人呼子，是古代韵书中罕有的闽语俗字之一，但民间不知道有这个字，资料中都写为"仔"。④ 李如龙（2005）将闽方言的后缀统一写作"囝"。⑤ 另外，《汉语方言地图集·语法卷》第051图，也将闽方言中的"仔"归一化为"囝"。我们同意以上学者的观点，从音韵地位来看，"仔"符合"九件切"，因此我们有理由认为，"仔"实际上就是"囝"，是"囝"的音变形式。下文的语料中，我们将闽语中的"囝""仔"合并一起讨论，如果原文写为"仔"，我们也保留各地的书写习惯。本书的"仔"，正是"囝"的不同写法。

二 "囝"缀小称的语音类型

虽然闽方言中的小称形式，多来自表示实词"儿子"义的"囝"。

---

① 杨秀芳：《台湾闽南语语法稿》，大安出版社1991年版，第166页。
② 邵慧君、甘于恩：《闽语小称类型比较》，载丁邦新、张双庆编《闽语研究及其与周边方言的关系》，香港中文大学出版社2002年版，第278页。
③ 冯爱珍：《福清方言研究》，社会科学文献出版社1993年版，第16页。
④ 陈泽平：《19世纪以来的福州方言：传教士福州土白文献之语言学研究》，福建人民出版社2010年版，第254页。
⑤ 李如龙：《闽语的"囝"及其语法化》，《南开语言学刊》2005年第2期。

但随着语言的发展变化,"囝"成为小称词缀后,方言中的语音形式各不相同。我们分门别类地统计了各地闽方言"囝"作为实词和"囝"缀小称的语音形式,具体情况如表3-5所示。

表3-5 "囝"缀语音形式统计

方言片		方言点	"囝":儿子	"囝"缀小称形式
闽东区		福建尤溪	ŋ^{55}	ŋ^{55}
		福建宁德	kiaŋ^{41}	kiaŋ^{41}
		福建福州	kiaŋ^3	kiaŋ^{3}变音
		福建罗源	kieŋ^{21}	kieŋ^{21}
		福建福清	kiaŋ^{33}	kiaŋ^{33}变音
闽南区	福建闽语	福建厦门	kĩã^{53}	a^{53}变音
		福建永春	kĩã^{53}	kĩã^{53}
		福建漳州	kĩã^3	a^3
		福建漳平	a^{31}	a^{31}变音
		福建龙岩	a	a变音
		福建大田	kĩ^3	kĩ^3
		福建诏安	kiã3	a^3
	广东闽语	广东澄海	kian^{52}	kian^{52}
		广东海丰	a^{53}	a变音
		广东揭阳	kia^{53}	kia^{53}
		广东汕头	kĩã^{53}	kĩã^{53}
		广东潮州	kĩã^{53}	kĩã^{53}
		广东云澳	kĩã^3	a^3、kĩã^3
		广东中山三乡	kia^{24}	kia^{24}
	海南闽语	海南屯昌	kia^{325}	kia^{325}
		海南海口	kia^{213}	kia^{213}
	浙南闽语	浙江雷渎	kĩã^3	kĩã^3
	台湾闽语	台北	kiã^3	a^3
莆仙区		福建莆田	kyɒ^3	kyɒ^3

由表3-5可以看出,多数方言的实词"囝"和后缀"囝"的读音相同。但也有些地方,后缀"囝"的读音形式发生了变化,闽东、闽

南和台湾闽语都存在着语音弱化的趋势，尤其在闽南地区体现得更为明显。"囝"的变音形式主要体现在以下几方面：

1. 变声

"囝"根据前音节韵尾的不同，出现声母脱落现象，但声调一般不变。先看闽东地区，如福州、福清等地。

（7）福建福清："囝"，读音 [kiaŋ³³]。作为后缀，声调同所有上声作为后字一样，在阴平、上声后面变高降调 [53] 调。声母也同所有 [k] 声母字一样，根据前字韵尾的不同，分别读作 [ø、ŋ、k]。当前字是元音尾韵母，[k] 脱落为 [ø] 声母；前字是鼻音尾韵母，[k] 变为 [ŋ] 声母；前字是塞音尾韵母，[k] 不变。例如：

鸡囝 小鸡儿 [kie⁵³ kiaŋ³³—kie⁵⁵ iaŋ⁵³]、碗囝 小碗儿 [uaŋ³³ kiaŋ³³—uaŋ²¹ ŋiaŋ⁵³]、盒囝 小盒子 [aʔ⁵ kiaŋ³³]（冯爱珍，1993）

（8）福建福州：福州话的"囝"，读音 [kiaŋ³]。

"囝"逢前音节为元音韵尾时读 [iaŋ³]：茶囝、鞋囝、椅囝、猫囝

前音节为 [-ŋ] 尾韵时读 [ŋiaŋ³]：孙囝、番钱囝 小硬币、盘盘囝、羊囝、和尚囝（李如龙，2007）

2. 变韵变调

"囝"的读音为 [a]。"囝"常受前一个音节末一个音素的影响而增音。同时声调受前一音节的影响，而发生变化。龙岩、厦门就是这样的类型，我们以龙岩为例加以说明。

（9）福建龙岩："仔"与前音节结合，会发生变韵变调现象。"仔"的语音是 [a]，"仔尾"会发生变韵现象，是因为受到前音节韵母的影响而产生的。如果前音节韵母是单元音韵，如 i 韵和 u 韵，[a] 尾就相应变成了 [ia] 和 [ua]；如果是鼻化韵，[a] 就受到同化作用而变成 [ã]；如果是鼻音尾韵 [m]、[n]、[ŋ]，就变成 [ma]、[na]、[ŋa]；如果是塞音尾韵 [p]、[t]、[k]，[a] 前面就带上了浊音声母，相应地变成 [ba]、[la]、[ga]。同时，龙岩话七个调类的字和"仔"尾结合，"仔"尾 [a] 也会因前音节声调的不同而发生变调，前音节为阴平、阳平、阴去、阴入和阳入时，[a] 读轻声，前音节为阴上和阴去时，[a] 则变成一种中升调，如：

阴平+a：猪仔 [ti⁴⁵⁻⁵⁵ ia²]；阳平+a：桃仔 [tho³¹⁻³³ a²]；阴上+a

椅仔 [$i^{21} ia^{35}$]

阳上 + a：柱仔 [$thiau^{51-33} a^2$]；阴去 + a：秤仔 [$tshin^{35-21} na^{35}$]；阴入 + a 擦仔 [$tshat^{5-55} la^2$]

阳入 + a：舌仔 [$tsi^{4-33} ia^2$]（陈慧娜、庄初升，1993）

3. "仔"化合音变调

"仔"化合音变调这一说法，由陈宝贤提出。[①] 他在详细描写漳平方言各点小称变音的同时，发现这种变调有可能源于小称后缀"仔"与前面词根的合音的结果，是一种具有小称意义的"仔"化合音变调，简称为"仔"化变调。有合音现象的方言点，合音都受条件的限制，只有"仔"前字韵母为 [a] 类韵母时才合音。读小称变调的字，韵母实际上是一种"仔"化韵，声调实际上是一种"仔"化合音变调。我们以漳平永福方言为例。

永福方言舒声调阴平、阳平、阴去、阴入白有"仔"化变调，上声、阴去和入声没有此类变调。变调的调值，统一变为高降变调 [51]，这种高降变调是一种仔化合音变调，韵母也是前字的 [a] 类韵母与后缀"仔" [a] 的合音。具体情况如表 3-6 所示：

表 3-6　　　　　　　永福方言"仔"化合音统计

字	本调	"仔"化变调 51	合音过程
车阴平	裁缝车[$ts'ai^{11-21} hoŋ^{11-33} ts'a^{24}$]	骹踏车 [$k'a^{24-33} ta^{53-21} ts'a^{51}$]	车 [$ts'a^{51}$] ← 车仔 [$ts'a^{24-55} a^{31}$]
钯阳平	钯 [pia^{11}]：犁地的钯	钯 [pia^{51}]：锄草用的钯子	钯←钯仔 [$ts'a^{24-55} a^{31}$]
上声		无	
担阴去	大担 [$tua^{11-24} t\tilde{a}^{21}$]："大+量"，大担的。	细担 [$sei^{21-33} t\tilde{a}^{51}$]："细+量"，小担的。	小=担 [$m\tilde{a}i^{24-33} t\tilde{a}^{51}$] ←小=担仔 [$m\tilde{a}i^{24-33} t\tilde{a}^{21-55} \tilde{a}^{31}$]
阳去		无	

[①] 陈宝贤：《闽南漳平的"仔"化变调》，载林焘主编，北京大学汉语语言学研究中心《语言学论丛》编《语言学论丛》（第 28 辑），商务印书馆 2003 年版，第 330 页。

续表

字	本调	"仔"化变调51	合音过程
鸭阴入白	番鸭〔huan$^{24-33}$ a^{55}〕	小ᵉ鸭〔māi^{-33} a^{51}〕：雏鸭	鸭〔a^{51}〕←鸭仔〔a^{55} a^{31}〕
阴入文		无	
阳入		无	

通过各方言点语料，可以看出，"囝"实词的语音形式大致有三种，一种是〔kiaŋ〕，以闽东方言为主，如福州、福清等；一种是〔kiã〕，以福建闽南方言为主，如厦门永春、漳州等；一种是〔kia〕，如海南海口、屯昌、广东揭阳、中山三乡等。一种是〔a〕或〔ŋ〕。"囝"成为词缀后，语音形式保留原形式的较少，大多都经历了不同程度的弱化。如：尤溪的"囝"读为〔ŋ〕，厦门、漳州等地读为〔a〕，广东云澳地区还存在两种小称的并存形式〔a³〕和〔kĩa³〕。

关于"囝"缀语音发展的历时演变历程，邵慧君、甘于恩构拟了闽东和闽南方言语音演变的三条路线：闽东方言以尤溪为例，闽南方言分为厦门型和海口型。

(10) 闽东方言：如尤溪：kieŋ→kŋ→ŋ

(11) 闽南方言：如厦门：kiã（kã）→iã→ã→a

(12) 闽南方言：如海口：kiã→kia→ia→a（邵慧君、甘于恩，2002）

在语音演变过程中，三者都经历了声母脱落的过程。尤溪方言保留了鼻音成分〔ŋ〕，闽南方言保留了元音成分〔a〕。厦门和海口演变的过程有所不同，海口方言由鼻化韵变成了口音韵。漳州永福方言还出现了"仔"化合音现象，这应该是较为晚近的现象。

三 "囝"缀小称的组合类型

"囝"作为小称词缀，与词根的组合方式有这样几种：X指词根，词根可以是单音节的，也可以是多音节的。如：

(一)"X囝"

(13) 福建寿宁：茄囝、牛囝、猪囝、后生囝、傀儡囝、丈夫囝、

矮囝、番囝（林寒生，2002）

（14）福建泉州：厝仔_{小房子}、桌仔_{小桌子}、马仔_{小马儿}、老公仔_{小老头子}（林连通，1993）

（二）"X 囝囝"

这是"囝"后缀的重叠形式。"囝"使词根具有"小、少"义，重叠后表示"极言其小、极言其少"。

（15）福建福清：侬囝囝_{小木偶人}、猫囝囝_{小猫儿}、鸭囝囝_{鸭雏}、滴囝囝_{一点点儿}、犬囝囝、鸟囝囝（冯爱珍，1993）

（16）福建福州：猫囝囝_{小小猫儿}、椅囝囝_{小小的椅子}、蜀滴囝囝_{一丁点儿}（梁玉璋，1989）

（17）广东云澳：囝囝［a³］顺序不能颠倒。云澳方言的囝［a³］仍有表小的意义，再加［kĩã³］更加突出小。如：

牛囝囝_{更小的牛}、树囝囝_{特别小的小树苗}、碗囝囝_{更小的小碗}、骹囝囝_{刚出生不久的婴儿的小脚}（张静芬，2017）

（三）"X 仔囝"

（18）福建厦门：碗仔囝、椅仔囝、桌仔囝、鸡仔囝、狗仔囝、鸟仔囝（谭邦君，1996）

（四）"X 头仔囝"

（19）福建厦门：椅头仔囝、石头仔囝、柴头仔囝（周长楫、欧阳忆耘，1997）

（五）"XX 囝"

（20）福建福清：瓶瓶囝_{小瓶子}、杯杯囝_{小杯子}、钵钵囝、袋袋囝（冯爱珍，1993）

（21）福建福州：盒盒囝_{小盒子}、桶桶囝_{小桶儿}、盆盆囝_{小盆儿}、簿簿囝_{小本子}、袋袋囝_{小兜儿}、锅锅囝_{小铁罐子}（梁玉璋，1989）

（22）福建罗源：刷刷囝_{小刷子}、罐罐囝_{小罐子}、瓮瓮囝_{小坛子}、盘盘囝_{小盘子}、瓯瓯囝_{小杯子}（黄涛，2016）

（六）"X 囝尼"

"尼"有的写作"呢"。如例（24）。

（23）广东揭阳：孥囝尼_{小孩儿}、猪囝尼_{小猪儿}、椅囝尼_{小椅子}、珠囝尼_{小珠子}、滴囝尼_{一点儿}、碗囝尼_{一小碗}（吴芳，2007）

（24）广东汕头：碗囝呢、船囝呢、筐囝呢、桶囝呢、篮囝呢、撮囝呢、块囝呢（施其生，1997）

（七）"X 仔孻"

"孻"也是一个指小的词缀，但是它不能直接附于名词词根之后，必须附于词尾"仔"的后面，表示"极小"。

（25）广东潮州：尾仔孻_{最小的小儿子}、蚊仔孻_{很小很小的蚊子}、碗仔孻_{很小的小碗子}、针仔孻_{很小很小的针}（李永明，1959）

（26）浙南闽语：椅仔孻_{小椅子}、鼎仔孻_{小锅子}、狗仔孻_{小狗}（温端政，1958）

（27）福建漳州："孻"色彩上比"囝"更小，"仔孻"有"极小"之意。如：鞋仔孻［i^{53}a^{53}kia^{53}］_{小板凳儿}、鞋仔孻［e^{23}a^{53}niu^{45}］_{很小的鞋子}（高然，1999）

（八）"X 仔屎"或"X 屎仔"

永春话的"仔"和"屎［sai^{53}］"构成双词尾，加在某些事物的名称后面，表示说话人对这一事物的轻蔑、厌恶和憎恨。有时，"仔"和"屎"的位置可以互换。如：

（28）福建永春：猪屎仔、牛屎仔、鸡屎仔、椅仔屎、桌仔屎、刀仔屎、碗仔屎（林连通，1988）

四 "囝"缀小称的语法意义

在现代汉语方言中，"囝"是一个小称后缀，主要用于表小称。"囝"的小称义主要体现在"表量"和"表情"两个方面。

用于表量。

（一）物量

1. 表示动物的幼崽或形体小。

（29）福建古田：鸡囝、犬囝、鸭囝、羊囝、鸡角囝_{小公鸡}（秋谷裕幸、陈泽平，2012）

（30）福建福州：老鼠囝_{老鼠幼崽}、石鼠囝_{小兔子}、黄鹪囝_{小麻雀}、鸡囝、牛囝、猪囝、鹅囝（陈泽平，2010）

（31）福建宁德：老犬囝_{小狗}、猴囝、老蛇囝_{小蛇}、蛏囝_{小的蛏子}、鳗囝_{小鳗鱼}、虾囝（陈丽冰，2012）

（32）福建罗源：马泥蚁囝小蜘蛛、鱼囝小鱼、黄瓜囝小黄瓜鱼、黄眉囝小黄眉鱼（黄涛，2016）

2. 表示植物的幼苗或体积较小者。

（33）福建罗源：竹囝小竹子、笋囝小笋、番薯囝小番薯、芋卵囝小芋头、桔囝小桔子、金圃囝小南瓜、桃囝桃子、李囝李子（黄涛，2016）

（34）广东云澳：榕树囝、竹囝、芋囝小芋头、西瓜囝（张静芬，2017）

3. 表示较小的身体器官。

（35）广东云澳：手囝、骹囝小脚、耳囝耳朵（张静芬，2017）

（36）福建宁德：耳囝耳朵、拳头囝小拳头、指头囝小指、舌囝小舌、骹肚囝小腿肚（陈丽冰，2012）

4. 表示同类具体事物中较小者或与其他类事物相比，事物本身较小者。

（37）福建罗源：衣裳囝小衣服、裤囝小裤子、鞋囝小鞋子、袜囝小袜子、甲囝小背心、枕头囝小枕头、被囝小被子（黄涛，2016）

（38）福建福州：巷囝小巷、厝囝小房子、船囝小船、桌囝小桌子、刀囝小刀儿、枕头囝小枕头、罐囝小罐儿、刷刷囝小刷子（陈泽平，2010）

（39）福建福清：沙囝细沙、索囝细绳儿、秤囝小秤、桌囝小桌子、溪囝小河（冯爱珍，1993）

（40）福建莆田：山囝小山、雨囝小雨、窟囝小地塘、鼎囝小锅（黄典诚、李如龙，1998）

（41）广东云澳：风囝微风、云囝小云朵、溪囝小溪、路囝小路（张静芬，2017）

（42）福建古田：鼎囝、椅囝、车囝、河囝、船囝、舂臼囝擂钵（秋谷裕幸、陈泽平，2012）

（43）福建宁德：弄囝小巷、店囝小店铺、鼎囝小锅、面桶囝小脸盆、铰刀囝小剪刀、麻雀囝赌资小的麻将、雨檬囝毛毛雨、疬囝疬子（陈丽冰，2012）

（二）数量

"囝"用于数量词后面，是把事物的数量往小里说，表示数量上的"小、少"，表达说话人主观上认为数量小。

（44）福建莆田：一尺囝近一尺、一秤囝近十斤、一铺囝近十里（黄典诚、李如龙，1998）

（45）福建罗源：蜀丸囝一小丸、蜀瓯囝一小杯、蜀瓶囝一小瓶、蜀碗囝一小碗、蜀粒囝一小粒（黄涛，2016）

（46）福建宁德：蜀粒囝一小粒、蜀菩囝一小朵、两斤囝才两斤、蜀杯囝一小杯、蜀瓶囝一小瓶、蜀碗囝一小碗、蜀丸囝一小团（陈丽冰，2012）

（47）福建永春：三四间仔厝、丈仔布、尺仔布、斤仔米（林连通，1988）

（48）海南屯昌：一丛囝一小棵、两节囝两小节、两盅囝两小盅、三桶囝三小桶（钱奠香，2002）

（49）广东澄海：可以与高度抽象，且有限定作用的名词性词素"物"结合，构成"量名结构"名词性词组。如：

滴囝物这一点点东西、撮囝物这么一小点、段囝物这么一小段（林伦伦，1996）

（50）广东潮汕：二间囝两间、二三箱囝两三箱、一点囝一点、一个囝一个、一段囝一段、二节囝两节（陈传佳，1997）

（51）广东汕头：

麝香铁贵，一块囝呢就几十银。麝香特贵，一小块儿就几十块钱。

我正挈伊块囝呢定。我才拿了他一点点。

咸涩鬼，樽囝呢可口可乐开分人食就着疼死。吝啬鬼，一瓶可口可乐开给人喝酒心疼得要命。（施其生，1997）

（三）性量

可用作形容词、副词后缀，表示程度轻微缓慢，其词根一般不单用。

（52）广东揭阳：轻轻囝轻轻儿、宽宽囝慢慢儿（吴芳，2007）

（53）福建永春：红红仔、青青仔、瘦瘦仔、甜甜仔、沙沙仔、闹热闹热仔（林连通，1988）

（54）福建厦门：晗晗仔蒙蒙亮、险险仔差一点儿、匀匀仔慢慢地、轻轻仔轻轻地，加"仔"后，表达一种轻微的语意。（谭邦君，1996）

（55）福建龙海：赫大囝那么一点儿、匀食囝慢慢吃、宽仔囝慢慢走、小可囝破稍微破一点（黄剑岚，1993）

（四）动量

表示动作行为的轻微、随意。

（56）福建永春：

汝歇睏仔口礼嚜去。你稍微休息下才去。

汝讲古仔口礼嚜去。你稍微说一会儿话才去。（林连通，1988）

（57）福建厦门：歇睏仔休息会儿、看觅仔看一看、拍算仔打算一下、帮忙仔帮忙一下（黄丁华，1958）

（58）福建龙海：笑笑仔讲微笑着说、看仔看再看一看、张提仔稍微提防一下、歇睏仔稍微休息一会儿（黄剑岚，1993）

（五）时量

表示时间的短暂，一般用于跨度不太长的时间段。

（59）福建福清：一行囝一会儿、一下囝一会儿、一歇囝一会儿（冯爱珍，1993）

（60）广东澄海：一下囝一下子、一睏囝一小会儿（林伦伦，1996）

（61）广东揭阳：囗［me$^{53-24}$］朝囝早上时分、暝晏囝晚上时分、日昼囝中午时分（吴芳，2007）

（62）福建龙海：即阵囝这会儿、即站囝这一段时间、即久囝近几天、赫久囝前一段时间、辄久仔一会儿（黄剑岚，1993）

（63）福建厦门：表示时间不长久。如：

昨日囝、前几年囝、顶日囝前几天、头先囝前刻、无一步囝不一会儿（李如龙，2005）

用于表情。

（六）表亲昵

用来表示年纪小者，或用在人名、亲属称谓后，一般用于长辈对小辈的称呼，也可用于平辈之间，是一种昵称或爱称，表示亲切、喜爱。

1. 表示年纪小者。

（64）广东澄海：丈夫囝男孩，丈夫白读为 ta$^{52-24}$ pou^{33}、珠娘囝女孩，珠读为 tsə^{33}、孥囝小孩、幺囝小孩（林伦伦，1996）

（65）福建罗源：外甥囝外甥、傀儡囝小孩子、依客囝小客人、孙囝孙子、妹囝妹子（黄涛，2016）

（66）福建福州：伲囝_{孩子}、后生囝_{年轻人}、童男囝_{童男子}、丈夫囝_{男孩}、诸娘囝_{女孩}（陈泽平，2010）

2. 加在人名或亲属称谓后，表示亲昵的感情色彩。

（67）广东澄海：翁姐囝_{小两口}、姊妹囝_{姐妹}、兄弟囝_{弟兄}、丈夫囝、珠娘囝（林伦伦，1996）

（68）广东潮州：叔孙仔、姑孙仔、兄弟仔、姑嫂仔、翁姐仔_{夫妻}（李永明，1959）

（69）福建宁德：英囝_{英为人名}、华囝_{华为人名}、妹囝_{对女儿的昵称}（陈丽冰，2012）

（70）福建福清：珠囝_{人名}、英囝_{人名}、弟囝、表妹囝、儿婿囝_{女婿}（冯爱珍，1993）

（71）广东海丰：这是海丰方言里的背称形式，这种背称一般用来称呼熟悉的人，所以不加姓氏。如：辉仔、胜仔、永明仔、佛金仔、雪梅仔、曼尼仔、菊花仔。（潘家懿，1999）

（七）表厌恶

表示厌恶、蔑视的意味。

1. "囝"用于国名、地名、职业名后，含有蔑视、厌恶的感情色彩。

（72）福建宁德：福州囝_{福州人}、治猪囝_{杀猪的}、剃头囝_{剃头匠}、拍铁囝_{走江湖行骗的}（陈丽冰，2012）

（73）福建罗源：美国囝_{美国佬}、曲蹄囝_{疍民}、婊囝_{婊子}、贼囝_{小偷}（黄涛，2016）

（74）福建厦门：作田仔_{农民}、讨海仔_{渔民}、看命仔_{算命先生}、乞食仔_{乞丐}、汪精卫仔_{汪精卫}（林宝卿，1982）

（75）福建龙岩：木匠仔_{木匠}、民工仔_{民工}、兵仔_{当兵的}、国民党仔_{国民党官兵}（陈慧娜、庄初升，1993）

（76）福建福州：伕囝_{轿夫}、鞑囝_{蒙古人}、旗下囝_{满洲人}、磕囝_{乞丐}、广东囝_{广东人}、番囝_{外国人}、痞囝_{流氓}、鬼囝_{小鬼}、卒囝_{小兵}、贼囝_{小偷}（陈泽平，2010）

（77）福建福清：老货囝_{老头儿}、贼囝_{小偷}、戏囝_{旧称戏子}、短命囝_{短命鬼}、徒弟囝（冯爱珍，1993）

（78）广东澄海：日本囝_{日本鬼子}、剃头囝_{理发的}、戏囝_{演戏的}、杀囝_{扒手}、贼囝_{小偷}（林伦伦，1996）

（79）广东海丰：表现了说话人对某些官衔和为官者的鄙夷和厌恶之情。带有诙谐、调侃的意味。如：

正当了十外日局长仔，见着人就颔筋两条。_{才当了十几天局长见了人就一副凶样子。}

伊是个大头佬，分伊个县长仔都无想当。_{他是个大老板，给他个县长他都不想当。}（潘家懿，1999）

2. 称呼人名或具有生理缺陷的人，表示鄙夷、厌恶的思想感情。

（80）福建闽南：秦仔桧、曾仔国藩、袁仔世凯、汪仔精卫（黄丁华，1958）

（81）广东潮汕：拐骸_{拐骸囝的人}、瘸手囝_{瘸手的人}、大舌囝_{口吃的人}、疴腰人_{驼背的人}（陈传佳，1997）

（82）广东海丰：哑狗仔_{哑巴}、龟腰仔_{驼背}、青冥仔_{瞎子}、射鸟仔_{斜眼}、缺嘴仔_{兔唇}（潘家懿，1999）

表达轻松、随便、舒缓的语气。

（83）广东海丰：请你日昼（中午）来食饭。

请你日昼仔来食饭。（潘家懿，1999）

在语气上有差别。"日昼"是比较严肃、正式的说法，而"日昼仔"的语气则显得随便和舒缓、含有早点来、迟点来甚至来不来都无所谓的意思。

（84）福建永春：伊白衫仔颂口礼，扇仔摇口礼，酒仔啉口礼，镇爽。（林连通，1988）

这句话的意思是"他穿着白汗衫，摇着扇儿，喝着酒，好自在"。"白衫仔""扇仔""酒仔"原指"小的白汗衫""小的扇子"和"稀薄的酒"，进入这一语境，营造一种轻松活泼的氛围。

同时，我们也看到，在闽语中，"囝"在表小称义的同时，还有其他语义。这是"囝"缀小称义泛化的表现。我们列举较为常见的两种语义：

1. 区分词义。改变词的基本意义，构成与词干意义相联系的新词。

（85）福建永春：糖_{食糖}——糖仔_{南糖一类的食品}、粿_{一种米制食品}——粿

仔汤圆、车车辆——车仔缝纫机（林连通，1988）

（86）福建龙岩：车汽车——车仔自行车、老公丈夫——老公仔老头子、熏浓烟——熏仔香烟、柑橙子——柑仔桔子（陈慧娜、庄初升，1993）

2. 作为名词化的标志，无语法意义。

（87）福建漳州：夹仔卡子、圆仔汤圆、排仔筏子、拐仔拐杖、騙仔骗子、拐子拐杖（马重奇，1994）

（88）福建诏安：用在动词后，使该词变为名词。如：

抿仔、锯仔、凿仔、鏨仔（周跃红、陈宝钧，1999）

通过以上方言事实，我们可以清晰地看到"囝"的语法化历程。"囝"通过词义的不断引申以及指称对象的不断扩展，实现了由实到虚的发展历程。表义过程如下：

儿子、女儿→动物的幼崽或体型小的动物→植物的幼苗→无生命事物的小者→数量小、少→性状、动作短时、少量→专指→名词的标志。

由于"囝"的主要表义作用是"表小"，进而衍生出两种与"小"有关的思想感情。一种由于"小"而"可爱"，衍生出喜爱的思想感情；一种由于"小"而"厌恶"，发展出厌恶的感情色彩。又进一步发展出戏谑、调侃的语气，给人一种轻松、愉悦的氛围。也就是我们常说的"小称"由于表小，衍生出的相关感情色彩。但同时，我们也注意到，"囝"的语义逐渐泛化，表小的意义越来越不明显，只成为一种语法标志。

五 "囝"缀小称的特点

"囝"作为小称词缀，我们看到了它区别于其他小称词缀的特点。它是闽方言特有的小称词缀，从目前来看，依然是非常能产的小称方式。

1. 从语音形式看"囝"缀小称的特点：语音形式呈现自北向南递减的趋势。从闽东地区的［kiaŋ］、莆仙地区的［kyɒ］再到闽南地区的［a］，我们发现，越往南走，语音越简化。与"儿、子"等小称词缀比较而言，"囝"作为小称词缀的读音多以独立音节出现，而且不轻读。但也有个别地方出现了"仔"化合音现象，如漳平永福等地。我们从各地方言"囝"语音形式的共时表现来看，各地"囝"的音变形式较为多样,这正反映了共时平面上的差异所体现出来的历时变化。单从闽方言内部来看,我们已经看到了纷繁复杂的语音变化。并且从地域来看,福建的闽南方言语音的虚化程度较为彻底,除永春外,基本都已经虚化为[a]。而有些地区的闽方言,虚化不太明显,如广东、海南、浙南等,这更加说明,语言的发展是不平衡的。

2. 从语法意义看"囝"缀小称的特点:我们选取一些各方言区有代表性的方言点来进行统计,具体情况如表3-7所示:

表3-7　　　　　　　　"囝"缀小称语法意义比较

语法意义 方言片点		表"小"量					表情	
		事物	数量	时间	性状	动作	喜爱	厌恶
闽东	罗源	+	+	+			+	+
	福州	+	+	+			+	+
	宁德	+	+	+			+	+
	福清	+	+	+			+	+
闽南	厦门	+	+	+	+	+	+	+
	永春	+	+	+	+	+	+	+
	澄海	+	+	+			+	+
	海丰	+	+	+			+	+
	云澳	+	+		+		+	+
	屯昌	+	+					
	雷溪	+	+				+	
莆仙	莆田	+	+					+

从表3-7中可以得知,从闽东到莆仙到闽南,"囝"的小称语义呈现由北向南逐渐扩散的趋势,越往南走,"囝"缀的小称语义越丰富。如厦门和永春,"囝"的小称义可以跨越多个小量语义范畴,事物→数量→时间→性状→动作等,由于语义的延伸,小称的语法功能也在不断扩大,不再局限于词法范畴,如名词、量词、形容词或副词、动词等,还可以延伸到句法范畴,数量短语、形容词短语、副词短语、动词短语等也可以表小称义。由"小"进而引发喜爱或厌恶的感情色彩。在汉语里,表示细小义的词缀往往能产生褒和贬两种相反的引申义。潘

家懿（1999）指出，在汉语里，表示细小义的词缀往往能产生褒和贬两种相反的引申义。因其小而让人觉得可爱、可喜、可亲就是褒，而因其小又令人觉得可鄙、可憎、可恨则是贬。①

3. 从地域分布看"囝"缀小称的特点："囝"分布于闽语区，主要分布于闽东、闽南地区。而在闽方言中，还存在"子"缀小称形式，只是它的分布地域与"囝"有所不同，邓享璋认为，表小，闽北和闽中方言多带"子"缀，而闽东、闽南方言则多带"囝"后缀，这些都是沿海闽语和沿山闽语的区别性特征。② 在福建省内，闽南和闽北之间的差别还是较为明显的。甚至于在很长一段时间里，闽北方言和闽南方言曾经作为两个独立的方言区。

小 结

本节详细分析了"囝"缀小称的语音形式、地域分布、语法意义及其特点。通过上文的分析得知，"囝"缀小称的语音形式呈现自北向南逐渐简化的趋势。"囝"缀小称主要分布在沿海闽语区，与"子"缀集中的沿山闽语，呈现较为明显的南北对立现象。对于"囝"的语义，也出现了语义由北向南逐渐扩散的趋势，如闽南的厦门，永春等地的小称语义要比闽东、莆仙的小称语义更为丰富些，语法化的进程更为彻底些。李如龙（2005）指出，"如果说语义的语法化是内容，语音的弱化，黏着化便是经常相伴随的形式"③。"囝"缀也出现了不同形式的语音弱化变音，只是在语法化的过程中，语音的语法化和语义的语法化并不是同时进行的，如福建永春，词缀的语音形式未变，还是 $[k\tilde{\imath}a^{53}]$，但它的语义弱化却走了很远的路。这使我们认识到，结合方言事实分析语法现象，是最为实际的办法。

第七节 "圪"缀小称

关于"圪"的性质，目前学界的意见并未统一。综合起来有以下

---

① 潘家懿：《海丰福佬话里的"仔"尾》，《汕头大学学报》1999 年第 3 期。
② 邓享璋：《闽中、闽北方言的名词后缀"子"》，《南平师专学报》2004 年第 3 期。
③ 李如龙：《闽语的"囝"及其语法化》，《南开语言学刊》2005 年第 2 期。

三种意见：一认为"圪"是一个表音字词头。邢向东（1995）、侯精一（1999）认为它是一个表音字，温端政（1997）认为它是不表义的入声音节。① 二认为"圪"是一个词缀。马文忠（1995）认为"圪"是一个虚语素，主要的功用是作前缀。② 乔全生（2000）认为"圪"是一个没有词汇意义，只起构词构形作用的前缀。③ 王临惠（2001）从语法功能上看，"圪"只是一个构成合成词的前缀，而且它只有附加性的词汇意义而没有语法意义。④ 李蓝（2002）认为"圪类词词头"作为一个构词成分是分音词中的声母字在晋语各方言中经过重新分析后形成的一个特殊词缀。⑤ 三认为"圪"是一个明显的黏着词性，虚化于名词、动词、形容词、量词、拟声词中。

各家意见的分歧，足见"圪"性质的复杂性。本书认为，"圪"是一个具有鲜明地域色彩的小称词缀。白云（2005）认为拥有大量"圪"字词是晋语最具特色的方言特征之一，是区别于其他方言区的重要标志之一。⑥ "圪"在晋语中普遍存在，从形态上来说，是一个构词前缀，表示小称的语法意义。沈明（2003）指出，圪头词是小称的一种基本方式。⑦ 这种观点，在学界已经达成共识。本书着重从"圪"缀小称的结构类型和语法意义进行梳理，并与相关方言进行比较，进而探讨"圪"缀小称的特点。

一 "圪"缀小称的结构类型

"圪"作为前缀式小称，可以和词根语素构成名词、动词、形容词、量词等。其构成方式主要包括：单纯式、附缀式、重叠式、混合式几种类型。

---

① 温端政：《试论晋语的特点与归属》，《语文研究》1997年第2期。
② 马文忠：《晋方言里的"圪"字》，《大同高等专科学校学报》1995年第3期。
③ 乔全生：《晋方言语法研究》，商务印书馆2000年版，第9页。
④ 王临惠：《山西方言"圪"头词的结构类型》，《中国语文》2001年第1期。
⑤ 李蓝：《方言比较、区域方言史与方言分区——以晋语分音词和福州切脚词为例》，《方言》2002年第1期。
⑥ 白云：《晋语"圪"字研究》，《语文研究》2005年第1期。
⑦ 沈明：《山西方言的小称》，《方言》2003年第4期。

（一）单纯式

"圪 A"式："圪"是前缀，无法单独成词，必须依附于一个词根构成，词根以单音节居多。这是"圪"缀小称的基本形式。

1. 名词："圪 + 名词"，表示较小的事物。

晋语

（1）山西长子：圪旯 小角落、圪缝 狭小的缝隙、圪道 较浅的坑洼（武黄岗，2013）

（2）山西长治：圪台 台阶、圪洞 小洞儿、圪斗儿 小盒儿（侯精一，1985）

（3）山西文水：圪洞 小而浅的洞、圪蚤 跳蚤、圪针 棘针、圪糁 粮食中的碎小石粒（梁建青，2006）

（4）山西柳林：圪洞 小洞或浅坑、圪针 指荆棘类植物上的刺儿、圪壕 小而浅的壕沟（贾海霞，2010）

（5）山西平遥：圪枝 细枝儿、圪渣 饭菜中的小木棍一类的杂物、圪须 碎布条儿（侯精一，1990）

（6）山西太原：那有个圪洞不好走。那有个小坑儿不好走。
你站到圪台上去耍哇。你站到小台子上去耍吧。（王嘉玲，2018）

（7）陕西神木：圪痂 伤口愈合时结的痂儿、圪台 台阶儿、圪虫 小虫子的统称、圪糁 粮食的糁儿（邢向东，1985）

中原官话

（8）山西洪洞：圪棒 短草节或小木棍儿、圪台 台阶或小平台、圪把 特指锅把儿、圪串 一小串儿（乔全生，1999）

（9）山西万荣：圪碎 碎屑、圪蒂 瓜果蒂、圪抓 几根手指抓起的量、圪堆 一小堆儿（吴建生，1982）

（10）山西临汾：圪台 小台阶、圪蛋 小型蛋状物、圪料 煤炭燃烧后的小块剩余物（张晶，2011）

（11）山西运城：圪窝 小坑儿、圪泡 一小泡儿、圪斗 钩儿（吕枕甲，1990）

兰银官话

（12）甘肃酒泉：圪渣 小渣、圪梁 小棱、圪瘩 疙瘩、圪疤 疤口或伤口长好

后留下的痕迹（孙占鳌、刘生平，2013）

2. 动词："圪+动词"，加上"圪"使这些动词在程度上有变"小"的意义，表示动作的幅度小、时间短等。"圪+动词"带有明显的表小意味，常指称幅度较小的动作。如：

（13）山西忻州：圪涮稍微涮一涮、圪躺稍微躺一躺、圪等稍微等一等、圪揉稍微揉一揉、圪拽稍微拽一拽（温端政，1985）

（14）山西长子：圪饷稍微品尝一下、圪抓抓了少许、圪摇轻轻地摇动（武黄岗，2013）

（15）山西定襄：圪推稍微推一点、圪拐表时间短（范慧琴，2007）

（16）山西文水：圪抿稍微舔一下、圪洗稍微洗一下、圪揉轻轻地稍微揉揉（梁建青，2006）

（17）山西左权：圪洗稍洗一下、圪扫稍扫一下、圪梦小睡一会儿（王希哲，1991）

（18）山西阳曲：圪等稍微等一会儿、圪涮稍微涮一涮、圪推稍微推一推（孟庆海，1991）

（19）山西盂县：她圪抿了一口酒。

他圪挤了下眼。（韩东，2011）

3. 量词："圪+量词"，由"圪"构成的量词一般来说多是"圪A"式。有时前加数词"一"，表示细小事物的计量单位。如：

（20）山西长子：圪堆小堆、圪节小节、圪撮小把、圪搭小块（武黄岗，2013）

（21）山西盂县：一圪绺线、一圪绺头发、一圪撮盐、一圪撮粉面（韩东，2011）

（22）山西文水：一圪瘩肉、一圪截粉笔、一圪丝芹菜、一圪都蒜（梁建青，2006）

（23）山西大同：一圪撮、一圪瘩、一圪丝。如：

他真仔细（小气），放了一圪撮盐。他很小气，在菜里只放了一点盐。

他没钱就买了一圪瘩肉。他没有钱只买了一小块肉。

就剩一圪丝面了，你就都吃了吧。只剩下一点面条了，你就吃光吧。（刘静，2010）

（24）山西太原：小心一圪蹬台阶。小心一小级台阶。

掰一圪节玉茭子给我。掰一小节玉米给我。（王嘉玲，2018）

4. 形容词："圪+形容词"，表示程度轻。表示"有点儿"的意思。如：

(25) 山西左权：圪红稍红、圪轻稍轻（王希哲，1991）

(26) 山西文水：圪湿、圪腻、圪苦、圪甜（王堉程，2016）

（二）附缀式

"圪A儿"式：这种形式是在"圪A"的基础上附加词缀构成。多以附加"儿"或"子"为主，形成"圪A儿"或"圪A子"。

1. "圪A儿"

"圪+名词+儿化"：

(27) 陕西神木：圪虫儿、圪饼儿、圪瘩儿、圪峁儿。如：

米里头起圪虫儿了，得筹一下呀。"圪虫儿"指米里的小虫。

那搭儿那圪泊儿水清湛湛价，能照见人雷嘞。（邢向东，1985）

(28) 湖北丹江：圪蛋儿小而圆的东西、圪渣儿小渣、圪厥儿小节（苏俊波，2009）

"圪+量词+儿化"：

(29) 山西长治："圪"强调时间短、数量少。如：

进来就走可是一圪阵儿。强调时间短。

再抓上一圪星儿吧。强调数量少。（侯精一，1985）

(30) 山西万荣：圪尖儿、圪瘩儿、圪节儿、圪渣儿（吴云霞，2002）

(31) 河南辉县：一圪节儿甘蔗、一圪截儿蒜苗、一圪堆儿沙（穆亚伟，2016）

(32) 河南焦作：一圪截儿线、一圪枝儿花、一圪撮儿土（张晓宏，2002）

(33) 河南博爱：一圪截儿一小段、一圪蛋儿一小团（窦林娟，2017）

(34) 河南获嘉：圪丁儿像丁儿一样的东西、圪渣儿小碎粒儿或小碎块儿、圪枝儿树枝上的小分枝儿（贺巍，1989）

2. "圪A子"

(35) 山西长治：圪台子比较小的台阶、圪洞子小的洞、圪枝子小的树枝

(王利，2007)

(三) 重叠式

1. "圪AA"式：这是"圪A"式的重叠形式。"A"可以是名词，也可以是量词，极少数情况下为形容词。

(36) 山西孝义：圪都都_{小孩的拳头}、圪节节、圪坐坐、圪等等（田娟娟，2016）

(37) 山西沁县：圪综综、圪撮撮、圪堆堆、圪瘩瘩（张振铎，1990）

(38) 山西马坊：圪抓抓_{表更少的量}、圪堆堆、圪卷卷、圪钉钉、圪渣渣（宋姝婧，2012）

(39) 山西灵石：圪洞洞、圪台台（高晓莉，2008）

(40) 山西太原：圪折折_{更小的褶皱}、圪洞洞_{更小的坑}、圪糁糁_{碎小的渣子}（任一娇，2017）

(41) 山西清徐：圪沱沱_{小坑}、圪堆堆_{小堆的东西}、圪节节_{小段的东西}、圪枝枝（王晓婷，2014）

(42) 山西柳林：圪针针_{指荆棘植物上的小刺儿}、圪壕壕_{小而浅的壕沟}、圪渣渣_{细碎的渣}、圪折折_{细小的皱折儿}（贾海霞，2010）

(43) 山西兴县：圪旮旮_{小缝}、圪棱棱_{小棱}、圪杈杈_{小树杈}、圪针针_{荆棘类植物上的小刺}（贾琼，2010）

(44) 山西朔州：圪枝枝_{更小的树枝}、圪堆堆_{更小的小土堆}、圪渣渣_{非常小的细渣子}（任一娇，2017）

(45) 山西平遥：圪虫虫_{小虫子}、圪叉叉_{小叉子}、圪窝窝_{小坑}、圪洞洞_{小洞}、圪渠渠_{小水渠}（姚勤智，2005）

(46) 山西阳曲：圪台台、圪蛋蛋、圪棱棱、圪洞洞、圪团团（孟庆海，1991）

(47) 山西文水：圪台台、圪糁糁_{碎小的粒状物}、圪出出_{小半口袋东西}（胡双宝，1984）

(48) 山西天镇：圪茬茬_{短茬儿}、圪尘尘_{细小的浮尘}、圪痂痂_{小的痂块}、圪渠渠_{小水渠}（谢自立，1990）

(49) 山西神池：圪蛋蛋_{小球形的东西}、圪梁梁_{小的山梁}、圪洞洞_{小洞}、圪包包_{小包}、圪牛牛_{小虫子}（肖建华，2006）

（50）山西榆社：圪紧紧_{稍微有点紧}、圪黄黄_{稍微有点黄}、圪绿绿、圪红红（李建校，2007）

（51）内蒙古呼和浩特：圪墩墩、圪疤疤、圪梁梁、圪痂痂、圪渣渣（李作南、李仁孝，1985）

（52）陕西神木：圪桩桩、圪磴磴、圪尖尖、圪疤疤、圪堆堆、圪梁梁（邢向东，1985）

（53）甘肃酒泉：圪沱沱_{小坑儿}、圪洞洞_{小窟窿}、圪瘩瘩_{小疙瘩}、圪泡泡_{小水泡}（孙占鳌、刘生平，2013）

2. "一圪AA"式：量词重叠一般采用"圪AA"式，表小或少的语义，一般在前面要加"一"，强调数量少。

（54）山西太原、平遥：一圪匙匙、一圪堆堆、一圪截截（侯精一、温端政，1993）

（55）山西榆社：一圪都都、一圪瘩瘩、一圪堆堆、一圪截截、一圪撮撮（李建校，2007）

（56）山西原平：一圪截截、一圪堆堆、一圪团团、一圪绺绺（张俊英，2010）

（57）山西右玉：一圪蛋蛋、一圪截截、一圪兹兹_{一点儿，量少。}如：这一圪截截树枝枝快拿出去。这一截树枝快拿出去。

这俩人真能吃，豆腐吃的就剩下一圪瘩瘩啦。这俩人真能吃，豆腐都剩下一小块了。（林静，2011）

（58）山西神池：一圪丝丝、一圪绺绺、一圪节节。如：

就剩下一圪丝丝菜啦，你吃嘞哇！

家里就一圪绺绺挂面啦，煮上吃嘞哇！

圪节节：一圪节节麻花还让过来让过去，谁吃嘞不一样？（肖建华，2006）

（59）山西灵石：一圪截截、一圪点点、一圪都都、一圪抓抓、一圪洞洞（高晓莉，2014）

（60）山西孝义：一圪节节甘蔗、一圪独独蒜、一圪抓抓葡萄、一圪瘩瘩豆腐（田娟娟，2016）

（61）山西晋源："一圪AA"，重叠的量词，表示的数量更少，物体更小。比"一AA"更少。如：

一圪堆堆土—小堆土、一圪瘩瘩肉—小块肉、一圪节节香、一圪都都蒜、一圪枝枝葡萄（王文卿，2007）

（62）山西阳城：一圪积积、一圪截截、一圪堆堆（姬建丽，2008）

（63）山西长子：一圪叽叽、一圪绺绺

清晨你就吃了那样一圪叽叽东西？早晨你就吃了一点点东西？

这种布就剩下这样一圪绺绺了。这种布就剩下这样一小条了。（胡雷，2009）

（64）山西晋城：一圪几几、一圪把把、一圪堆堆（郜晋亮，2011）

（65）山西沁源：一圪丝丝、一圪把把、一圪丢丢（席钰、高晓梅，2019）

（66）山西清徐：一圪堆堆土、一圪枝枝葡萄、一圪节节香、一圪瘩瘩肉（王晓婷，2014）

（67）山西兴县：有时"圪AA"前也可以是其他数词。如：一圪瘩瘩、三圪堆堆、一圪丝丝。

再给我放上一圪丝丝盐，太淡。

我就剩下一圪瘩瘩纸了。

你给他掘回三圪堆堆土来？（贾琼，2010）

（68）山西文水：三圪截截、一圪搭搭。如：

你能不能撕给我一圪搭搭纸？

我有两圪截截短铅笔。（梁建青，2006）

（69）内蒙古武川：一圪堆堆、一圪截截、一圪撮撮（高洁茹，2016）

（70）内蒙古包头：一圪堆堆、一圪撮撮、一圪截截、一圪卷卷（蒙瑞萍，2007）

（71）河北灵寿：他挖了一圪堆堆土豆。

他劈了一圪截截柴。（刘玮，2007）

（72）甘肃酒泉：一圪撮撮面糊、一圪卷卷纸、一圪抓抓饼干、一圪丁丁肉（孙占鳌、刘生平，2013）

3. "圪A圪A"式："圪A圪A"式相当多，表示动作幅度较小或动作的时量短。这一形式是由"圪A"式动词重叠后构成的。这一形式比"圪A"表示的动作更为轻微或短暂。

（73）山西长子：圪捆圪捆_{轻拍几下}、圪蹲圪蹲_{稍蹲一会儿}（胡雷，2009）

（74）山西孝义：圪洗圪洗、圪躲圪躲、圪吹圪吹（田娟娟，2016）

（75）山西万荣：圪拐圪拐、圪捞圪捞、圪搓圪搓、圪撩圪撩（吴云霞，2002）

（76）山西山阴：圪蹲圪蹲、圪搅圪搅（杨增武，2007）

（77）山西平遥：圪搬圪搬、圪谋圪谋、圪切圪切、圪躲圪躲、圪择圪择（侯精一，1988）

（78）山西临猗：圪摇圪摇、圪扭圪扭、圪掇圪掇、圪搅圪搅（李仙娟，2008）

（79）山西文水：圪躺圪躺、圪挤圪挤、圪坐圪坐、圪拽圪拽、圪挪圪挪（王堉程，2016）

（80）山西左权：圪洗圪洗、圪蹦圪蹦、圪蹲圪蹲、圪眨圪眨（王希哲，1991）

（81）山西柳林：圪搅圪搅、圪盹圪盹_{小睡一下}、圪仰圪仰_{躺一躺}（贾海霞，2010）

（82）山西稷山：圪弹圪弹、圪闪圪闪、圪眨圪眨、圪踢圪踢、圪挤圪挤（毛淑平，2012）

（83）山西忻州：圪吵圪吵、圪扯圪扯（温端政，1985）

（84）山西清徐：圪坐圪坐、圪踢圪踢、圪说圪说、圪写圪写。如：

我到他啊家圪坐圪坐的啊。

我想去街啊上圪站圪站的嘞。

你圪说圪说，他就知道怎泥怎么做唻。（王晓婷，2014）

（85）河南辉县：圪挤圪挤、圪摇圪摇、圪扭圪扭、圪爬圪爬、圪蹦圪蹦（穆亚伟，2016）

（86）河南孟州："圪"头动词重叠式除了表示动作的短暂或尝试

性意义，还增加了随便、轻松、非正式、不经意等感情色彩。如：圪拥圪拥、圪蹦圪蹦、圪拍圪拍、圪搓圪搓（刘佳佳，2008）

（87）内蒙古包头：重叠后表示动作轻微。如：圪嚼圪嚼、圪锯圪锯、圪躲圪躲、圪裹圪裹（吴燕，2011）

（88）陕西榆林：圪捏圪捏、圪躺圪躺。如：

你弟弟的半袖在面盆里头泡了一早起了，你是当姐姐的，给圪捏圪捏一把捞得擤出去！我实在是瞌睡得不行了，让我稍微圪躺圪躺行嘞不？（郭宇丽，2012）

（四）混合式

1．"圪AA儿"式

（89）山西晋城：圪追追儿、圪歇歇儿、圪看看儿、圪走走儿（郜晋亮，2011）

（90）山西定襄：圪蛋蛋儿、圪都都儿、圪堆堆儿、圪糁糁儿（范慧琴，2007）

（91）山西盂县：圪刷刷儿、圪台台儿、圪墩墩儿、圪堆堆儿、圪包包儿、圪卷卷儿（宋欣桥，1990）

（92）山西大同：圪节节儿小节状的物体、圪弯弯儿物体上端较小的弯曲部分、圪丝丝儿小的丝状物（潘栖，2014）

（93）山西五台：圪梁梁儿、圪蛋蛋儿、圪针针儿、圪都都儿小的突起物（崔丽珍，2010）

（94）内蒙古凉城：圪瘩瘩儿、圪台台儿、圪坨坨儿、圪糁糁儿（孟丽君，2015）

2．"圪A圪A儿"式

（95）山西介休：圪看圪看儿、圪坐圪坐儿、圪等圪等儿（张益梅，1991）

3．"圪A儿A儿"式

（96）山西晋城：一圪几儿几儿、一圪把儿把儿、一圪堆儿堆儿（郜晋亮，2011）

（97）河南辉县：一圪星儿星儿、一圪阵儿阵儿、一圪撮儿撮儿、一圪朵儿朵儿。如：

我才跑了一（小）会儿会儿，就嚱吓喘成□[tsuo²¹]这个样儿吆。

我就卯剩或留这一圪星儿星儿叨,你可不敢给我拿走完昂。(穆亚伟,2016)

"一圪拧儿拧儿""一圪星儿星儿"均有"很少""一点儿""极言其少"的意思,这里指的是体积较小的事物。

二 "圪"缀小称的语法意义

王临惠(2001)总结了"圪"头词的各种附加意义,这些附加意义进一步抽象概括的共同义,就是指小。"量"是汉语语法中重要的语法范畴之一,汉语中表"量"的手段既可以使用词汇手段,也可以使用语法手段。"圪"缀词就是表"量"的语法手段。概括地说,"圪"缀表达的语法意义就是"小量"。这种"小量"体现在以下几个方面:

(一)物量

表示的事物较"小"。通常用来表示事物本身较小。

(98)河南荥阳:荥阳方言表小义后要附加"儿"。如:圪台儿、圪瘩儿、圪堆儿。(禹剑,2016)

(99)内蒙古武川:圪糁少量且细小的碎屑、圪尖儿带尖儿物品的最末端、圪蛋疙瘩、圪台台阶(高洁茹,2016)

(二)数量

表示数量上的"少"。

(100)湖北郧县:圪截儿小截、圪蛋儿小团、圪抓儿小抓儿、圪堆儿小堆、圪点儿一点、圪橛儿小段儿(苏俊波,2016)

(101)山西万荣:一圪嘟蒜、一圪朵花、一圪堆土、一圪垒土(吴云霞,2002)

(三)动量

具有动作幅度小,持续时间短的语法意义,同时带有随意轻松的非正式性的特点。

(102)内蒙古武川:圪躺短时间的躺、圪吵声音小的吵闹、圪挪挪动作的幅度小(高洁茹,2016)

(103)陕西神木:圪搅小幅度地搅动、圪乘轻轻一抬、圪吵小声说话、圪捣、圪蹦(邢向东,1985)

(四)性量

表示程度的"稍微""略微"的意思。

(104) 山西文水：

这果子刚圪红了些，还不能吃。

刮了一阵风，天气圪凉了些。(胡双宝，1981)

这里的"圪"，表示程度的轻微。

(105) 山西太谷：他比我圪强些，不过也强不了多少。(马文忠，1995)

这里的"圪强"表示稍微强一些，表示的程度略轻。

(五) 时量

表示时间短暂。

(106) 山西长治：强调时间短暂。如：

圪堆圪堆就起来吧。蹲一会儿就起来吧。

圪遛圪遛就回来，要吃饭啦。(侯精一，1985)

"圪"缀小称也具有其他小称形式所表示的小量语义，跨越物量、数量、动量、性量、时量等语义域。"圪"作为小称前缀，主要表示所指的事物本身较小，或者表示数量单位较小。

三 "圪"缀小称的对比考察

(一) "圪"缀小称的内部比较

"圪"缀小称主要集中在晋语区，官话方言中主要集中在山西的中原官话、湖北西南官话和甘肃兰银官话区。总体来说，在各方言中表现出了一定的共性。但是，山西晋语区的"圪"和其他方言中的"圪"在语音形式、结构类型、语法意义、地域分布方面也有明显不同之处。

从语音形式来看，"圪"在晋语中突出的语音特点是保留入声声调。由于地域有别，调值自然不同，有阴入、阳入两种读法。"圪"读阴入的如平遥、孝义、沁县等。"圪"读阳入的如长治、文水、汾西等。当入声消失后，各地入声归入不同的调类。在官话方言中，入声已消失，"圪"或读阴平，或读阳平，读阳平的较多，如中原官话的临汾就读阳平。

从结构类型来看，山西晋语具有多样化的"圪"缀小称形式。不仅有基本形式"圪A"，还有其变化形式："圪A儿(子)""圪AA(儿)""圪A圪A""圪A儿A儿"等。"圪"的构词能力较强，可以与名词、量词、形容词、动词结合。山西晋语"圪"小称形式表现出了较高的一致性,有些"圪"缀形式的词汇都是极其相似的。但在山西的中原官话以及山西周边地区,"圪"缀小称形式已不再丰富。如山西运城、洪洞等地,"圪"缀表小的形式只有"圪A"式,并且仅限于名词。如陕北子长等地,小称形式只保留了"圪A儿"和"圪AA儿"形式,而且只有量词有这种形式。这说明,小称形式在晋语核心区向周边地区发展的过程中,呈递减趋势。

从语法意义来看,山西晋语"圪"小量语义内涵较为丰富,呈一种扩展之势。"圪"不仅用于名词"表小",还扩展到数量的"表少"、动作的轻微、短暂,程度的适中、低浅等。这样,"圪"不仅可以与名词搭配,而且还可以与量词、动词、形容词搭配,形成不同词类的小量语义。而其他晋语区,有些小称义项在逐渐减少,如河北灵寿,处于晋语区向官话方言的过渡地区,"圪"缀小称表示动作短暂或弱化的语义明显递减。有些地区小称义渐渐模糊,如陕西西安,作为中原官话的代表方言,"圪"缀已经很少再有"表小"的意义了,仅在极少部分词中保留"小"义。这说明,"圪"缀小称在向官话方言渗透的过程中,小称语义呈弱化状态。

从地域分布来看,"圪"缀的分布存在一定的不平衡性。"圪"缀作为晋语的显著语法特点,从晋语核心区向山西内部的中原官话周边地区及晋语的边缘地带陕冀豫内蒙古等地扩散,是与山西晋语一脉相承的,但表义却体现出一定的不平衡性。处于晋语中心区太原、文水等地,较好地保留了这些地区的"圪"表小的特点,中心区周边的大同、呼和浩特等地表小义在逐渐地弱化。王临惠(2001)指出,山西方言晋语区的"圪"头词内部一致性很强。从整体来看,山西方言的"圪"头词的一致性从北到南处于递减状态,而这种递减状态正好说明山西方言中原官话区里的"圪"头词是晋语"圪"头词扩散的一种结果。对于晋语边缘地带的河南、河北、陕西,"圪"缀小称义已经渐趋不明显。"圪"缀小称发展的不平衡性,折射出"圪"缀发展的历史演化过程。如内蒙古晋语,这既是历史移民的结果,也有语言接触的原因。内蒙古晋语的存在,是因为历史上的山西人民移民,史称"走西口"。同时,山西晋语与蒙古语不断地接触融合,使得"圪"在这些地区的形式和语义，会发生不同程度地变异。"圪"缀以山西晋语为核心，向内蒙古、陕西、河北、河南等地扩散，同时向中原官话、西南官话、兰银官话不断蔓延，由此可以管窥"圪"的历史发展面貌。

（二）"圪"缀与其他小称形式的比较

1. "圪"与"儿""子"等附缀小称

从词缀特点来说，都属于附加式小称形式。"圪"是前缀形式，"儿"和"子"等都是后缀形式。"儿"缀、"子"缀是典型的名词词缀，具有标记词性的作用，而"圪"缀不具有标记词性的作用，这是"圪"缀的主要特点。

从语法意义来说，圪缀名词带有一定的指小意味。但与其他小称词缀不同。首先，表义范围不同，"儿""子"缀小称语义具有强大的扩展功能，可以表现多个语义域。而"圪"词缀大都指体积较小的具体事物，这里的具体事物通常指无生命事物。"圪"很少表示动物的幼崽。其次，表达的色彩不同。"圪"缀小称有时仅表小，不含表爱色彩。如陕西神木："圪虫""圪痂""圪疤"。这类词语仅有表小义，不含表爱色彩。有时，略带喜爱的感情色彩，如"圪"有时可以带儿化，表示喜爱的感情色彩。而"儿""子"缀小称形式带有较为明显的感情色彩，二者都可以表示喜爱或厌恶之情，但在二者并存的方言中，有时会形成情感色彩意义上的对立。"儿"缀多表喜爱义，"子"缀多表厌恶义。

2. "圪"与重叠式小称

重叠式和"圪"缀都是山西晋语普遍存在的小称形式。但二者相比较，也有各自的特点。

二者的关系较为密切。为了突出表小，"圪"往往与重叠形式共同指小。"圪"后的词根可以重叠，形成"圪AA"式。"圪AA"式表示的量更小。如："圪台台"往往比"圪台"更小。有的方言中会同时并存"一AA"和"圪AA"式量词重叠形式。它们在表量上，会形成量的层级关系。"圪AA"比"一AA"表示的量更小。即："一圪AA＜一AA＜一A"。如：

山西灵石：一圪都都＜一都都＜一都；一圪截截＜一截截＜一截（高晓莉，2014）

二者的表义范围不同。"圪"缀作为表小的词缀，与之结合的词根具有明显的表小性，一般指的都是较小的具体事物，而名词重叠式可以表示同类事物中的小者。总体来说，"圪"缀表小和重叠表小在方言中大体上呈互补分布状态。方言中已经用重叠形式表小的，一般不会再在前面加"圪"表小的形式，如山西柳林，"刀刀"是用重叠式表小，但是不能说成"圪刀刀"。而圪缀词的词根语素重叠可以表示更小，如"圪折折 细小的皱折儿""圪针针 荆棘类植物上的小刺儿"。这说明，重叠和圪头词的语义范围虽互补，但重叠表小更为强势一些。

四 "圪"缀小称的几点认识

"圪"缀的产生，目前学界多认为"圪"是在汉语词汇复音化的过程中产生的。《说文》："圪，墙高也。""圪"最初的意义是指"高土"的名词，这时"圪"是一个实词。有"高"或"突出"义。但是中古以后，随着词缀和虚词的大量产生，"圪"的语义也随之虚化，"圪"逐渐虚化为一个纯粹的表小词缀。

"圪"，最初只是用来表示事物的细小，后来随着语义的发展，不仅可以用来指事物在面积、范围、空间上的大小，即物量上的大小，还可以表示数量的微少、时量的短暂、动作的轻缓、性状的轻微等意义。这是"圪"缀小称语义不断引申的结果。同时，与"圪"搭配的词性范围在逐渐扩大，不仅可以出现在名词前面，而且可以出现在量词、动词、形容词前面，表达不同的语法意义。后来，"圪"缀进一步发展，直至发展成为不表义的构词成分。可见，"圪"缀正在经历一个语法化的历程。

语法化是语法演变的一种常见途径，它是指语言系统中一些原来有实在意义的实词在语法的演变中，变为只表示语法意义的成分。"圪"的语义演变经历了以下过程：

圪表实义→表小称义→成为不表义的词缀

"圪"经过语义的不断引申，使它的表小义逐渐弱化，甚至不再能清晰地体会到它要表达的小称含义。方言中语言现象的共时表现，直接反映着历时的语言变化。"圪"缀的不同语义表现，见证了"圪"缀的历史演变过程。有的方言中"圪"缀的小称义较为明显，如太原方言，

"圪"可以附在名词、动词、量词后表示小称。有的方言"圪"缀小称的表小义色彩渐趋淡化，我们已经不能清晰地体会到它要表达的小称语义。如关中地区，虽有"圪"缀，但与表小义无关，只是成为一个不表任何意义的词缀。

小　结

在汉语方言中，"圪"缀小称无论从形式上，还是从语义方面，都有很多值得探究的问题。通过我们的考察，综观汉语方言中存在大量的"圪"缀小称现象，具有类型学意义上的特点。结构类型上，"圪"缀小称形式多样，有"圪A（儿）"式、"圪AA（儿、子）"式、"圪A圪A（儿）"式、"圪A儿A儿"式等，从地域分布来看，"圪"缀小称是晋语区的特色语法现象。语法意义方面，"圪"可以和不同词类表达不同层面的"小量"语义。从不同方言的"圪"缀语义表现来看，"圪"缀正在经历一个语法化的历程。

第四章　重叠式小称

"重叠"是汉语具有形态变化的一种语法形式。陆宗达、俞敏（1954）首先提出"重叠是汉语的一种重要形态变化"①。对于"重叠"的研究，朱德熙（1982）提出"重叠研究应从重叠式的结构类型和语音特征、语法意义、基式与重叠式的语法功能的异同等三个方面展开"②。刘丹青（1986）指出："重叠式是一种抽象的语言手段，它跟具体语言单位的结合便产生一个新的形式"③。马庆株认为"重叠是一种多功能的形态变化，功能因条件而异"④。前人的观点为重叠式的研究指明了方向。

在研究"重叠"这一语法形式的同时，学者们注重从共时平面对其语法意义进行探索。对于"重叠"的语法意义，各家众说纷纭。作为一种语法手段，"重叠"可以实现多种语法功能，可以表达多种语法范畴。丁声树（1961）曾概括过名词重叠后的语义特点，认为表示"小"，概括出了名词重叠式语义的一个方面。⑤ 李宇明（1996）认为词语重叠是一种表达量变化的语法手段，"调量"是词语重叠的最基本的语法意义。⑥ 张敏（1997）提出语言的各种重叠形式最为显著的特点是

---

① 陆宗达、俞敏：《现代汉语语法》，群众书店1954年版，第31页。
② 朱德熙：《语法讲义》，商务印书馆1982年版，第25—28页。
③ 刘丹青：《苏州方言重叠式研究》，《语言研究》1986年第1期。
④ 马庆株：《关于重叠的若干问题：重叠（含叠用）、层次与隐喻》，载汪国胜、谢晓明主编《汉语重叠问题》，华中师范大学出版社2009年版，第154页。
⑤ 丁声树、吕叔湘、李荣等：《现代汉语语法讲话》，商务印书馆2004年版，第226页。
⑥ 李宇明：《论词语重叠的意义》，《世界汉语教学》1996年第1期。

"量的增加"①。石毓智（2005）认为："重叠是表示小称的一种标记形式"②。陆光镜（2009）以名词、动词和形容词的重叠为例，说明了重叠式既能指大又能指小。③ 作为一种语法范畴，小称可以采用不同的形式进行表达，"重叠"就是汉语方言小称的重要表达手段。

重叠在方言中虽普遍存在，但是并非所有的重叠形式均表小称，名词、动词、形容词、量词的重叠形式均可以表小称，鉴于动词和形容词重叠表小义相关文献还比较欠缺，本书暂不展开研究。因此，本书主要从汉语方言的名词和量词重叠式小称出发，着力探讨这两种重叠式小称的语法形式和语法意义在各方言中的异同。

第一节 名叠式小称

一 名叠式小称的语表形式

学者们从不同的角度为重叠方式进行了分类。朱德熙（1982）根据基式与重叠式语音上的相似度，把"重叠形式区分为两种类型，一种是不变形重叠，另一种是变形重叠"④，前者指基式和重叠式的语音完全相同，后者则完全不同。施其生（1997）从重叠式的生成过程角度将重叠方式归为四类："把基式从头到尾重复一次、把基式的各个音节逐个重复一次、只重叠基式的部分音节和重复基式的同时还加入词缀"⑤。辛永芬（2006）从方言重叠式的构造出发，把浚县方言的重叠方式归纳为三种：完全重叠、不完全重叠和加缀重叠。⑥ 乔全生

---

① 张敏：《从类型学和认知语法的角度看汉语重叠现象》，《国外语言学》1997年第2期。
② 石毓智：《表现物体大小的语法形式的不对称性——"小称"的来源、形式和功能》，《语言科学》2005年第3期。
③ 陆光镜：《重叠·指大·指小——汉语重叠式既能指大又能指小现象试析》，载汪国胜、谢晓明主编《汉语重叠问题》，华中师范大学出版社2009年版，第123页。
④ 朱德熙：《潮阳话和北京话重叠象声词构造——为第十五届国际汉藏语言学会议而作》，《方言》1982年第3期。
⑤ 施其生：《论汕头方言中的重叠》，《语言研究》1997年第1期。
⑥ 辛永芬：《浚县方言语法研究》，中华书局2006年版，第109页。

（2009）根据重叠形式，分为完全重叠、不完全重叠和衬音重叠三种类型。① 根据学者们对重叠的分类，本书将汉语方言名叠式小称分为"完全重叠""不完全重叠"和"附缀重叠"。

（一）完全重叠

完全重叠，即基式中的每个音节都有重叠。完全重叠主要有两种："AA"式、"AABB"式。"AA"式适用于基式是单音节的，"AABB"式适用于基式为双音节的。

1. "AA"式：基式为 A，重叠式为"AA"。这种重叠式使用范围最广。

（1）贵州贵阳：刀刀、眼眼窟窿、脚脚残渣、索索较细的绳子、凼凼小水坑（彭莉，2010）

（2）甘肃礼县：渣渣碎屑、巷巷较窄的街道、胡同、蛐蛐小昆虫的统称、缸缸（李映忠，2009）

（3）山西朔州：车车小车子、桌桌小桌子、仓仓小仓库、叉叉小叉子、碟碟小碟子（任一娇，2017）

（4）山西兴县：草草小草、锄锄小锄、碗碗小碗、床床小板凳、根根细些的根（贾琼，2010）

（5）陕西吴堡：绳绳细绳儿、水水较少的液体、勺勺小勺、壕壕抠出来的小壕（邢向东，2013）

2. "AABB"式：由合成词 AB 分别重叠 A、B 后构成的，重叠后都指体积较小的事物或者附加表爱的色彩。

（6）甘肃兰州：毛毛杏杏青杏儿、柴柴棍棍柴棍儿、片片刀刀片状小刀、菜菜水水菜水儿（高葆泰，1984）

（7）陕西榆林：分分厘厘小钱、根根叶叶树身上零碎的细枝末节、丁丁卯卯小细节（郭宇丽，2012）

（8）山西河曲：棍棍棒棒、汤汤水水、窟窟眼眼（李娟，2008）

（二）不完全重叠

不完全重叠，基式中的音节，存在部分重叠现象。主要有"ABB、

---

① 乔全生：《晋语重叠式研究》，载汪国胜、谢晓明主编《汉语重叠问题》，华中师范大学出版社 2009 年版，第 366 页。

AAB、ABCC"几种形式。

1. "ABB"式：基式为合成词"AB"，重叠式为"ABB"式。

（9）山西万荣：柴棍棍供烧火的小柴棒、铁铲铲小铁铲、新锅锅、热勺勺小热勺（吴云霞，2002）

（10）山西文水：窟眼眼小窟窿、鲁壶壶沏茶或盛酒用的小茶壶、胡茬茬、菜蔬蔬（梁建青，2006）

（11）湖南永州：山坳坳、门栓栓、草棚棚、圆圈圈、树兜兜（王淑一，2006）

（12）陕西榆林：灯丝丝电灯泡里的小细丝儿、火苗苗小火苗儿、毛扎扎多足小毛虫儿、草奴奴刚发芽的小草尖儿（郭宇丽，2012）

2. "AAB"式：重叠式中前一个语素的重叠成分"AA"，用来修饰后一个语素"B"，"AB"不能组合成词。这种结构中的"AA"缩小了"B"的词义范围，重叠成分表示事物细小、可爱等亲昵的感情色彩。

（13）甘肃兰州：罐罐茶用小瓦罐煎熬的茶、盒盒粉用小盒包装出售的粉、棍棍柴小棍儿柴、毛毛杏青杏儿（高葆泰，1984）

（14）山西洪洞：甜甜水、花花袄、毛毛虫、格格布（张文林，2009）

（15）陕西榆林：悠悠风凉丝丝的小风、炉炉匠小炉匠、园园地围起来的小块种植地（郭宇丽，2012）

（16）安徽歙县：泡泡疮水泡疮、绵绵雨连绵小雨、蒂蒂妹爱称，很小的孩子、喤喤锣小铜锣（孟庆惠，1981）

这些结构中的"AA"缩小了"B"的词义范围，表示事物细小，表达亲昵的感情。

3. "ABCC"式：这是由基式"ABC"的末音节重叠后构成，其中，"ABC"多是偏正式合成词，"AB"与"C"之间是修饰、限制的关系，重叠后具有表小和可爱等感情色彩。

（17）山西万荣：揣面盆盆、核桃仁仁、冰糖蛋蛋、木头凳凳小木凳子、牛皮包包（吴云霞，2002）

（18）山西稷山：薄油炫炫一种很薄的烙饼、肯锅锹锹烙饼子用的小铁锹、莲菜巴巴小莲菜瓜、挖痒耙耙用来抓痒的一种小耙子（毛淑平，2012）

（19）宁夏固原：眼药瓶瓶、电壶盖盖、咸菜碟碟、茶叶根根、耳

朵坠坠（高顺斌，2009）

（三）附缀重叠

附缀重叠即基式加缀重叠，有的是基式音节重叠，如"AA 儿""AA 子""ABB 儿""ABCC 儿"等，有的是基式音节和词缀音节都重叠，如"A 儿 A 儿"等。根据所附词缀的不同，可以分为"附加儿缀式""附加子缀式""附加其他词缀式"。

1. "AA 儿"式：由基式重叠再附加"儿"缀构成。这里的"儿"不再区分"儿化"和"儿尾"。例如：

（20）湖北襄樊：洞洞儿、包包儿、格格儿、瓶瓶儿、篓篓儿（王丹荣，2005）

（21）湖北郧县：棒棒儿、碟碟儿、圈圈儿、洞洞儿、门门儿（苏俊波，2016）

（22）湖南石门：印印儿、线线儿、柜柜儿、坛坛儿、盆盆儿、索索儿（刘静，2012）

（23）湖南常德：绳绳儿、篙篙儿、椅椅儿、领领儿（郑庆君，1997）

（24）陕西商州：包包儿、沫沫儿、泡泡儿、牛牛儿小虫子、穗穗儿（王三敏、杨莉，2010）

（25）山西临汾：牌牌儿、带带儿、盒盒儿、筒筒儿、包包儿（潘家懿，1990）

（26）甘肃兰州：碗碗儿、罐罐儿、褂褂儿、帽帽儿、树树儿（高葆泰，1984）

（27）青海西宁：牌牌儿、凳凳儿、蛋蛋儿、扣扣儿、眼眼儿（王双成，2009）

这一形式是在"AA 式"的基础上加"儿"构成，重叠后主要表达说话人喜爱的思想感情，同时也表示对象的小巧等意义。

2. "ABB 儿"式：这种形式的组合关系是"AB + B 儿"。

（28）山西应县：油点点儿、花袄袄儿、鞋带带儿、布条条儿、牛车车儿（门秀红，2005）

（29）山西五台：酒盅盅儿、老虎虎儿体型较小的老虎、绿豆豆儿、耳朵朵儿（崔丽珍，2010）

（30）湖北丹江：树叶叶儿、窗帘帘儿、酒杯杯儿、脸盆盆儿、锅盖盖儿（苏俊波，2009）

（31）湖北襄阳：树叶叶儿、雪籽籽儿、笔帽帽儿、笔筒筒儿、脚丫丫儿（杨琳，2017）

3. "ABCC儿"式：这类形式是基式"ABC"的末音节重叠后构成的。其中，"ABC"多是偏正式合成词，"AB"与"C"之间是修饰、限制的关系，重叠后表小和可爱等感情色彩。

（32）湖北丹江：花生米米儿、钢筋棍棍儿、眼睛毛毛儿、豆腐块块儿、可乐瓶瓶儿（苏俊波，2009）

（33）湖南临澧：头发丝丝儿、水壶盖盖儿、锡锅耳耳儿、皮带环环儿（谢萌，2012）

4. "A儿A儿"式：由"A儿"的重叠形式构成。

（34）北京平谷：纸上扎些眼儿眼儿、捏点儿盐面儿面儿、这瓶儿瓶儿不赖。"眼儿眼儿"，指的是比"眼儿"还小的眼儿，其他类推。（陈淑静，1992）

（35）河南孟州：环儿环儿小环、珠儿珠儿小珠子、毛儿毛儿、渣儿渣儿碎片（刘佳佳，2008）

（36）河南中牟：慢儿慢儿、短儿短儿、小儿小儿、低儿低儿（鲁冰、常乐，2015）

（37）云南鹤庆：罐儿罐儿小罐儿、板儿板儿小板儿、枝儿枝儿小树枝（彭国钧，2005）

（38）云南宜良：盆儿盆儿、面儿面儿、罐儿罐儿（杨晖，2010）

（39）山东胶南：眼儿眼儿小洞、毛儿毛儿细小的毛、缝儿缝儿小空隙、孔儿孔儿小孔（高先，2010）

（40）山东沂水：棵儿棵儿小树丛、豁儿豁儿小缺口、窝儿窝儿小坑、虫儿虫儿小昆虫、棚儿棚儿简陋小屋（张廷兴等，1994）

（41）山西晋城：包儿包儿、窝儿窝儿、毛儿毛儿、袋儿袋儿、碗儿碗儿（郜晋亮，2011）

（42）山西长子：钩儿钩儿、包儿包儿（胡雷，2009）

（43）山西左权：瓶儿瓶儿、板儿板儿、包儿包儿（王希哲，1991）

（44）河南辉县：面儿面儿、包儿包儿、钩儿钩儿、棍儿棍儿（穆亚伟，2016）

5."AA 子"式：由基式重叠再附加"子"缀构成。这一形式，在方言中使用较为普遍。

（45）陕西商州：包包子_{包儿}、裙裙子_{专指小女孩的裙子}、沫沫子_{细沫子}、泡泡子_{小泡泡}、叶叶子（王三敏、杨莉，2010）

（46）陕西安康：盆盆子、板板子、铲铲子、堆堆子、条条子（杨静，2008）

（47）甘肃兰州：刷刷子、锄锄子、锤锤子、驴驴子、蛋蛋子（高葆泰，1984）

"ABB 子"式：这种形式的方言使用并不普遍。

（48）甘肃天祝：面团团子、菜水水子、纸袋袋子、心尖尖子、脚面面子（宋珊，2017）

（49）宁夏灵武：茶碗碗子、窗根根子、心眼眼子（灵武市志编纂委员会，1999）

方言中，使用最为普遍的词缀是"儿"和"子"，但不同的方言中，还存在着其他的形式。

6."AA 嘚"式：这种形式是由 A 嘚名词重叠其词根构成。

（50）江西都昌：洞洞嘚、布布嘚、脓脓嘚_{较脏较稠的液体}、皮皮嘚_{皮儿}、角角嘚_{一小角儿}（曹保平，2002）

（51）山西河津：碗碗嘚、房房嘚、勺勺嘚、锅锅嘚（赵平，2013）

7."AA 嘟"式：这种形式比较有特色，基式为 A 嘟，重叠式为 AA 嘟。这种形式是由 A 嘟名词重叠其词根造成的。重叠后，多具有"细小""可爱"等色彩。

（52）山西万荣：爪爪嘟_{小爪子}、珠珠嘟、车车嘟_{小孩的玩具车}、底底嘟_{少量的剩余物}、凳凳嘟_{小凳子}（吴云霞，2002）

8."AA 头"式

（53）江苏无锡：篓篓头_{小篓筐}、板板头_{小木板}、叶叶头、盖盖头、梗梗头_{植物细小的茎}（王健、高凤，2003）

（54）江苏苏州：牌牌头_{小牌子}、人人头_{小人儿，或像人形的物体（限于小}

的)、尖尖头尖儿（汪平，2000）

9. "AA 的"式

(55) 山东菏泽：枝枝的树木的枝丫中较小的部分、根根的植物的根须中较小的根、丝丝的、秧秧的、边边的（冯文娟，2008）

10. "AA 囝"式

(56) 福建福州：杯杯囝小杯子、篓篓囝小竹篓、袋袋囝小兜儿、锅锅囝小铁罐子、簿簿囝小本子（梁玉璋，1989）

(57) 福建福清：瓶瓶囝、杯杯囝、袋袋囝、钵钵囝、滴滴囝（冯爱珍，1993）

我们将名词重叠小称的语表形式进行统计，具体情况如表 4-1 所示：

表 4-1　　　　　　汉语方言名词重叠小称形式统计

重叠式	音节	单音节重叠	双音节重叠	三音节重叠式
完全重叠		AA	AABB	
不完全重叠			ABB、AAB	ABCC
附缀重叠	儿缀	AA 儿、A 儿 A 儿	ABB 儿	ABCC 儿
	子缀	AA 子	ABB 子	
	其他	AA 的、AA 嘚、AA 嘟、AA 头、AA 囝		

从表 4-1 可以看出，名词重叠小称的形式极具多样性。不仅有完全重叠式"AA""AABB"式，同时，也有不完全重叠式"ABB""AAB""ABCC"式，还有附缀重叠"AA 儿（子）""A 儿 A 儿""ABB 儿（子）""ABCC 儿""AA（的、得、嘟、头、囝）"等形式。丰富多彩的名词重叠小称形式，是各方言不同地域特点的反映。

二　名叠式小称的方言分布

"AA"式是汉语方言中最普遍的存在形式，广泛存在于官话方言中，也存在于非官话方言中。官话方言广泛分布在西南官话、中原官话中，兰银官话、江淮官话也有分布。

首先来看官话方言区的分布情况。

西南官话：主要集中在云南、贵州等地，湖南、陕西、重庆也有分布。例如：

（58）云南昆明：洞洞、眼眼_{小窟窿}、飞飞_{小纸条}、瓶瓶（张宁，1987）

（59）云南漾濞：凳凳_{小凳子}、铃铃_{小铃铛}、锅锅_{小锅}、罐罐_{小罐子}（马晓梅，2016）

（60）贵州大方：筛筛_{小筛子}、桥桥_{小桥}、沟沟_{小水沟}、庙庙_{小庙}、棍棍_{小棍}（李蓝，1987）

（61）贵州毕节：刀刀、布布、盆盆、瓢瓢、纸纸（李彬，2005）

（62）湖南安乡：筒筒_{小的筒状器物}、碗碗、瓢瓢、盆盆、刀刀（李绍群，2011）

（63）湖南永州：眼眼_{小窟窿}、籽籽_{小粒状的果实}、沟沟_{沟状条纹}、路路_{条状痕迹}（王淑一，2006）

（64）陕西汉中：箱箱、刀刀、盘盘、叉叉、柜柜、笼笼（王鹤璇，2010）

（65）陕西留坝：车车、碗碗、腿腿、棒棒、盆盆、钉钉（杨冰，2013）

（66）重庆秀山：珠珠_{圆形小东西}、坳坳_{前后低中间高的小块平地}、丝丝_{细条状物}、帕帕_{小方巾}、洞洞（符德江，2013）

中原官话：主要分布在甘肃、山西、陕西等地，其他中原官话区青海、新疆、宁夏等地有少量分布。例如：

（67）甘肃镇原：纸纸_{小纸片}、墙墙_{矮墙}、锨锨_{铲土用的小铲子}、盒盒、包包（何艳萍，2010）

（68）甘肃敦煌：碗碗、帽帽、鞋鞋、镜镜、勺勺、车车（刘伶，1988）

（69）甘肃天水：瓶瓶、帽帽、山山_{小山}、坡坡_{坡度小}、沟沟（王廷贤，2004）

（70）甘肃陇东：坑坑、桶桶、勺勺、棒棒、环环、毛毛（谭治

琪，2009）

（71）甘肃临夏：盅盅小酒杯、坡坡有斜度的小坡、哑哑由于生理缺陷或疾病不能说话的人（张文轩，1988）

（72）山西永济：面面、棒棒小棍儿、牌牌围嘴儿、牛牛小虫子（吴建生、李改样，1990）

（73）山西运城：虫虫小虫子、瓯瓯小盅儿、瓶瓶小瓶儿、刀刀小刀、凳凳小凳（寇春娟，2009）

（74）山西万荣：蛾蛾小飞虫、嘴嘴指茶壶等嘴儿、尺尺学生用的小尺子（吴云霞，2002）

（75）山西临猗：盒盒、刀刀、柜柜、盖盖、刷刷、剪剪（李仙娟，2008）

（76）山西稷山：圈圈、齿齿小的痕迹、盘盘小盘子、镜镜、坡坡小土坡（毛淑平，2012）

（77）山西河津：花花花卉或花纹图案，表小、门门、泡泡小气泡、棍棍、摊摊小摊位（袁亚玲，2015）

（78）陕西宝鸡：本本、绳绳、刀刀、瓶瓶、道道（闫慧，2007）

（79）陕西西安：虫虫、刀刀、瓢瓢、线线（黄伯荣，1996）

（80）陕西咸阳：帽帽、铃铃、缸缸、本本、桌桌、筒筒（任永辉，2005）

（81）陕西韩城：勺勺、靴靴、棍棍、渠渠、瓮瓮、沟沟（黄珊，2008）

（82）陕西合阳：棍棍子、兜兜子、坪坪子不成形状的小块田地、床床子小凳子（蔡文婷，2009）

（83）陕西商州：盘盘小盘儿、凳凳、面面像面一样的细小东西、球球（王三敏、杨莉，2010）

（84）山西三原：罐罐、勺勺、锅锅、帘帘、棍棍（刘珂，2017）

（85）青海乐都：洞洞小窟窿、板板、灯灯、桥桥溪流或小河上的桥（黄伯荣，1996）

（86）新疆焉耆：盘盘、锅锅、腿腿、窝窝（刘俐李，1988）

（87）宁夏固原：草草、柴柴、碗碗、壶壶、毛毛细小的毛发（高顺斌，2009）

（88）宁夏隆德：洞洞、帘帘、钉钉、盖盖、筒筒、碟碟（杨苏平，2015）

兰银官话：主要集中在甘肃等地。

（89）甘肃兰州：洞洞_{小窟窿}、匣匣_{小盒子}、台台_{小台阶}、抽抽_{衣服上的口袋}、缸缸、帐帐_{小帐子}（李炜，2000）

（90）甘肃天祝：盆盆、罐罐、勺勺、铲铲、缸缸、盖盖（宋珊，2017）

（91）甘肃山丹：碗碗、嘴嘴、手手、书书、果果、桌桌（何茂活，2007）

江淮官话：主要集中在江苏。

（92）江苏泗洪：球球、窝窝、珠珠、岩岩_{一种小石子儿}、泡泡（周琴，2007）

（93）江苏丹阳：条条、子子_{小而坚硬的块状物或粒状物}、路路_{细长条状的裂缝}、脚脚_{渣滓}、洞洞（周国鹤，2013）

非官话方言区中，分布最广的是晋语，其次是赣语、吴语，湘语、土话分布较少。

晋语：主要分布在山西、陕西、内蒙古、河北的晋语区。

（94）山西太原：刀刀_{小刀儿}、碗碗_{小碗儿}、牙牙_{乳牙}、车车_{童车}、壶壶_{小壶儿}、桶桶_{小桶儿}（乔全生，2000）

（95）山西汾阳：匙匙_{小勺子}、眼眼_{小孔}、床床_{小板凳}、斗斗_{小盒}、瓮瓮_{小瓮儿}（宋秀龄，1996）

（96）山西平遥：虾虾、碟碟_{小碟儿}、河河、案案_{小菜板儿}、碗碗（侯精一，1988）

（97）山西临县：盆盆、碗碗、棍棍、刀刀、盅盅、锁锁（李小平，1997）

（98）山西忻州：桌桌、刀刀、凳凳、鞋鞋、盆盆、碗碗（温端政，1985）

（99）山西右玉：袜袜、珠珠、勺勺、瓶瓶、箱箱、洞洞（林静，2011）

（100）山西文水：瓯瓯_{较一般饭碗小的陶碗}、钵钵_{木质小碗}、匙匙_{小勺}、调羹、铫铫_{左右有耳的小锅}（胡双宝，1984）

（101）山西祁县：筐筐、沟沟、锅锅、钩钩小钩子、瓶瓶小瓶子（温春燕，2005）

（102）山西晋源：床床小凳子、包包小包、刀刀小刀、钩钩小钩子、盒盒、盖盖小盖儿（王文卿，2007）

（103）山西河曲：叶叶小树叶或少量的叶子、勺勺小勺子、篮篮小篮子（李娟，2008）

（104）山西原平：柜柜、眼眼、车车儿童玩具车、刀刀、铃铃（张俊英，2010）

（105）山西稷山：桌桌小桌儿、墩墩小凳子、棍棍细木棍儿、罐罐小罐儿（辛菊，2009）

（106）山西长治：猫猫、碗碗、袜袜、牛牛（王利，2007）

（107）山西寿阳：院院小院子、链链小链条儿、旗旗小旗子、线线比较短小的线（任一娇，2017）

（108）山西岚县：袖袖短袖、盒盒、碗碗、锄锄小锄头（沈明，2003）

（109）山西孝义：盅盅小碗、瓷瓷小碎片、村村小村庄、车车小孩儿的玩具车（程毅，2013）

（110）山西沁县：罐罐、勺勺、笼笼、盆盆（张振铎，1990）

（111）山西朔县：刀刀、车车、钵钵小瓦盆儿、瓯瓯小饭碗、镘镘小镘子（江阴禔，1991）

（112）山西柳林：帽帽、盘盘、桌桌、镘镘、尺尺（贾海霞，2010）

（113）山西离石：本本小本儿、盖盖小盖子、印印小印章、钩钩小钩子、捻捻响炮的小捻子（任一娇，2017）

（114）山西马坊：盖盖、凳凳、盘盘、尺尺（宋姝婧，2012）

（115）山西晋中：盒盒、瓶瓶、桌桌（郭正彦，1981）

（116）山西太谷：桌桌、鞋鞋、凳凳、袜袜（黄伯荣，1996）

（117）山西娄烦：凹凹小山谷、峁峁小山梁、渠渠浅而小的水沟、岔岔小山岔（郭校珍、张宪平，2005）

（118）内蒙古呼和浩特：刷刷、袜袜、勺勺、管管、铲铲（李作南、李仁孝，1985）

（119）内蒙古包头：瓶瓶、辫辫、桌桌、珠珠 小珠子、果果 小红果儿（蒙瑞萍，2007）

（120）陕西神木：匣匣、碗碗、瓶瓶、本本、窝窝（邢向东，1985）

（121）陕西榆林：卡卡 小卡片儿、铲铲、夹夹 小发夹、炉炉 小炉子（郭宇丽，2012）

（122）河北灵寿：瓶瓶 小瓶儿、果果 小红果儿、绳绳 细绳子、铲铲（刘玮，2007）

（123）河北宣化：刀刀 小刀、罐罐 小罐、碟碟 小碟、珠珠（郭凤岚，2007）

赣语

（124）陕西牛蹄乡方言岛：坛坛、嘴嘴、锅锅、瓶瓶、盒盒（周海霞，2013）

（125）江西新余：须须 较小植物根、盖盖 小盖子、根根 较小的树根、槽槽 很小的缝、角角 小角落（王晓君，2004）

新余方言有的重叠名词表示小称的含义，在语音上，重叠的第二个音节读成高短调。

（126）江西武宁：泡泡 很小的泡、棍棍、洞洞 很小的洞、缝缝（阮绪和、陈建华，2006）

（127）湖南洞口：泡泡 小水泡、边边 边儿、毛毛 细碎的绒毛、须须 根须、筋筋 筋儿、坑坑 小沟（罗昕如，2011）

吴语

（128）江苏苏州：洞洞 窟窿、眼眼 眼儿、梗梗 梗儿、脚脚 渣滓、缝缝 缝儿（刘丹青，1986）

（129）江苏无锡：眼眼 小洞眼、沟沟 水沟、洞洞 小洞（王健、高凤，2003）

（130）浙江宁波：洞洞、袋袋、珠珠、头头（阮桂君，2009）

湘语

（131）湖南新化：泡泡 小水泡、水水 少量的水、缝缝 小缝隙、毛毛 细碎的绒毛、坑坑 小沟、钩钩 小钩子、环环 小环儿（罗昕如，2011）

土话

（132）广西全州：碟碟、桌桌、篓篓、根根、架架（唐昌曼，2005）

（133）湖南东安：盘盘、罐罐、筒筒、盖盖、根根（鲍厚星，1998）

"AA儿"式：主要存在于官话方言区和晋语区。官话方言主要集中在西南官话区、中原官话区和兰银官话区。

西南官话

（134）重庆：毛毛儿、刀刀儿、棚棚儿、瓢瓢儿、洞洞儿（范继淹，1962）

（135）四川成都：刀刀儿、杯杯儿、桥桥儿、草草儿（梁德曼，1987）

（136）四川自贡：车车儿、刀刀儿、洞洞儿、虫虫儿、牛牛儿（殷润林，2005）

（137）湖北长阳：绳绳儿、带带儿、棒棒儿、管管儿、胯胯儿、膀膀儿、包包儿、瓢瓢儿（宗丽，2013）

（138）湖北襄阳：凳凳儿、剪剪儿、洞洞儿、虫虫儿、鞋鞋儿（杨琳，2017）

（139）湖北巴东：洞洞儿、窝窝儿、瓶瓶儿、桶桶儿、篓篓儿（田祚申，1989）

（140）湖北丹江：包包儿、牌牌儿、房房儿、院院儿、盖盖儿（苏俊波，2009）

（141）湖北恩施：盘盘儿、杯杯儿、盖盖儿、瓶瓶儿、棍棍儿（向嵘，2007）

（142）湖北宜昌：坑坑儿、刀刀儿、眼眼儿、划划儿_{有桨的小船}、盆盆儿（胡海，1994）

（143）湖北宜都：盘盘儿、洞洞儿、箍箍儿、盒盒儿、碗碗儿（李崇兴，2014）

（144）湖北建始：碗碗儿、瓢瓢儿、筐筐儿、棚棚儿、果果儿（蒋静，2007）

（145）湖南临澧：刀刀儿、缸缸儿_{小的水杯}、袋袋儿_{衣裤上的口袋}（赵

冬梅，2002）

（146）湖南慈利：虫虫儿、牛牛儿、马马儿、树树儿、根根儿（吕建国，2011）

（147）湖南吉首：碗碗儿、眼眼儿小窟窿、瓶瓶儿、柜柜儿、沟沟儿、棚棚儿（李启群，2002）

（148）湖南永顺：坑坑儿小坑儿、板板儿小木板、函函儿小水洼、碗碗儿小碗儿（李启群，1992）

（149）湖南桃源：柜柜儿小柜子、镜镜儿小镜子、绳绳儿细绳儿、沟沟儿小水沟、箱箱儿小箱子（周婷，2016）

（150）贵州遵义：锤锤儿小锤子、索索儿极细的绳子、树树儿、洞洞儿小洞、盒盒儿小盒子（胡光斌，2005）

（151）贵州绥阳：洞洞儿、根根儿、桩桩儿、壶壶儿、包包儿、缸缸儿（姚丽娟，2007）

（152）贵州铜仁：包包儿、刀刀儿、杯杯儿、钉钉儿、孔孔儿（王彬，2009）

中原官话

（153）陕西西安：碗碗儿、碟碟儿、盘盘儿、沟沟儿、棒棒儿（孙立新，2007）

（154）陕西宝鸡：盒盒儿、盆盆儿、包包儿、盖盖儿、桌桌儿、房房儿（闫慧，2007）

（155）陕西安康：盆盆儿、棚棚儿、牌牌儿、板板儿、米米儿（杨静，2008）

（156）陕西高陵：壶壶儿、绳绳儿、桌桌儿、棍棍儿、碗碗儿（刘崇，2009）

（157）陕西铜川：箱箱儿、锁锁儿、台台儿、勺勺儿（杨银梅，2004）

（158）山西洪洞：皮皮儿、面面儿、棒棒儿、褂褂儿、板板儿（乔全生，1999）

兰银官话

（159）新疆乌鲁木齐：罐罐儿、绳绳儿、盖盖儿、帽帽儿、旗旗儿（黄伯荣，1996）

（160）甘肃山丹：碗碗儿、嘴嘴儿、手手儿、书书儿（何茂活，2007）

中原官话

（161）甘肃甘谷：包包儿仅指手提袋、节节儿小段、尖尖儿细小的一端、眼眼儿（孙雪英，2010）

（162）甘肃成县：罐罐儿、车车儿、碗碗儿、缝缝儿、桌桌儿（李丽娟，2015）

（163）青海乐都：辫辫儿、绳绳儿、铲铲儿、树树儿、刷刷儿（黄伯荣，1996）

晋语

（164）山西应县：瓶瓶儿小瓶子、架架儿小架子、尺尺儿小尺子、坛坛儿小坛子、门门儿小门（蒋文华，2007）

（165）山西五台：盖盖儿、铲铲儿、窟窟儿、锅锅儿、桌桌儿（崔丽珍，2010）

（166）山西新绛：床床儿小板凳、桶桶儿、碗碗儿、箱箱儿、眼眼儿（翟维娟，2015）

（167）山西大同：棍棍儿、柜柜儿、盆盆儿、箱箱儿（刘静，2010）

（168）山西盂县：包包儿、桌桌儿、刷刷儿、本本儿（宋欣桥，1991）

（169）山西山阴：棍棍儿、刀刀儿、帽帽儿、褂褂儿、盆盆儿（杨增武，2007）

赣语

（170）陕西牛蹄乡方言岛：箱箱儿、桶桶儿、带带儿、壶壶儿、牌牌儿（周海霞，2013）

"AA子"式：主要分布在西北部的中原官话区和兰银官话区。江淮官话、西南官话、冀鲁官话都只有少量分布，遍及陕西、甘肃、新疆、宁夏等，非官话方言的赣语、吴语中的零星方言点也出现了这一形式。

中原官话

（171）陕西镇安：瓶瓶子、罐罐子、虫虫子、盖盖子、棍棍子

（李文娟，2008）

（172）陕西铜川：笼笼子、片片子、碗碗子、锅锅子、帽帽子（杨银梅，2004）

（173）陕西眉县：盆盆子、罐罐子、碟碟子、瓶瓶子、箱箱子、架架子（孙立新，2016）

（174）陕西西安：罐罐子、碗碗子、碟碟子、盘盘子、棒棒子（孙立新，2007）

（175）陕西合阳：棍棍子、绳绳子、坪坪子_{不成形状的小块田地}、桌桌子（邢向东、蔡文婷，2010）

（176）山东汶上：环环子_{小环儿}、绳绳子、根根子_{小根儿}、芽芽子_{小芽儿}、秧秧子_{小苗儿}（宋恩泉，2005）

（177）青海乐都：格格子、印印子、扇扇子、秧秧子、树树子（黄伯荣，1996）

（178）甘肃敦煌：帽帽子、门门子、勺勺子、袄袄子、虫虫子、驹驹子（刘伶，1988）

兰银官话

（179）甘肃天祝：盆盆子、罐罐子、辫辫子、盖盖子、铲铲子（宋珊，2017）

（180）甘肃民乐：坡坡子、叶叶子、镜镜子、凳凳子、拉拉子_{小水桶}（钱秀琴，2009）

（181）新疆乌鲁木齐：碗碗子、盘盘子、瓶瓶子、罐罐子、帽帽子、鞋鞋子（黄伯荣，1996）

（182）宁夏灵武：房房子、条条子、山山子、沟沟子、渠渠子（灵武市志编纂委员会，1999）

（183）宁夏中宁：窗窗子、盆盆子、官官子_{官职低}、钱钱子_{钱数少}（李倩，1995）

（184）宁夏同心：棚棚子_{小棚子}、桶桶子_{小桶}、劈劈子_{小劈柴}、一脚路路子_{一脚宽的窄路}（张安生，2005）

江淮官话

（185）安徽定远：珠珠子、兜兜子_{肚兜}、顶顶子_{顶针儿}（岳秀文，2010）

(186) 江苏扬州：洞洞子、格格子、点点子、条条子（陆勤，2011）

西南官话

(187) 湖北丹江：勺勺子、刀刀子、盅盅子、杯杯子、盒盒子（苏俊波，2009）

(188) 湖北宜昌：婆婆子、根根子、洞洞子、箍箍子（曾立英，2002）

冀鲁官话

(189) 山东莱芜：棒棒子、碗碗子<small>小的盛东西的器具</small>、兜兜子<small>口袋</small>、碟碟子、眼眼子<small>很小的窟窿</small>（吕晓玲，2013）

(190) 山东淄川：板板子、刀刀子、筒筒子、皮皮子、绳绳子（孟庆泰、罗福腾，1994）

赣语

(191) 江西铅山：勺勺子<small>小勺子</small>、角角子<small>角落</small>、皮皮子<small>薄薄的皮</small>、根根子<small>细根</small>、虫虫子<small>小虫子</small>（胡松柏、林芝雅，2008）

吴语

(192) 南京溧水：桥桥子<small>小桥</small>、瓶瓶子、弯弯子<small>小弯子</small>、沟沟子（黄伯荣，1996）

"ABB"式：是方言中重叠表小称较为常见的形式。"ABB"式主要集中在重叠形式较为丰富的晋语区，甘肃的兰银官话和部分西南官话区也有分布，非官话方言区的徽语和湘语只有零星分布。"AB"可以单独成词，将"B"语素重叠后表义保持不变，增加了亲切、小称的意味。例如：

晋语

(193) 山西河曲：针尖尖、麻花花、泪蛋蛋（李娟，2008）

(194) 山西平遥：纸条条、炕桌桌、酒盅盅、油蛋蛋、茶缸缸（姚勤智，2005）

(195) 山西清徐：酒瓶瓶、布袋袋、刀刃刃、油点点、笑窝窝（王晓婷，2014）

(196) 山西文水：刀刃刃、木墩墩、簸箕箕、胡茬茬、菜蔬蔬（梁建青，2006）

（197）陕西神木：茶缸缸、灯罩罩、指头头、脚片片、驴驹驹（邢向东，1985）

（198）陕西榆林：土峁峁小土丘、沙梁梁小沙丘儿、羊羔羔羊羔儿（郭宇丽，2012）

（199）内蒙古呼和浩特：河畔畔、山丹丹、口袋袋、饭桌桌、麦穗穗（黄伯荣，1996）

中原官话

（200）山西河津：簸箕箕、门翻翻小一点的门闩、汗肩肩小一点的贴身背心、手巾巾手帕（袁亚玲，2015）

（201）山西稷山：布袋袋、酒壶壶、水泡泡、纸条条、针尖尖（辛菊，2009）

（202）山东微山：河沟沟、笔筒筒、饭勺勺、衣兜兜、麦穗穗（殷相印，2006）

西南官话

（203）湖南安乡：烟灰灰、树颠颠、圆圈圈（李绍群，2011）

（204）湖南永州：山坳坳、门栓栓、草棚棚、脚底底（王淑一，2006）

（205）陕西汉中：肉渣渣、布条条、冰块块、油点点（王鹤璇，2010）

兰银官话

（206）甘肃兰州：烟嘴嘴、钱褡褡装钱的小袋儿、酒盅盅、柴棍棍、菜水水（高葆泰，1984）

徽语

（207）安徽歙县：歙县方言里"ABB"式的名词大都可以表现出物品细小的特点。如：桑檬檬桑葚、蚕蛾蛾蚕蛹、麻灶灶灶间里像蟋蟀一样的小动物、蛇链链蜥蜴（孟庆惠，1981）

湘语

（208）湖南益阳：饭篮篮、钉锤锤、沙罐罐、瓢公公（徐慧，2001）

我们将"ABB"式小称的方言分布进行统计，具体情况如表4-2所示：

表 4-2　　　　　　　　"ABB" 式小称方言分布统计

方言区	方言点	点数
晋语	山西：河曲、平遥、清徐、文水	7
	陕西：神木、榆林	
	内蒙古：呼和浩特	
中原官话	山西：河津、稷山、万荣	4
	山东：微山	
西南官话	湖南：安乡、永州；陕西：汉中	3
兰银官话	甘肃：兰州	1
徽语	安徽：歙县	1
湘语	湖南：益阳	1

"AAB" 式表小称，并不是十分能产的方式。在兰银官话区、中原官话区和部分西南官话区有少量分布。在非官话区中，只在徽语中见到一例。

由于其他小称形式在汉语方言中的分布并不普遍，我们将它们放在一起进行归纳统计。具体情况如表 4-3 所示：

表 4-3　　　　　　　　其他小称形式方言分布统计

小称形式	方言区及方言点	点数
A 儿 A 儿	晋语：山西晋城、长子、左权；河南辉县	11
	中原官话：河南孟州、中牟	
	西南官话：云南鹤庆、宜良	
	胶辽官话：山东胶南、沂水；冀鲁官话：北京平谷	
ABB 儿	西南官话：湖北郧县、丹江、襄阳	5
	晋语：山西应县、五台	
AABB	晋语：山西河曲、陕西榆林；兰银官话：兰州	3
ABCC	中原官话：山西万荣、稷山、宁夏固原	4
	兰银官话：甘肃兰州	
ABB 子	兰银官话：甘肃天祝、宁夏灵武	2
ABCC 儿	西南官话：湖北丹江、郧县、湖南临澧	3

"AA头""AA团""AA的""AA嘟""AA㖸"等几种形式，都是因为当地方言中存在不同的词缀形式，因而"重叠式"呈现不同的附缀特点。具体例子见上文。

三 名叠式小称的语法意义

名词重叠表小称的语法意义，体现为表量和表情。

（一）物量

名词重叠式和基式的语法意义明显不同，重叠后的形式表示事物体积或容量的微小。

（209）甘肃陇东：勺勺、桶桶、棒棒、车车。如：

你把勺拿来我舀些面汤喝。你把勺勺拿来我给娃娃喂药。

那油桶重得我一个人拿不动。那油桶桶能灌五斤油。

他大大拿了根棒和他去抬水。他大大拿了根棒棒在地上画着。（谭治琪，2009）

（210）陕西三原：布布 碎布头、线线 短线头儿、纸纸 碎纸屑（刘珂，2017）

（211）甘肃武都：草草子、杯杯子、门门子。如：

地里旱得啥庄稼都没长，就长了些草草子。

杯子太大了，找着来几个杯杯子。（莫超，2004）

（212）山西万荣：旧凳凳 小旧凳子、新锅锅 小新锅、破碗碗 小破碗、热勺勺 小热勺（吴云霞，2002）

（213）贵州贵阳：

老子拿刀刀捅死你！

我衣服着烟烫出个洞洞。（沈雪瑜，2018）

（二）表亲昵

名词重叠后具有亲昵意味。主要用于人名，一般指人的小名。

（214）山西万荣：芍芍、峰峰、芬芬、兰兰、莺莺（吴云霞，2002）

（215）甘肃镇原：花花、宝宝、雪雪、香香（何燕萍，2010）

（216）甘肃陇东：柱柱、琴琴、山山、虎虎、国国、岁岁（谭治琪，2009）

由此可知，名词重叠小称的语法意义比较单纯。在表量方面，只用于表示具体事物的微小，这主要表示一种空间上的大小量，即物量。表量的词语，通常都是较为常见的具体事物，而且这些事物，多与小孩有关。在表情方面，主要用于人的小名，表示"亲切、喜爱"的感情色彩。相对于上文的附加式小称而言，名词重叠小称的表义范围较为狭窄，也没有形成语义的延展功能。

四　名叠式小称的特点

（一）从方言分布看名叠式小称

我们将名词重叠小称的各种形式在方言中的分布情况，做了如下统计。具体情况如表 4-4 所示：

表 4-4　　　　各方言区名词重叠小称总体分布情况

形式	方言区及方言点数目												
	西南	中原	江淮	兰银	冀鲁	胶辽	晋语	赣语	湘语	吴语	闽语	徽语	客家	土话	共计
AA	11	28	2	4			35	4	1	3			2	2	92
AABB				1			2								3
ABB	3	4					7	1				1			17
AAB		1		1			1					1			4
ABCC		3		1											4
AA 儿	20	17	1				7	1							46
A 儿 A 儿	2	2			1	2	4								11
ABB 儿	3						2								5
ABCC 儿	3														3
AA 子	2	17	2	9	2		2								34
AA 嗻							1								1
AA 嘟		1													1
AA 的		1													1
AA 头										2					2
AA 团												2			2
共计	44	74	4	18	3	2	58	8	2	5	2	2	2	2	226

总体来看，名词重叠表小是中原官话和晋语的特色。名词重叠小称的地域分布极为广泛。主要分布于西北地区的许多方言中，具体包括甘肃、青海、陕西、新疆、宁夏、四川等地的官话方言区，跨越西南官话、中原官话和兰银官话区。在非官话方言区，主要集中在晋语区，吴语、赣语、湘语、闽语、徽语及土话区也有少量分布，但是相对而言，这些方言区中的名词重叠形式都不是主流的小称形式。在我们统计的226个方言点中，除晋语外，其他非官话方言只有23个点。

（二）从语法形式看名叠式小称

名词重叠小称形式多样，有的互补分布，有的并存共用。这里，我们主要对"AA"式、"AA儿"式和"AA子"式三种形式进行探讨，这是名词重叠小称最主要的几种类型。

第一，小称形式的互补分布。

各种小称形式的分布中，"AA"式名词重叠小称在汉语方言中分布最广，能产性最强。"AA"式最丰富的地区主要集中在山西为主的晋语区，其次是在我国西北地区的中原官话区以及云贵等地的西南官话区。"AA儿""AA子"主要分布在西南官话区和陕西、甘肃、青海等地的中原官话区。大多数情况下，"AA""AA儿""AA子"这三种形式在方言中大体上呈互补分布状态。比如川渝、湘鄂等地的西南官话，往往只采用"AA儿"形式，而晋语区多数采用"AA"形式，江苏江淮官话较多使用"AA子"形式。

第二，小称形式的并存共用。

汉语方言名词重叠小称的形式，因地域的不同而呈现一定的复杂性。有时，它们彼此之间是交叉分布的。在中原官话、西南官话的某些方言中，重叠往往同时附加"儿"或"子"，共同表示小称。同一方言中，往往具有几种小称形式，并且不会造成表义的负累，因为它们都有各自的表义效果。具体来说，有这样几种并存形式。

1. "AA"与"AA儿"并存。如咸阳、宝鸡、华阴、灵寿等。以华阴方言为例：

（217）华阴方言存在"AA"和"AA儿"两种小称形式。如：

桌桌/桌桌儿、箱箱/箱箱儿、板板/板板儿、瓶瓶/瓶瓶儿（孙立新，2013）

不加"儿",表小称的意义,加"儿"后,小称兼表爱称的意义。

2. "AA"与"AA子"并存。如陕西三原、合阳,甘肃敦煌、天祝、天水等。如:

(218)甘肃天祝:"AA"有表小义。但通常情况下,口语中多用"AA子",表达喜爱的程度超越了"AA"式。如:

盆盆/盆盆子、罐罐/罐罐子、铲铲/铲铲子(宋珊,2017)

3. "AA儿"与"AA子"并存。如陕西安康与铜川、湖北丹江与宜昌等。

(219)陕西安康:安康方言没有独立的"AA"式重叠。它们以子尾或儿化的形式出现。这两种形式均有小称的作用,但感情色彩相对立,子尾表厌恶、不满;儿化则表示喜爱、亲昵义。如:

板板子/板板儿、棚棚子/棚棚儿、牌牌子/牌牌儿。(杨静,2008)

4. "AA""AA儿""AA子"并存。"AA"式有表示小称的作用。"AA"式名词儿化兼有爱称作用,加"子"尾只有小称作用,没有爱称作用。如:

(220)陕西陕南:盆盆/盆盆儿/盆盆子、桌桌/桌桌儿/桌桌子、眼眼/眼眼儿/眼眼子(孙立新,2004)

共存的三种形式,其中"AA"式仅表小称,"AA儿"式除表小称外,增添亲昵、喜爱的感情色彩。"AA子"在表小称义的同时,往往带有贬义色彩,多表示厌恶或不满意的感情。

第三,小称形式的发展与演变。

在名词重叠小称的各种形式中,最基本的小称形式是"AA"式。其他形式都是这一形式的发展与演化。但随着语言的发展,"AA"式的表义功能在逐渐地弱化,这样,附缀重叠式便相继产生。如:李国正(1986)指出,很多重叠式名词在20世纪50年代尚未广泛儿化,但我们发现,时至今日,四川及周边很多地区已经儿化了,并且有扩展之势。[①] 再如遵义方言的重叠不表小,只有重叠儿化才表示小称。[②] 邢向东等(2010)曾经作过如下论述:"合阳话AA式具有小称义,但表小

[①] 李国正:《四川话儿化词问题初探》,《中国语文》1986年第5期。
[②] 胡光斌:《遵义方言名词的构词重叠》,《贵州师范大学学报》(社会科学版)1997年第2期。

色彩并不强烈……由于 AA 式表小色彩受到磨损,所以,人们就通过叠加'子'缀来强化这种格式的表小色彩。在关中方言中,AA 子式是小称义最强的,加'子'缀后表小表爱的程度超过 AA 式重叠"①。

这说明,随着旧的小称语义的磨损,新的小称形式就会应运而生。新旧两种形式出现叠置共存的现象。名词重叠表小称正处于一个语法化的变化过程之中,多种名词重叠小称形式的并存,并未给我们冗余的感觉,一个方言中同时存在几种小称形式,它们存在语义上的分工,不仅是出于表义的需要,同时也是各种形式相互竞争和选择的结果。这都说明,语言是一个不断更新和发展的过程。

第二节 量叠式小称

重叠作为量词最重要的语法形式,在汉语中可以表达不同的语法意义。以往从语义表达和语法功能角度探讨最多的是形容词和动词的重叠,对量词重叠的研究不是十分充分。传统语法论著认为量词重叠表示"每一",如吕叔湘(1954)、赵元任(1979)、朱德熙(1982)等都对此有所阐述。有的学者认为量词重叠表"周遍",如陆俭明(1987)。但也有学者认为量词重叠不只表达一种语法意义,如宋玉柱(1981)指出量词重叠式的语法意义随着其所处的句法位置而变化,并没有统一的语法意义。② 这一认识引起了学者们的关注和进一步研究。一些学者开始认识到量词重叠表示的语法意义具有不固定性。持此观点的有:华玉明《试论量词重叠》(1994)、李宇明《论数量词语的复叠》(1998)、郭继懋《再谈量词重叠形式的语法意义》(1999)等。从已有的研究成果来看,语言学者针对量词重叠的语法意义可以归纳为:"周遍义""逐量义""多义"等三种。

汉语方言中存在着纷繁复杂的量词重叠现象。蒋协众(2018)通过对方言语料的考察,认为汉语方言量词重叠可以表示"周遍""多量""逐一""完整""小量"等多种语法意义,前四种可以视为"量

---

① 邢向东、蔡文婷:《合阳方言调查研究》,中华书局 2010 年版,第 243 页。
② 宋玉柱:《关于量词重叠的语法意义》,载宋玉柱《现代汉语语法论集》,天津人民出版社 1981 年版,第 129 页。

增"型,"小量"则属于"量减"型。① 过去人们对"量增"型关注较多,但对"量减"型却缺乏系统研究。汉语方言中存在着丰富的量词重叠表小称的现象,小称表达的是"量减"语义。本章从语表形式、语法意义及语法功能等方面入手,进而归纳这一类型小称的特点。

一 量叠式小称的语表形式

关于量词重叠的分类,学界一直存在分歧。主要是关于"一AA"式重叠的归属问题。一种观点把"一AA"式不归入量词重叠。赵元任(1979)、朱德熙(1982)等认为量词重叠只是"AA"式重叠。杨永泉(1982)② 指出了"AA"式和"一AA"式的重叠形式,不过,他把"一AA"看成数量词的重叠。李宇明(1998)③ 认为:"AA"式、"一AA"式都是数量词语的复叠。于宝娟(2000)④ 把"AA"式归入量词重叠,"一AA"式归入数量重叠。另外一种观点把"一AA"式归入量词重叠。太田辰夫(1987)⑤ 指出量词的重叠形式只有"AA"式,他把"一AA"式和"一A一A"式都归入了"AA"式。段晓平(1999)⑥ 认为量词的重叠有两种形式,"AA"和"一AA"式。有时,数词不限于"一"。付欣晴(2013)⑦ 把形式与意义结合起来划分,把这种表小称义的"数AA"归入量词重叠,表遍指义和逐指义的"一AA"归入数量词重叠。综合以上各家观点,我们的界定标准是,量词重叠,是量词的重叠,如果数词也重叠,那就是数量重叠。这样,量词重叠包括"AA"式、"一AA"式。数量短语包括"一A一A"式。由于"AA"式量词重叠表小称的语料非常少见,本书主要探讨"一AA"式量词重叠小称。

---

① 蒋协众:《汉语方言量词重叠的类型学考察》,《南开语言学刊》2018年第1期。
② 杨永泉:《关于现代汉语词的重迭问题》,《青海民族学院学报》1982年第2期。
③ 李宇明:《论数量词语的复叠》,《语言研究》1998年第1期。
④ 于宝娟:《量词、数量短语重叠后的语义及句法功能》,《内蒙古教育学院学报》2000年第2期。
⑤ [日]太田辰夫:《中国语历史文法》,蒋绍愚、徐昌华译,北京大学出版社2003年版,第155页。
⑥ 段晓平:《量词的运用》,《电大教学》1999年第1期。
⑦ 付欣晴:《汉语方言重叠式比较研究》,博士学位论文,华中师范大学,2013年。

根据量词重叠在汉语方言中的分布情况，我们分为单纯重叠式、附缀重叠式和嵌缀重叠式三种类型。单纯重叠式指"一AA"式。附缀重叠式是指"一AAX"式。"X"可以是"儿""子"以及其他词缀。嵌缀重叠式指"AXA"式。

（一）单纯重叠式

"一AA"式：由数词和量词重叠形式"AA"组合而成。"AA"由单音节量词重叠而成。数词既可以是十以内的数，也可以是"几、两、半"等。因为重叠式中的数词主要是"一"，所以记为"一AA"式。

"一AA"式主要分布在官话方言中的冀鲁官话区、西南官话区、中原官话区、兰银官话区、江淮官话区。非官话方言主要分布在晋语区。

冀鲁官话

（1）山东淄博："一/几AA"：量词重叠表示数量少。如：

一亩地就打了这一堆堆粮食。

老王秃得就剩下几根根头发。

棉衣就一层层棉花，能暖和吗？（孟庆泰，2002）

（2）山东莱芜：当量词前面的数词是"几/两"时，数词"几/两"后加量词重叠后在语义上表少。属于此种类型的例子有：几/两根根、几/两个个。如：

你就这么几根根白头发，哪尼有我的多啊！你就这么几根白头发，哪里有我的多啊！

就还有这两个个包子咧，你吃唠算咧，省得占乎到个盘。就只有这两个包子了，你吃掉算了，省的包子占用着盘子。（吕晓玲，2013）

西南官话

（3）陕西汉中："AA"前面加数词，表示"少"的意思。如：

我不饿，下一把把面就好了。

我出去买了几袋袋花生。（王鹤璇，2010）

（4）云南昆明：几条条鱼、几口口、几行行字。如：

几条条鱼够哪个吃？

他只吃了几口口，肯定冇吃饱。

几行行字，何消打开电脑，我拿手写写么得了。（丁崇明，2005）

（5）云南漾濞：

几块块钱，你莫一天挂在嘴上。几块钱而已，你不要总是挂在嘴边。

几条条鱼够哪个吃？这么少的鱼够谁吃？（马晓梅，2016）

中原官话

（6）山西万荣：重叠后有"小"或"少"的意思。如：

一堆堆土—小堆土、一碗碗饭—小碗饭、一把把麦秸—小把麦秸、一捆捆柴—小捆柴（侯精一、温端政，1993）

（7）陕西合阳：一片片、一堆堆、一点点、一些些（邢向东、蔡文婷，2010）

（8）甘肃镇原：几块块、两卷卷、半牙牙、一对对、一片片。如：

没吃下半牙牙瓜，胀啥呢？才吃了一点瓜，怎么会胀？

我当时结婚呀就买了一对对耳环，再没买啥。我结婚的时候就买了一对耳环，没有买其他首饰。

从你本子上给我扯一片片纸。从你本子上撕一小片纸给我。（曹思远，2015）

（9）宁夏固原：一把把萝卜、几把把韭菜、几页页信纸、一撮撮米、几方方布（高顺斌，2009）

兰银官话

（10）甘肃酒泉：一汪汪、一坨坨、一层层。如：

锅里的水熬得还剩一汪汪了。

地里的水才淌了一坨坨。（孙占鳌、刘生平，2013）

上文的"一汪汪"表示很少；"一坨坨"表示面积很小。

（11）甘肃兰州：一缸缸茶、一碟碟菜、一桶桶水、一篮篮果子（李炜，2000）

江淮官话

（12）江苏扬州：一把把、几根根。如：

一把把粉丝要三块钱？

老王秃得就剩下几根根头发。（陆勤，2011）

晋语

（13）山西太原、平遥、岚县、沁县：买了两件件、喝了一口口、提了一瓶瓶（侯精一、温端政，1993）

（14）山西晋源：量词的重叠一般表示"少"或"小"的意

思。如：

一本本书—本书、一对对耳环—对耳环、一溜溜椅子、一沓沓纸、一把把韭菜（王文卿，2007）

（15）山西灵寿：一捆捆—小捆、一团团—小团、一把把—小把、一堆堆—小堆（刘玮，2007）

（16）山西阳城：一块块、一会会、一截截、两口口、五包包（姬建丽，2008）

（17）山西灵石：一截截、一点点、一都都（高晓莉，2014）

（18）山西兴县：两把把、三瓶瓶、一撮撮、一瓶瓶醋小瓶、一碗碗饭小碗。如：

地上还有一堆堆土没有扫干净。

你把我给你的那几瓶瓶酒喝了？（贾琼，2010）

（19）山西文水：一条条、一堆堆、两把把、三撮撮。如：

锅舌（屋里）还有一拔拔罐头哩。

你给这两瓶瓶酒喝了吧。（梁建青，2006）

（20）山西孝义：一对对耳环、两把把韭菜、一排排树、一堆堆花生、一瓶瓶酒（田娟娟，2016）

（21）陕西榆林：一块块、两行行、三串串、两卷卷、两条条。如：

后梁梁上就种了两行行豆角角，不知道能吃上也不。（房子）后面的土坡儿上只种了两小行豆角儿，不知道（收成怎样）能吃得上不。

一共结了三串串葡萄，还叫野雀子掏了。（葡萄树）一共结了三串儿葡萄，还被麻雀儿掏空。（郭宇丽，2012）

（22）陕西吴堡：重叠式借用量词都借自容器类名词，用为量词后表示盛放物品的容器较小，并转指数量词所修饰名词的小量。如：

一罐罐荔枝、一坛坛酒、一瓶瓶醋、一布袋袋干粮、一篮篮梨、一箱箱衣裳（邢向东，2013）

（23）内蒙古包头：一团团—小团、一盘盘、半截截、两堆堆、一阵阵—小段时间、一下下（蒙瑞萍，2007）

（24）内蒙古呼和浩特：一堆堆—小堆、一撮撮—小撮、两节节两小节、两绺绺两小绺、五捆捆五小捆（黄伯荣，1996）

（二） 附缀重叠式

附缀重叠式指"一AAX"式。这是"一AA"的附缀形式，"X"为附加的词缀，可以是"儿""子"或"嘚"等词缀。

1. "一AA儿"式

这一形式主要集中在西南官话、中原官话和晋语中。

西南官话

（25）湖南慈利：两碗碗儿、两个个儿。如：

他吃两碗碗儿饭就饱哒。

这只鸡，喂呀几年哒，还只生两个个儿鸡蛋。指生蛋很少很少，远低于预期。（吴贤英，2010）

（26）贵州遵义：包包儿糖、两坛坛儿猪油、几铲铲儿煤（胡光斌，2007）

（27）湖北巴东：重叠儿化量词在巴东方言中表示说话人认为某种数量小，不在乎，不值得一提的意思。如：

我能喝几斤酒，两三杯杯儿酒算什么！

七八角角儿钱，你还找他要？（田祚申，1989）

（28）四川西充：一捧捧儿花生、两撮撮儿盐、三包包儿糖、几捆捆儿柴。如：

我只有几把把儿面，莫法借给你呦。

我才吃了三片片儿香肠。（王春玲，2011）

（29）四川成都：一撮撮儿玉米 玉米数量很少、一方方儿布 布很小很小（覃洲，2017）

（30）四川广安：一坨坨儿、一滴滴儿（陈姣，2013）

（31）四川自贡：一坨坨儿的、一米米儿的。如：

表姐为了减肥，每顿饭都只吃一坨坨儿饭。吃的很少的意思。

你真的是很宝器，一滴滴儿的路就叫累。"路很近，不远"的意思。（王燕晶，2012）

（32）湖南常德：半斤斤儿苹果、几本本儿书、两盘盘儿瓜子、一两张张儿纸、两三斤斤儿橘子（任永辉，2006）

（33）湖南临澧：三四本本儿书、半两两儿茶叶、八九套套儿衣服（赵冬梅，2002）

(34) 湖南永顺：切两片片儿肉、扯两尺尺儿布、煎一块块儿豆腐、才几岁岁儿、只去两天天儿。如：

最近吃不下，每顿都只吃一坨坨儿的饭。最近吃得很少。

这一米米儿的布咋打得起一件衣服？这点儿布怎么够做一件衣服？（李启群，1992）

(35) 湖南安乡：半两两儿茶叶、几钱钱儿人参、两张张儿纸、一两双双儿鞋、七八斤斤儿鱼、两三隻隻儿鸡（应雨田，1990）

(36) 湖北恩施：两三杯杯儿、一捆捆儿。如：

你能喝几斤酒，两三杯杯儿算么子！

那边有一捆捆儿柴，你帮我拿过来一下。（向嵘，2007）

中原官话

(37) 山东汶上：一宁宁儿、一旮旮儿

他喝唠一宁宁儿汤！他喝了很少一点儿汤。

他吃唠一旮旮儿饭！他吃了很少一点儿饭！（宋恩泉，2005）

(38) 山东郯城：一把把儿、一沟沟儿、一筐筐儿、一个个儿、一阵阵儿（颜峰，2011）

(39) 陕西安康：几两两儿、两溜溜儿。如：

买了几两两儿瓜子儿。

老汉在河边种了两溜溜儿树。（杨静，2008）

(40) 陕西高陵：一口口儿饭、一把把儿麦秆、一碗碗儿饭、一捆捆儿柴（刘崇，2009）

(41) 甘肃成县：一桌桌儿、一盆盆儿、一个个儿、一撮撮儿、一会会儿（李丽娟，2015）

(42) 甘肃甘谷：量词性"AA儿"式重叠词，强调说话人主观上认为所计量的对象数量小、空间小、时间短、程度低等。如：一桶桶儿水、一袋袋儿面、两块块儿布、一箱箱儿点心。如：

他曳了一桶桶儿水就浪人去了。他只提了一桶水就出去了，强调提的水少。

一袋袋儿面能吃几天啊？一袋子面吃不了几天。

狗娃买车票捎的全是毛毛儿钱！狗娃买车票拿的都是成毛的零钱！（孙雪英，2010）

(43) 河南孟州：表示"极言其少"。如：一拧拧儿、一蒙蒙儿、

一星星儿、一会会儿、一下下儿。(刘佳佳，2008)

（44）皖北涡阳：一丢丢儿、一嘎嘎儿、一勾勾儿。如：

这一丢丢儿菜哪够吃的呀。

那有一勾勾儿好面全叫俺拿来了。

那一嘎嘎儿水哪够洗脸嘞。(姜浩，2019)

晋语

（45）山西五台：两件件儿、一阵阵儿。如：

他家婆婆家又不喜近喜欢她，订婚的时候打发女婿就拿的两件件儿衣裳就来了。

他们单位可啬刻ᴀ啬哩，过年就给发两箱箱儿果子。(崔丽珍，2010)

（46）山西应县：一把把儿面、一袋袋儿谷子、三碗碗儿饭。如：

我从菜地里头割了一把把儿韭菜，咱们今天吃油面饺饺。

这碗碗儿面是我妈给我做的。(门秀红，2005)

（47）山西左云：一绺绺儿线—小绺、一瓣瓣儿蒜—小瓣、一堆堆儿灰渣—小堆 （侯精一、温端政，1993）

（48）山西大同：一堆堆儿土—小堆、一把把儿草、一捆捆儿柴—小捆 （侯精一、温端政，1993）

2. "一AA子"式

这一形式主要集中在冀鲁官话、中原官话、兰银官话和赣语区。

冀鲁官话

（49）山东莱芜：一绺绺子、一把把子、一片片子、一卷卷子（吕晓玲，2013）

中原官话

（50）安徽濉溪：一点点子、一页页子、一星星子、一丝丝子、一捆捆子（郭辉，2007）

（51）山东汶上：一绺绺子头发—小绺头发、一页页子馍馍—小块儿馍头、一段段子绳—小段儿绳、几根根子头发几根儿头发 （宋恩泉，2005）

（52）宁夏固原：强调事物的数量少。如：

问人家要咧半天，也就给咧这么一张张子纸！(高顺斌，2009)

（53）陕西安康：两根根子、几盘盘子。如：

就你兀两根根子头发还要用梳子哈？

这几盘盘子菜够谁吃啊！（杨静，2008）

兰银官话

（54）宁夏同心：地里种了几沟沟子蒜。

下给了一阵阵子雨。

抓给了一撮撮子土。（张安生，2005）

（55）宁夏灵武：一阵阵子、一堆堆子、一伙伙子、一碗碗子（灵武市志编纂委员会，1999）

（56）甘肃兰州：表示量少或表示量虽不少，但主观上觉得不屑一顾。如：一寸寸子、几两两子、一截截子、一阵阵子、几趟趟子。（张淑敏，1997）

赣语

（57）江西铅山：部分量词可以重叠，表体积小或数量少。如：一条条子—小条、一挫挫子—小截、一块块子—小块、一丝丝子—小缕。（胡松柏、林芝雅，2008）

3. "一AA嘚"式

也有的写作"得"，本书统一写作"嘚"。这一形式主要分布在赣语区。

（58）江西都昌：一块块嘚—小块儿、一条条嘚—小条儿、一口口嘚—小口儿、一个个嘚—丁点儿、一下下嘚（曹保平，2002）

（59）江西德安：一点点嘚、一些些嘚。如：

我记得他屋里还有一些些嘚菜秧哩。我记得他家里还有一点点儿菜秧。

不要急，一点点嘚添。不要着急，一点一点得盛。（胡绵绵，2017）

4. "一A儿A儿"式

基式是"A"，重叠式是"一A儿A儿"。这一形式具有明显的表少作用。冀鲁官话、中原官话、胶辽官话均有分布。

（60）北京平谷：一溜儿溜儿极窄小的一小溜儿、一丝儿丝儿极细的一丝儿（陈淑静，1992）

（61）江苏丰县：几根儿根儿、一小口儿口儿、一溜儿溜儿。如：

这几根儿根儿黄瓜就要三块钱？

将才我就喝喽一小口儿口儿，这眼眼渴哩不行。（高海珊，2008）

（62）山东沂水：量词儿化重叠，前用"一"或"几"修饰，表示少或小的意思。如：

一把儿把儿_{很小的一束}、一抹儿抹儿_{很小的一片}、一撮儿撮儿、一堆儿堆儿、一筐儿筐儿_{很小的一筐}。（张廷兴等，1999）

（三）嵌缀重叠式

嵌缀重叠式主要指"AXA"式，是在量词重叠"AA"式中间嵌入"X"后的形式。A只能是单音节量词。"AXA"意思是表示量少。"X"多为"把"，表示少量。

1. "A把A"式

"A把A"由量词完全重叠式"AA"中间嵌入助词"把"构成。对于"把"的词性，许多学者把它看成数词，认为它既可以表示概数，同时又可以出现在数词和量词的后面。邢福义（1996）将"把"字归入助词，认为它是非成分词的一种。① 我们认为邢福义先生的归类较为科学，也更符合"把"字的语法特点。A限于单音节名量词、动量词或借用量词，双音节量词和复合量词不能构成这种重叠式。另外，不定量词"点"也可以进入此格式。

（63）四川成都：一箱里头有个把个烂苹果没关系。

这是慢性病，下把下医不到。（张一舟，2001）

（64）四川西充：我只去了回儿把回儿。_{我只去了一两次。}

没得事，争个点把点莫关系。_{没有什么，差一点点儿没关系。}（王春玲，2011）

（65）贵州遵义：弄多时间都过了，天把天算朗哦！

保管室弄呃多粉笔，拿个盒把盒哪个晓得。（胡光斌，2007）

（66）贵州贵阳：个把个人安排得下。

打字纸张把张值不倒几个钱。（涂光禄，2000）

（67）湖南慈利：这门多人，间把间屋哪门住得下呦。

平时营养不差哒，餐把餐补不起来的。（吕建国，2010）

（68）湖南吉首：这回买的书还好，只本把本烂了。_{这回买的书还好，}

---

① 邢福义：《汉语语法学》，东北师范大学出版社1996年版，第240页。

只一两本是破的。

这种黄瓜好吃，只根把根有颗儿苦。这种黄瓜好吃，只极少数有点儿苦。（李启群，2002）

（69）湖南永顺：朵把朵—两朵、座把座—两座、罐把罐—两罐（彭慧，2019）

（70）湖南新化：个把个唧、本把本唧、盒把盒唧、朵把朵唧（刘卓彤，2007）

（71）安徽枞阳：它给过我件把件衣裳。

多个斤把斤也没事。（林玉婷，2017）

（72）安徽岳西：斤把斤、天把天、餐把餐。如：今朝吃饭的人多，斤把斤肉怕不够。（黄拾全，2010）

（73）江西武宁：杯把杯酒，不能止我的酒瘾。

斤把斤肉，这么多人，根本不够吃。（阮绪和、陈建华，2006）

（74）江西德安：这个还有几时可以做了？还有日把日嘚。这件事还要多久可以做完？还有一两天。（胡绵绵，2017）

（75）陕西安康：这回买的桃儿还好，只有个把个儿有点儿酸。

菜叶上有点吧点儿虫眼儿不咋得。（杨静，2008）

"A 把 A" 式量词重叠在西南官话、江淮官话、湘语、赣语等方言中都有表现，可以看出这一形式在汉语方言语法上具有一定的共同性。

2．"A 把两 A" 式

这一形式是 "A 把 A" 的变异形式。

（76）皖北涡阳：俺奶煎的菜盒子还能吃个顿把两顿呢。

买个斤把两斤韭菜，晌午头做扁食吃。（姜浩，2019）

（77）湖南永顺：表示数量少、次数少、时间短。如：尺把两尺、寸把两寸、趟把两趟、场把两场—两场。（彭慧，2019）

（78）湖南新化：里把两里、桌把两桌、尺把两尺、双把两双（刘卓彤，2007）

（79）湖南祁阳：个把两个、块把两块、兜把两兜（黄宣，2016）

（80）湖北丹江：我光看个遍把两遍，一本书我斗就记得。（苏俊

波，2009）

（81）江西铅山：个把两个人、本把两本书、件把两件衣衫（胡松柏、林雅芝，2008）

（82）四川成都：这种东西吃回把两回还说不出它咋个好。
少个把两个无所谓。（张一舟，2001）

（83）四川西充：块把两块儿钱、杯儿把两杯儿酒（王春玲，2011）

（84）贵州遵义：那阵儿的话，一块钱可以割两三斤肉，这阵儿舍块把两块钱还不够吃碗粉啰。（胡光斌，2007）

我们将量词重叠小称的类型作了统计，具体情况如表4－5所示：

表4－5　　　　汉语方言量词重叠小称类型情况统计

形式 \ 词性		量词重叠
单纯重叠		一AA
加缀重叠	后缀	一AA儿、一AA子、一AA嘚 一A儿A儿
	嵌缀	A把A、A把两A

二　量叠式小称的语法意义

李宇明（1996）指出："所有的词语重叠都与量词的变化有关，存在着直接或间接的关系。因此，词语重叠就属于表达量的语法变化手段，调量是词语重叠最基本的语法语义"[①]。沈家煊指出："'主观性'（subjectivity）是指说话人在说出一段话的同时表明自己对这段话的立场、态度和情感，从而在话语中留下自我的印记"[②]。李善熙（2003）认为："语言的主观性表现在量范畴上，就形成了'主观量'这一概念。'主观量'是语言的主观性在量范畴上的具体体现。主观量又分为

[①] 李宇明：《论词语重叠的意义》，《世界汉语教学》1996年第1期。
[②] 沈家煊：《语言的"主观性"和"主观化"》，《外语教学与研究》2001年第4期。

主观大量和主观小量"①。量词重叠既可以表示主观大量，也可以表示主观小量，本书考察的量词重叠形式，更多地表现为主观小量，是说话者主观上认为量的"小"或"少"，带有说话者强烈的主观色彩。量词重叠式所表现的"主观小量"语义，主要从表量和表情两个方面说。

（一）表量

表量表现在三个方面：数量少、动量小、时量短。

1. 数量少

"数量"不仅包括具体的数量，有时也包括计量的单位。这里的"少"是人们主观上认为量少，并不一定是现实的量少。

表示数量上的"小"。

（85）四川西充：呢箱子头只有件把件衣服可以穿。这箱子里只有少数几件衣服可以穿。（王春玲，2011）

"件把件"指很少的几件，但并不是只有一件两件，这是说话人主观上故意往小里说。

（86）江苏扬州：扬州方言少数量词重叠还可以表示"少"。量词重叠表示的是一类事物的一小部分，言其量少。如：

我吃不多，下几根根面条就行。

我就买一把把香菜。（陆勤，2011）

表示计量的单位比较小。

（87）山西原平：买一包包药就够了？

这里的"一包包"指一小包，表示计量的单位小。（张俊英，2010）

（88）宁夏中宁：量词重叠表小称，不是指数量少，而是指度量的单位小。如：一排排子房子—排小房子、两串串子葡萄、三绺绺子线、四瓣瓣子蒜。（李倩，1995）

2. 动量小

（89）贵州遵义："A把A"是表达主观小量的一种特殊格式。

---

① 李善熙：《汉语"主观量"的表达研究》，博士学位论文，中国社会科学院研究生院，2003年。

看这个样子，我下把下是走不脱的。

你就拿个回把回不去，看他又会把你做朗呃嘛！（胡光斌，2007）

3. 时量短

（90）山西原平：就等我一阵阵，行不行？（张俊英，2010）

（91）四川广安：才爬上床睡了一哈哈儿，妈妈又把我叫起来了。

这里的"一哈哈儿"就是"一会儿，时间短暂"的意思。（陈姣，2013）

（92）湖南永顺：几天天儿_{只有几天}、一次次儿_{只有一次}、两趟趟儿_{只有两趟}，表示时间短，次数少。（彭慧，2019）

（93）山西五台：我在家根本学不成，刚坐下一阵阵儿吃呀，一阵阵儿喝呀。（崔丽珍，2010）

（二）表情

（94）陕西汉中：AA 前面加数词，表示"少"的意思，有时还含有喜爱的感情色彩。如：刚出生的小孩子，头上只有几根根头发。（王鹤璇，2010）

（95）甘肃镇原：部分量词重叠表示数量小的同时，略带轻视、不屑的感情色彩。但前面一般要加上"几、一、两、半"等词。这类量词大多为名量词。如：就几块块钱么，买下对了。_{就几块钱，买下算了，不要计较。}（曹思远，2015）

（96）宁夏固原：量词重叠后带"子"尾，主要是强调数量少，多含嫌弃或讥讽义。如：几盆盆子花，当宝贝养着呢！（高顺斌，2009）

量词重叠小称的语法意义是主要表示事物的数量少、计量的单位小。也有一部分涉及动量小及时量短，附加的表情色彩并不明显。

三 量叠式小称的特点

（一）与名叠式小称关系密切

汉语方言中的量词重叠小称形式多样。既有单纯重叠形式"一AA"，也有"一AA"的附缀形式，可以后附词缀"儿""子""嘚"等，形成"一AA儿""一A儿A儿""一AA子""一AA嘚"等。有的是嵌缀形式，如"A把A""A把两A"。在这几种形式中，"一AA"应该是最早的形式。但从历史来看，"AA"式是出现最早的量词重叠形式。孙锡信（1992）认为："真正算得上量词重叠的，是在汉末及六朝时期出现的"①。刘世儒（1965）指出：在魏晋南北朝已经出现"AA"式量词重叠式，但没有"一AA"式量词重叠式。② 太田辰夫（1987）认为，数量重叠格式"一AA"式，是唐五代后出现的，这一时期的量词重叠式主要表示"逐指"，而且他还指出，"AA儿"的现象出现在元代。③ 形式多样的量词重叠形式并存，说明在汉语方言的语言系统中，表达相同的语法意义的语法格式往往会存在一定的差异。这既是历史遗留的结果，同时也是汉语方言之间共时差异的具体表现。

付欣晴（2013）发现，几乎所有存在量词重叠小称的方言点，也同时存在名词重叠小称现象。④ 反之则未必然。她认为量词小称与名词小称之间有着紧密的血缘关系，并将二者之间的蕴含关系为：量词重叠小称⊃名词重叠小称。

通过我们的考察，进一步发现，就重叠小称形式而言，会存在这样的三组包含关系：

1. "AA"⊃"一AA"

如果方言存在"一AA"式量词重叠小称现象，必然存在"AA"式名词重叠小称现象。例如，甘肃镇原、山西岚县等存在"一AA"式量词重叠小称，那么它也存在"AA"式名词重叠小称现象。

2. "AA儿"⊃"一AA儿"

如果方言存在"一AA儿"式量词重叠小称现象，必然存在"AA儿"式名词重叠小称现象。例如：湖南常德、甘肃甘谷等存在"一AA儿"式量词重叠小称，它同时存在"AA儿"式名词重叠小称。

3. "AA子"⊃"一AA子"

如果方言存在"一AA子"式量词重叠小称现象，必然存在"AA子"式名词重叠小称现象。例如：山东莱芜、宁夏中宁等存在"一AA子"式量词重叠小称现象，同时存在"AA子"式名词重叠小称。

---

① 孙锡信：《汉语历史语法要略》，复旦大学出版社1992年版，第293页。
② 刘世儒：《魏晋南北朝量词研究》，中华书局1965年版，第15页。
③ ［日］太田辰夫：《中国语历史文法》，蒋绍愚、徐昌华译，北京大学出版社2003年版，第155—156页。
④ 付欣晴：《汉语方言重叠式比较研究》，博士学位论文，华中师范大学，2013年。

可见，表"小称"义的名词重叠和量词重叠小称形式的雷同，说明了名词和量词之间的关系极为密切。

王力在《汉语史稿》中指出："一般来说，单位词是由普通名词演变而成，并且他们的语法意义就是由它们的本来意义引申的"[①]。石毓智（2003）提出量词重叠表遍指是从名词的相关语法特点转移而来的，他指出汉语通过重叠表遍指的语法规律首先是作用于名词上的。[②] 李康澄、何山燕（2010）进一步指出，"随着量词的发展和量词的广泛使用，量词逐渐成为一个独立的语法范畴，名词逐渐不能再与数词搭配，只有量词才与数词搭配，因此，重叠表遍指这条语法规律的作用对象就逐渐转移到量词上面，之后量词重叠才变得越来越普遍"[③]。根据这样的推论，我们也可以推测，先有名词重叠小称，然后才出现量词重叠小称。这种重叠表小称的语法规律首先应用于名词，随着语言的发展，名词逐渐不能与数词搭配，而量词却与数词的关系更为密切，这样，重叠表小称这条语法规律的作用对象就逐渐转移到量词上面。随着量词重叠的普遍使用，量词重叠表小称的现象也开始出现。因此，量词重叠小称是名词重叠小称类推和发展的结果。

（二）可以充当多种句法功能

汉语方言量词重叠小称分布非常广泛，可以出现在各种位置上，充当各种句法成分。

汉语方言量词重叠的句法功能有：

1. 做主语

（97）山西原平：一个个灰得没样儿啦。（张俊英，2010）

（98）湖南慈利：一下下儿都不得空。（吕建国，2010）

（99）山西五台：他家外父家一有些儿事就寻他，一回回儿两回回儿哇还行，经常怎个_{这样}还了得哩？（崔丽珍，2010）

（100）江西都昌：一个个得都舍不得。_{一丁点儿都舍不得。}（曹保平，2002）

[①] 王力：《汉语史稿》，中华书局 2015 年版，第 234 页。
[②] 石毓智：《中古时期名词重叠式的发展及其影响》，《汉语史学报》2003 年第 1 期。
[③] 李康澄、何山燕：《汉语数量重叠式的历时考察及其类型》，《中南大学学报》（社会科学版）2010 年第 5 期。

（101）江西德安：点把点嘚都冇剩。一点点儿的东西都没剩。（胡绵绵，2017）

（102）四川西充：角把角就算了嘛。只有一角两角的就不给了吧。（王春玲，2011）

2. 做宾语

（103）云南昆明：我只要几个个，你莫拿那么多给我。（丁崇明，2005）

（104）甘肃镇原：娃哄你要向日葵呢，你就给了一捏捏。（曹思远，2015）

（105）江西德安：我还有一点点嘚。我还有一点点儿。（胡绵绵，2017）

（106）山东沂水：问他要了一回儿菜，他给了一把儿把儿。（张廷兴等，1999）

（107）湖南安乡：我在北京只住了九年年儿。（应雨田，1990）

（108）甘肃兰州：把你的洋火给上几根根子吵。（张淑敏，1997）

3. 做状语

修饰限制谓语的中心语。例如：

（109）内蒙古包头：这风筝还是好学的，一阵阵倒学会了。（蒙瑞萍，2007）

（110）山西五台：我在家根本学不成，刚坐下一阵阵儿吃呀，一阵阵儿喝呀。（崔丽珍，2010）

（111）江西德安：事情这么多，下把下嘚也做不了。这么多事情，一两下也做不完。（胡绵绵，2017）

4. 做定语

修饰限制主语或宾语的中心语，例如：

（112）内蒙古包头：一瓮瓮面，几天就给吃完了。（蒙瑞萍，2007）

（113）湖南慈利：那边有一捆捆儿柴，你帮我拿过来一下。（吕建国，2010）

（114）四川西充：这三把把儿菜好哩很。这三把菜很好。（王春玲，2011）

（115）湖南自贡：那一方方儿土地长不出好多庄稼。（王燕晶，2012）

（116）山东沂水：就一脚儿脚儿路儿，怪难走。（张廷兴等，1999）

（117）宁夏同心：才买了几两两子盐。（张安生，2005）

（118）皖北涡阳：这东西块把两块钱的，不值钱。（姜浩，2019）

5. 做补语

（119）内蒙古包头：你挪上一下下，我好挤过去。（蒙瑞萍，2007）

（120）江西德安：反正是到她姑姑屋里去，去转把转嘚也冇有关系。反正是去她姑姑家，去个一两次也是没有关系的。（胡绵绵，2017）

（121）江西都昌：等我一下下嘚。等我一下儿。（曹保平，2002）

6. 做谓语

（122）江苏丰县：他将生下来哩时候，脸就一溜儿溜儿，瘦哩不成样。（高海珊，2008）

（123）湖南祁阳：一个人只把两只唧。一个人一两个左右。（黄宣，2016）

本书将量词重叠小称形式的句法功能作了统计，具体情况如表4-6所示：

表4-6　　　　汉语方言量词重叠小称形式的句法功能

重叠形式	主语	定语	谓语	宾语	补语	状语
一AA	+	+	-	+	+	+
一AA儿	+	+	-	+	-	+
一A儿A儿		+	+	+		-
一AA子	+	+	-	+	+	
一AA嘚	+	+		+		
A把A	+	+	-	+	+	+
A把两A	+	+	+	+		

以往，人们认为量词重叠式的语法意义不唯一，它是随着所处的句

法位置而变化。经过我们的考察，发现在"小称"这一语法范畴下，量词重叠可以充当各种句法成分，既可以做主语、谓语、宾语，还可以做定语、状语、补语。但不同形式的量词重叠式在充当句法成分时，其分布有着很大的不平衡性。"一AA"式、"一AA喏"式、"A把A"式的句法功能较强。在各种句法成分中，充当定语、宾语最为常见，充当谓语最为少见。当做补语时，仅限于动量词的重叠。

综上所述，我们考察分析了量叠式小称的方言分布、句法功能以及语法意义，可以看到，汉语方言中存在大量的表"小量"的量词重叠形式。主要有以下几种类型："一AA""一AA儿""一AA子""一A儿A儿""一AA喏""A把A""A把两A"。这说明表示相同的语法意义可以选用不同的重叠形式来表达。量词重叠式突出的语法意义是表量的减少。这种小量可以概括为：数量少，动量小，时量短。量词重叠表"小量"可以充当各种句法成分，可出现在主、谓、宾、定、状、补的位置上。通过大量的语言事实，我们发现，量词重叠小称和名词重叠小称关系极为密切，可以说，量词重叠小称来源于名词重叠小称，是名词重叠小称类推和发展的结果。

第五章 变音式小称

第一节 变音概念的界定

一 音变和变音

传统音变的分类，可分为语流音变和历史音变。一般意义上的音变，是指"语流音变"。历史音变则多称"语音的演变"。罗常培（1957）认为，一个语音和其他语音组成一串连续的音，就难免互相影响，于是就产生了语音的变化，这叫语流音变。① 游汝杰（1992）谈到方言的"语流变异"（sandhi）时指出，语流音变是方言在一定的语境中所发生的共时变异。② 以上谈的是语流音变，也就是共时的语音音变，这种音变只发生在语音层面。随着语言事实的发掘，学者们开始认识到语音层面以外的音变，这样就使得变音的概念得以提出。

变音概念的提出，最早见于李荣（1978，1983）："本音的调类是语音单位，变音不但是语音单位，也是意义单位。因此，本调和变调之间是语音变化的关系；本音和变音之间是'语法变化'的关系。③ 变音是语法变化，是构词手段，是本音带有某种意义的派生形式（derivative form）"④。在此之后，学者们对变音的认识更为全面。徐通锵（2003）认识到汉语的变音是一种非纯语音过程的音变，是受语义、语法条件制

---

① 罗常培：《普通语音学纲要》（修订本），商务印书馆1981年版，第171页。
② 游汝杰：《汉语方言学导论》，上海教育出版社1992年版，第117页。
③ 李荣：《温岭方言的变音》，《中国语文》1978年第2期。
④ 李荣：《关于方言研究的几点意见》，《方言》1983年第1期。

约的一种音变。① 傅国通（2003）认为"变音对本音而言，是本音的派生形式，带有一定的语义或语法作用。变音和本音既是语音变化关系，又是语义或语法变化的关系"②。

从以上可知，语流音变的特点：是共时的纯语音变化，即语流中相邻音素之间的相互影响和变化，不是构词现象，与词汇意义、语法意义无关。而变音本身含有意义，不是纯语音过程，涉及语义、语法结构因素的影响。由此得知，音变和变音是两个不同的概念。音变是语流音变的简称，语流音变有共时性，遵从语言的经济性原则，在特定语流中发生变化，离开语流又恢复了原来的读音；而变音显然不是因为经济性原则，是因为构成新词，表达语法意义的需要。没有共时性，相反有历时性，本音和变音不是共时的，先有本音，后有变音，变音产生后，就一直存在，并不会消失，也不会依赖于语音环境。

本书将这种属于语义和语法层面的非纯语音音变称为变音。变音是相对于本音而言，在一定的语法、语义条件下，派生出来的语音形式。本音从音节构成上包括声母、韵母、声调三部分，可以称为本声、本韵、本调，变音包括变声、变韵、变调三类。

变音作为一种语法手段，在汉语方言中有着丰富的表现，在不同方言里的表现形式和语法作用也有不同。目前已经发现了好多方言里的变音现象，比如变调和变韵。例如，大冶方言的变调表"小称"（汪国胜，1996），增城方言的变调表"复数"（甘于恩，1997），衡山方言的变调表"领格"（彭泽润，1999），浚县方言的动词变韵表"体标记"（辛永芬，2006）等。这些事实表明，方言里有着丰富多样的变音式语法手段。

二 小称音变和小称变音

由于学者们对音变和变音的理解有分歧，导致"小称变音"和"小称音变"混用的情况。称为小称音变的有黄景湖（1983），潘悟云（1988），钱惠英（1991），黄群建（1993），赵日新（1999），李如龙

---

① 徐通锵：《音节的音义关联和汉语的变音》，《语文研究》2003 年第 3 期。
② 傅国通：《武义话的小称变音》，载上海市语文学会、香港中国语文学会编《吴语研究》（第三届国际吴方言学术研讨会论文集），上海教育出版社 2003 年版，第 77 页。

(2002)，苏俊波（2009），刘春梅（2012）等。称为小称变音的较多，李荣（1978），周祖瑶（1987），颜森（1989），邵慧君（1994），庄初升、林立芳（2000），梁忠东（2002），傅国通（2003），李冬香（2010），林华青（2011），秋谷裕幸（2015）等。小称作为一种语义语法范畴，对语义和语法层面的变音规律起着制约的作用。因此，本书认为，与"小称"有关的语音现象，都可统一叫作"小称变音"。

对于小称变音，邵慧君（1994）认为是通过词根音节内部变音的屈折形式来表达小称的意义，强调小称变音是局限于音节内部由语音形式的变化表达小称意义。① 《中国语言学大辞典》认为，小称变音是变音的一种，一般用改变声调的方法表示"幼小、细小、可爱、轻视"等意义，主要侧重于声调的变化引起小称意义的变化。②

本书认为，小称变音，属于变音的一种，是方言中通过语音内部屈折（变声、变韵、变调）和语音融合的语法手段。而变音式小称是通过变音这种语法手段，来表达小称的语法意义。因此，本书的研究对象是变音式小称。

第二节　变音式小称的语表形式

变音式小称，从变音的方式来看，可分为变声、变调、变韵以及它们的混合形式。这些变音形式都与小称语义的表达密切相关。

一　变调

汉语方言的变调分两种，一种是因音节的连读而发生的，通常称为连读变调或音系变调，这是语流音变的一种具体形式，不在本书考察的范围之内；另一种是因情意的表达而发生的，通常称为语法变调或非音系变调。学者们的说法并不统一，"小称变调"（潘悟云，1988），"语素变调"（麦耘，1995；范新干，2007），"情意变调"（汪国胜，1996），"语义变调"（曹志耘，2001），"音义变调"（李小凡，2004），

---

① 邵慧君：《吴、粤小称变音与"儿"尾》，博士学位论文，暨南大学，1994年。
② 陈海洋主编：《中国语言学大辞典》，江西教育出版社1991年版，第483页。

"词汇变调"（邵宜，2006），"形态变调"（甘于恩，2010）等。将以上这些非音系变调加以分析，就会发现，其实这些变调在语言学领域的研究范畴并不相同。刘俐李（2000）认为，如果将不同类型的变调仅仅作为"变调"来对待，就会引起概念上的混淆和讨论上的困难。因此，我们将概念加以界定。变调对本调而言，变音对本音而言。变调前的读音称为"本音"，变调后的读音称为"变音"。这里的变调，我们界定为"小称变调"。小称变调是指用音高变化表达小称语法语义的语音表现形式，而韵母不发生变化。小称变调可以表达"小、少"等语义功能。

对于小称变调的分类，可依据曹志耘（2001）对浙南吴语的小称变调分类。他说："第一种类型是'分变式'，特点是本音发生小称变调时因单字调的不同而不同，单字调是小称变调的条件，单字调跟小称调之间存在对应关系。当然，'分变式'可能是一个单字调对应于一个小称调，也可能是几个具有某种共性的单字调（如阴调类、仄声）读作同一个小称调。第二种类型可以叫作'合变式'，特点是不管本音（包括儿缀）的单字调是什么调类，小称时都合读成一个相同的小称调，单字调跟小称调之间不存在对应关系，这种小称调几乎成为本方言中一个特别的调类"①。我们认为，曹志耘先生对南部吴语小称变调的分类，也适用于汉语方言小称变调的分类。本书将小称变调分为"分变式"和"合变式"。

（一）分变式

单字调决定小称调。单字调和小称调之间往往存在一一对应关系。如：

（1）浙江永康：用五种特殊的变调形式，如永康话的平声、阴上、阳上、阴去、阳去都分别有自己的小称调。阴平 [45] 变 [324]，阳平 [33] 变 [324]，阴上 [545] 变 [54]，阳上 [323] 变 [14]，阴去 [54] 变 [3]，阳去 [14] 变 [3]。如：

阴平：小鸡 [ɕiŋ$^{545-42}$ kiːə$^{45-324}$]；阳平：小农 [ɕiŋ$^{545-42}$ noŋ$^{33-324}$]；阴上：鸟 [ʔdiŋ$^{545-54}$]；

---

① 曹志耘：《南部吴语的小称》，《语言研究》2001 年第 3 期。

阳上：舅舅舅［giəɯ³²³⁻¹⁴］；阴去：小凳［ɕin⁵⁴⁵⁻⁴² nien⁵⁴⁻³］；阳去：小洞［ɕin⁵⁴⁵⁻⁴² dɔŋ¹⁴⁻³］（曹志耘，2001）

（2）安徽绩溪（赵日新，1999）：视本调的不同而变调。小称变调的规律是：阴平［31］和上声［213］字变同阳平［44］调，阳平［44］变同阳去［22］调，阴去［35］调和阳去［22］调变为高平调［55］调，入声［32］调变为高降调［54］调。如：

细鬼戏称小孩［sɿ³⁵⁻⁵³ kui²¹³⁻⁴⁴］、细牛牛犊［sɿ³⁵⁻⁵³ ŋi⁴⁴⁻²²］、细鸭［sɿ³⁵⁻⁵³ ŋɔʔ³²⁻⁵⁴］小鸭子

细板凳小板凳［sɿ³⁵⁻⁵³ pɔ²¹³⁻³¹ tiã³⁵⁻⁵⁵］、细茶缸小茶缸［sɿ³⁵⁻⁵³ ts'o⁴⁴ kõ³¹⁻⁴⁴］

（二）合变式

不管单字调是什么调类，小称时合成一个或两个小称调。

根据变调后声调的变化，总体来看，可以分为［+高］、［+中］、［+低］三种类型。其中［+高］的类型分为高升、高平、高降三种类型；［+中］的类型分为中升、中平两种类型；［+低］的类型分为低降调和降升调。在三种大的类型之外，还有曲折调和紧喉调。

1. 高升调

高升调是汉语方言小称变调中十分常见的类型。

（3）湖北阳新：其中有一种小称形式是只变声调，韵母不发生变化。无论本音是阴平、阳平还是上声，都变读为入声［45］调。如：

瓶［p'in²¹²］—瓶［p'in⁴⁵］小瓶、螺［mɐŋ²¹］—螺子［mɐŋ⁴⁵］小飞虫、裙［tɕ'yɐn²¹²］—裙［tɕ'yɐn⁴⁵］围裙

枪［ts'iɔŋ³³］—枪［ts'iɔŋ⁴⁵］玩具枪、罐［kuẽ³³］—罐［kuẽ⁴⁵］瓦罐、蝇［iɐn²¹²］绿蝇—麻蝇［iɐn⁴⁵］小苍蝇（黄群建，1993）

（4）广东信宜：信宜话［i、u］尾韵和［m、n、ŋ］尾韵母变音时，只变声调。调值特高而上扬，比任何一个单字调本调都要高，与本调极易区别。这种变音记作［↗］。如：

狗［kɐu³⁵］大狗—狗［kɐu↗］小狗、缸［kɔŋ⁵³］大缸—缸［kɔŋ↗］小缸、石头［ʃik²² t'ɐu¹¹］大石头—石头［ʃik²² t'ɐu↗］小石头、鸡公头［kɐi⁵³ kuŋ⁵³ t'ɐu¹¹］大公鸡，专指种鸡—公鸡［kɐi⁵³ kuŋ⁵³ t'ɐu↗］小公鸡（叶国泉、唐志东，1982）

（5）广东石牌客家话：用高升调［45］表示，例如"寨"［ts'ai］是地名通名，相当于"村"，较大的寨子读的是本调［33］，小寨子则读成高升调［45］。（邵宜，2006）

（6）江西乐安：箍［ku³⁵］较粗大的圈儿—箍［ku↗］信手涂鸦画的小圆圈、帚［tiu³²］用稻草编制的扫帚，用于扫地—帚［tiu↗］较小的帚子，用于掸灰尘、衫大［san³⁵］人穿的衣服—衫嘚［san↗］小孩穿的衣服（万小梅，2007）

（7）江西广丰：细呆［ŋɐi²³¹⁻³⁵］人名、白目斜［ɕiau²³¹⁻³⁵］昵称斜视者、囡妹［muɐi²¹¹］妹妹－囡妹［muɐi²¹¹⁻³⁵］小女孩的昵称（胡松柏，2010）

2. 高平调

（8）江西乐安：乐安万崇话的高平变调实际音高要比阳入［55］高，是个超高音调。用→表示。形容词变调也可表小称，多是用在表示性质、状态类的形容词上，用于表示程度的缓和、轻、少以及喜爱的色彩。

咯老＋形容词：变调表示与该词念本调时相反的意义，进入这个格式的词语都是表积极、正面意义的形容词。如：

咯老高这么高［ko³⁵lau⁴⁴kau³⁵］—［ko³⁵lau⁴⁴kau→］意指不太高，较矮

咯老大这么大［ko³⁵lau⁴⁴hai²¹³］—［ko³⁵lau⁴⁴hai→］意指不大，较小（邵慧君、万小梅，2006）

（9）广东广州：广州话的部分名量词有小称变调。用来表示数量少。变调后的调值为高平调［55］。如：

一包［pau⁵³］—一包［pau⁵⁵］一小包、一堆［tœy⁵³］—一堆［tœy⁵⁵］一小堆、一掬［tsʻɐu⁵³］—一嘟噜——掬［tsʻɐu⁵⁵］一小嘟噜（陈小明，2004）

（10）浙江汤溪：汤溪方言存在一种纯变调型的小称，即不管本音的单字调是什么调类，小称时一律读作高平调［55］。多用于人名或亲属称谓。如：

芳［faŋ²⁴⁻⁵⁵］人名、兰［laŋ¹¹⁻⁵⁵］人名、彩云［tsʻɛ⁵³⁵⁻⁵⁵iei⁰］人名、细妹［sia⁵²⁻³³mɛ³⁴¹⁻⁵⁵］人名（曹志耘，2016）

（11）福建宁德：宁德方言中人名和称谓较多用高平调，表示亲昵、喜爱。如：

峰 [xuŋ³³⁴⁻⁵⁵]、忠 [tyŋ³³⁴⁻⁵⁵]、仁 [eŋ¹¹⁻⁵⁵]、辉 [xui³³⁴⁻⁵⁵]、华 [xuo¹¹⁻⁵⁵]、姨 [ei¹¹⁻⁵⁵]（陈丽冰，2012）

3. 高降调

（12）湖北大冶：名词用变调形式，用以区分事物的大小。单字因本调不同而采用不同的变调形式，阴平、去声、入声字变读为一种高平降调 [553]。如果变调词是双音节或多音节的，变调只出现在后一音节。如：

汽车 [tɕi³⁵ tsʻe³³] 泛指汽车——汽车 [tɕi³⁵ tsʻe⁵⁵³] 小汽车、水罐 [ɕy⁵³ kuɛ̃³⁵] 泛指水罐——水罐 [ɕy⁵³ kuɛ̃⁵⁵³] 小水罐、刀 [tɔ³³] 大的刀——刀 [tɔ⁵⁵³] 小的刀

小燕个眼睛 [ŋÃ⁵³tɕian³³⁻⁵⁵³] 小眼睛长倒真等痛真可爱。

他口个那只猫 [mɔ³⁵⁻⁵⁵³] 小猫总个乖。（汪国胜，1996）

（13）广东长来：广东乐昌长来有一种特高降调，来表示较小的事物。用符号↘表示。如：

绳 [ʃɪŋ⁵¹] 较粗的绳子——绳 [ʃɪŋ↘] 较细的绳子、箱 [sɔŋ³] 较大的箱子——箱 [sɔŋ↘] 小箱子、刀 [ta³¹] 大刀——刀 [ta↘] 菜刀（赵冬梅，2002）

（14）浙江武义：阴平、阳平、阴上、阳上、阳去也可以变成高降调，跟阴去 [53] 调相似。如：

枪 [tɕʻiaŋ²⁴]——枪 [tɕʻiaŋ⁵³] 小枪、鱼 [n̠y²¹³]——鱼 [n̠y⁵³] 小鲫鱼、狗 [kɑu⁵⁵]——狗 [kɑu⁵³] 小街狗、盗 [dɤ³¹]——盗 [dɤ⁵³] 小强盗（傅国通，2003）

（15）江西黎川：虾公虾 [ha²² kuŋ²²⁻⁵³]、芋子小芋头 [y¹³ tsʅ⁴⁴⁻⁵³]、花生仁 [fa²² sɛŋ²²⁻³ in³⁵⁻⁵³]（颜森，1989）

4. 中升调

（16）湖南隆回司门前话：小称变调统一变为入声 [24] 调。司门前话"非入读入"的有些词所表示的事物都有"小"的特征。如"朘手指纹、胡胡子、李李子，一种水果、个小"等；形容词"黄"只在表示形体较小的黄豆时才读入声；量词"瓣"只在形容较小的物体时才使用。（郑丹，2012）

（17）河南辉县：辉县盘上话的小称变调，多用于亲属称谓和人名。只变调，声母、韵母多不变。不管单字调如何，亲属称谓词的面称

调均为固定的［24］调，表达关系的亲密。例如：

爷［jə²⁴］、奶［na²⁴］、大娘［tɐ²² niaŋ²⁴］、波［pə²⁴］、梅［mei²⁴］（王晓培，2014）

（18）安徽歙县：小妹儿［ɕiɔ³⁵ mɛ³³⁻²⁴］、手捏儿手绢儿［ɕio³⁵⁻³³ nɛ³³⁻²⁴］（伍巍、王媛媛，2006）

5. 中平调

（19）广东韶关石陂：轮船［lun⁴² ʃun⁴²］表较大—小船［ʃun³³］、草鱼［tsʻau²⁴ ŋi²］—鲫鱼［tsɐi⁵ ŋi³³］（赵冬梅，2002）

6. 低降调

（20）湖北大冶：动词本调是阴、上、入三声的，变读为一种中平降调［331］。如：

他把那个收音机开开关关［kʻa³³ kʻaŋ³³⁻³³¹ kuã³³ kuãŋ³³⁻³³¹］，关关开开［kuã³³ kuãŋ³³⁻³³¹ kʻa³³ kʻaŋ³³⁻³³¹］，玩倒蛮起劲。

他坐倒冇得事，驼张纸画画写写［xuɑ³³ xuɑ³³⁻³³¹ ɕĩ⁵³⁻³³¹］他坐着没事，拿张纸时而画画，时而写写。（汪国胜，1996）

这两个句子中，动词变调有放慢动作节奏的作用，含有轻松悠闲，漫不经心或慵懒无聊等意味。

（21）浙江武义：其中阳上可以变为低降调，跟阳去［31］调相似。如：桶［doŋ¹³］—［doŋ³¹］小面桶（傅国通，2003）

7. 降升调

降升调是一种曲折变调类型。在音值上不像高升调、高降调那样响亮高亢。降升调在方言中的分布不广。

（22）江西于都：表示相对小的（或未成熟的），一律将本调变为［313］调。如：

鸡［tɕie⁴⁴］大鸡—鸡［tɕie³¹³］小鸡、桌子［tso³¹］大桌—桌［tso³¹³］小桌子、鸭［ɐʔ⁴²］大鸭—鸭［ɐʔ³¹³］小鸭、鹅［ŋo²⁴］大鹅—鹅［ŋo³¹³］小鹅（陈荣华，1998）

（23）安徽歙县：歙县话有少数小称变调的例子，变成阴去调［313］。如：

手捏儿［ɕio³⁵ neʔ²¹⁻³¹³］手帕、面卵儿［mɛ³³ lɛ³⁵⁻³¹³］面疙瘩、姑妹妹［ku³¹ ku³¹ mɛ³³⁻³¹³］布娃娃（赵日新，1999）

8. 紧喉调

汉语方言中还存在着小称调带有紧喉特征，我们称之为紧喉调。

(24) 浙江武义：用紧喉短降调表示小称。如：

书 [çy²⁴] —小书 [çy²⁵]、牛 [ȵiəu²¹³] —小牛 [ȵiəu²⁵]、桶 [doŋ¹³] —小面桶 [doŋ²⁵]

洞 [doŋ31] —小小洞 [doŋ²⁵]、镜 [tçiŋ⁵³] —小小镜 [tçiŋ²⁵]、碗 [ŋuo⁵⁵] —小汤碗 [ŋuo²⁵]（傅国通，2003）

浙江丽水、青田、永康方言的小称调也具有紧喉的特征。青田方言的阴上 [354]、阳上 [243] 都带紧喉特征，潘悟云（1988）指出，"青田方言中所有的上声调尾，都伴随着紧喉的特征"①。

二 变韵

通过词根内部改变韵母的方式表示小称，而声调的调值不发生改变。这种变韵型小称在汉语方言中并不多见。

（一）鼻尾型

1. 直接在原音节词根后附鼻尾 [n]，它和前一语素共存于一个音节之中一起构成 [-n] 化韵，而声调的调值却不改变。

(25) 广西博白：在现代广西博白方言里，由于修辞的关系，经常在开口音节后加上一个 –n 尾。如："鹅"字一般念 [ŋɔ]，但如果形容其小，或加上感情色彩，就说成 [ŋɔn]。（王力，1958）

(26) 安徽祁门：祁门话中，[n] 不独立成音节，它和前一语素共存于一个音节之中，构成 [n] 化韵。如：

刀儿 [tɔn¹¹] 小刀、条儿 [t'ian⁵⁵] 单字、收据等、脚儿 [tçiɔn³⁵] 渣子、桌椅的脚（陈瑶，2009）

2. 元音变长，附加鼻尾。[n] 尾与前面音节合并时，前一个音节 [n] 前的元音变为长元音。

(27) 浙江义乌、东阳、浦江：儿尾前的元音变长，再加 [n] 尾。

义乌：老鸦儿[lɔ ɔːn]、麻雀儿[mɯa tseːn]、刀儿 [toːn]、草鸡儿

---

① 潘悟云：《青田方言的连读变调和小称音变》，载复旦大学中国语言研究所《吴语论丛》，上海教育出版社1998年版，第238—248页。

[tsʻo tɕi:n]

东阳：老鸦儿[lau o:n]、麻雀儿[mia tse:n]、刀儿[tau:n]、草鸡儿[tsʻau tɕi:n]

浦江：老鸦儿[u lo iɑ:n]、麻雀儿[mia tsiə:u]、刀儿[to:n]、草鸡儿[tsʻɯ tɕi:n]（方松熹，1993）

（28）安徽岩寺：瓢儿[pʻiɔ:n^{44}]、筷儿[kʻua:n^{313}]、鸡儿[tɕi:n^{22}]、核儿[uɛ:n^{22}]（赵日新，1999）

（二）鼻化型

这一类型的小称形式是基本音节的主要元音变成鼻化音。徽语中仅有少数方言点存在这种形式。例如：

（29）安徽歙县：筷儿[kʻuã^{313}]、茄儿[tɕʻyã^{44}]、一下儿[iʔxã^{33}]（伍巍、王媛媛，2006）

（30）安徽婺源：猫儿[miã^{44}]、奶儿[lĩ^{35}]（赵日新，1999）

（31）浙江寿昌：麻雀儿[mɤ$^{52-11}$tsã$^{3-55}$]、蝴蝶儿[u$^{52-11}$tʻiã^{24}]、鸟儿[tiã^{52}]（赵日新，1999）

（三）变换韵母

表示一般物体的韵母是用基本韵母，表示小的物体的韵母则演变为另一套韵母。

（32）山西霍州：霍州方言元音尾韵母和鼻音尾韵母的字，采用重叠变韵的形式表示小称。单音节名词重叠表小称，第一个音节不变，第二个音节发生变韵。但是，霍州方言在变韵的过程中并未产生新的韵母，还是方言中的韵母。这种表"小"的变韵现象，称为"小称变韵"，表示小称的韵母，称为"小称韵母"。例如：

罐子 [kuɑŋ^{55}tsʅ^{332}]—罐罐 [kuɑŋ^{55}kua^{332}] 小罐、包子 [pao^{21}tsʅ^{332}]—包包 [po^{21}po^{332}] 小包

辫子 [pʻiaŋ^{51}tsʅ^{55}]—小辫子 [pʻiaŋ^{35}pʻia^{55}]（田娟，2009）

这一变韵现象不仅霍州有，晋中的清徐和晋东南的阳城等地也有。清徐方言是前一个音节变，后一个音节不变，阳城是前后两个音节都变。如：

（33）山西清徐：

床 [suŋ^{11}]—床床 [suəʔ$^{11-3}$suŋ^{11}] 小板凳儿

盘 [pʻɛ¹¹]—盘盘 [pʻəʔ¹¹⁻³pʻɛ¹¹] 小盘儿

盖 [kai³⁵]—盖盖 [kəʔ³⁵⁻⁵¹kai³⁵⁻⁵³] 小盖儿（田希诚，1992）

(34) 山西阳城：

箱 [ɕiãŋ¹¹]—箱箱 [ɕiːẽŋ¹¹ɕiːẽŋ¹¹⁻³¹]

钉 [tiə̃n¹¹]—钉钉 [tiːoŋ¹¹tiːoŋ¹¹⁻³¹]

碟 [tiʌʔ¹²]—碟碟 [tiːu¹²⁻²tiːu¹²⁻³¹]（田希诚，1992）

（四）附加其他韵尾

(35) 江西石城：石城高田话的小称变音体现为"小称变韵"。具体体现为含"细小"义的词语，其最后音节的韵母末尾带有[t]尾。例如：

鸡 [kie⁴³] 大鸡—鸡 [kieᵗ⁴³] 小鸡、牛 [ŋeu²⁴] 大牛—牛 [ŋeuᵗ²⁴] 小牛、间 [kan⁴³] 大房间—间 [kieᵗ⁴³] 小房间、枪 [tsʻiɔŋ⁴³] 真枪—枪 [tsʻiɔŋᵗ⁴³] 玩具枪（温昌衍、温美姬，2004）

三 变韵＋变调

方言中存在变韵和变调两种手段。在变调的同时，韵母也发生变化。但各方言变韵的条件不同，因地制宜。主要存在以下几种情况：

（一）舒促结合

1. 舒声变调，入声变韵变调：舒声韵只变调，入声韵 [p、t、k] 变为同部位的 [m、n、ŋ]。这一形式在粤语中较多。

(36) 广西容县：每个调类的小称变调统一变成超出本音系单字调的高升 [35] 调，舒声韵的字只变调，其韵尾一律不变。小称调一律变为 [35] 调。如：入声韵既变调又变韵。入声韵是 [p、t、k] 的字读小称时，如果是单音节，韵尾一律由 [p、t、k] 变成 [m、n、ŋ]，调值变为 [35] 高升调（↗）。如：

舒声：

隻猪 [tsik⁵⁵tsy⁵⁵] 这只大猪—隻猪 [tsik⁵⁵tsy↗] 这只小猪、厨房 [tsy³¹foŋ³¹] 大厨房—厨房 [tsy³¹foŋ↗] 小厨房、石柱 [sik¹¹tsy¹³] 大石柱—石柱 [sik¹¹tsy↗] 小石柱、碗 [un³³] 大碗—碗 [un↗] 小碗

入声：

鸭 [ap³³]—小鸭 [am↗]、青篙竹 [tʻeŋ⁵⁵keu⁵⁵tsuk⁵⁵]—小竹篙

[t'eŋ⁵⁵kɐu⁵⁵tsuŋ↗]、袜［mat¹¹］—小袜［man↗］、谷［kuk³³］成熟的饱满的稻谷—谷［kuŋ↗］已灌浆尚未成熟的稻谷（周祖瑶，1987）

（37）广西玉林：舒声类名词的小称形式是变调不变韵，小称变调的调值取决于单字调的阴阳。原为阴平调的字，小称变为［55］，其余各调小称变为［35］。如：

台［tɔi³²］泛指各种台—台［tɔi³⁵］小的台、羊［ja³²］一般的羊—羊［ja³⁵］小羊、手［ɕau³³］—手［ɕau35］小手

鸡［kai⁵⁴］—小鸡［kai⁵⁵］、灯泡［taŋ⁵⁴p'ɔu⁵⁴］—灯泡［taŋ⁵⁴p'ɔu⁵⁵］小灯泡（梁忠东，2002）

入声字在变调的同时，把入声韵［p、t、k］变成相应的阳声韵尾［m、n、ŋ］。调值变化的规律是：上阴入（调值为［5］）的调值变为［55］，其余调值（下阴入［3］，上阳入［2］，下阳入［1］）变为［35］。如：

竹［tʃok⁵］—小竹［tʃok³⁵］、鸭［ɔp³］—小鸭［ɔm³⁵］、屋［ok⁵］—小屋［oŋ⁵⁵］、蝴蝶［wu³²tsp¹］—小蝴蝶［wu¹¹tɛm³⁵］

吴语中也存在这样的形式，但吴语的变音和变韵较为复杂一些。

（38）浙江温岭：温岭话舒声字只变调，入声字变调又变韵。"温岭话有十三个入声韵母，变成二十个舒声韵母"。在二十个变化后的舒声韵中，阴声韵只有五个［ɛ、iɛ、ie、uɛ、yø］。而阳声韵有十五个：［in、ən、øn、yn、uən、ŋ、ɤŋ、uŋ、yuŋ、ã、õ、uõ、iã、uã、yõ］。温岭话存在两种变调。升变音［15］调和降变音［51］调。根据字调的平仄分类，本音是平声（包括阴平、阳平），变音为升变音［15］调，本音是仄声（包括阴上、阳上、阴去、阳去、阴入、阳入），变音是降变音［51］调。如：

吃吃嬉嬉［ɕi³³⁻⁵¹］玩玩儿，工资照常。

渠他日加日每天老酒掇掇［toʔ⁵⁵—tõ⁵¹］喝喝。

我平时也不做什么，就是班上上［zõ¹³⁻⁵¹］，屋里菜买买［ma⁴²⁻⁵¹］，饭烧烧［ɕio³³⁻⁵¹］，衣裳洗洗［ɕi⁴²⁻⁵¹］。夜的晚上电视望望［mõ¹³⁻⁵¹］，牌打打［tã⁴²⁻⁵¹］，麻将搓搓［ts'o³³⁻⁵¹］（李荣，1979；阮咏梅，2012）

同时，浙江路桥（林晓晓，2011），部分舒声字也变韵变调，入声

字变为同部位的鼻音韵尾，并变调，也属于这一类型。

2. 舒声字变韵、入声变韵变调

（39）广东信宜：信宜话的九个单字调都可以变音为一个调值特高的高升调。与容县不同的是，信宜话的七个单韵母［i y ɛ œ ɔ u ɿ］变音时增加韵尾［n］。如：

河［cɔ¹¹］大河——河［ncɔn↗］小山溪、鱼［ŋy¹¹］大鱼——鱼［ŋyn↗］小鱼、路［lu²²］大路——路［lun↗］小路、牛牯［ŋɐu¹¹ ku³⁵］大公牛——牛牯［ŋɐu¹¹ kun↗］小公牛

同时，入声收［p、t、k］的韵母，变音时分别变成收［m、n、ŋ］的韵母。例如：

鸭［ap³³］——鸭［am↗］小鸭、龙眼木［luŋ¹¹ ŋan²³ muk²²］大龙眼树——龙眼木［luŋ¹¹ ŋan²³ muŋ↗］龙眼树苗（叶国泉、唐志东，1982）

（40）广东茂名（邵慧君，2005）、广东高州（曾春燕，2014）等地，阴声韵不管单、复元音韵母，一律附加［n］尾，塞音韵尾［p、t、k］变成［m、n、ŋ］。变调都是一种超出本调的高升调。这种变韵类型的还有广东吴川（林华青，2011），只是吴川的变调较为复杂，属于一种分变式小称调。

（二）鼻尾＋变调

在基本韵母后面加上［n］尾，同时声调发生改变。

（41）安徽屯溪：屯溪的小称形式是在基本音节的后面收一个［n］尾，同时声调发生变化，一般变为阳上［24］调，个别变为［55］调。如：

柜［tɕy¹¹］——柜［tɕyn²⁴］小柜子、刀［tɔ¹¹］——刀［tɔn²⁴］小刀、饼大饼［pɛ³¹］——饼［pɛn²⁴］小饼、饼干（钱惠英，1991）

安徽的其他几个点黟县、休宁、寿昌都是这种形式。

（42）浙江武义：韵母改变后附加鼻尾［ŋ］。这一形式是鼻尾黏附在词尾的末尾，变成前音节的韵尾，并使韵母产生音变。

武义方言是按照四呼进行变韵。

本韵是开口呼的，变韵为［aŋ］或［əŋ］。如：生［sa］——小后生［saŋ/səŋ］；狗［kɑu］——小街狗［kaŋ/kɐŋ］

本韵是齐齿的，变韵为［iaŋ］或［iŋ］。如：弟［die］——小弟

[diŋ]；箩［lia］—小槽箩［liaŋ/liŋ］

本韵是合口的，变韵为［uaŋ］或［uəŋ］。如：裤［kua］—棉裤［kuaŋ］、鬼［kuəi］—小话鬼［kuəŋ］

本韵是撮口呼的，变韵式［yaŋ］或［yəŋ］。如：串［tɕ'ye］——串［tɕ'yəŋ］

变韵字的调值由它的本韵字的调类决定。

①平、阴去读本调。例如：衫［suo²⁴］—衫［suo²⁴］小布

②平、阳去变［13］调跟阳上相同。例如：饭［vuo³¹］—（小讨）饭［vəŋ¹³］

③阴上、阴入变［53］调，跟阴去相同。例如：挖［uaʔ⁵］—（草）挖［uaŋ⁵³］

④上、阳入变［31］调，跟阳去相同。例如：弟［die¹³］—（招）弟［diŋ³¹］（傅国通，2003）

从目前的使用情况看，武义话的小称变韵现象已经萎缩，不再能继续造新的小称名词。这种变韵现象正在日趋消失，只保留在极少数小称名词里。而小称变调却应用普遍。小称变调是一种补偿形式，体现了语言发展过程中互补的规律。

(43) 浙江汤溪：表小称时，［ŋ］附到本音韵母的末尾充当韵母，本音韵母的元音有的要发生细微的变化。41个基本韵经过变化，共有21个小称专用韵母。有［ɿŋ、iŋ、yŋ、ɯŋ、yɑoŋ、iuŋ、yuŋ、ioŋ、yoŋ、əŋ、iəŋ、iɯŋ、uɯŋ、yɯŋ、ieŋ、ueŋ、aiŋ、iaiŋ、uaiŋ、yaiŋ、yeŋ］。

汤溪话的小称在发生上述韵母变化的同时，还伴随着声调的变化。汤溪话的小称在发生变韵的同时，还伴随着一定的声调变化。声调的变化规律为：

阴平［24］不变。如：细鸡儿［sia⁵²⁻³³ tɕie-iŋ²⁴］小鸡儿、细刀儿［sia⁵²⁻³³ tə-əŋ²⁴］小刀儿

阳平［11］变［113］或［24］。如：桃儿［də-əŋ¹¹⁻¹¹³］

阴上［535］变［52］。如：婶儿［ɕiai-iaiŋ⁵³⁵⁻⁵²］

阳上［113］变［341］。如：柿儿［ʐɿ-ɿŋ¹¹³⁻³⁴¹］

阴去［52］变［535］。如：盖儿［kɛ-eŋ⁵²⁻⁵³⁵］

阳去［341］变［113］。如：细树儿小树［sia⁵²⁻³³ ʑi-iŋ³⁴¹⁻¹¹³］

阴入 [55] 不变。如：柏儿 [pa - aŋ⁵⁵]

阳入 [113] 不变或变 [24]。如：蝴蝶儿 [u¹¹⁻³³ dia - tiaŋ¹¹³⁻²⁴]（曹志耘，2011）

（三）鼻化 + 变调

（44）浙江玉环：玉环话有两种小称形式，舒声字为纯变调型小称，变为高升调或高平调。入声字的塞音因为丢失，韵尾鼻化的同时变成高平调，即"鼻化 + 变调"。如：瓶 [biŋ³¹⁻³⁵]、花 [huɔ̃³³⁻³⁵]、刀 [tɔ³³⁻³⁵]、一双 [ɕyɒ̃³³⁻³⁵]（蒋晓晓，2009）

（45）福建大田后路：表小称的形式是阴、阳声韵（本音）变为鼻化韵，ø（或 ə）变为 e，a 变为 ɒ̃，声调从 [21] 变为 [42]，余则变为 [153]。如：

溪 [kʻi³³] 大溪—溪 [kʻĩ¹⁵³] 小溪、弟 [tai⁵⁵] 大弟弟—弟 [taĩ¹⁵³] 小弟弟、厅 [tʻĩ³³] 正房之厅—厅 [tʻĩ¹⁵³] 偏房之厅、张 [tioŋ33] 大张—张 [tiɔ̃¹⁵³] 小张、把 [ba⁵³] 大把—把 [bɒ̃¹⁵³] 小把（黄景湖，1983）

（46）浙江金华（曹志耘，2016）：表小称时，基本韵一律变为鼻化韵，就连原鼻尾韵和喉塞尾韵也不例外。金华方言 29 个基本韵经变化后，共归并为 19 个小称韵。除 [ɣã ã iã uã yã] 外，其余 [ĩ Ĩ ũ ỹ ɣ̃ ẽ iẽ uẽ yẽ ɔ̃ iɔ̃ i ũõ iõ] 14 个是小称专用韵母。

变调采用分变式变调规律。其中阴平 [334]、阳平 [313]、阳去 [14] 不变，阴上 [535] 变 [55]，阳上 [535] 变 [14]，阴去 [55] 一般不变，少数变 [535]，阴入 [ʔ4] 变 [55]，阳入 [ʔ212] 变 [14]。如：

阴上：枣儿 [tsɑu - ɔ̃⁵³⁵⁻⁵⁵]；阳上：柿儿 [sʅ - zʅ̃⁵³⁵⁻¹⁴]

阴去：方块儿 [faŋ³³⁴⁻³³ kʻuɛ - uã⁵⁵⁻⁵³⁵]；阴入：桔儿 [tɕyəʔ - yẽ⁴⁻⁵⁵]

阳入：佛儿 [vəʔ - ẽ²¹²⁻¹⁴] 画儿

在金华话里，声调变调仍只是小称的一种辅助手段。在绝大多数情况下，小称时韵母必须发生变化，而声调只有部分调类有变化。

（四）韵尾脱落 + 变调

（47）安徽宿松：主要是韵尾 [n] 脱落。然后变为统一的高平 [55] 调。如：

眼 [ŋan³¹] 眼睛—小窟窿 [ŋa⁵⁵]

片 [pʻiɛn²¹] 扁而薄的东西—[pʻie⁵⁵] 物体的碎片：碗片、瓦片

因 [nan²¹] 小男孩—[næ⁵⁵] 长者对下辈或比自己年纪小的男性的亲昵称呼

（唐爱华，2005）

（五）喉塞＋变调

汉语方言中还存在这样一种小称变音，作为变音的音节，所有韵母都伴随着喉塞音的出现，同时声调发生改变。庄初升（2004）认为，变音带有紧喉的特征，韵母的主元音被一个喉塞音塞断为前后两部分，音高也随着喉塞音ʔ的出现而发生变化，称之为"中塞式"。

（48）广东曲江大村：绳粗绳子 [sʌn²¹] — [sʌ⁴ʔn⁴⁵] 用于扎东西的细绳子、茅镰割草的镰刀，较大 [mʌu²¹lie²¹] — [vɐ²¹lie⁴ʔe⁴⁵] 割稻子的镰刀，较小（庄初升，2004）

（49）广东曲江龙归：刀大刀 [tau²¹] —刀 [taʔau³²³] 小刀、链 [lin²²] 粗铁链—链 [liʔin⁴³⁴] 项链、柜 [kʻui²²] 大柜—柜 [kʻuiʔi⁴³⁴] 小柜（伍巍，2003）

除以上几种情况以外，有的方言中也存在变韵和变调共同表小称的形式，但韵母变化的类型比较复杂，并无一定规律。如：

（50）湖北阳新：小称变音有两种形式，一种是只变调，韵母不发生变化（见第五章第二节合变式）；另一种是声调、韵母都发生变化。无论哪种形式，声调统一变为入声 [45] 调。阳新方言的韵母变化只是约定俗称的结果。以一首童谣为例。

大盆叫 [pʻɐn²¹²]，细盆叫 [pʻɐn⁴⁵]；大桶叫 [tʻɐŋ²¹]，细桶叫 [tʻɐŋ⁴⁵]；大牛叫 [ɲiau²¹²]，细牛叫 [ɲiɛn⁴⁵]；大鱼叫 [y²¹²]，细鱼叫 [yɐn⁴⁵]；大鸡叫 [tɕi³³]，细鸡叫 [tɕiɛn⁴⁵]。（黄群建，1993）

这首童谣充分地说明了小称变音的指小作用。

四 变声＋变调

表小称义时，声母和声调同时发生改变。声母的变化体现在送气声母和不送气声母的替换上。声调根据方言点的不同而不同。

（51）安徽宿松：采用高变调，调值为 [55]，跟入声的调值相同。少数情况下，变调伴随声母或韵母的变化。变声母，送气声母变为相应

的不送气声母。如：

棒［p'aŋ³⁵］棍子—小棍杆［paŋ⁵⁵］（唐爱华，2005）

（52）浙江汤溪：在汤溪方言纯变调型小称中，阳调类字要变成［55］调。当全浊声母字变成［24］或［55］时，其浊声母要随声调的变化而转换成不送气清声母。如：

茶筒儿茶杯［dz-tso¹¹⁻³³dɑo-tɑoŋ¹¹⁻²⁴］、线头儿［sie⁵²⁻³³dɯ-təŋ¹¹⁻²⁴］、细床儿小床儿［siɑ⁵²⁻³³ziɑo-ɕiɑoŋ¹¹⁻²⁴］（曹志耘，2016）

五　变声+变韵+变调

（53）浙江金华：古浊上字今金华话单字读不送气清声母、阴上调，在小称中读相应的浊声母，声调变为［14］，例如：

柿儿［sʅ-zʅ⁵³⁵⁻¹⁴］、弟弟儿［tie⁵³⁵⁻⁵³tie-die⁵³⁵⁻¹⁴］、辫儿［pie-biẽ⁵³⁵⁻¹⁴～pie-biŋ⁵³⁵⁻¹⁴］（曹志耘，2016）

这可以看作古全浊上声字在白读中保留浊声母的残迹。此外，个别浊声母字在表小称时会随声调的例外变化而转换成为不送气清声母。例如：

鸡心袋儿鸡心形的小布袋［tɕie³³⁴⁻³³siŋ³³⁴⁻³³dɑ-tã¹⁴⁻⁵³⁵］

第三节　变音式小称的语法意义

变音作为小称的一种表现形式，主要是通过"变声、变韵、变调"等手段表示小称的语法意义。小称是用一定的语法形式表示"小量"的语法范畴，同时表达喜爱、亲昵、厌恶等感情色彩。因此，变音式小称的语法意义表现在两个方面：表"量"和表"情"。

"小量"语义主要可以分为表细小、微少、动作轻、时间短、程度低等几个方面。

一　表量

（一）表细小

名词的细小义，具体来说，可以表现为两个方面：

1. 本调表统称，通常泛指整类事物，变音后特指同类中小的事物。

（54）安徽宿松：棒［p'aŋ¹³］棍子—小棍杆［paŋ⁵⁵］、箍口［k'u²² lo²²］圈子—小圈儿［k'u²²lo⁵⁵］（唐爱华，2005）

（55）湖北大冶：汽车［tɕ'i³⁵ ts'e³³］—汽车［tɕ'i³⁵ ts'e³³⁻⁵⁵³］小汽车、水罐［ɕy⁵³ kuɛ̃³⁵］泛指水罐—水罐［ɕy⁵³ kuɛ̃³⁵⁻⁵⁵³］小水罐、老鼠［lɔ⁵³ ɕy⁵³］泛指老鼠—老鼠［lɔ⁵³ ɕy⁵³⁻³¹］小老鼠（汪国胜，1996）

（56）湖北阳新：瓶［p'in²¹²］统称—瓶［p'in⁴⁵］小瓶子、锅［ko³³］统称—锅［kɛn⁴⁵］小锅、碗［u œ̃²¹］统称—碗［uɛn⁴⁵］小碗（黄群建，2016）

（57）安徽屯溪：椅［i³¹］统称—［in²⁴］小竹椅、圈［tɕ'yɛ¹¹］统称—［tɕ'yɛn²⁴］画的小圈圈（钱惠英，1991）

2. 本调表同类中大的事物，变音形式表示同类中小的事物。

（58）湖北大冶：刀［tɔ³³］大的刀—刀［tɔ⁵⁵³］小的刀、鸡［tɕi³³］大的鸡—鸡［tɕi⁵⁵³］小的鸡（汪国胜，1996）

（59）湖北阳新三溪：鱼［ny²¹］大鱼—鱼［nyɐn⁵⁵］小鱼苗、猪［tɕy³³］大猪—猪［tɕyɐn⁵⁵］小猪崽、铲［ts'ẽ²¹¹］大锅铲—［ts'ɐn⁵⁵］小锅铲、绳［sɐn²¹］长而粗的绳子—［sɐn⁵⁵］细而短的绳子（何天贞，1982）

（60）江西安福：墩［tẽ⁵⁵］较大的木墩—［tẽʔẽ³⁵］小木墩、球［tɕ'iu²¹²］较大的球体—［tɕ'iu³ʔu³⁵］体积较小的球状物（万小梅，2007）

（61）江西于都：床架［ts'ɐŋ¹³ kɐ³¹］大床架—［ts'ɐŋ¹³ kɐ³¹³］小床架、衫袖筒［sĩ⁴⁴ ts'œ³¹ t'əŋ¹³］大手袖—［sĩ⁴⁴ ts'œ³¹ t'əŋ³¹³］小手袖、鸭［ɐʔ⁴²］大鸭—［ɐʔ³¹³］小鸭（陈荣华，1998）

（二）表微少

表示说话人主观上认为数量少，分量轻。

数词的小称变音：数词变音表示数量少。

（62）广东信宜：

写嗲两千字［ɬœ³⁵ tɛ²² lɛŋ²³ ts'in⁵³ tsi²²］写了两千字—［ɬœ³⁵ tɛ²² lɛŋ²³ ts'in↗ tsi²²］才写了两千字。

佢得第三［k'œi²³ tɐk⁵⁵ tɐi²² ɬam⁵³］他得了第三名—［k'œi²³ tɐk⁵⁵ tɐi²² ɬam↗］他只不过得了个第三名。（罗康宁，1986）

这里的基数词变音表数量小，序数词变音表次序低。

量词的变音表示数量少。量词分为名量词和动量词。其中，名量词可以从"数+量+名""数+量+形""量+数"等格式中考察。

1. "数+量+名"格式中的量词变音

（63）湖北大冶：

我结婚他送了七尺［tsʻai¹³tsʻʅ¹³⁻⁵⁵³］布。

你总共喝了三泡［sÃ³³pʻɔ³⁵⁻⁵⁵³］酒，还说多了。（汪国胜，1996）

这里的"尺""泡"，属于度量单位的量词，通过变调，表示数量少。

（64）广西容县（周祖瑶，1987）：表示容器之类的名词作量词用，也可以变音，大的用变调，小的用变音，表示数量少。如：

一壶茶［jɐt⁵wu³¹tsa³¹］一大壶茶—［jɐt⁵wu↗tsa³¹］一小壶茶、六碟菜［luk¹tepʻ¹tʻoi²²］六大碟菜—［luk¹tepʻ↗tʻoi²²］六小碟菜、七袋盐［tʻɐt⁵toi¹¹jim³¹］七大袋盐—［tʻɐt⁵toi↗jim³¹］七小袋盐。

（65）江西乐安：本调表示量多，变调表示主观上认为量少。

两三碗［tiɔŋ³²san³⁵uɔn³²］较多—两三碗［tiɔŋ³²san↗uɔn→］较少

八九个［pæʔ²²tɕiu³²ko²¹³］较多—八九个［pæʔ²²tɕiu³²ko→］较少（邵慧君、万小梅，2006）

2. "数+量+形"格式中的量词变音

（66）广东信宜：量词的变音表示分量轻。

三寸长［ɬam⁵³tʃʻyn³³tʃʻɛn¹¹］—［ɬam⁵³tʃʻyn↗tʃʻɛn¹¹］才三寸长

半两重［pun³³lɐŋ³⁵tʃʻuŋ²³］—［pun³³lɐŋ↗tʃʻuŋ²³］才半两重（叶国泉、唐志东，1982）

（67）广东吴川：

几米宽［kɛi²³mɐi⁵⁵hun⁵⁵］—［kɛi²³mɐi⁵⁵⁻⁴⁴⁶hun⁵⁵］才几米宽

两米高［liaŋ²³mɐi⁵⁵kuɔu⁵⁵］—［liaŋ²³mɐi⁵⁵⁻⁴⁴⁶kuɔu⁵⁵］才两米高（林华青，2011）

3. "量+数"的变音：这种形式出现在粤语的个别方言的扑克牌术语中，如广西容县、北流等地。量词高升变调表示"小"的意思。"量+数"构成双音名词，这里的数词已经借用为名词，后面的数词也读变调。例如：

（68）广西北流：

我出只5［ŋɔ¹³ʃʻɐt⁵⁵tʃek⁵⁵⁻³⁵ŋ¹³⁻³⁵］我出个小5

佢出只6〔k'y³²tʃ'ɐt⁵⁵tʃek⁵⁵⁻³⁵lok²²⁻³⁵〕他出个小6（李芒，2007）

（69）广西容县：我出双2〔ŋo¹³ts'ɐt⁵tsik⁵n̠i³¹〕双2，指最大的2，即黑桃2—〔ŋo¹³ts'ɐt⁵tsik⁵n̠i↗〕我出个小2，指其他花色2。（周祖瑶，1987）

（三）表动作轻、时间短

1. 动词的小称变音

一般出现在单音节动词重叠式中，往往后一音节发生小称变音。例如：

（70）广东信宜：动词重叠第二个音节变音。

畀我睇〔pei³⁵ŋɔ²³t'ɐi³⁵〕。

给我看—畀我睇睇〔pei³⁵ŋɔ²³t'ɐi³⁵t'ɐi↗〕。

两句相比，前一句有"给我看下去"的意思，后一句则表示"给我稍微看一下"的意思。例如：

拍拍〔p'ak³³p'aŋ↗〕轻轻地拍一拍

坐坐〔tʃ'œ²³↗〕稍坐一会儿（叶国泉、唐志东，1982）

两句相比，变音后表示尝试、动作轻微。

（71）广西容县：单音动词重叠后变音表示行为、动作的"轻微"。如：

等我睇〔tɐŋ³³ŋo¹³t'ɐi³³〕

让我看—等我睇睇〔tɐŋ³³ŋo¹³t'ɐi³³t'ɐi↗〕让我看一看

这两句话的意思不同，前句有"让我看下去"的意思，后句有"让我稍微看一下"之意。如：

煮煮〔tsy³³tsy↗〕稍微煮一下、挖挖〔wat³wan↗〕稍微挖一下。（周祖瑶，1987）

变音后表示动作稍微、尝试、时间短暂。

（72）广东高州：表示动作轻、时间短。如：

谂谂〔nem³⁵nem↗〕想了一会儿、望望〔mɔŋ⁵³mɔŋ↗〕只看了一会儿、做做〔tʃou³³tʃou↗〕只做了一会儿（曾春燕，2014）

2. 动量词的小称变音

动量词小称变音，往往表示动作轻微。动作大的用本调，动作轻的用小称变音。例如：

（73）广西容县：动量词变为高升调，表示动作轻。

丁一勾［diŋ⁵⁵ jɐu⁵ ŋɐu⁵⁵］打一下——［diŋ⁵⁵ jɐu⁵⁻³³ ŋɐu↗］轻轻打一下

滂一掌［pʻoŋ⁵⁵ jɐt⁵ tseŋ³³］打一个耳光——［pʻoŋ⁵⁵ jɐt⁵⁻³³ tseŋ↗］轻轻打一个耳光（周祖瑶，1987）

3. 时间名词、副词的小称变音

时间名词、副词的小称变音，一般表示时间短暂或与现在的距离短。例如：

（74）广东信宜：（罗康宁，1986）

啱先有人揾你［ŋam⁵³ ɬin⁵³ iɐu²³ n̠ɐn²³ uɐn³⁵ nei²³］刚才有人找你——［ŋam⁵³ ɬin↗iɐu²³ n̠ɐn²³ uɐn³⁵ nei²³］刚刚有人找你。

同是"啱先"，本调表示与现在的距离较长，变音则表示与现在的距离较短。

（75）浙江玉环：时间名词的小称变音，表示"时间短"义。

一日ォ一天［n̠ieʔ²² - n̠iŋ⁵⁵］ォ一天、一分［fəŋ³³⁻³⁵］ォ一分钟、一秒［miɔ³¹⁻³⁵］ォ一秒钟（蒋晓晓，2009）

（四）表程度低

1. 形容词重叠变音

（76）广东信宜：形容词重叠，第二个字变音，表示程度的减轻。例如：

个件衫新［kɔ³³ kin²² ʃam⁵³ ɬɐn⁵³］这件衣服是新的

个件衫新新［kɔ³³ kin²² ʃam⁵³ ɬɐn↗］这件衣服半新半旧（叶国泉、唐志东，1982）

第二句在"新"和"不很新"之间，程度所有减轻。

（77）浙江玉环：形容词重叠后表"轻微"义。如：

轻轻［tɕʻiŋ³³⁻³⁵］轻轻儿地、慢慢［mɛ²²⁻³⁵］慢慢儿地、偷偷［tʻiɤ³³⁻³⁵］偷偷儿地（蒋晓晓，2009）

2. "咁+单音形容词"的变音

这种形容词一般是含有积极、肯定意义的形容词，如"高""大""深""远"等，形容词变音后，"咁+单音形容词"表示形容词的反面意义，即"矮、小、浅、近"等意义。这是粤语小称变音中较为普遍的存在形式。

（78）广东吴川：咁多［kɐn³³ tɔn↗］这么少、咁厚［kɐn³³ hɐu↗］这么

薄、咁阔［kɐn³³fut↗］这么窄（林华青，2011）

（79）广东信宜："咁+形容词"，就带有"才这么……"的意思，表示与前述形容词相反的意义。如：

咁重［kɐm³³tsuŋ¹³］这么重—［kɐm³³tsuŋ↗］才这么重、咁大［kɐm³³tai¹¹］这么大—［kɐm³³tai↗］才这么大、咁高［kɐm³³kɐu⁵⁵］这么高—［kɐm³³kɐu↗］才这么高（叶国泉、唐志东，1982）

二 表情

由表"小"引申出对人或事物的感情。这是"小称"的引申义。对矮小、年龄小、熟悉的人容易让人产生喜爱、怜悯之情；因小而熟悉的人或事物，又能让人产生轻视、厌弃之情。因而，小称具有令人喜爱或厌恶的感情色彩。

（一）表爱昵

用于人名称呼和亲属称谓中，表示爱称、昵称义。

（80）安徽宿松：

妹［mei¹³］称呼"女孩"或"妹妹"—妹［mei⁵⁵］带有怜爱、亲昵色彩。

姐［tɕia²¹］姐姐（背称）：你有几个姐和妹？—［tɕia⁵⁵］姐姐（面称），面称用变调形式，表示亲近、喜爱的感情色彩。（唐爱华，2005）

（81）湖北大冶：变调名词包含着说话人对所指对象的一种喜爱之情。

你媳妇生了个谜欸——生了个老孙［lɔ⁵³san³³］孙子

我弟［tʻai³³⁻⁵⁵³］考上了大学。（汪国胜，1996）

（82）福建宁德：小称调用于人名和亲属称谓词中，表示亲热、亲昵。

峰［xuŋ³³⁴］—［xuŋ⁵⁵］、忠［tyŋ³³⁴］—［tyŋ⁵⁵］、莺［eŋ³³⁴］—［eŋ⁵⁵］、姨［ei¹¹］—［ei⁵⁵］、翁爷爷［œŋ³³⁴］—［œŋ⁵⁵］、舅［ko⁴¹¹］—［ko⁵¹］。（陈丽冰，2012）

（83）江西乐安（邵慧君、万小梅，2006）：人名、重叠式亲属称谓的变调在万崇话中普遍存在，表示亲切、随意。如：

军华［tɕin˧˥ fa→］、飞保［fi˧˥ pau³²］、细狗［ɕi˧˥ kiəu³²］、姐姐［tɕia³² tɕia→］

（84）广东信宜：变音表示昵称，主要用于对下辈或对知己。例如：

阿妹［a³mui↗］_{哥哥姐姐称妹妹}、阿九［a³kɐu↗］_{长辈称呼晚辈}、阿女［a³nœi↗］_{父母称女儿}、阿文［a³mɐn↗］_{年长的称年轻的，或称知己}（叶国泉、唐志东，1982）

（85）广西北流：用"阿"字开头，名字读高升变调，表示亲切。例如：

阿东［a33tuŋ⁵⁴⁻³⁵］、阿芳［a33fɔŋ⁵⁴⁻³⁵］、阿兰［a33lan²¹⁻³⁵］、阿勇［a³³ȵuŋ³³⁻³⁵］（李芒，2007）

（86）浙江汤溪：芳［fɑŋ²⁴⁻⁵⁵］人名、兰［lɑŋ¹¹⁻⁵⁵］人名、彩云［tsʻɛ⁵³⁵⁻⁵⁵iei⁰］人名、母妈妈［m¹¹³⁻⁵⁵ ma⁰］、爷［iɑ⁵²⁻⁵⁵］爷爷（曹志耘，2001）

（二）表轻蔑

用于对人的职业、身份的称呼，表小看、轻视意味。

（87）江西石城高田话：石城方言表达"小称"义，是在韵母末尾带上［-t］尾，属"小称变韵"。如：

你系一只校长［hau⁵⁴ tsɔŋᵗ²¹］，言外之意是"你只不过是一个校长"，表"小看"。（温昌衍、温美姬，2004）

（88）广东信宜：

佢系连长［kʻœi²³hɐi²²lin¹¹tʃɛŋ³⁵］他是个连长—［kʻœi²³hɐi²²lin¹¹tʃɛŋ↗］他只不过是个连长。（叶国泉、唐志东，1982）

前者带有尊敬的意味，变音后有轻视的意味。

（89）广西容县：本音含有尊重对方的意味，小称带有轻视对方的色彩。

主任［tsy³³ȵɐm¹¹］_{大主任}—［tsy³³ȵɐm↗］_{小主任}（周祖瑶，1987）

佢系厨官佬［ky³¹hɐi¹¹tsy³¹kun⁵⁵lɐu³³］_{他是个大厨师}—［ky³¹hɐi¹¹tsy³¹kun⁵⁵lɐu↗］_{他是个小厨师}

（90）安徽黟县：黟县话"官［kuːɐ］"是通称，而"官儿"则有明显的轻蔑意味；"主任"是通称，而"主任儿"就有一些嘲笑或讽刺

的意味了。(赵日新,1999)

(三) 表语气委婉

(91) 广西容县：单音形容词重叠变音后，放在动词前，用来缓和语气。

慢吃 [man¹¹ hik⁵] 慢吃—慢慢吃 [man¹¹ man↗hik⁵] 慢慢地吃、轻放 [heŋ⁵⁵ foŋ²²] —轻轻放 [heŋ⁵⁵⁻³³ heŋ↗foŋ²²] 轻轻地放（周祖瑶，1987）

本调表示语气重，重叠加小称变音表示语气缓和。

(92) 广西玉林：玉林话的代词变调后，语气比较委婉、亲切，本调语气较重，带有质询的意味。例如：

你想士哝？ [ni²³ ɬa³³ ɕi²¹ noŋ²³] 你想怎样（质问语气）— [ni²³ ɬa³³ ɕi²¹ noŋ³⁵] 你想怎样（商量语气）

佢要兀样做 [ky³² jiu⁵² at³ ja³ tu⁵²] 他要那样做（语气肯定）— [ky³² jiu⁵² at³ ja³⁵ tu⁵²] 他要那样做（语气委婉）（梁忠东，2002）

(四) 表轻松戏谑

在部分人体动作动词中，变音表示一种轻快、随意的动作，或带有轻松、戏谑的语气，从语义来看，由小称的指小表爱到动作的轻松、随意具有相同之处，曹志耘（2001）称为"表轻松貌"。

(93) 湖北大冶：

a. 你画画写写的 [xuɑ³³ xuɑ³³ ɕĩ⁵³ ɕĩ⁵³ ta³³]，在忙谜欤在忙什么呢？

b. 他坐倒冇得事，驼张纸画画写写 [xuɑ³³ xuɑ³³⁻³³¹ ɕĩ⁵³ ɕĩ⁵³⁻³³¹] 他坐着没事，拿张纸时而画画，时而写写。（汪国胜，1996）

"画画写写"在 a 句中用本调形式，带"的"作谓语，意思是"又是画又是写"，显得"你"紧张忙碌；在 b 句中用变调形式，也作谓语，意思是"时而画画，时而写写"，显得"他"悠闲自得。

(94) 浙江汤溪：变音后的词义带有轻松语气。

拉 [la²⁴] 拉车—拉 [la²⁴⁻⁵⁵] 吹牛；捋 [lɛ¹¹³] 顺手抹—捋 [lɛ¹¹³⁻⁵⁵] 望下撕拉；掠 [lɤ¹¹³] 顺手拿—掠 [lɤ¹¹³⁻⁵⁵] 劈打（曹志耘，2011）

(95) 湖北阳新：善意的批评或训斥得不厉害，表示一种轻松、诙谐的感情。如：

哄 [xɐŋ²¹] 诓骗—[xɐŋ⁴⁵] 带有开玩笑的语气、训 [ɕyɐn³³] 训斥—[ɕyɐn⁴⁵]（黄群建，2016）

（96）湖北阳新三溪：

窜［ts'ẽ³³］乱跑，语气庄重——［ts'ɐn⁵⁵］小孩到处乱窜，含有厌烦的意味。

摇□［ie²¹lo²¹］大摇篮，语气庄重，表示看得起——［ie²¹lɐn⁵⁵］小摇篮，语气轻蔑，含有看不起的色彩。（何天贞，1982）

（97）湖北通山：通山方言有一个高升变调［35］，与阴去调相同。这种变调可用于表轻蔑、厌恶的感情色彩。如：

拉₁了几句家常。

没油没盐的话，王大发一拉₂就是半天。（范新干，2007）

拉1［lɔ²³］-拉2［lɔ³⁵］均表"闲谈"义。但在感情色彩方面，二者有区别。"拉1"无褒、贬色彩。"拉2"则带有轻蔑的色彩。

第四节 变音式小称的特点

一 语形特点

1. 小称调以高调为主，低调为辅。

有的方言中，只有一种小称变调。其中高升调、高平调最为常见，其次为高降调。

高升调的主要有：湖北通山（范新干，2007），湖北阳新（黄群建，1993），江西萍乡（魏钢强，1990），广西容县（周祖瑶，1987），广西玉林（梁忠东，2002），广西北流（李芒，2007），广东信宜（叶国泉、唐志东，1982）等。高平调的有：安徽宿松（唐爱华，2005），湖北阳新三溪（何天贞，1982），浙江嘉善（徐越，2005），福建罗源（黄涛，2016），浙江汤溪（曹志耘，2001）等。高降调也是方言中较为常见的类型，例如：粤北长来（赵冬梅，2002），福建宁德（陈丽冰，2012）等。朱晓农（2004）指出，"东南方言中的小称有一种表示法是用变调，尤其是用高平或高升调，称之为'高调化'。小称除了有细小义之外，一般还有亲切的含义，即所谓'昵称、爱称'。"他指出了高调与细小亲密之间存在一种生物学的关系。从语言事实中，我们也可以看到，高调是汉语方言小称调发展的主流。但是，我们也发现了用低降调表小称的现象，如湖北大冶（汪国胜，1996）等，只是分布不够广泛。

2. 兼有几种小称变调的方言，往往依据一定的条件进行变调。

有的方言会同时兼有几种小称变调，有的是约定俗成的结果，有的因变调的条件有所不同。根据变调的条件，可以分为以下类型：（1）"阴阳型"。以单字调的阴阳决定小称调的调值。如：江西广丰（胡松柏，2013）：小称变调的对应关系为，高平型小称调对应阴调类，高升型小称调对应阳调类。广东粤北土话（庄初升，2004）：小称变调基本上以本调的阴阳作为分化条件，其历史层次可以追溯到浊音清化和阴阳分调的时代。（2）"平仄型"。以单字调的平仄决定小称调的调值。如浙江温岭（李荣，1978）：本音是平声的，变音为升变音。本音是仄声的，变音为降变音。浙江青田（潘悟云，1988），小称变调有两种形式：平声[55]调和仄声[224]调。（3）"对应型"。变韵字的调值由它的本韵字的调类决定。如浙江永康（曹志耘，2001），阴、阳平变为[324]，阴、阳去变为[3]，阴、阳上分别变为阴、阳去的单字调值。（4）主次型。有的方言中，有两种小称调，但一种是主要小称调，一种是次要小称调。如福建宁德（陈丽冰，2012），高平调是主要的小称调，高降调是次要的小称调。

3. 小称调的发展走向是由繁到简。

在现有的语料统计中，我们发现，合变式小称调占据绝对优势。在粤、客、赣、闽、粤北土话区都有分布，而分变式小称调较少，主要分布在吴语、徽语等小称类型较为复杂的地区。

从共时的语音形式来看，分变式和合变式是小称变调的两种不同类型。从历时的演变序列来看，分变式和合变式则是小称变调发展过程中先后经历的两个阶段。总体来说，汉语方言的小称调朝着分变向合变发展的过程。也可以说，小称调的走向是由繁到简的发展过程。

4. 变韵型小称在汉语方言中属于一种萎缩现象。如武义方言中，只有一二十个老资格的小称名词里头，有小称变韵形式。我们也发现单纯变韵小称在方言中较为少见。变韵通常和变调一起来表小称。因为单纯的变韵很难达到表小的目的。

二 语义特点

小称变音作为小称的语法形式，具有和其他小称形式共同的表义特点。不仅可以用于名词，还可以用于量词、动词、形容词，表示"小量"语义。具体来说，表示事物的细小、数量的微少，还可以表示动作缓和、时间短暂和程度轻微等意义。可以表示亲昵或蔑视的感情色彩，并进而引申出语气委婉、轻松戏谑等语用意义。

但和其他小称形式相比，小称变音也具有自己独特的特点。那就是小称义已出现功能泛化现象。所谓"功能泛化现象"，是指小称形式尚在，但小称意义已经模糊。有些方言的小称变音，在表义功能上，小称义已经不具明显性。

汉语方言中除广西、广东等地的小称变音语义较为丰富外，其他各地的小称变音都可以附加多种语法意义，有些地区，典型的指小表爱的语义功能表现得并不明显。李荣（1978）指出，"名词化"就是温岭话变音的语法意义。这一语法意义同样适用于粤北土话。在粤北土话区，小称变音的主要功能是名词化的标志。同时变音具有区别词义、区分词性的作用。如白沙土话（庄初升，2004）中"锯"读本音［kʉ⁴⁴］时是动词，读变音［kʉ²ʔʉ²³］时是名词，指锯子。这里起到了区分词性的作用。再如汤溪方言（曹志耘，2011），小称可以用作生动形容词的标记，如"红呱呱儿、清清楚儿楚儿"具有强调、夸张的意味。有些方言的表义范围极其有限，有的方言中，几种小称形式并存。这时，小称变音只能分担部分小称语义。如：福建宁德（陈丽冰，2012）的小称变调只用于人名、亲属称谓和儿童语体中。而主要的表小义由"囝"缀承担。江西永丰（朱珠，2018）的小称变调只在亲属称谓中表现得较为明显。在粤北土话中，事物的细小者，多用后缀"崽"表示。如白沙土话：铰剪崽 小剪刀 ［kʌu⁴⁴ tsie²⁴ tsʌ²ʔʌ²³］、椅崽 小椅子 ［jŋ²⁴ tsʌ²ʔʌ²³］（庄初升，2004），只有少数变音词表现出了小称和爱称的语义特点。这说明，小称变音的语义已出现泛化现象，小称义渐趋模糊。

第五节 小称变音的来源与发展

一 小称变音的来源

小称变音不仅广泛存在于汉语方言之中，而且小称变音由来已久，这一点，从汉藏语系其他语言中可见一斑。正如华萍（1991）所说：

"跟别种语言的比较，显然也是汉语语法研究的极为重要的内容。特别是同汉语有亲属关系的汉藏语系中的语言，它们的某些语法现象肯定有助于观察和解释汉语的某些语法事实。"汉语方言中的小称变音现象，我们在汉藏语中依然可见。例如：

(98) 都安壮语：名词通过元音的变化表示较小的工具、瓜果、物品等。

半月锄 [kwa⁶]—小半月锄 [kwe⁶]、大树枝 [ŋa¹]—小树枝 [ŋe¹]、大块田 [ba¹]—小块田 [-be¹]、一大把 [ȵaːm²]——小把 [ȵeːm²]（李旭练，2008）

(99) 苗瑶语的石门坎：量词用变换元音韵母的方式表示小称。本音韵母变作 [a]，[a] 变形带有"小巧"色彩。如：个 [lu⁵⁵]—个 [la⁵⁵]

一个好房子 [lu⁵⁵ ŋɡɦia³⁵]——一个小房子 [la⁵⁵ ŋɡɦia³⁵]（马学良，2003）

(100) 藏语：采用"变韵+词缀"的形式。词缀形式有"gu、ɦu、nu、lu、ŋu"五种，其中开音节词中的元音会发生改变。非高元音 i、u 的例词，小称音变的音韵特点是低元音高化，后元音前化；高元音为 i、u 的例词，小称形式与非小称形式的主元音保持不变。如：

马 [rda]—小马 [rdeɦu]；桶 [zo]—小桶 [zeɦu]；石头 [rdo]—小石头 [rdeɦu]；狗 [k'ji]—小狗 [k'jiɦu]；弓 [gʐu]—小弓 [gʐuɦu]。（邵明园，2012）

(101) 瑶族勉语：标敏方言量词用变调形式表示数量"少"。如：

ȶa³⁵(3) pau⁴⁴(1) tau³¹(2) min³¹(2) na³¹(2) di³¹(2) i⁴⁴(1) phəu⁵³ səu⁴⁴(1) kje⁴⁴(1) hai²⁴(5)

我们　三　个　人　哪　给　一　本　书（语气助词）怎

jen⁴²(6) kəu²⁴(5) nin³¹(2)？

么　　够　呢？

我们三个人，给一本书怎么够呢？

这里的量词"本"原读 pəu⁴²(4)，变成 [53] 调表示数量少。

nin³¹(2) ȶhan⁴²(8) ɬa²⁴(5) ȵa⁴²(8) sei⁴⁴(1) ȵin⁴²(6) i44(1) da⁵³

(7) mi35(3)

他　十　月　（日子）　才　吃　一　担　米

他十个月才吃一担大米。（卢诒常，1985）

（102）东兰县巴拉壮语：利用韵母中的主元音高低相对的方式产生屈折现象。如：

一大块、厚块[vaːm⁶]——小块、薄块[veːm⁶]

夹稍大一块[naːp⁷]—夹一小块[nip⁷]

大的树枝[ʔŋa⁵]—小的树枝[ʔŋi⁵]（韦蓝海，2016）

用工具大范围地刮[kwaːt⁷]—用工具小范围地刮[kweːt⁷]

这些词中的主要元音是 i（前、高、展唇元音）、e（前、半高、展唇元音），它们承担着指代物体体积小或者范围小以及程度轻的任务。

南方方言中的小称变音与少数民族语言找到了类型上的一致性，这并非偶然的现象。因为，南方多为百越居住之地，长期的交流和接触由此产生类型上的一致性也不足为奇了。戴庆厦（2006）指出，"在少数民族语言中，有半数以上的语言与汉语同属汉藏语系，不同程度地保留了汉藏语系古代的语法特点及演变规律。通过汉语与民族语言的对比，可以管窥汉藏语系古代的语法特点及演变规律"①。由此可见，小称变音如同语言的化石，这种小称形式，不仅存在于汉语方言中，在汉藏语系的其他语言中也可以找到发展的足迹。严学宭（1979）指出，"丰富的历史文献和现代语言材料表明，古汉语和很多汉藏语言的词汇系统在相当长的一段时期中曾以单音节词为主，通过单音节词内部声、韵、调的屈折变化区别词义、派生新词，是古汉语中一种最有孳生力的构词手段"②。语言也是一个历史范畴，瞿蔼堂、劲松（1998）认为，语言是一个历史范畴，语言结构是发展变化的产物，现实的"共时"都是历史的"共时"的延续和发展，在历史的时序中，随着时间定位的改变，任何一个时点都可能具有"共时"的性质。由时间定位决定的"共时性"反映了时间的历史本质。③通过变调这种内部屈折手段来改变词性以构成新词，这是汉语古已有之的方法。我们将这种变音现象放在汉藏

---

① 戴庆厦：《语法比较的几点思考》，《语言与翻译》2006 年第 1 期。
② 严学宭：《论汉语同族词内部屈折的变换模式》，《中国语文》1979 年第 2 期。
③ 瞿蔼堂、劲松：《论汉藏语言的共性和类型》，《民族语文》1998 年第 4 期。

语言背景之下，发现它们呈现了共时平面的一致性。变音的小称形式在汉藏语言及汉语方言中存在，是一种历史遗存现象。

关于小称变音的来源，主要存在着如下几种意见：

1. 小称变音来源于儿缀。吴语的研究中，持这一说法的有郑张尚芳（1981）认为温州方言的小称变调可能是由于儿尾弱化消失，再由连读变调起代偿作用转化而来的。徐通锵（1985）以宁波方言"鸭"[ɛ]类词的性质，认为它是儿化的残存形式。方松熹（1993）认为韵母鼻化音，是儿尾长期演变的结果。

粤语的研究中持这一说法的有：张敏、周烈婷（1993）认为，"粤语里的小称变调的产生都是与儿尾或儿化的形式及其发展有十分紧密的内在联系的。它们既可能产生于儿尾阶段，也可能产生于儿化阶段"。李健（1996）认为高升调的源头是"儿"后缀。麦耘（1993），王福堂（1999），曹志耘（2001）认为内变音产生于小称儿鼻尾等。

2. 小称变音可能来自紧喉。以平田昌司（1983），陈忠敏（1992）为代表。陈忠敏（1992）以宁波方言为例，认为小称变调的早期形式应该是喉塞音 [-ʔ]，同时可能共生紧喉及音高特征，一旦这一音段逐渐消失，超音段的声调特征就会起补偿作用，表小称与非小称的语音区别就转为声调音高的不同。

3. 认为小称变音是独立发生的，和小称后缀没有关系。邵慧君（2005）通过考察吴粤语小称的变音形式，认为变调在粤语的广府片应是独立的屈折手段，而并非是"儿"尾儿化变音后的产物。朱晓农（2004）认为儿鼻化先于高升调，但二者是"先后出现的两个独立的表示小称的方式在共时平面上的投影"，"其间并无派生、孳生、承继关系"，这是对变调是由儿缀弱化的代偿作用而来的说法的否定。伍巍（2006）从徽语出发，认为"小称变调"与"儿化"二者是独立存在的，彼此并无同源关系。

通过方言语料的考察，我们发现，小称变音和"儿尾"的关系较为密切。例如吴语、徽语的小称变音和儿尾的关系较为密切。从整个汉语方言的共时平面来看，我们不能一概而论，小称音变由儿尾而来。如广东粤西地区茂名、勾漏片粤语广西玉林等，儿尾与小称变音存在着密切的关系。而广府片粤语的变调很可能是独立的屈折手段。同样，对于赣语而言，小称变音与儿尾之间的关系也不是十分密切。如湖北赣语、江西赣语等地，我们基本找不到儿尾到小称变音的明显的过渡地区，也有可能小称变音是作为独立的语法手段存在。如黎川话中并没有发现儿尾与变音有中间的过渡形式，很可能儿尾和变音是两种不同的小称手段，也可能变调是更早的语言层次。赣语的变调以高升为主，粤北地区，虽然存在小称变音，但是并未发现有儿尾。这都说明，对于小称变音的来源问题，既有历史的原因，也有不同方言地域特色的原因。这一问题有待日后做更加深入的研究才能得出结论。

二 小称变音的发展

小称变调是古代汉语的残存形式，学者们多认为，它的消亡是必然的。王福堂（1999）认为，儿化变调转变为小称变调后，也迅速融入方言的本调系统，失去自我。因此，小称变调在粤方言中存在逐渐消亡的趋势。

从目前已发表的文献作品来看，小称变音有被词缀小称取代的趋势。江西乐安方言存在"变调""变调＋词缀"和"词缀"表小三种形式。而且，它们之间存在一种相互协调、互补分布的状态。一种情况是变调表小，则不需要用"嘚"尾，但这种情况较少；另一种是变调不指小，其表小义由"嘚"尾承担；还有一种情况是变调和"嘚"尾共同表小。可见，变调和词缀分别代表新旧不同层次的小称，而"变调＋词缀"代表小称演变的过渡状态。这一情况，在宜丰、上高等地方言也存在。江西赣方言中，多采用"变调＋唧缀"的方式表小。如江西上高：鸡 大鸡 [tɕi³¹]—鸡 [tɕi²⁵] 唧 小鸡、刀 普通刀 [tʻau³¹]—刀 [tʻau²⁵] 唧 小刀。在江西赣方言中，宜丰、上高、乐安等地，一般用小称词缀表示事物的"小、少"义。在粤北土话区，也存在小称变音表小，但主要的表小功能，由后缀"崽"来承担。这都说明，小称变音的语义功能在逐渐弱化，表小义趋于模糊。小称变音的称小功能已经不太明显。对于二者之间的关系，邵宜（2006）认为：变调是表示词汇语义和语法意义的一种重要的语法形式，单音节词变调出现的年代可能要早于词缀。这符合汉语词汇演变的一般性规律：由于单音节词占据主导，虚词语素作为语法手段还未成熟，内部屈折成为表现语义变化的主要手段。如图所示：

内部屈折→内部屈折＋虚词语素→虚词语素
瓶↗　　　　瓶↗积　　　瓶积

我们认为，小称变音作为古代汉语的语音形式，在东南方言中保存。词缀小称是后起的小称形式。这两种新旧形式的更迭，经历了漫长的历史演变过程。中古汉语以前，基本上是单音节词为主，用变调来构词，这是一种经济、简约的构词方式。这种变调构词后来演变成一种语法形式，表示小称意义。但随着汉语双音节化的发展，词缀逐渐产生和迅速发展，成了小称的主要语法形式。因此，小称变音发展的未来走向是，语义功能逐渐弱化，并渐趋衰亡，有渐被词缀小称取而代之的趋势。

第六章　小称的地理分布

地理语言学，也叫语言地理学，用不同地点的同一语言事实的表现做基础，利用地图的方式描述语言现象在地理空间上的分布状况，结合地理、历史和社会因素解释这些分布形成的原因，探索语言现实分布和历史变化的规律。① 语言地图的主要作用是对同一语言事实进行比较，同时也可以探索语言现象的历时变化过程，为语言演变的历史研究提供一定的依据。汉语方言的分布区域非常广泛，方言差异比较悬殊。方言地图是描写、展示和保存方言现象分布情况的一种非常有效的方式。

汉语和世界上的很多语言一样，都有表示小称的语法标记。就汉语方言来说，主要分为附加型、重叠型和变音型小称形式。本章从共时平面对汉语方言小称的地域分布特征进行描写和说明。首先借助地理信息系统软件 ArcGIS，绘制小称的地理分布图，然后辅之以表格加以说明，通过图表结合的方式，全面概括汉语方言小称的地理分布特点。在顺序上，我们采取由面到点的顺序，先介绍小称的总体分布情况，然后再分门别类地对不同形式的小称进行统计。

第一节　小称形式的总体分布

本节主要从宏观上对汉语方言小称的总体分布进行统计和分析。汉语方言小称总体分布情况详见图附 - 1：汉语方言小称分布图。从该图来看，汉语方言小称的地理分布呈现由西北向东南逐渐增多的趋势。

从数量上看，地域广袤的西藏自治区、青海、新疆维吾尔自治区、

---

① 曹志耘：《老枝新芽：中国地理语言学研究展望》，《语言教学与研究》2002 年第 3 期。

内蒙古自治区等地，以及相连成片的东北三省，小称形式均不丰富。根据目前我们所搜集的语料来看，西藏自治区目前未见有小称分布。与其临近的青海、新疆维吾尔自治区，小称也只有零星分布。如青海地区只见于西宁、乐都有小称现象。内蒙古自治区有小称见于呼和浩特、包头、凉城、后套、武川。在东北三省地区，除辽宁锦州、长海外，吉林和黑龙江还未见小称形式。从陕西省开始，分布点逐步增多，如陕西省共有30个方言点有小称现象。到了广东，已经将近50个方言点，而浙江，小称方言点已增至50多个。

从形式上看，小称展示了不同方言区的地域分布特点。官话方言的小称形式相对简单，东南方言的小称形式较为复杂，而且每个方言区都具有自己的小称特点。比如：湘方言的"崽"缀小称，闽方言的"囝"缀小称，赣方言的"嘚"缀小称，吴粤语的变音式小称，官话方言的"儿化"小称等，汉语方言的小称形式，可谓异彩纷呈。

本书把汉语方言的小称分为"附加型""重叠型"和"变音型"三种基本类型。本节针对上述三种类型来探讨小称的地理分布。

第二节 附加式小称的地理分布

汉语方言小称形式比较丰富，包括"儿"类、"子"缀、"崽"类、"唧"缀、"娃"类、"囝"缀、"圪缀"，本节对七种小称形式在地理上的分布情况做了统计和分析。

一 "儿"类小称分布

"儿"是汉语方言中分布最广的小称形式，但它们的存在形式不同，包括儿尾小称、儿化小称、儿尾和儿化小称，共三种类型，通过分布图和分布表，可以清楚地看到这三种形式在地理上的分布情况。

（一）儿类小称分布图

通过图附-2：儿类小称分布图，我们可以看出，儿类小称是汉语方言分布最广的小称形式。不仅广泛存在于官话方言中，也存在于非官话方言中。就官话方言而言，可以说，儿类小称遍布于整个八大官话方言区，即西南官话、中原官话、兰银官话、冀鲁官话、江淮官话、胶辽官话、东北官话、北京官话。就非官话方言而言，主要分布在吴语、粤语、徽语、赣语、湘语、晋语、平话中。从地域来看，儿尾小称主要集中浙南、粤西、广西桂东南的丘陵地区。如湖南、广东、广西等地只有儿尾形式；长江中游地区如湖北西部，贵州北部，陕西东部区域主要表现为儿化兼儿尾现象；长江中下游及黄河中下游地区的沿河两侧，表现为儿化现象。如黄河沿岸的山西洪洞、新绛、闻喜等，长江沿岸的湖北郧县、巴东、恩施等。

（二）儿类小称分布表

儿类小称主要分为儿尾小称和儿化小称，下面我们分别进行统计。具体详见：表 6-1：汉语方言儿尾小称分布；表 6-2：汉语方言儿化小称分布；表 6-3：并用型小称分布。

表 6-1　　　　　　　　　　儿尾小称分布

方言区	方言点	点数
吴语	浙江：温州、杭州、温岭、庆元、平阳、云和、玉山、遂昌、松阳、瑞安、衢州、龙泉、淳安（威坪）、丽水、开化、缙云、崇德、路桥 江西：玉山、广丰	20
粤语	广东：茂名、吴川、化州、高州、信宜、电白 广西：玉林、贺州、平南、北流、梧州、浦北（小江）、合浦（廉州）	13
徽语	安徽：旌德、建德、遂安、绩溪、浮梁	5
赣语	陕西：安康（牛蹄乡） 江西：黎川、安福、铅山、宿松、九江 湖南：耒阳	7
湘语	湖南：溆浦	1
晋语	山西：阳曲；河北：宣化	2
西南官话	四川：镇龙、五通桥区、邛崃、西充、成都 重庆 贵州：毕节、遵义 湖南：安乡（黄山头）、吉首、石门 湖北：长阳	12

续表

方言区	方言点	点数
中原官话	青海：西宁 甘肃：天水、甘谷、武山 河南：罗山	5
兰银官话	甘肃：山丹、兰州	2
冀鲁官话	河北：定兴	1
平话	广西：宾阳、横县、宣州、临桂、武宣	5

从表6-1中我们可以看到，儿尾小称较多地存在于南方方言，其中吴语、粤语最多。其他方言区中徽语、赣语、晋语、湘语、平话区也有零星分布。官话方言区中，存在形式并不普遍，只有零星分布。其中，四川、贵州、湖南的西南官话、甘肃的中原官话、青海的兰银官话、河北的冀鲁官话均有分布。总体来说，儿尾小称较多保留在非官话方言区，官话方言中虽有少量存在，但已经不具有能产性。

表6-2　　　　　　　　儿化小称分布

方言区	方言点	点数
西南官话	湖北：长阳、襄阳、钟祥、枣阳、宜都、郧县、建始、恩施、丹江、巴东、宜昌 湖南：永顺、慈利、常德、桃源、安乡、汉寿、石门、吉首 贵州：遵义、绥阳、思南 云南：昆明、建水 四川：成都、西充、邛崃、泸州、合江、南江、九寨沟、自贡 重庆	33
中原官话	陕西：镇安云镇、安康、鄠城、商州、户县、高陵 河南：罗山、中牟、镇平、夏邑、唐河、孟州、洛阳、光山、新郑、陕县、浚县 山西：临猗、新绛、永济、洪洞、万荣 江苏：徐州、丰县 甘肃：临夏	25

续表

方言区	方言点	点数
江淮官话	湖北：英山、孝感、浠水、蕲春、鄂州、安陆、团风	12
	江苏：海安、如皋、泰州、泰兴	
	江西：九江	
冀鲁官话	河北：武邑、邢台、迁西、定兴、孟村	15
	山东：莱芜、淄川、长山、章丘、泰安、莘县、聊城、博山、邹平	
	天津	
胶辽官话	山东：文登、威海、青岛、即墨、龙口	6
	辽宁：长海	
北京官话	北京	1
东北官话	辽宁：盘锦	1
吴语	浙江：宁波、义乌、金华、长兴、余杭、浦江、路桥、嘉善、海盐、余姚	10
晋语	河南：安阳、博爱、辉县	13
	陕西：榆林	
	河北：宣化、元氏	
	山西：太原、晋城、孝义、定襄、大同、闻喜、左权	
徽语	安徽：黟县、岩寺、休宁、歙县、溪口、屯溪、黄山、遂安、祁门	13
	江西：婺源、浮梁；浙江：淳安威坪、寿昌	

  从表6-2中我们可以看出，"儿化"是汉语方言中分布形式较广的小称形式。主要集中在我国北方地区，南方方言也有零星分布。

  在官话方言中，除兰银官话区，各大官话方言均有分布。在非官话方言区，吴语、徽语、晋语也存在儿化形式，只是它们的语音形式会明显不同。晋语虽然属于非官话方言，但地处北方，因此，依然存在儿化小称形式，这应该是山西晋语与北方官话长期接触所产生的结果。但总体来说，儿化是官话方言中普遍存在的小称现象。南北方虽然都有儿化形式，但语音形式并不相同，北方官话多以卷舌儿化为主，而南方方言如吴语、徽语等以非卷舌儿化为主，这应该是北方儿化向南推进的过程中的变化形式。

表6-3　　　　　　　　　　并用型小称分布

方言区	方言点	点数
西南官话	四川：成都、邛崃、西充	3
	重庆	1
	湖南：石门、吉首、安乡	3
	湖北：长阳	1
	贵州：遵义	1
中原官话	河南：罗山	1
冀鲁官话	河北：定兴	1
赣语	江西：九江	1
晋语	河北：宣化	1
吴语	浙江：路桥、淳安威坪	2
徽语	安徽：浮梁	1

从表6-3中我们可以看出，汉语方言中还存在儿化和儿尾并存表小称的现象，我们称为并用型小称。这一形式在汉语方言各个方言区只是零星分布。

从地域分布来看，"儿类"小称在汉语方言中的分布是不平衡的。儿尾到儿化的发展变化，反映了汉语方言的历史演变过程。有的方言处于演变的早期阶段，即儿尾型，如广西贺州、浙江杭州；有的方言演变得较为彻底，即儿化型，如北京；有的方言还处在新旧交替的阶段，儿尾和儿化共存并用，如贵州遵义、湖南石门，具体情况如表6-3所示。儿尾和儿化在有的方言里还将会并用一段时间。"儿尾"到"儿化"，是词根"儿"所经历的不同语法化阶段，总体来说，儿尾在逐渐向儿化过渡，并呈现自北向南的推移之势。

二 "子"缀小称分布

子缀小称在汉语方言中分布广泛，通过分布图和分布表，可以清楚地看到子缀小称在地理上的分布情况。

(一)"子"缀小称分布图

通过图附-3："子"缀小称分布图，我们可以看出，"子"缀小称主要分布在江西、湖南、福建、广东等省份，并且广东、福建的交界处更为集中，如广东的梅县和大浦，福建的永定、武平、连城、永安、沙县、南平等地区。这些地方，因为地域相连，也表现出了一致性的特点。

（二）"子"缀小称分布表

表6-4　　　　　　　　汉语方言"子"缀小称分布

小称形式	方言区	方言点	点数
A子	江淮官话	安徽：定远、枞阳	2
	中原官话	安徽：阜阳、濉溪；河南：夏邑；山西：新绛；陕西：镇安；甘肃：天水	6
	西南官话	湖南：安乡黄山头；湖北：荆门	2
	湘语	湖南：长沙、衡阳、娄底、湘乡、新邵、寸石、涟源、湘阴、湘潭、株洲	10
	赣语	江西：南昌、永修、新干、泰和；安徽：宿松	5
	客家话	江西：上犹、南康、遂川、赣县；四川：泰兴、洛带；福建：连城、宁化、武平、永定；广东：梅县、大埔	12
	粤语	广东：阳江、四邑	2
	闽语	福建：浦城、罗源、沙县、盖竹、永安、建瓯、南平、松溪、宁德	9
	晋语	陕西：榆林；河南：安阳；河北：涉县	3
	平话、土话	湖南：泸溪、古丈、嘉禾、宜章	4
A子子	江淮官话	江苏：赣榆	1
	中原官话	河南：固始	1
	平话、土话	广西：全州	1
A子～A子子	江淮官话	安徽：合肥、怀远；江苏：高邮、泗洪、扬州	5
	中原官话	河南：固始	1
	西南官话	湖北：宜昌	1
	湘语	湖南：益阳	1
A子子子	兰银官话	甘肃：酒泉	1
A子～A子子子	中原官话	陕西：商州	1
A子～A子子儿	西南官话	湖南：慈利	1

结合图附-3、表6-4来看，"子"缀小称的分布范围比较广泛。官话与和非官话区都有较为明显的分布。官话方言区主要集中在江淮官话、中原官话，西南官话较少分布。非官话方言主要集中在客家话和闽语区，湘语、赣语、平话土话也有一定分布，粤语、晋语较少分布。官话方言主要分布在安徽的北部和中部，跨域中原和江淮官话，它们在地域上连成一片。皖北中原官话主要分布于安徽阜阳、濉溪等地，皖中江淮官话分布于安徽定远、枞阳、合肥、怀远等地。在非官话方言区，主要在江西、福建、广东的部分客家方言区，如江西遂川、江西赣县、福建连城、福建宁化、福建永定、广东梅县等地，以及闽语中的闽北、闽中地区，如福建建瓯、浦城等地。

另外，汉语方言还出现了"子"缀叠用表小称的现象。形成"子子"缀、"子子子"缀形式，主要集中在官话方言区，湘语中也有分布。有时"子"缀和"儿"缀连用，形成"子子儿"形式，如湖南慈利。叠用形式的出现，也说明"子"缀小称表义逐步走向弱化。总的来说，"子"缀小称虽然也是从古代汉语传承下来的小称形式，但在汉语方言中没有"儿"类小称分布范围广，在"子"缀小称集中分布的地区，通常没有儿类小称形式，"子"和"儿"在局部地区形成一定的互补分布状态，如福建、江西、湖南等地的"子"缀小称，以上地区，通常不存在"儿"类小称形式。

三 "崽"类小称分布

（一）"崽"缀小称分布图

通过图附-4："崽"缀小称分布图，我们可以看出，"崽"缀小称在地域上形成了以湖南为中心，同时影响周边广西、湖北及江西的部分地区。这应该是湘语向周边方言扩散的结果，既反映了湘语的特点，也说明了方言之间的交流与融合。

结合图附-4、表6-5来看，"崽"类小称包括"崽"缀、"崽唧"缀、"崽崽"缀、"崽子"缀等几种形式。"崽"类小称主要分布在湘语区，几种不同形式的"崽"类小称的分布情况略微有些差异。

"崽"缀主要分布于湖南，少量分布在广西。湖南的湘语、赣语及湘南土话多有分布。湘语如湖南的新化、娄底等地；赣语如湖南浏阳、安仁、资兴、耒阳等地；湘南土话如湖南江永、嘉禾等地均有分布。不仅如此，与湖南毗邻的广西湘语，也有较多"崽"缀小称，另外，广西客家话、广西官话、湖南西南官话也有分布，如湖南江华。

(二)"崽"缀小称分布表

表6-5　　　　　　"崽"类小称分布

类型	方言区	方言点	点数
崽	西南官话	湖南：江华；广西：桂林	2
	湘语	湖南：城步新化、娄底、新化、长沙；广西：资源城关、灌阳、资源新化	7
	赣语	江西：丰城、抚州、芦溪、樟树、永新、萍乡、贵溪；湖南：浏阳、安仁、资兴、耒阳；湖北：咸宁、通山、阳新	14
	客家话	广西：高峰、柳城	2
	平话、土话	广西：灵田水埠、资源延东；湖南：新田南乡、江永、嘉禾	5
崽唧	赣语	江西：丰城、樟树；湖南：浏阳、常宁、茶陵、醴陵、安仁	7
	湘语	湖南：冷水江、衡山、邵东、湘潭、湘乡、双峰、衡阳、娄底、新邵寸石、新化、杨家滩、益阳	12
	土话	湖南：东安	1
崽崽	客家话	四川：泰兴、成都	2
	湘语	湖南：城步新化、祁东、邵东、益阳、涟源、邵阳、祁阳；广西：全州、资源城关、兴安城关、兴安湘漓、灌阳	12
	赣语	湖南：常宁	1
	西南官话	广西：桂林	1
	平话	广西：灵田水埠、资源延东；湖南：宁远、新田南乡	4
崽子	客家话	江西：南康、上犹；四川：泰兴、成都；湖南：汝城	5
	湘语	湖南：长沙	1
	赣语	江西：南昌、泰和	2
崽儿	赣语	江西：黎川、铅山、南康	3
哩崽	平话	广西：灵田水埠	1

"崽唧"缀是在"崽"缀的基础上发展而来的，主要集中在湖南湘赣语区，与其临近的江西也有少量分布。湘语包括湖南冷水江、邵东、双峰、娄底、新邵县寸石、新化、杨家滩等地。赣语包括湖南浏阳、常

宁、安仁等地；湖南周边的江西樟树、丰城等地也出现了"崽唧"缀。

"崽崽"缀主要集中在湖南地区，分布于湘语、赣语及湘南土话中。与湖南接壤的广西湘语、西南官话及平话土话区也存在"崽崽"缀，与湖南较远的四川成都泰兴，也存在"崽崽"小称。与其他小称词缀不同的是，"崽崽"既可以做前缀，也可以做后缀，有的方言二者兼而有之。"崽崽"后缀的存在形式较为普遍，湘语有湖南新化、祁东、邵阳、广西灌阳等；土话平话区有广西资源延东土话、湖南宁远平话、湖南新田南乡等；西南官话有广西桂林，客家话有成都泰兴等。"崽崽"前缀不多见，目前有广西兴安城关。"崽崽"既可以做前缀，也可以做后缀，在湘语中较为普遍地存在，如湖南祁东、祁阳。广西湘语保留了湖南湘语的这一特点，广西全州、资源城关、兴安湘漓等地都存在这一形式。

"崽子"缀目前在客家方言中有少量分布。见到的有四川泰兴、江西南康。"崽儿"缀在江西赣语区有分布，如江西黎川、江西铅山。"哩崽"缀较少见，分布于广西平话中的灵田水埠。

"崽"作为湘语的古语词，早在东汉《方言》中就已存在。一直沿用至今。目前来看，"崽"依然是湘语中较为活跃的小称词缀。同时，在"崽"的基础上，形成了"崽唧""崽子""崽崽"等不同形式。这都是在"崽"的影响下产生的。从地域来看，"崽"不仅在湘语中有，同时在赣语、客家话、平话土话中也有分布。赣语主要存在于江西，湖北赣方言少量存在。同时，湖南境内的西南官话、平话土话区以及湖南周边的广西地区也有，这是"崽"向周边扩散的结果，也是语言接触的结果。距离湖南较远的四川境内，也存在"崽"缀小称形式，估计是历史移民的结果。

四 "唧"缀小称分布

（一）"唧"缀小称分布图

通过图附-5："唧"缀小称分布图，我们可以看出，"唧"缀小称主要分布在湖南和江西部分地区，其中，湖南的分布地域较广，湘中、湘北、湘南、湘东均有分布。江西主要分布在与湖南接壤的市县区。如江西宜春市所辖的宜丰、丰城、樟树、上高、安福等地，呈现内部封闭性的特点。

(二)"唧"缀小称分布表

表6-6　　　　　　　　　　"唧"缀小称分布

类型	方言区	方言点	点数
唧缀	湘语	湖南：沅江、冷水江、衡山、邵东、湘潭、株洲、湘乡、双峰、娄底、新邵寸石、新化、杨家滩、涟源、益阳、衡阳	15
	赣语	江西：丰城、樟树、吉安、宜丰、上高、安福、宜春 湖南：浏阳、常宁、茶陵、安仁、醴陵	12
	客家话	湖南：汝城	1
	土话	湖南：东安	1

"唧"缀小称的分布相对较为有限，主要分布于湖南湘语和与湖南相邻的部分赣语中，另外，湘南土话和湖南客家话有少量分布，从地域上呈现东西相连的片状分布特点。

五　"娃"类小称分布

(一)"娃"类小称分布图

通过图附-6:"娃"缀小称分布图，我们可以看出，"娃"类小称多分布在汉水两侧，如湖北的襄樊、枣阳、恩施、郧阳、宜城、巴东等，陕西的平利、留坝等地区。

(二)"娃"类小称分布表

"娃"类小称分布如表6-7所示。

表6-7　　　　　　　　　　"娃"类小称分布

类型	方言区	方言点
娃儿	中原官话	河南：南阳、罗山
		陕西：平利、留坝、宝鸡
	西南官话	湖北：襄樊、枣阳、恩施、郧阳、宜城、巴东
	江淮官话	湖北：孝感、安陆

续表

类型	方言区	方言点
娃子	中原官话	陕西：宁强
		甘肃：礼县、敦煌
	兰银官话	甘肃：天祝
娃儿、娃子	西南官话	湖北：丹江、枣阳
	江淮官话	湖北：应山
	中原官话	陕西：镇安、商州
	兰银官话	甘肃：民乐

"娃"缀小称存在于大多数官话方言中，西南官话、中原官话、兰银官话、江淮官话都有分布。"娃"类小称的形式主要有"娃儿""娃子""娃儿"和"娃子"兼用三种形式。其中，"娃儿"是娃的儿化形式，"娃子"是具有独立音节的词缀。有的方言只存在"娃儿"缀形式，如河南洛阳、罗山；有的方言只存在"娃子"形式，如甘肃礼县、敦煌。较多方言存在"娃儿""娃子"两种形式，如陕西镇安、商州，湖北丹江、枣阳等。

六 "囝"缀小称分布

(一) "囝"缀小称分布图

通过图附 -7："囝"缀小称分布图，我们可以看出，"囝"缀小称主要集中分布在东南沿海一带，尤其是集中在福建省的厦门、福州、泉州等地区，广东省的汕头、潮州、揭阳等地，海南的屯昌、海口等也有分布。此外，台湾省的台北市，也用"囝"缀表小称。

(二) "囝"缀小称分布表

从表 6-8 来看，在方言分布方面，"囝"缀小称主要通行于闽语区。主要集中在福建的闽南、闽东地区，其中，闽南是其主要分布区域，莆仙区有零星分布。台湾、海南、广东等地的闽语区，也有"囝"缀表小称的现象。

表6-8 "团"缀小称分布

类型	方言片	方言点	点数
团	闽南	福建：漳州、诏安、东山、厦门、漳平（溪南、菁城、双洋、永福）、泉州、南安、龙岩、大田	12
	闽东	福建：福州、宁德、福清、古田、尤溪、罗源	6
	莆仙	福建：莆田	1
	闽南	广东：海丰、澄海、汕头、潮州、揭阳、雷州、云澳	7
	闽南	海南：屯昌、海口、澄迈	3
	闽南	台湾：台北	1

七 "圪"缀小称分布

（一）"圪"缀小称分布图

通过图附-8："圪"缀小称分布图，我们可以看出，"圪"缀小称主要分布在山西省境内，与其交界地带的河北、河南、内蒙古自治区也出现此类小称特点。如河南辉县与江西省陵川县交界，河南焦作与山西晋城交界，也表现出"圪"缀表小现象。

（二）"圪"缀小称分布表

表6-9 "圪"缀小称分布

类型	方言区	方言点	点数
圪	晋语	山西：长子、长治、文水、柳林、平遥、太原、灵石、忻州、定襄、左权、阳曲、盂县、大同、太谷、沁源、和顺、沁县、孝义、朔州、山阴、汾阳、兴县、天镇、阳城、平鲁、马坊、清徐、神池、原平、右玉、晋源、阳城、榆社、平鲁、晋城、五台、山阴、柳林、介休	39
		河北：灵寿	1
		陕西：神木、榆林、子长	3
		河南：辉县、焦作	2
		内蒙古：武川、呼和浩特、包头、凉城	4
	中原官话	山西：洪洞、万荣、临汾、运城、临猗、稷山	6
		河南：荥阳、孟州	2
	西南官话	湖北：丹江、郧县	2
	兰银官话	甘肃：酒泉	1

从地域来看,"圪"缀小称作为晋语的小称特点,主要分布在山西,同时,陕西、河南、河北、内蒙古的晋语区也存在。"圪"缀同时向周边官话区扩散,中原官话、兰银官话、西南官话也有一定分布。其中,中原官话属于晋语向官话方言的过渡地带,如山西万荣,"圪"缀小称较为丰富,无论是从范围,还是从结构形式,都和晋语"圪"缀小称具有较多的一致性。但处于边缘地带的湖北丹江、甘肃酒泉等地,不仅"圪"缀词的数量急剧减少,而且小称的语义功能已经不再丰富。

第三节 重叠式小称的地理分布

本节从名词重叠和量词重叠两个方面来考察汉语方言重叠式小称的分布情况。

一 名叠式小称的地理分布

(一)名词重叠小称分布图

通过图附-9:名叠式小称分布图,我们可以看出,名词重叠小称大部分分布在山区,其中,整个山西地区集中分布,四川盆地也多有分布,同时,湖北和湖南地区也有一定分布,如湖北恩施、湖南常德等。

(二)名词重叠小称分布表

名叠式小称主要分为"AA"式、"AA 儿"式和"AA 子"三种形式。下面我们分别进行统计。具体详见:表6-10:"AA"式小称分布;表6-11:"AA 儿"式小称分布;表6-12:"AA 子"式小称分布。

表6-10　　　　　　　　"AA"式小称分布

方言区	方言点	点数
中原官话	甘肃:镇原、陇东、礼县、临夏、敦煌、天水	28
	山西:运城、稷山、霍州、河津、临猗、永济、万荣	
	陕西:三原、平利、韩城、澄城、咸阳、西安、宝鸡、商州、户县、合阳、华阴	
	宁夏:隆德、固原;新疆:焉耆;青海:乐都	

续表

方言区	方言点	点数
晋语	山西：长治、沁县、孝义、岚县、朔州、娄烦、祁县、平遥、文水、兴县、右玉、忻州、太原、朔县、晋中、太谷、清徐、阳城、马坊、晋源、河曲、原平、汾阳、阳曲、临县、柳林 陕西：榆林、吴堡、神木 内蒙古：武川、包头、呼和浩特 河北：宣化、灵寿；河南：博爱	35
西南官话	贵州：贵阳、毕节、清水、大方 陕西：汉中、留坝；湖南：永州、安乡黄山头 云南：昆明、漾濞；重庆：秀山	11
江淮官话	江苏：泗洪、丹阳	2
兰银官话	甘肃：天祝、兰州、山丹、酒泉	4
吴语	浙江：宁波；江苏：苏州、无锡	3
赣语	江西：新余、武宁 湖南：洞口；陕西：安康牛蹄乡	4
客家话	福建：连城、宁化	2
土话	广西：全州；湖南：东安	2
湘语	湖南：新化	1

表6-11　　　　　"AA儿"式小称分布

方言区	方言点	点数
中原官话	山西：临汾、洪洞 陕西：高陵、咸阳、西安、宝鸡、安康、商州、户县、华阴 甘肃：甘谷、成县、山丹、酒泉 青海：西宁、乐都；宁夏：隆德	17
晋语	山西：应县、五台、山阴、孟县、新绛、大同 河北：灵寿	7
西南官话	贵州：遵义、绥阳、铜仁 湖北：长阳、襄樊、枣阳、宜昌、郧县、恩施、巴东、丹江 湖南：石门、临澧、慈利、常德、吉首、安乡 四川：成都、自贡、西充	20

续表

方言区	方言点	点数
兰银官话	甘肃：兰州	1
赣语	陕西：安康牛蹄乡	1

表 6–12　　　　　　　　"AA 子"式小称分布

方言区	方言点	点数
中原官话	山西：洪洞、翼城	17
	陕西：镇安、眉县、三原、西安、安康、铜川、商州、户县、合阳	
	甘肃：天水、敦煌；山东：汶上	
	青海：乐都；宁夏：隆德、固原	
冀鲁官话	山东：莱芜、淄川	2
江淮官话	江苏扬州、安徽定远	2
兰银官话	甘肃：民乐、天祝、兰州、酒泉、山丹	9
	宁夏：中宁、同心、灵武；新疆：乌鲁木齐	
西南官话	湖北：宜昌、丹江	2
赣语	江西：铅山；陕西：安康牛蹄乡	2

　　从地域分布来看，名词重叠小称主要分布于中原官话方言区和晋语区，西南官话区也有较多分布，可以说，名词重叠是北方方言的主要小称形式。在南方各方言中，名词重叠表小并不多见。因此，名词重叠小称在南北方言中形成明显的对立现象。在以上三种小称形式中，"AA"式的分布最广，主要集中在晋语区和陕西、甘肃、宁夏的中原官话区。"AA 儿"式主要集中在西南官话，"AA 子"式主要集中在陕西、甘肃、青海等地的中原官话区。因此，总体来看，三种形式呈现互补分布状态。同时，三种形式有时又会并存共用。有的方言同时存在"AA""AA 儿""AA 子"三种形式，如甘肃兰州、宁夏隆德等；有的方言"AA 儿"和"AA 子"并存，如山西洪洞、湖北宜昌，在"AA 儿"和"AA 子"并存的方言中，小称语义基本相同，只是所表达的感情色彩有所区别，"AA 儿"更偏向于表喜爱的感情色彩。

二 量叠式小称的地理分布

（一）量词重叠小称分布图

通过图附－10：量叠式小称分布图，我们可以看出，量叠式小称主要集中在我国北部地区及西部地区，东南部地区很少分布。

（二）量词重叠小称分布表

表6－13　　　　　　　　　量词重叠小称分布

小称形式	方言区	方言点	点数
一AA	晋语	山西：沁县、岚县、平遥、太原、兴县、灵寿、文水、阳城、晋源、灵石、原平、孝义；内蒙古：包头、呼和浩特、武川；陕西：榆林、吴堡	17
	中原官话	陕西：合阳；甘肃：镇原；山西：万荣；宁夏：固原	4
	冀鲁官话	山东：莱芜、淄博	2
	西南官话	云南：昆明、漾濞；陕西：汉中	3
	江淮官话	江苏：扬州	1
	兰银官话	甘肃：兰州、酒泉	2
一AA儿	晋语	山西：大同、左云、五台、应县	4
	西南官话	湖南：临澧、永顺、安乡、常德、慈利；四川：自贡、西充、成都、广安；贵州：遵义；湖北：巴东、恩施	12
	中原官话	安徽：涡阳；河南：孟州；陕西：高陵、安康；山东：汶上、郯城；甘肃：成县、甘谷	8
一AA子	兰银官话	甘肃：兰州；宁夏：中宁、同心、灵武	4
	中原官话	安徽：濉溪；宁夏：固原；山东：汶上；陕西：安康	4
	赣语	江西：铅山	1
	冀鲁官话	山东：莱芜	1
一A儿A儿	胶辽官话	山东：沂水	1
	中原官话	江苏：丰县	1
	冀鲁官话	北京：平谷	1

续表

小称形式	方言区	方言点	点数
A把A	西南官话	四川：成都、西充；贵州：遵义、贵阳；湖南：慈利、吉首、永顺	7
	江淮官话	安徽：枞阳	1
	中原官话	陕西：安康	1
	赣语	安徽：岳西；江西：德安、武宁	3
	湘语	湖南：新化	3

从地域来看，量词重叠小称主要分布在晋语和各大官话方言区。官话方言区尤以西南官话、中原官话居多，江淮官话、冀鲁官话、胶辽官话次之。在非官话方言中，除晋语区外，少量见于赣语、湘语区。在各种重叠形式的统计中，"一AA"和"一AA儿"是最为普遍的存在形式。其中，"一AA"式主要分布在晋语区，"一AA儿"主要分布在西南官话和中原官话区。同时，我们发现这样一种现象，名词重叠小称和量词重叠小称的地域分布具有一定的相似性，一般具有量词重叠小称的方言，也同时具有名词重叠小称现象。

第四节 变音式小称的地理分布

一 变音式小称分布图

通过图附-11：变音式小称分布图，我们可以看出，从地域分布来看，变音式小称主要分布在长江以南，南岭以北地区。集中在东南沿海地区，浙南、广西、广东等地区有较多分布，福建、江西、安徽北部、湖北东南等部分地区有一定分布，河南、山西地区有少量分布。这可能也是东南方言语音系统普遍比北方方言复杂的一个重要表现。

二　变音式小称分布表

表 6-14　　　　　　　变音式小称分布

小称形式	方言区	方言点	点数
单纯变调	吴语	浙江：青田、永康	2
	徽语	安徽：绩溪	1
	赣语	湖北：大冶、通山；湖南：隆回；江西：乐安、于都、黎川、新余、宜丰、新干、上高、萍乡、永丰、吴城、万载	14
	粤语	广东：广州、化州	2
	客家话	广东：普宁石牌镇；江西于都	2
	晋语	河南：辉县	1
	闽语	福建：宁德、大田、漳平、连城姑田	4
	土话	广东：乐昌长来、韶关石陂	2
单纯变韵	粤语	广西：博白	1
	徽语	安徽：祁门、岩寺、歙县；江西：婺源；浙江：寿昌	5
	吴语	浙江：义乌、东阳、浦江	3
	晋语	山西：霍州、清徐、阳城；河南：博爱	4
	客家话	江西：石城、太坪	2
变调+变韵	吴语	浙江：余杭、舟山、岱山	3
	徽语	安徽：黟县	1
	赣语	江西：安福	1
	土话	广东：韶关曲江（大村、龙归、后坪）	3
变调；变韵+变调	吴语	浙江：温岭、路桥、武义、玉环、庆元、丽水、天台、临海；江西：广丰	9
	粤语	广西：容县、玉林、北流；广东：信宜、茂名、吴川、高州	7
	赣语	湖北：阳新	1
	徽语	安徽：屯溪、休宁	2
变声+变韵+变调	吴语	浙江：金华、汤溪	2
	赣语	安徽：宿松	1

就方言分布而言，吴语、粤语分布最多。其次是赣语、徽语。晋语只有极少数分布。这说明，变音式小称主要分布在远江方言，而赣语、徽语属于近江方言，虽然也有分布，但数量和类型上，都不及远江方言丰富。而对于处于靠近官话方言区的晋语区，变音小称只能说是一种残存形式。这也说明，在官话方言的影响下，从目前来看，变音式小称较好地保存在了离官话方言较远的吴语区和粤语区。变音式小称从南到北呈现逐步减少的趋势。

小 结

语言不仅是人类进行交流的工具，同时也是一种独特的文化现象，现代汉语方言从古代汉语发展而来，是经过长期的历史发展而形成的结果。不同形式的小称，不仅展现了汉语方言多样化的文化特点，同时方言在形成及历史演变过程中，方言与地理环境之间也有着密切的联系。

本章分别从宏观和微观两个维度，对汉语方言小称形式的地域分布进行了一定的分类和统计。研究发现，汉语方言小称存在不同的地理分布类型，不同形式的小称体现出了一定"对立"和"一致"的特点。先说"对立"，主要体现南北方言的"对立"现象。北方多以重叠和儿化为主要小称形式，南方多以变音为小称形式。造成这种对立的地理因素，有河流和山脉两方面的因素。河流方面，如"儿化"小称体现出沿长江中下游的沿河两侧分布的特点，而"儿尾"小称多分布在浙南、粤西、广西桂东南的丘陵地区。山脉方面，如"圪"缀小称，主要分布在山西太行山脉，并向平原地带延伸发展。名词重叠小称也多分布在山区，其中，整个山西地区集中分布，四川盆地也多有分布。除了对立，也表现出"一致"的特点。由于山川的阻隔，在相对封闭的地区，小称的形式较为统一，"崽"是湘语的主要小称形式，"囝"则是闽语区的小称形式。可见，不同形式的小称分布，体现出了方言在具体的地理空间上呈现出来的不同分布特点，这不仅缘于山川的阻隔，也是语言在接触的过程中不断扩散的结果。

第七章 小称的共时比较

第一节 方言与普通话的比较

小称作为汉语的一种重要语法现象,广泛存在于汉语方言和普通话中。本章从语法形式和语法意义入手,通过方普的横向比较,全面、深入地认识小称问题。

现代汉民族共同语,是以"北京语音为标准音,以北方方言为基础方言,以典范的现代白话文著作为语法规范的普通话"。而汉语方言是汉民族语言的地域变体,每种方言都有自己的系统。二者属于同一种语言,普通话作为超越方言的民族共同语,并不等同于任何一种地域方言,它和方言之间的区别也是显而易见的。李如龙(2001)认为:"方言作为民族语言的分支,它和民族共同语之间必定是一种同中有异、异中有同,相互对立又相互补充的共存互动关系"①。

一 语法形式

二者的相同之处在于,都存在"儿化"小称形式。普通话中的"儿化",即"儿"不能自成音节,而同词根融合为一个音节,韵母发生音变,成为卷舌韵母,我们称为"卷舌元音式"。"卷舌元音式"也是汉语方言分布最广的"儿化"小称形式。除此之外,方言中还存在其他"儿化小称"形式,语音形式与普通话有所不同。主要包括:舌面元音式、鼻音韵尾式、鼻化韵尾式和边音韵尾式几种形式。舌面元

---

① 李如龙:《汉语方言的比较研究》,商务印书馆2001年版,第5页。

音，如云南昆明［ə］、河南博爱［ɯ］等；鼻音韵尾，如浙江义乌［n］、安徽岩寺［n］等；鼻化韵尾，如安徽歙县：筷儿［kʻuã³¹³］；边音韵尾，如贵州遵义［l］。可以说，汉语中存在异常多样的"儿化"小称形式。二者的"儿化"小称同中有异，其中，"卷舌元音式"是普通话小称的一个重要特征。

二者的相异之处在于，汉语方言中存在着丰富多样的小称形式。总的来说，可以分为：附加式、重叠式和变音式三大类。其中，每种大的类型下，又可以分为若干小类。以下举例说明。

（一）附加式小称

（1）广东吴川：屋儿小房子、桶儿小水桶、索儿小绳索、席儿小席子（林华青，2011）

（2）福建连城：镜子小镜子、皮箱小皮箱、水桶子小水桶、徒弟子小徒弟（项梦冰，1997）

（3）湖南安仁：鱼崽小鱼、狗崽小狗、鸡崽小鸡、猫崽小猫、凳崽小凳子（陈满华，1995）

（4）江西吉安：刀唧小刀、木唧小木头、车唧玩具车、徒弟唧小徒弟（昌梅香，2007）

（5）四川九寨沟：鸡娃子、狗娃子、牛娃子、羊娃子（申向阳，2014）

（6）广东云澳：猪囝小猪、牛囝小牛、猫囝小猫、姑囝细姑、姨囝细姨（张静芬，2017）

（7）甘肃酒泉：圪渣小渣、圪梁小梁、圪蛋蛋小圆球、圪洞洞小窟窿（孙占鳌、刘生平，2013）

（8）江西乐安：车嘚、鞋嘚、竹嘚、盆嘚、衫嘚、被嘚（万小梅，2007）

（二）重叠式小称

（9）山西朔州：枝枝小树枝、堆堆小土堆、缝缝小细缝、渣渣碎小渣子（任一娇，2017）

（10）山西运城：桌桌小桌儿、纸纸小纸片、罐罐小罐儿、锅锅小锅（寇春娟，2009）

（11）山东胶南：缝儿缝儿小空隙、泡儿泡儿小的气泡、孔儿孔儿小的孔（高先，2010）。

（三）变音式小称

（12）浙江永康：书［ɕy³³］—书［ɕy³²³］小书、狗［kəu³⁵］—狗［kəu⁴³］小狗、马［mua¹³］—马［mua²³¹］小马、凳［niŋ⁵³］—凳［niŋ⁴⁴］小凳（变调）（方松熹，1993）。

（13）安徽休宁：篮儿［lɔ⁵⁵］—篮［lɔn⁵⁵］小篮子、铃儿［la⁵⁵］—铃［lan⁵⁵］小铃子、瓶儿［pa⁵⁵］—瓶［pan⁵⁵］小瓶子（变韵）（伍巍、王媛媛，2006）。

（14）湖北阳新三溪：刀［tɑ³³］大刀—刀［tɐn⁵⁵］小刀、兔［tʻɐu³³］大兔子—兔［tʻɐn⁵⁵］小兔子、鸡［tɕi³³］大鸡—鸡［tɕiɐn⁵⁵］小鸡仔、壶［xu²¹］大壶—壶［xuɐn⁵⁵］小壶（变调+变韵）（何天贞，1982）。

有些方言的小称形式更为复杂，是几种形式相结合的混合型小称形式。"附加+变音""重叠+变音""重叠+附加"等多种形式。如：

（15）广东高州：蕉子［tsiu⁵⁵tsi³⁵tsin⁴⁶］、死仔［ɬei³⁵tsɐi³⁵tsɐi⁴⁶］、狗儿［kɐu⁵⁵ȵi³⁵ȵin⁴⁶］（词缀+变调）（林华勇、卢妙丹，2016）。

（16）陕西子长：勺勺儿、刀刀儿、凳凳儿、盅盅儿、缸缸儿（重叠+儿缀）（汪敬尧、李延梅，2003）。

（17）甘肃山丹：书书子、桌桌子、手手子、碗碗子、嘴嘴子（重叠+子缀）（何茂活，2007）。

（18）山西霍州：牌［pʻai³⁵］—牌牌［pʻai³⁵·pʻa］、裙［tɕʻyŋ³⁵］—裙裙［tɕʻyŋ³⁵·tɕʻyu］（重叠+变韵）（田希诚，1992）。

汉语一向被认为是缺乏形态变化的语言。但是在汉语方言中，"小称"这一语法范畴，却充分展现了形态变化上的多样性。由于方言都有自己的语音、词汇、语法系统，使每个方言小称的表现形式不尽相同，这样，就形成了方言中丰富多样的小称形式。这和普通话中单一的"卷舌儿化"形成了鲜明的对比，通过普方比较，可以看出，汉语方言中的小称形式更为丰富。

二 语法意义

小称作为一种语义语法范畴，表现为一种"小量"语义。其语法意义在普方中的表现有所不同。

(一) 普通话小称语法意义

普通话的"儿化"小称,主要表示事物的"细小"。在词类的分布上,普通话小称以名词为主。如:

表示事物的细小。

(19) 普:铁丝儿、口袋儿、窟窿儿、盆儿、碗儿、嘴唇儿、竹竿儿(周一民,1998)

(20) 普:窟窿眼儿、豆芽儿、米粒儿、犄角儿、煤球儿、锯齿儿(鲁允中,1995)

(21) 普:兔儿、穗儿、帽儿、壳儿、洞儿、刀儿(吕叔湘,1999)

(22) 普:球儿、绳儿、盆儿、坑儿、车儿(方梅,2007)

(二) 方言小称语法意义

汉语方言中,"小称"作为一个显赫的语法范畴,体现出强大的语义扩展功能。不仅可以用来表示事物的"细小",还可以表示"数量少""程度低""动作轻""时间短"等,以及由"小"附加的感情色彩,比如"喜爱""厌恶""诙谐"等。这种扩展功能体现在各种小称形式中。

1. 表示事物的细小。

(23) 湖南新化:牛崽牛犊儿、狗崽小狗、鸡崽小鸡、猴子崽小猴子、老鼠崽小老鼠(罗昕如,1998)

(24) 江西丰城:万把块唧、千把亩唧、万把个唧、百把里唧(曾莉莉,2014)

2. 表示数量少。

(25) 安徽绩溪 [n]:几张儿、担把儿、几个儿、十来米儿(赵日新,1999)

(26) 湖北丹江:一圪瘩—小坨、一圪蛋儿—小团、一圪截儿—小截(苏俊波,2009)

3. 表示程度低。

(27) 广东广州:

个蛋糕咁大$^{22-55}$个,点够食啊? 这蛋糕这么小,怎么够吃呀?

把尺得咁长$^{21-55}$,实唔够啦。这尺子只有这么短,肯定不够了。(单韵鸣,

2016）

4. 表示动作轻。

（28）广东信宜：摸摸［mɔ⁵³mɔu↗］轻轻地摸一摸、试试［ʃi³³ʃin↗］稍稍试一下、行行［tʻiŋ³³tʻiŋ↗］稍微走一走（叶国泉、唐志东，1882）

（29）广西容县：担担［tam⁵⁵⁻³³tam↗］稍微担一下、打打［ta³³ta↗］稍微打一下、坐坐［Øø¹³Øø↗］稍微坐一下（周祖瑶，1987）

5. 表示时间短。

（31）广东潮汕：一下囝一下子、一睏囝一会儿（陈传佳，1997）

（32）广西贺州：瞬儿、分儿、秒儿、两日儿、两次儿（陈才佳，2016）

以上各种语法意义，可以用"小量"表示。小称就是表示"小量"的语义语法范畴。"小量"包括物量、数量、性量、时量、动量等方面。方言小称的语义扩展功能就体现在它可以延伸到各个量范畴领域。而普通话主要侧重于一种"物量"，即"大小量"。

下面我们将普方小称的语法意义进行统计，进而了解普方小称语法意义之间的异同，具体情况如表 7-1 所示：

通过表 7-1 可知，方言内部各小称的语义发展速度具有不均衡性的特点。主要表现出以下特点：

1. 不同小称形式的语义具有不平衡性。

在三种小称类型中，附加式和变音式小称的语义丰富些。重叠式小称的语义范围相对有限。这里以附加式小称为例进行探讨。除"圪"缀外，"儿"缀、"子"缀、"囝"缀、"唧"缀、"娃"缀、"崽"缀，它们具有相同的演变路径，小称来源都与"小儿"义有关。由小儿的"表小"义出发，进而发展到表示动物的幼崽，再到无生命事物的细小，再到数量上的微少、性状的轻微、时间的短暂、动作的暂缓，从而在"小"义基础上衍生出喜爱、厌恶、轻松戏谑等感情色彩。从而完成了语义的语法化历程。在各种小称形式中，可以看到，"儿尾""儿化""子"缀、"唧"缀、"囝"缀发展得快些，可以表示各种小量语义。而"娃"缀、"崽"缀发展相对慢些。"娃"缀、"崽"缀语义比较实在一些，主要表现为物量、数量，少数"崽"缀可以表示时量。这说明，这两种小称词缀是正在虚化但尚未完全虚化的词缀。

表 7－1　　　　　　　　　　普方小称语法意义统计

语法意义 方言片点			表"小"量					表情		
			事物	数量	时间	性状	动作	喜爱	厌恶	戏谑
普		儿化	+	+	+			+		
方	附加式	儿化	+	+	+	+	+			+
		儿尾	+	+	+	+	+	+	+	+
		子	+	+	+	+		+		
		崽	+	+	+			+		
		唧	+	+	+	+		+	+	+
		娃	+	+				+	+	
		团	+	+	+	+	+	+	+	+
		圪	+	+	+		+			
	重叠式	AA								
		AA 儿	+	+	+				+	+
		AA 子								
	变音式	变调								
		变韵	+	+	+	+	+	+	+	+
		变调+变韵								

2. 相同小称形式的语义演变也存在不平衡性。

"儿化"是方言和普通话共有的小称形式。从总体来看，方言中的"儿化"小称语义更加丰富，可以表达各种小量语义。但从方言内部来看，各方言的"儿化"小称语义表现并不相同。其中，有的方言小称义较为丰富，如：贵州遵义（胡光斌，2005）、湖南慈利（吕建国，2011）；有的方言小称义已经弱化，只局限某一语义，如湖北宜昌（胡海，1994）的名词儿化表示事物的细小；河南浚县（辛永芬，2006）的形容词短语儿化表示性状的轻微。而有的方言中，儿化表小已经成为一种残存现象。浙江宁波（徐通锵，1985）"鸭"类词的特殊"音变"形式，实际上是汉语方言"儿化"现象的残迹。如：鸭 [aʔ]—鸭小鸭 [ɛ]、猫 [mɔ]—猫小猫 [mɛ]。这都说明，"儿化"表小在方言中逐渐趋于萎缩。

通过上文的比较可知，方普之间小称的差异较为明显。从语法形式来看，普通话中只保留"儿化"小称形式，而方言中有着丰富多彩的小称形式；从语法意义来看，普通话"儿化"表义范围较为有限，而方言小称的语义具有一定的扩展功能。

三 差异成因

方言到普通话，从语法形式和语法意义来说，都是从复杂到简单的过程。语言的发展变化，主要来自语言自身，同时还有来自外部的因素，比如社会因素。

从语言内部来看，一是方言作为古代汉语的地域分支，自然保留了很多古代汉语的语音、词汇、语法现象。各方言古语词的存在，使方言小称形式各异。如"崽"缀、"囝"缀等。方言的语音系统普遍复杂，这是古代汉语现象的保留。由于语音复杂，小称的变韵、变调相应复杂，如吴语、粤语。二是普通话的"儿化"小称形式，是历史发展的结果。在漫长的历史长河中，"儿"经历了一个由"儿尾"到"儿化"的发展过程。普通话采用"卷舌元音"儿化形式，但由于语言演变的速度和方式各有不同，在方言系统中，"儿"的不同语音形式得以保留下来。既有"儿尾"的不同形式，也有"儿化"的不同形式。这样它们的小称语义也会有所区别。因此，形成了方言与普通话不同的小称格局。

从社会因素来看，一是随着普通话的规范，"儿化"词的使用数量在逐渐减少。贾采珠的《北京话儿化词典》收录了儿化词近七千条。[①]而《现代汉语词典》收录的儿化词则不足三千，少了一半多。根据劲松的调查研究，北京话儿化词处于衰减的趋势。[②] 普通话作为规范化的民族共同语，随着北京话儿化词的减少，进入普通话的儿化词自然会减少。二是语言主要用来满足交际的需要，在普通话中，"儿化"独立承担小称的语义色彩已经非常轻，甚至只是具有口语色彩，成为一种语体标记。据毛修敬（1984）统计的1500个自然儿化词中，带有细小意义

[①] 贾采珠：《北京话儿化词典》，语文出版社1990年版，第1页。
[②] 劲松：《社会语言学研究》，民族出版社2009年版，第167页。

的不足二百个，约占总数的八分之一。多数自然儿化词与细小意义无关。① 周一民（1998）对自然儿化词的考察，也表示只有一小部分自然儿化词是带有"细小"意义的。② 这都说明，"儿化"的小称语义功能在逐渐弱化。随着小称语义的弱化，普通话中的小称形式在逐渐改变。为了表示小称，人们通常会在前面加"小"字，形成带"小"的儿化现象。如："小母鸡儿""小鸭子儿""小萝卜儿""小茶壶儿""小窗户儿"等。这说明，普通话的小称形式，已倾向于运用词汇手段。

总体来看，很多方言自古有之，方言到普通话，可以看作是一种语言的古今变化。汉语方言中的不同小称形式的并存，体现了汉语方言的多样化表达。每种方言都具有自己的特点，这样表达同一语法意义，可以采用不同的语法手段。但同时方言和普通话之间相互影响，普通话作为各方言区的人相互交流和沟通的共同工具，影响力会越来越大。随着普通话的推广，不仅会对方言的词汇产生影响，在语法方面，也会受到影响。比如，有些方言的小称渐渐失去自己的特色，而辅之以词汇手段。如"细""小"等词汇手段来表小，这是普通话对方言的渗透和影响。汉语普通话和汉语方言小称目前存在一个共存并用的阶段，但语言内部多样化的现象并不会马上消除，必然会长期存在，在互相竞争中求得生存和发展。

第二节　官话与非官话的比较

小称作为一种语义语法范畴，在汉语及其方言中的分布和演变呈现不同的状态。本节主要从小称形式入手，考察小称现象在官话方言和非官话方言中的分布情况，进而探究二者之间的联系与区别。

关于汉语方言的分区，有以下几种意见。袁家骅（1960）③ 认为分为七区，即北方话、湘语、赣语、客家话、粤语、闽语、吴语。李荣

---

① 毛修敬：《北京话儿化的表义功能》，载北京大学中文系《语言学论丛》编辑部编《语言学论丛》（第12辑），商务印书馆1984年版，第85页。

② 周一民：《北京口语语法词法卷》，语文出版社1998年版，第12页。

③ 袁家骅：《汉语方言概要》（第2版），语文出版社2001年版，第22页。

(1989)① 认为分为十大方言区，即官话、吴语、湘语、赣语、客家话、闽语、粤语、晋语、徽语、平话。本书采用李荣的分区观点。

一　官话方言的小称

（一）官话方言小称形式

"官话方言"是汉语方言中的一种，是汉民族共同语的基础方言。主要分布于中国北方绝大部分地区，所以又称北方话或北方官话。由于政治、经济、文化、历史等原因，在汉语各大方言中，官话方言具有突出的地位和影响。官话方言代表着汉语发展的方向，罗常培、吕叔湘指出："基础方言本身也常常最能代表整个语言的发展趋势"②。对官话方言不同地域小称形式的把握，有助于我们深入认识官话方言的语法特点。以下我们按照官话方言的分区，对其小称形式进行说明。

北京官话：北京官话小称表现为"卷舌儿化"。这是"儿化小称"中最普遍的语音类型。儿化韵尾和基本韵母融为一体，由于基本韵母和卷舌动作的融合，引起原韵母韵尾、韵腹甚至韵头发生变化。北京官话与其他方言比较，方言内部的分歧较小。小称形式以卷舌［r］为特征。其中以北京话为代表。

胶辽官话和东北官话：胶辽官话和东北官话都具有"卷舌儿化"的小称形式。其中，胶辽官话小称还存在"儿化重叠"式，即"A儿A儿"式，如山东沂水、山东胶南；"子缀重叠"式，即"A子子"式，如江苏赣榆。

冀鲁官话：冀鲁官话的小称形式表现为"卷舌儿化"和"元音儿化"形式并存。"卷舌儿化"的有：河北武邑、河北孟村、山东聊城、山东泰安、山东莘县、天津等；"元音儿化"的有：山东莱芜、山东淄川、山东长山、山东章丘、山东博山、山东滨州、河北迁西等。其中，"卷舌儿化"的存在形式更为普遍。除此之外，有的方言点还存在其他形式，如山东莱芜、山东淄博，都存在"AA子"形式。天津不仅有"儿化小称"，还有"子"缀小称，只是在用法上两者形成互补分布状

---

① 李荣：《汉语方言的分区》，《方言》1989年第4期。
② 罗常培、吕叔湘：《现代汉语规范问题》，《语言研究》1956年第1期。

态。河北定兴还存在"儿尾"和"儿化"并存型小称形式，这充分体现了此地区语音发展的过渡性特点。

兰银官话：作为官话的一个分支，分布于宁夏、甘肃、新疆等部分地区。其小称形式主要以重叠为主。包括"AA"式、"AA 儿"式、"AA 子"式。有的方言兼用以上三种形式，如甘肃兰州、甘肃山丹、甘肃酒泉；有的方言"AA 儿""AA 子"两种形式并用，如甘肃酒泉、新疆乌鲁木齐等。有的方言只有"AA 子"式，如宁夏中宁、宁夏同心、宁夏灵武、甘肃民乐。总体来看，兰银官话中的"儿"缀并不发达，而且无"儿化"小称形式，只有"儿尾"小称形式。兰银官话中词缀"儿""子"单独表示小称的较少，"重叠+儿（子）"的形式则较为普遍。

江淮官话：江淮官话小称分布最广的是"子"缀，其次是"儿化"形式，两种小称形式总体上呈地域的互补分布状态，"子"缀小称多分布在洪巢片，如安徽怀远、安徽巢县、安徽合肥、安徽定远、安徽枞阳、江苏泗洪、江苏扬州、江苏高邮等。"儿化"小称主要分布于黄孝片和泰如片。黄孝片的有：湖北英山、湖北孝感、湖北浠水、湖北团风、湖北蕲春等。泰如片的有：江苏泰兴、江苏泰州、江苏海安等。还有极少数方言点同时兼有"重叠"式小称，如江苏泗洪、江苏丹阳、江苏扬州等。

中原官话：中原官话跨越河南、山东、安徽、江苏、山西、陕西、宁夏、甘肃、青海、新疆等多个省份和自治区，中原官话分布范围很大，从东至西呈长条形走向。小称类型较为多样，有重叠式、附加式和变音式，不同地域的小称形式有所不同。以重叠小称为主要形式的，可以分为两类：以"AA"为主要形式的有山西、新疆，如山西运城、山西永济、山西万荣、新疆焉耆等。以"AA 儿尾"或"AA 子"为主要形式的有甘肃和青海，如甘肃甘谷、甘肃敦煌、青海西宁、青海乐都等。以"AA 儿化"为主要形式的有陕西西安、陕西宝鸡、山西临汾、山西洪洞等。以附加形式表示小称的主要有"儿化""子"缀和"娃"缀。"儿化"小称形式的有：河南和江苏，如河南唐河、河南新郑、河南陕县、河南洛阳、江苏徐州等地。"娃"缀小称，在中原官话中也普遍存在，但不是主流的小称形式，如陕西西安、陕西宝鸡、河南罗山、宁夏隆德、甘肃礼县等。"子"缀小称分布在甘肃、安徽等地，如甘肃天水、安徽阜阳、安徽濉溪等。另外，中原官话中出现了小称变韵形式，如山西霍州。这在官话方言中较为少见。中原官话几种小称类型体现出纵横交错的特点，一个方言点往往同时存在几种小称形式。

西南官话：主要分布在四川、重庆、贵州、云南、广西、湖北、湖南、陕西、江西等地。是官话方言中分布范围最广的方言区。但西南官话的小称却表现出一定的一致性。首先，分布最广的小称形式是"AA儿化"式，湖北、贵州、湖南、四川、重庆均有分布。其次是"AA式"，贵州、云南的部分方言中多有分布，如贵州贵阳、贵州毕节、云南昆明、云南漾濞。湖北部分地区存在"娃"缀小称形式，如湖北恩施、湖北枣阳；四川还有部分地区存在儿尾小称形式，如四川镇龙、四川西充。

官话方言中，每个方言区的小称形式各有特点。现将官话方言小称形式进行统计，具体情况如表 7-2 所示：

表 7-2　　　　　　汉语官话方言小称形式统计

方言区	代表方言点	附加					重叠					变音	
		儿化	儿尾	子	娃	圪	AA	AA儿化	AA儿尾	AA子	A儿A儿	变韵	变调
北京官话	北京	+											
胶辽官话	山东即墨	+											
	山东沂水									+			
东北官话	辽宁锦州	+											
冀鲁官话	山东莱芜									+			
	山东长山	+											
	河北定兴	+	+										
	河北武邑			+									
兰银官话	甘肃兰州						+	+	+				
	宁夏中宁			+				+					
	宁夏银川				+								
江淮官话	安徽合肥			+									
	湖北鄂州	+											
	江苏扬州									+			

续表

方言区、点		小称	附加				重叠				变音	
官话方言	代表方言点	儿		子	娃	圪	AA	AA儿		AA子	A儿A儿	变韵	变调
		化	尾					化	尾				
中原官话	山西运城					+	+						
	陕西西安				+		+	+					
	宁夏固原									+			
	河南洛阳	+											
	安徽阜阳			+									
	山西霍州											+	
西南官话	贵州遵义							+					
	云南昆明						+						
	湖北恩施				+								
	湖北丹江				+	+		+					
	四川西充		+					+					

（二）官话方言小称特点

根据表7－2，我们来归纳官话方言的小称特点。总体来说，官话方言作为一个整体，既有很多共性，同时又有一定的差异性。

1."儿化"是官话方言小称的普遍特点。

"儿化"作为官话方言小称的共有特点，只是在不同方言区的语音表现不同。其中，北京官话、东北官话和胶辽官话主要是"卷舌儿化"形式。冀鲁官话、中原官话以"卷舌儿化"为主，还有"元音儿化"形式，如山东莱芜、河南洛阳，都属于"元音儿化"形式。西南官话以"卷舌儿化"为主，同时还存在"元音儿化"和"边音儿化"。"元音儿化"如云南昆明，"边音儿化"如贵州遵义。江淮官话的"卷舌儿化"，集中分布在黄孝片，如湖北英山。其他两片区儿化不够发达。而兰银官话缺少"儿化"形式。可见，儿化现象已成为官话方言突出的语言现象，形成了官话方言的特有语言风格。

2."重叠"是西部地区官话方言小称的主要形式。

在西北地区，主要通过"重叠"形式表小，有时附加"儿"缀或"子"缀，形成"AA儿"式和"AA子"式。这一形式在甘肃、宁夏、青海、新疆四地表现得尤为明显，四地横跨中原官话区和兰银官话区。

在西南地区，通行西南官话，主要的小称形式是"AA儿"式或"AA"式，这两种形式多互补分布。对于"儿化"较为发达的地区，往往采用"AA儿化"形式，这一形式在贵州、湖北、湖南、四川、重庆等地都达成了共识。对于缺少"儿化"的地区，多采用"AA"形式，如云南和贵州的部分地区。如云南昆明、贵州贵阳等。可以说，"重叠"表小成了西部官话方言的一大特色。

3. 官话方言中的其他小称形式。

除主流小称形式外，官话方言中还存在其他小称形式。"娃"缀小称是官话方言中较为活跃的小称词缀，主要分布于中原官话、西南官话区、兰银官话和江淮官话中，以"娃儿"或"娃子"的形式出现。"子"缀在官话方言中独立承担小称的功能，分布还不是十分广泛，主要集中在江淮官话的洪巢片，如江苏高邮、江苏泗洪、江苏扬州、安徽怀远、安徽巢县等。兰银官话有部分地区存在"子"缀小称，如宁夏中宁。"子"缀小称分布的地区，通常是"儿"缀小称不发达的地区。"圪"缀小称存在于中原官话汾河片。"A儿A儿"式，属于儿化的重叠形式，也存在于部分官话方言中，如胶辽官话的山东沂水、中原官话的江苏丰县等。

二 非官话方言小称

（一）非官话方言的小称形式

非官话方言区除晋语外，主要分布在长江以南的东南各省区，也称为"东南方言"。是指除官话方言以外的九个方言区，有吴语、湘语、赣语、客家话、闽语、粤语、徽语、晋语、平话土话区。下面我们分别来讨论：

晋语：晋语是中国北方的唯一一个非官话方言区。晋语主要分布在山西省，同时陕西北部、河南黄河以北大部、河北西部、内蒙古中西部也有分布。晋语区的小称形式主要以"重叠"和"圪"缀为主。在各方言中，"重叠"式小称在晋语中的分布最为普遍。最常见的"重叠"形式当属"AA"式。如山西长治、山西沁县、陕西神木、河北宣化、内蒙古呼和浩特等。有些方言中，只能用"AA儿"式，如山西应县、山西五台、山西大同等。晋语中还分布着"A儿A儿"式，如山西长子、河南辉县等。"圪"缀小称是汉语方言中的前缀小称，较具特色，主要分布于晋语区。如山西文水、山西左权、陕西神木、内蒙古呼和浩特等。

湘语：湘语分布在湖南省以及广西北部的兴安、灌阳、全州和资源四县。主要通过"崽"缀表小，同时还存在"唧"缀、"子"缀小称，个别地方存在"重叠"表小。

"崽"作为湘语中的古语词，是湘语中分布最广的小称形式。"崽"缀的类型较为丰富，主要有"崽"缀、"崽唧"缀、"崽崽"缀、"崽子"缀。在湘语中，"崽"缀小称通常采取"崽+变调"的形式。如湖南冷水江、湖南新化。"崽唧"缀小称的，如湖南湘潭、湖南衡山、湖南冷水江、湖南邵东、湖南湘乡、湖南双峰、湖南衡阳、湖南娄底、湖南杨家滩等。"崽崽"缀既可以用来做前缀表小称，也可以用后缀表小称，具有这两种形式的，如湖南祁阳、广西全州。只作前缀的，如广西资源城关。只作后缀的，如湖南邵阳。"崽子"缀，如湖南长沙。有的方言点用"唧"缀表小称，如湖南株洲、湖南湘乡。"子"缀小称在湘语中并不是能产的小称形式，如湖南衡阳等。"重叠"表小在湘语中只有零星分布，见于湖南新化，如：环环小环儿、坑坑小沟。

赣语：赣语主要分布在江西，湖南、湖北、安徽、福建，陕西也有赣语区。赣方言的小称主要以词缀形式和变音形式为主，个别地方有"重叠"表小现象。小称词缀有："唧"缀、"崽"缀、"嘚"缀、"儿"尾和"子"缀。

"唧"缀小称在赣语的分布较为广泛。主要分布于宜浏片，如江西宜春、江西宜丰、江西上高、江西樟树、江西丰城等。赣方言还有一部分方言点存在"崽"缀小称。多分布于湖南赣语，主要包括宜浏片的湖南浏阳、湖南醴陵、江西樟树、江西丰城；耒资片的湖南耒阳、湖南安仁、湖南常宁、湖南资兴；吉茶片的江西萍乡；抚广片的江西抚州。可见，"崽"缀小称是湘语影响的结果。"嘚"缀小称也是赣语中较有特色的词缀，主要分布在昌都片的江西都昌、江西德安，吉茶片的江西吉安，抚广片的江西乐安，宜浏片的江西新干等。赣方言的"儿"尾小称，分布于江西铅山、江西黎川、江西安福、湖南耒阳、安徽宿松、陕西牛蹄乡等。"子"缀小称在赣语中并不常见，如江西南昌。同时，受南昌话影响较大，与其临近的县市，也存在"子"缀小称，如江西永修。"重叠"表小只见于湖南洞口。如：泡泡_{小水泡}、缝缝_{小缝隙}。

赣语出现了小称变音。包括"变调"型和"变调+变韵"型。其中，"变调"型小称主要有：宜浏片的江西新干、江西上高、江西新余、江西万载；吉茶片的萍乡、安福；抚广片的乐安、黎川；大通片的湖北大冶、湖北通山；洞绥片的湖南隆回。"变调+变韵"型小称主要有：湖北阳新、安徽宿松。其中，变调型小称在赣方言中的分布地域最广，尤其是江西赣语这一特点较为突出。

客家话：客家话主要分布于我国的广东中部和东部、福建西部，同时，江西南部、广西、湖南、四川、台湾也有分布，有的在地理上相连，成片分布，有的比较分散。主要通过词缀形式表小，个别地方出现了小称变音形式。词缀包括"子"缀、"崽"缀、"嘚"缀、"仔"缀。在各种形式中，"子"缀小称分布地域最广，如成都泰兴、江西南康、江西上犹、江西遂川、江西赣县、福建连城、福建宁化、福建武平、福建永定、广东大埔等；"崽"缀小称有：江西高峰玉林镇、广西柳城等。较多使用的是"崽子"缀小称，主要有：四川成都、江西南康、江西上犹、湖南汝城等。"嘚"缀小称有江西石城。"仔"缀小称有：广东中山、广东惠州等。个别地方出现了小称变音，如广东普宁石牌镇用变调表小，江西太坪用变韵表示。"子"缀小称的广泛存在，是客家话小称的共性所在，虽然各地的读音未必不同。同时，客家人在迁徙的过程中，会受到临近强势方言的影响，自然也会在语言中留下印记。如"嘚"缀，这是江西客家话受到来自赣语的影响。如"仔"缀，这是广东客家话受到来自粤语的影响。总体来看，客家话虽然分布地域广泛，内部的一致性相对较强，但因与邻近方言的长期接触的过程中，必然会相互影响和渗透，会吸收其他方言的特点。

闽语：闽语主要分布于福建、台湾、广东、海南、浙江南部，此外，还散见于一些省份的闽语方言岛，闽语总体上呈现沿海岸线分布的特点。"囝"缀是闽方言最主要的小称词缀，还有"囝"缀、"子"缀以及变音型小称。"囝"缀主要分布于福建、广东、海南等地。如闽南片的福建厦门、福建漳州、广东海丰、广东澄海、海南屯昌、海南海口、浙江平南等；闽东片的福建福州、福建宁德、福建福清等；莆仙片的福建莆田等。闽南话中还有一个"㡤"缀小称，但必须加在"囝"后，形成"囝㡤"缀，表示更小的意味。如福建漳州、浙江平阳、广东潮州等。"子"缀在闽语中分布并不广泛，主要分布于闽北片的福建建瓯、福建松溪、闽中片的福建永安、福建沙县。闽语中有些地方使用"小称变音"形式。如：福建大田、福建宁德、福建漳平、福建古田等。总体来看，闽语的小称以附加"囝"缀为主，是闽语特有的小称词缀。其次是"子"缀小称。从闽方言内部分区来看，这两种小称形式在地域上，呈互补分布状态，"囝"缀主要分布在闽南、闽东、莆仙区，"子"缀主要分布在闽中、闽北。两种小称词缀地域分布的不同，体现出了沿海闽语和沿山闽语的区别。

粤语：粤语包括广东、广西，以及香港、澳门两个特别行政区。粤语的小称以"仔"尾、"儿"尾和小称变音为主。"儿"尾小称的有：勾漏片的广西玉林、广西平南、广西贺州、广西梧州、广西容县、广西北流；高阳片的广东信宜、广东吴川、广东化州、广东茂名、广东高州；钦廉片的广东浦北、广西钦州；邕浔片的广西桂平等。"仔"尾小称的有：广府片的广东广州；高阳片的广东阳江、广东高州、广东电白；四邑片的广东四邑；勾漏片的广西梧州；钦廉片的广西北海等。"小称变音"在粤语中是最普遍的小称形式，主要有"变调"和"变调＋变韵"两种形式。只用"变调"表示小称的有：广府片的广东广州、广东南海；勾漏片的广西北流；高阳片的广东化州、广东高州、广东电白；四邑片的广东四邑。"变调＋变韵"形式的有：勾漏片的广西玉林、广西容县；高阳片的广东信宜、广东吴川、广东茂名等。总体来说，粤语较好地保留了"儿尾"和"小称变音"，主要集中在勾漏片和高阳片，很多方言点都同时并存这两种小称形式，但在实际使用中，"小称变音"的表小功能更加丰富。"儿尾"作为一种古老的小称形式，表义范围较窄，有些方言点只局限在表示动植物的幼崽中，如广东信宜等。从目前来看，"仔"缀虽然是后起的小称形式，但在粤语各片分布最广，能产性较强，现已逐渐成为粤语中最为常见的小称形式。

吴语：吴语主要分布在浙江，江苏南部和江西部分地区，安徽和福建也有分布。吴语分为北部吴语和南部吴语两部分。北部吴语主要指太湖片，南部吴语主要指浙江省内以及周边的吴语各片。北部吴语有以下几种小称形式：儿尾型、"子"缀型、重叠型、变音型。儿尾型的有：浙江杭州、浙江余杭、浙江崇德等。"子"缀型，目前仅见于江苏江阴，这一形式非常少见。重叠型有：江苏苏州、江苏无锡、浙江宁波等。变音型小称有：浙江舟山、浙江岱山、浙江宁波等。南部吴语的小称，从形式上看包括儿尾型和变音型。儿尾型小称有：瓯江片的浙江温州、浙江平阳、浙江瑞安；金衢片的浙江衢州、浙江缙云；上丽片的浙江庆元、江西广丰、浙江云和、江西玉山、浙江遂昌、浙江松阳等。变音型主要分为"变调型""变韵型"和"混合型"。单纯变调的有：浙江青田、江西广丰、浙江永康、浙江台州、浙江嘉善等；变韵型的有：浙江义乌、浙江东阳、浙江浦江等；混合型的有：台州片的浙江温岭、浙江天台等；金衢片的浙江武义、浙江汤溪；上丽片的江西广丰、浙江丽水；瓯江片的浙江玉环等。吴语中，北部吴语小称分布不广，小称变音只是一种残存的语言现象，如浙北杭嘉湖一带。南部吴语的小称类型极为丰富，不仅包括多种小称形式，而且每种类型的小称包括多个小类。统而言之，吴语是汉语方言中小称最复杂的方言。

徽语：主要分布于安徽，江西、浙江也有分布。徽语虽然地域分布不广，但小称类型却很丰富。包括"儿"尾小称和变音型小称。"儿尾"小称有：旌占片的安徽旌德；严州片的浙江建德和浙江遂安；绩歙片的安徽绩溪；祁婺片的江西浮梁。变音型小称中，用"变调"表小称的有：安徽绩溪、安徽休宁、安徽歙县等，用"变韵"表小称的有祁婺片的江西婺源；严州片的浙江寿昌；休黟片的安徽岩寺；绩歙片的安徽歙县。用"变调+变韵"表小称的有休黟片的安徽黟县、安徽休宁、安徽屯溪等。总的来说，徽语中心地带具有丰富的小称形式，与南部吴语非常接近，这充分说明了徽语和吴语之间深层次上的共同点。另外，徽语的小称体现出由中心地带向周边省份逐渐弱化的趋势。如延伸至浙江省的严州片、江西省的祁婺片，小称形式在逐渐减少，很多地方的小称都已经成为一种残存的、正在消亡的语言现象。如江西婺源、浙江寿昌的鼻化小称数量非常有限，只剩下个别词例。

平话、土话：2012年版《中国语言地图集》将平话、土话暂列为汉语方言区之一。主要分布在广西、湖南、广东粤北地区。其中，平话作为广西汉语的第四大方言，分布最广。土话集中在湖南和粤北，分为湘南土话和粤北土话。平话小称主要是"儿"尾，如：广西宾阳、广西横县、广西宣州、广西临桂等。个别地方用"崽"尾，如湖南宁远、广西灵川的灵田水埠。土话主要以"崽"尾表小，粤北土话还有"小称变音"形式。"崽"尾的有：湖南东安、湖南新田南乡、湖南宜章、广东韶关大村等。"小称变音"有韶关曲江、韶关长来、韶关石陂等。平话和土话在地域上连成一片，它们有很多共同点，同时有保留自己的特色。小称就是这一地域特色的体现。

现将汉语非官话中各方言的小称形式进行统计，具体情况如表7－3所示：

表7－3　　　　　　　　汉语非官话方言小称形式统计

方言区、点	代表方言	附加									重叠			变音		
		儿化	儿尾	子	崽	唧	团	仔	圪	嘚	AA	AA儿化	AA儿尾	变调	变韵	变调+变韵
晋	河北宣化	+	+								+					
	山西大同								+		+					
	陕西神木								+		+					
湘	湖南溆浦			+												
	湖南湘潭				+											
	湖南新化					+					+					
	湖南株洲				+	+										
赣	安徽宿松			+										+		+
	江西丰城				+	+										
	江西南昌			+												
	湖北阳新														+	+
	江西吉安									+						
客	福建连城			+												
	广西柳城				+											
	广东惠州							+								
	江西于都													+		
	江西太坪														+	

续表

方言区、点		代表方言	附加									重叠			变音		
非官话方言			儿化	儿尾	子	崽	唧	团	仔	圪	嘚	AA	AA儿化	AA尾	变调	变韵	变调+变韵
闽		福建厦门						+									
		福建永安			+												
		福建大田															+
		福建姑田													+		
粤		广西贺州	+														
		广东信宜	+												+		+
		广东阳江							+								
吴	北部	浙江杭州	+														
		江苏苏州										+					
	南部	浙江青田													+		
		浙江汤溪													+		+
		浙江义乌														+	
徽		安徽旌德	+														
		安徽黟县															+
		安徽绩溪													+		
		江西婺源														+	
平话		广西宾阳	+														
		广西灵川			+												
土话	粤北	广东大村			+												+
		广东长来													+		
	湘南	湖南宜章			+												
		湖南新田			+												

（二）非官话方言小称的特点

非官话方言主要分布在东南地区，由于东南方言形成时间较早，大部分在唐宋时期已经形成，保留了较多古代汉语的语法特点。各方言在与当地少数民族接触的过程中，又保留了它们的底层语言形式，因此，造成了东南方言本身较为复杂的局面。各种方言之间盘根错节，交织成片，构成了异常复杂的小称格局。这种复杂性不仅体现在每个方言内部，不同方言之间也存在着很多交叉，甚至是同一方言点，都会存在多种小称形式。

第一，从区域特征看非官话方言的特点。

1. "儿尾"是非官话方言小称的主要形式。

"儿"在非官话方言中，有"儿尾"和"儿化"两种形式。其中，"儿尾"的存在形式较为普遍，这在吴语、粤语、徽语、赣语、湘语、平话中都有所体现。尽管各方言中"儿"尾的语音形式会有所不同。"儿"尾作为一种古代汉语小称形式，在东南各方言中保存得较为完整。同时，非官话方言中也存在"儿化"小称，只是多以"鼻音韵尾"或"鼻化韵尾"形式出现。这与官话方言的"卷舌儿化""元音儿化""边音儿化"明显不同。

2. 变音式小称在非官话方言中分布广泛。

在非官话方言中，变音式小称分布于六大方言区。包括：吴语、粤语、徽语、赣语、闽语和粤北土话。但每个方言区的具体表现不同。吴语是小称变音形式最丰富的地区，不仅存在变调型小称，变韵型小称，还存在各种混合式小称。在变调小称中，不仅存在合变式小称调，如江西广丰，还存在分变式小称调，如浙江永康。变韵小称，有的方言的变韵较为复杂，没有一定的规律性，方言的基本韵用一套系统，小称韵用另一套系统，如浙江汤溪。粤语也是小称变音为主的方言，但它的变调和变韵形式相对简单，变调一般不超过两个调类，变韵也以变换韵尾为主。徽语的小称形式比较丰富，形式上也接近吴语，但整体来看，这种变音形式已经缺乏了一定的生命力，处于一种逐渐弱化的趋势。赣语的小称变音，以"变调"形式居多。闽语的小称变音不常见，主要分布于闽北、闽中之间的过渡地带，如福建大田。粤北土话的"小称变音"的表小功能正在逐渐减弱，有些地方已经感觉不到它的小称语义，如广东韶关大村。而多以"崽"表小较为常见。可见，小称变音在非官话方言中的分布处于一种不均衡的状态。

3. 非官话方言中有更加丰富的小称词缀。

在非官话方言中，小称词缀更加丰富。每个方言中还具有自己鲜明的特色。作为北方地区唯一的非官话方言，晋语的小称形式以"圪"缀为主。湘语以"崽"缀为主要小称形式，闽语以"囝"缀为主要小称形式，"嘚"缀主要分布于赣语区，"子"缀主要分布在客家话。以上小称词缀具有鲜明的方言区域特征。

第二，从地域特征看非官话方言的特点。

非官话方言之间，不同方言区之间因地域相连，语言因不断接触而互相产生影响。因此，小称形式展现出了跨区域的片状分布特点。

1. 吴、徽语

在20世纪80年代，李荣（1989）在《汉语方言的分区》中主张把徽语独立出来，自成一区。更早以前，徽语被认为是吴语的一种。南部吴语与徽语接界，徽语中心地带的小称形式和南部吴语极为相似。小称变音均有小称变调、鼻尾、鼻化等形式。这充分说明，小称形式的共性特点，是吴徽语之间历史深层次的相互影响的体现。

2. 湘、赣语

湖南和江西在地理上毗连，历史上江西人口大量移入湖南，随着江西移民的涌入，赣语在湖南产生了巨大影响，并在湖南东部由北而南形成了狭长地带的赣语区，或是在湘中、湘西南地区留下了赣语的足迹。这样，湘语和赣语在彼此的相互接触中，形成了"你中有我，我中有你"的局面。因此，湘赣语之间的小称形式存在着很多共性。二者都存在"唧"缀、"崽"缀、"崽唧""崽子"缀等小称形式，在其他方言中是很少见到如此相似的。小称形式的相似，这是历史移民后，两种方言相互接触、长期共融的结果。

3. 客、赣语

江西内分布着赣语和客家话。江西北部通行赣语，江西南部主要通行客家话。江西中部是赣语和客家话的过渡地带，这里，客赣方言呈交错分布的状态。处于江西中部地区的赣方言，有的以"子"缀表小称，如江西新干、江西泰和，这正是与其毗邻的客家话影响的结果。同时，由于客赣方言长期接触，两个方言中也会存在共同使用的小称词缀，如"嘚"缀，是赣语常用的小称词缀，但这一形式在江西客家话也存在，如江西石城。客赣方言之间长期共处，也会在小称形式上留下印迹。

三 差异性与联系性

就整个汉语方言来说，根据入声的有无分为官话方言和非官话方言。非官话方言主要集中在东南地区，官话方言主要集中在我国北方。汉语方言普遍存在着南北对立现象，也可以说，是官话方言与非官话方言的对立。就现有的语言面貌来说，官话方言代表着一致性的一面，而非官话方言代表着差异性的一面。对于二者之间的比较，我们应该既看到差异性，同时又要注意二者的联系性。下面我们就这两方面来进行说明。

（一）二者的差异性

1. "儿"类小称分布的对立互补性。

对于"儿"类小称而言，我们应充分认识到官话方言与非官话方言的差异性。其中，官话方言主要以"儿化"形式存在，非官话方言多以"儿尾"形式存在。南方方言虽也存在"儿化"形式，但多以"鼻音韵尾"和"鼻化韵尾"形式存在，而官话方言主要以"卷舌儿化"为主要特色，以"元音儿化""边音儿化"为辅。"儿"的不同分布情况，展现了官话与非官话的不同特点。

2. 重叠式小称主要见于官话方言的西部地区。

分布于兰银官话、中原官话、西南官话中，冀鲁官话、胶辽官话也有少量分布。处于官话方言与非官话方言过渡地带的晋语区，体现出了一定的过渡性特点，虽然划入非官话方言，小称却以官话方言常见的重叠形式为主，而其他非官话方言区则很少见到重叠小称形式。

3. 有各自特有的小称词缀。

官话方言特有的词缀有"娃"缀，在方言中主要表现为"娃儿"和"娃子"形式。这一小称形式未见非官话方言区，主要集中于官话方言区。而非官话方言区的"崽"缀、"囝"缀、"唧"缀、"嫲"缀等，均不见官话方言区，以上小称词缀带有明显的地域分布特点。由此可见，非官话方言的附加式小称更为丰富。

4. 变音型是非官话方言小称的明显特征。

变音型小称在非官话方言中，主要分布于吴语、粤语、赣语、闽语、客家话和土话中。而在官话方言中，这种形式非常少见。即使是词缀式小称，在非官话方言中，也往往以词缀变音的形式出现。如湘语中，"崽"缀通过变调表小称。闽语中，"囝"缀通过变音形式表小。而官话方言附加型小称多保留原有的语音形式，变调较为少见。

由上可见，就小称这一语法形式而言，官话方言与非官话方言呈现了明显不同的特点。

(二) 二者的联系性

官话方言和非官话方言共存于现代汉语方言中,它们是经过千百年来的不断分化和整合而逐渐形成的。各方言在形成和发展的过程中,不是各自独立发展,而是各种方言之间不断相互影响,相互融合的结果。二者彼此相互影响,对于地域相连的地方,语言的共性表现往往会更多一些。

官话方言作为一种基础性方言,代表着汉语的发展方向。官话方言有向临近方言扩展的趋势。有些地区处于官话与非官话方言的边界,如江淮官话和吴语、湘语、赣语分别处于官话方言和非官话方言的过渡地带,这些地域的小称形式也往往会带有一定的过渡特色。以下仅举例说明。(1) 江淮官话的江苏海安方言,单纯的小称变调已经表小不明显,必须用"后字变上+儿化"形式表小。顾海洋(2016)认为,"后字变上是吴语底层的遗留,历代北人南下不断冲刷通泰方言底层,小称变音指小逐渐失落,因而叠加'儿化'形式表小"①。(2) 吴语中已经带有江淮官话小称形式特点,如江淮官话与北部吴语毗邻,这样,北部吴语"AA"式小称就带有江淮官话小称特色。如江苏无锡、江苏苏州。(3) 处于西南官话北、西、南三面包围中的湘语,在官话方言的长期影响下,小称已带有官话方言特色。湘语中的"子"缀,近年来成为较为活跃的小称词缀,如湖南长沙,用"子"缀表小,主要是因为作为省会城市,经济较为发达,人员来往密集,更容易受官话方言的影响。(4) 陕西牛蹄乡赣语方言岛,由清初湖广移民形成的方言岛。岛内除强势赣语外,还有湘语等弱势方言。由于牛蹄方言处于周围官话方言的包围之中,使其在吸收周边官话方言的小称形式的同时,也受到岛内弱势方言的影响,因为使其小称形式呈现了复杂多样的特点。方言以"儿尾""重叠+儿尾"为主要形式,同时还有"崽崽""头头""杪杪"等形式,说明牛蹄方言受官话方言的影响很大。

非官话对官话方言也具有一定的影响性。从地域来看,晋语与中原官话的汾河片相连,晋语的"AA式"和"圪"缀小称形式,已经延伸到周边的中原官话。如山西临汾、山西运城、山西洪洞等地,都和晋语

---

① 顾海洋:《海安方言语音研究》,博士学位论文,南京大学,2016年。

的小称形式相同。这是晋语小称形式向官话方言延伸的结果。

通过比较，可以看出，二者的小称形式主要表现为差异性的一面。同时，它们共存于汉语方言中，有时，要把官话方言和非官话方言划出一条明确的界限，又比较困难。因为这条界限本身有一定的模糊性。处于过渡地带的方言带有一定的不稳定性。因此，官话方言和非官话方言必然会相互联系，相互影响，相互渗透，形成复杂多样的小称格局。

第八章 结语

从现有语料来看，汉语方言中保留了很多活的语言事实，极具研究价值。本书以汉语方言小称范畴为研究对象，通过跨方言语法比较研究，对汉语方言小称的语法形式、语法意义、地域分布及特点等进行了比较全面的描写。由此，产生了很多新的认识。本章对全文加以总结，包括基本认识、存在不足和研究体会等内容。

第一节 本书的基本认识

一 对小称概念的认识

"小称"是什么？从目前来看，对于小称的定义，大家的说法可谓莫衷一是。最初，人们用西方语言学术语来解释汉语的语法事实。20世纪四五十年代，有学者认为"小称"是"细小格"，以高名凯为代表。到了20世纪80年代，小称问题渐渐引起了语法学界的关注。有学者从小称的形式出发，认为，小称是"相当于儿化的语法现象"，以日本学者平田昌司为代表。也有学者从小称的意义出发，认为小称在词汇、语法、修辞方面都起积极作用。如陈忠敏（1992）。进入21世纪以来，有学者已经认识到小称是形式和意义的结合，如林华勇、马喆（2008）。随着研究的深入，对小称的认识也逐渐加深。刘丹青（2013）认为小称在汉语方言中属于显赫范畴。综合各家之言，我们认为：小称是用一定语法形式表示"小量"的语义语法范畴，有的附加一定的情感意义，如喜爱、厌恶等感情色彩。

二 小称语法形式的多样性

李如龙（1996）认为："比较不同的方言事实，最重要的是划分类型。从不同的语言事实归纳出不同的类型，这就是研究工作的一大突破。因为它把无序的堆砌变成有序的排列，使平面的罗列变成两级的对照，在两极之间还显现了不同的层次"①。本书首先把汉语方言的小称划分不同类型。

汉语方言小称的独特之处，在于它具有丰富多样的小称形式。总体来说，本书把汉语方言小称的总体类型分为附加式、重叠式和变音式。附加式小称主要分为前加式和后加式。其中前加式主要包括"圪"缀，后加式包括"儿"类、"子"缀、"崽"类、"娃"类、"囝"缀等；其次是重叠式小称。主要分为"名叠式小称"和"量叠式小称"。变音式小称在汉语方言中的分布较少，却是最具特色的小称形式。包括"变调""变韵""变韵+变调""变声+变调"和"变声+变韵+变调"几种。上述小称形式，可以独立作为单一的手段存在于汉语方言中。但在有些方言中，往往是几种小称形式混合使用。如"词缀+变音"或"重叠+词缀"或"重叠+变音"等形式，看似简单的组合，但在方言中的具体样式可谓不胜枚举，因为每个方言都有自己的类型特点，展示了不同的混合式小称形式。因此，从整个汉语方言来看，小称形式可谓纷繁复杂。

有的方言中，还存在叠床架屋的情况。各种小称形成一种表量的层级关系。以重叠小称为例。如陕西牛蹄乡（周海霞，2013），存在"AA"和"AA 儿"两种小称形式，其中，"AA"式重叠形式表示一般的小，没有强调的意思；"AA 儿"式表更小，有强调的意思。再如，晋语区的山西晋源、内蒙古包头、山西阳城、山西原平、山西灵石等，同时并存"一 AA"和"一圪 AA"两种形式，但这两种类型会形成表量的层级："一圪 AA" < "一 AA"。有的方言中，还同时存在"一圪 A 儿 A 儿"形式，表示"极言其少"的意思，三种形式同时存在，这样就形成了表量的层级："一圪 A 儿 A 儿" < "一圪 AA" < "一 AA"，如河南辉县（穆亚伟，2016）。

---

① 李如龙：《论汉语方言的类型学研究》，《暨南学报》（哲学社会科学版）1996 年第 2 期。

三　小称类型分布的不平衡性

中古以来，汉语方言就存在着南北之别。就汉语方言小称来看，各种小称形式都有自己的通行区域，也存在这样的南北分立现象。

首先，从总的面貌来看，附加式是各大方言中最主要的小称形式，南北方言的具体表现形式不同。南方方言多以"崽""囝""唧""嘚"为代表，北方方言多以"娃""儿化""重叠"为代表。变音式小称主要分布于东南方言，如吴、粤、赣、徽方言中。

其次，各方言区内部小称形式具有不平衡性。其中南部吴语不仅存在儿缀型、鼻尾型、鼻化型、变调型等单一小称形式，同时，变调还可以和儿缀、鼻尾、鼻化等形式共存并用。而北部吴语主要采用重叠形式。如江苏无锡、江苏苏州等地。

最后，有的方言点可以有几种小称形式，它们在表义功能上呈现相互协调、互补分布的状态，越是过渡地带的方言，小称形式越复杂。以商州方言为例，处于秦楚的过渡地带，有五种不同的小称形式，这都是与周边方言接触和交融的结果。即使是地域相邻的两个方言点，小称形式也可能完全不同。如湖南安乡（应雨田，1990），小称用"重叠＋儿化"的形式，而对于安乡县下设的黄山头镇，小称形式却用"子"缀、"伢"缀、"儿"尾等形式表示。

可见，无论是总体类型来看，还是具体到方言区至方言点，小称分布都具有不均衡的特点。这不仅由于自古以来形成的复杂方言，也来自山川的阻隔、人民的迁徙，是长期以来语言接触后产生的结果。

四　小称语法意义的延展性

对于小称的语法意义，各家也众说纷纭。目前，有不少学者从历时角度探讨了小称语义的演变过程。如石毓智（2005），曹逢甫、刘秀雪（2008），王芳（2012）等，学者们纷纷指出了小称语义是一个不断扩展延伸的过程。但仔细分析，学者们对小称语义的界定并不统一。如石毓智（2005）把形容词表程度的增加也纳入小称范围。曹逢甫、刘秀雪（2008）语法化轮回的观点认为小称的语法意义包括特指义和专指义。王芳（2012）认为小称的语义包括边界义，各种观点胶着在一起，使小称意义的内容更加模糊不清。因此,本书从语义语法范畴出发,在量范畴理论的指导下,重新归纳小称的语法意义。

本书认为,小称不是单纯表"小",它的语义具有一定的延展性。统而言之,小称是一种"小量",具体来说,包括物量、数量、性量、动量、时量等。分别对应事物的形体小、数量少、性状低、动作轻,时间短等。从这里,可以看出,小称语义经历了一个从具体到抽象、由实到虚的演变过程。但各地的演变速度并不均衡,所处的发展阶段也不一致。在各种小称形式中,"儿"语法化历程较为彻底。而分布于湘语中的"崽"缀、官话方言中的"娃"缀,多用于表示动物的幼崽或无生命事物的形体小,只有一部分表示数量少。这说明,它们属于尚未完全虚化的词缀。

第二节 本书存在的不足

一 材料的收集和整理

汪国胜(2014)指出,方言语法研究的对象是汉语方言语法事实,而事实是表现在语料中的,因此可以说,研究方言语法,也就是研究方言语料。[①]

材料问题是本书存在的最重要的不足之一。跨方言语法比较研究时,材料的获取主要来自对间接语料的利用上。本书的研究主要来自方言志、方言词典、个人专著及硕博论文等。语料的获得是展开方言语法调查研究的前提。虽然,论文写作之前,我们已经尽可能收集了大量有关的书面材料,但这些书面材料与浩如烟海的语法事实相比,材料还是有限的。存在的不足,主要体现在以下方面:

一是语料的不均衡。小称的方言语料,对于一些研究人员较多、研究基础较好、研究历史较长的方言点,语料也较为丰富,如吴语、粤语、湘语等。而有些方言点,还存在一定的空白。如东北官话、西藏、青海的材料比较缺乏。还有的方言点,虽有描写,但只是一笔带过,既

---

① 汪国胜:《谈谈方言语法研究》,《华中师范大学学报》(人文社会科学版)2014年第5期。

不深入，也不全面。我们对这一方言点的处理办法只能是记录有无，而不能进行分析。对于分布不均的语料，影响了比较研究的效度和准确度，这样，也不利于我们全面清楚地揭示小称的整体面貌特点。

二是语料的甄别。由于这些方言材料采自众手，就存在术语不同，角度不一等情况。这无疑增加了比较的难度。方言语料的鉴别和取舍，是一个极其花费心力的工作。如对小称概念的理解，由于学术界的观点分歧较多，这就需要我们重新界定，在选择材料时要有所取舍。有的材料由于作者关注的角度不同，我们只能从中选取需要的视角。比如，众多学者把小称的研究放在方言的词缀研究中，这样我们就要在词缀研究中提取有关小称的描写。

三是语料的选择问题。语言现象是复杂的，对于同一方言点的相同问题，会出现观点不一致的现象。这样，就更需要我们在甄别的基础上仔细选择。比如：闽中方言尤溪话有一种独立成音节的［ŋ³⁵］尾，有人认为来源于"儿"（伍巍，1993），有人认为来源于"囝"（邵慧君、甘于恩，2002）。这就需要我们在辨别后进行取舍。

四是对语料的运用问题。由于汉语方言小称分布非常广泛，因为时间、精力等原因，我们不能亲至当地进行调查，对材料的真实性和可信度无法一一核实，这不能不失为一种遗憾。面对纷繁复杂的方言语料，缺少方言母语的语感，再加上学力的不足，对材料的理解存在一些困难，对材料的运用还不能做到得心应手。

二 解释的广度和深度

就研究的视角而言，本书的研究局限于共时的横向比较研究。主要涉及"方方"之间和"方普"之间的比较，而对于"方古"的纵向比较研究，比如小称的语义演变机制还未涉及。朱德熙（1993）主张"方言语法研究、历史语法研究和标准语语法研究"的三结合语法理论，邢福义（1996）主张"两个三角"理论，李如龙（2001）也指出："20世纪积累了大量材料，今后应全面地进行纵横两面的比较。今后，我们要加强方言小称的历时比较研究，从而全面揭示汉语方言小称的特点。"

汉语方言复杂，南北差异较大，本书对汉语方言小称的语法形式和语法意义进行了共时层面的描写，虽然对这些形式的类型特点做了一定的解释，并且对官话与非官话、方言与普通话小称进行了比较研究，但本书的解释，还较为表面。汉语方言复杂形式的背后，哪些是历史演变的结果，哪些是语言接触的结果，多样化的小称形式，承载了多元化的地域文化和民族情怀。语言与文化的关系极为密切，小称问题的研究可以作为了解地域文化的一个切入点，这些问题的解答都有待于我们对汉语方言小称做更为深入的调查。

就本书的具体内容而言，有待深入探讨的包括以下方面：

一是小称类型的划分，有一定的交叉之处。本书的分类是否科学，有待检验。为了展示小称的系统性特点，我们将汉语方言中的混合型小称分散到三种大的类型中。比如，附加型小称中，不仅包括单纯的词缀形式，还包括"词缀＋变音"形式。以"子"缀为例，"子"缀小称包括"子缀"和"子变调""子变韵"等。对于"重叠＋儿化"小称形式，由于方言语料的描写详略不同，到底是"重叠"表小还是"儿化"表小，我们很难对每个方言点一一界定。因此，统一放在"重叠"类型下进行探讨。比如，对于"儿"类小称而言，具体包括"儿尾"小称和"儿化"小称。"儿化"小称其实是一种变音型小称形式，但因为二者是一种历史演变的过程，为了便于描写和比较，本书的处理办法是将它统一归类为"儿"类小称。

二是由于材料所限，本书的结论，带有一定的主观性。本书的研究，只能根据现有语料，而不能将汉语方言的全部方言点囊括进来，这样，所下的结论就带有一定的主观性。如对小称定义的理解，对小称的内涵和外延的界定，目前学界还存在很多分歧。比如："昵称""尊称""特指""专指""名物化"等，是否应该纳入小称范畴，可能仁者见仁，智者见智。还有，本书对每种类型的小称进行了方言地图的绘制，也是根据我们所能找到的现有语料进行类型归纳，是否能全面概括这一类型的特点，还带有一定的片面性。以上问题，将随着新语料的挖掘，不断丰富和补充我们的观点。

第三节 研究的几点体会

一 重视语法的比较研究

汉语方言语法研究是在比较的基础上发展起来，并以此为基础不断向前推进的。比较可以从纵横两个方面进行：方言、共同语和古汉语。1926 年赵元任先生发表《北京、苏州、常州语助词的研究》开启了汉语方言语法比较研究的先河。从目前来看，汉语方言语法研究还处在初步描写的状态，对语言现象、规律的科学解释还比较少。以比较研究而言，还属于单一的比较研究，目前方言和普通话的比较研究较多，但是整个方言之间、方言与汉藏语言的比较研究还较为少见。因此，需要拓宽比较研究的视野。当代方言学者纷纷提出方言语法研究重在比较的共同愿景。詹伯慧指出："汉语方言语法研究的核心是比较。倘若没有比较，只停留在罗列现象、描写现象上，或者仅仅是反映一点方言语法调查的结果，说明方言中存在哪些语法范畴，有哪些表达的方式，这显然是很不够的。我们调查研究汉语方言语法，要能够步步深入，就必须通过在调查中掌握到的大量方言事实来进一步深入分析，从中挖掘出方言事实中所反映出来的语法特征，并竭力寻找出其中带有规律性的东西来。特征也好，规律也好，都只有通过比较研究才能够得出合乎实际的、科学的结论来"[①]。游汝杰也提倡："引进类型学的理论和方法，开展方言语法的综合研究和比较研究"[②]。

本书的研究，力求变换研究思路，借鉴类型学研究的方法，从语义语法范畴的主体视角出发，在已有研究基础上，通过方—方之间的比较，总结了汉语方言的总体类型，并关注到小称语义演变的不平衡性特点。吴福祥（2005）指出："在语言演变的过程中起作用的不但有时间因素，也还有地域的因素"[③]。因此，本书在归纳类型的基础上，从共时平面了解各种小称形式的地域分布情况，力求深入认识汉语方言小称

[①] 詹伯慧：《汉语方言语法研究的回顾与前瞻》，《语言教学与研究》2004 年第 2 期。

[②] 游汝杰：《汉语方言学的现状和愿景》，《暨南学报》（哲学社会科学版）2005 年第 5 期。

[③] 吴福祥：《汉语历史语法研究的检讨与反思》，《汉语史学报》2005 年第 1 期。

的特点。同时，本书还将方—普比较，纳入研究的视野。进而了解二者之间小称同中有异、异中有同的特点。通过比较发现，普通话的"儿化"小称在逐渐泛化，表小的语义已经开始模糊，渐渐成为一种语法标记。以往人们认为"汉语方言的差异主要表现在语音上，词汇语法的差异往往是细微的，而不是十分显著的"，通过我们的比较发现，汉语方言语法之间的差异不是细微的，而是较为明显的。以上研究，不仅为我们下一步深入研究积累了丰富的语料，同时，也有助于我们了解整体汉语的语法性质及特点。

二 重视语音同语法的关系

对于方言语法的研究，要重视语音和语法的关系，有必要从更隐蔽的线索上挖掘更多的语法事实。戴庆厦认为，"语法虽是语言结构要素之一，但它不是孤立存在的，而是与语音、语义等要素紧密联系在一起的。因而在语法比较中要有系统性观点，要从语音、语义上寻找与语法有关的证据，以保证语法比较研究能够深入进行"①。

有的语音现象，其实是语法现象。"有些现象本身就包含着一定的语音规律，也是一种词汇现象和语法现象，例如'小称'有时伴随着变调或变韵、变声，有时依附于某个后缀：小称一般是可列举的，属于词汇现象；'小称'标记和规律总是体现着一定的语法意义"②。对于汉语方言的变音型小称而言，其实是通过语音形式的变化来表示语法意义。"方言里有着丰富多样的变音式的语法手段，我们对其语法地位应有充分的认识。它不光显示了方言语法的特点，也从一个方面展现出'整体汉语'的面貌"③。我们要加强对方言的语法形式的深入挖掘，重视方言的变音式语法手段的研究，比如，汉语方言的语法变调，在不同的方言中，可以表示不同的语法功能，可以表"情"、表"量"、表"小称"、表"数"、表"格"、表"体"、表"否定"，在有的方言中还可以作为一种句法手段。

对于本书的研究对象而言，汉语方言小称的语音形式是极其丰富

---

① 戴庆厦：《语法比较的几点思考》，《语言与翻译》2006年第1期。
② 李如龙：《汉语方言的比较研究》，商务印书馆2001年版，第27页。
③ 汪国胜：《湖北大冶方言两种特殊的问句》，《方言》2011年第1期。

的，不仅北方官话存在大量的儿化变韵现象，南方方言中的小称也存在变声、变韵、变调等形式。这些变音现象广泛存在于汉语方言中，我们不仅要关注这些小称变音的语法形式，而且要从语里意义和语用价值方面去考察它们之间的共性和区别。汉语方言的变音式小称，主要分布在东南方言地区，而且呈现一种衰弱的趋势。关于这一形式所表达出来的小称语义，逐渐被词缀形式和词汇手段所取代。有的方言中，存在词缀和变音并存并用，这就是从变音手段向词缀形式的过渡。方言中新旧形式的并存，反映了语言发展的方向。小称变音作为汉语方言的一种重要形态表现，我们要重视这一语法特点的挖掘。

同时，方言也是一种语言，语言是个复杂的系统，语音、语义、语法各要素是相互交织的，因此，我们在分析问题时就不能仅仅局限于某个方面，否则就会模糊我们的视线。在做具体的方言语法研究时，注意语音、词汇、语法间的关系，这也是我们应该关注的问题。

三 研究展望

小称关联语音、词汇、语法，是语义表达的一种特殊方式，也是语义语法范畴的一个类别。本书主要运用类型学方法，通过跨方言比较，归纳了方言小称的语表形式、语法意义、分布特点，并根据小称的地理分布特点归纳共时差异表现。本书对小称相关语料的整理和考察，有助于整体认识方言小称的基本面貌和基本特点。

目前的研究只是局限在共时的平面分布。如何把共时和历时的小称研究较好地结合起来，是一个难题。普方古的对比研究还有待加强，可以作为未来研究的主要方向。从古的层面来说，对于小称形式的不同来源问题，认识尚显不足。对于方方之间的比较，各方言区的比较还有待加强。另外，我们还可以加强小称的多边比较研究，比如同汉藏语言的比较，本书还只在变音型小称中举例性的进行说明，这些都是今后进一步研究的方向和重点内容。本书的研究，只是一个起点，未来，随着小称语料的不断丰富，将不断完善和修正我们的观点和见解。

附　　录

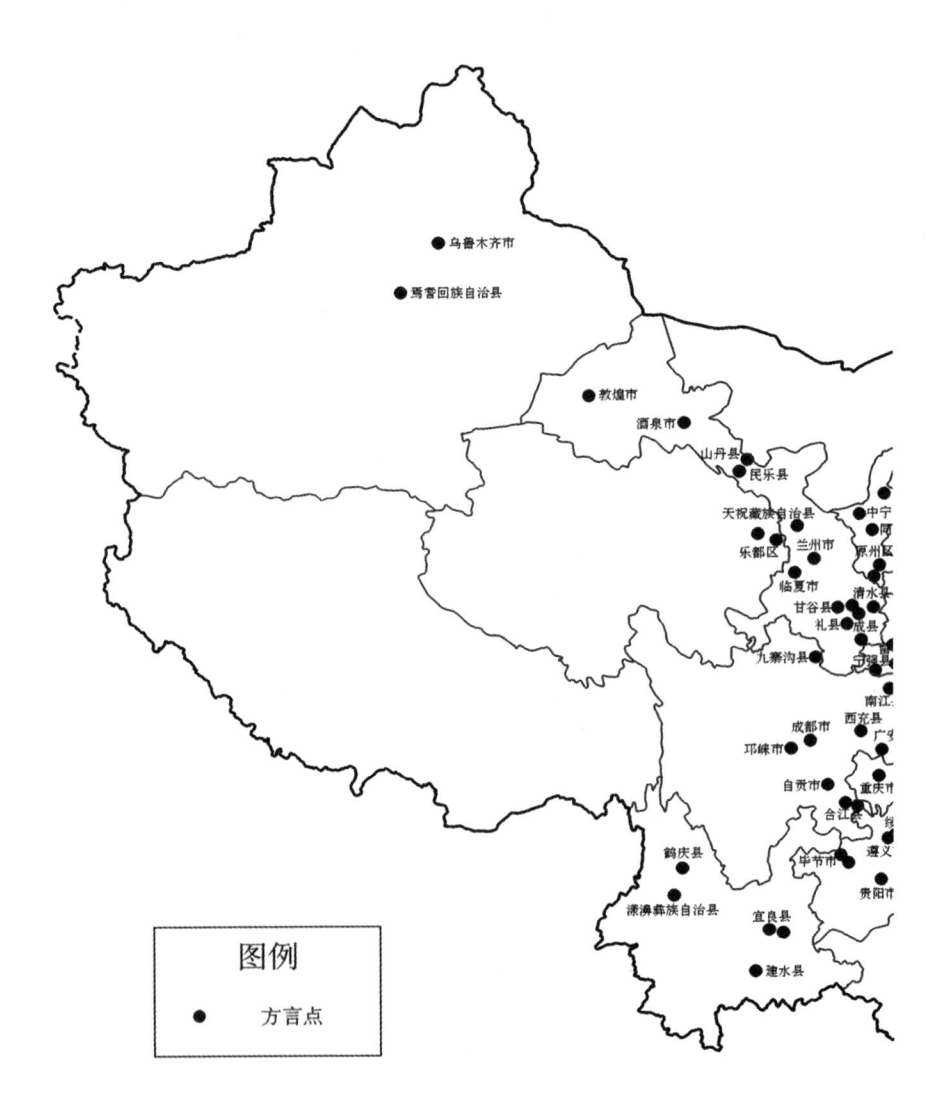

附 录

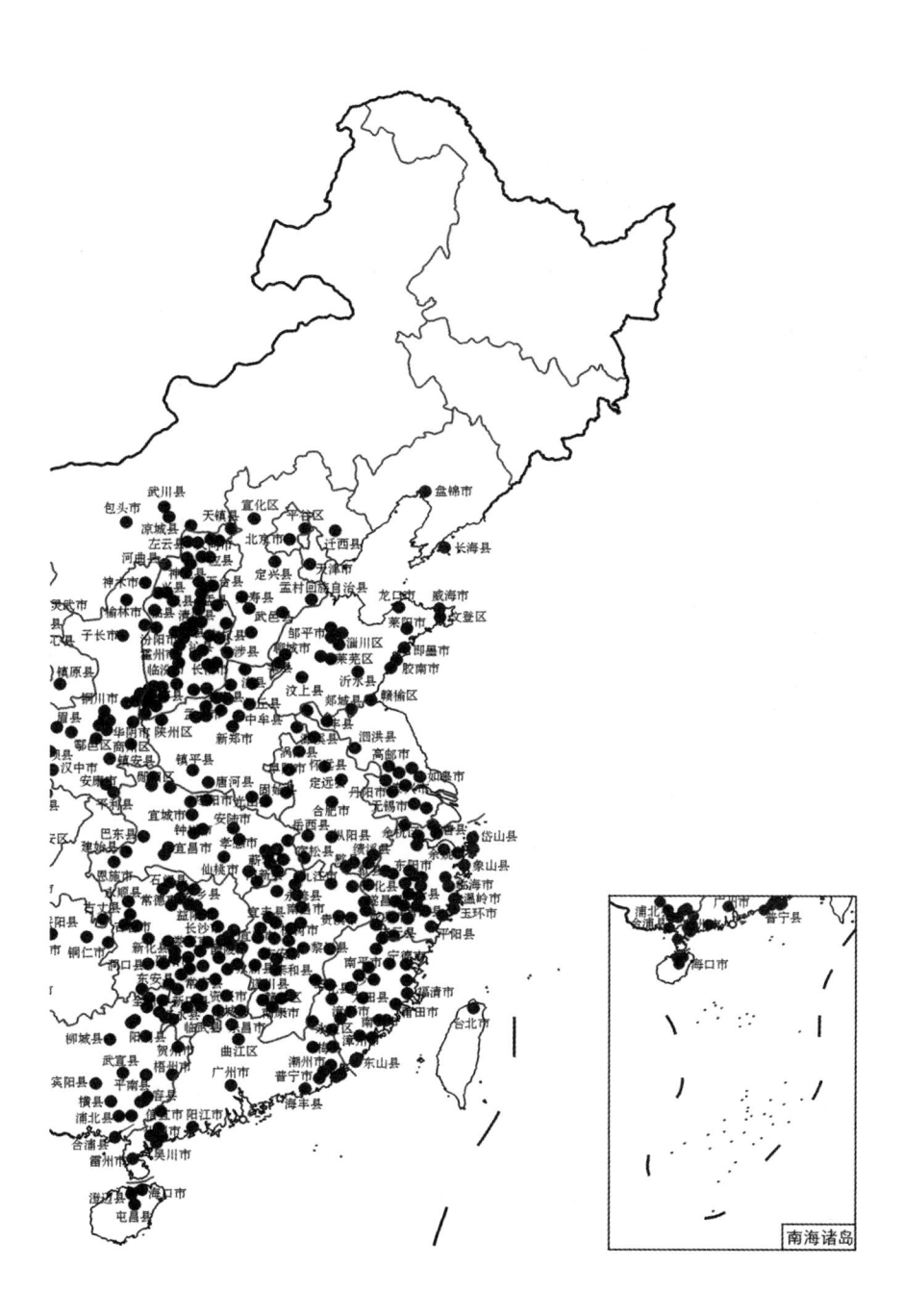

图附-1 汉语方言小称总体分布

图例

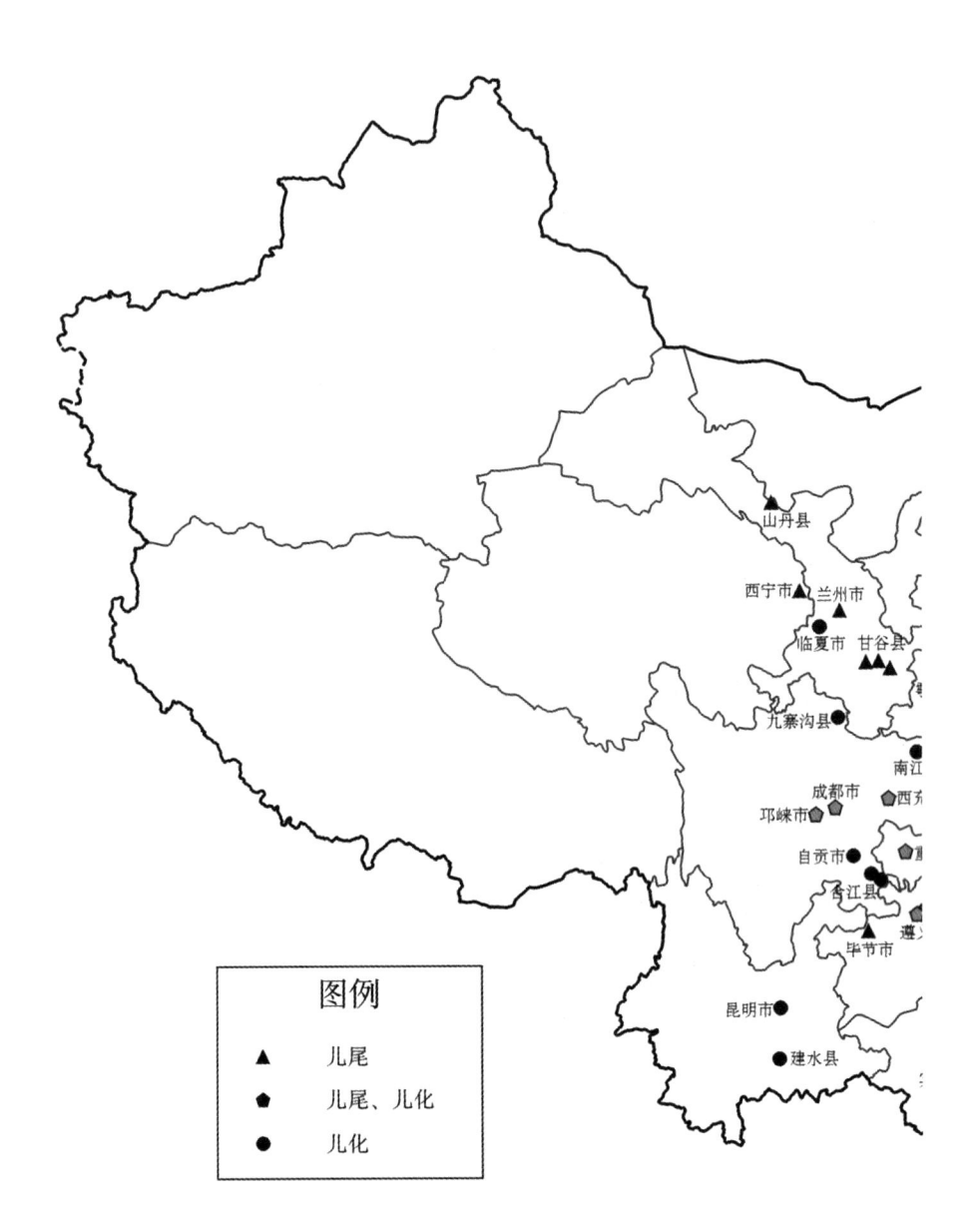

▲ 儿尾
⬟ 儿尾、儿化
● 儿化

附 录

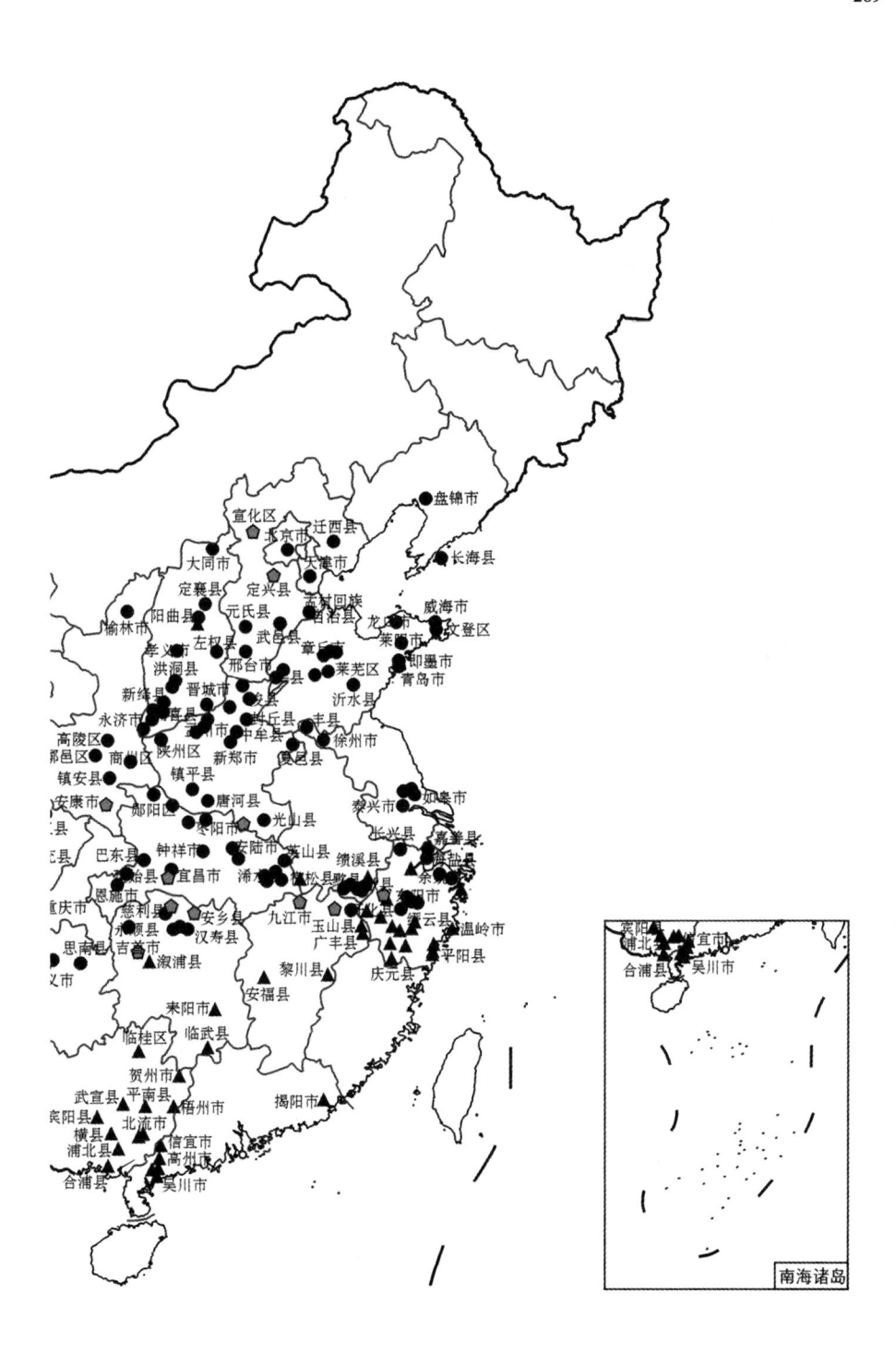

图附-2 儿类小称分布

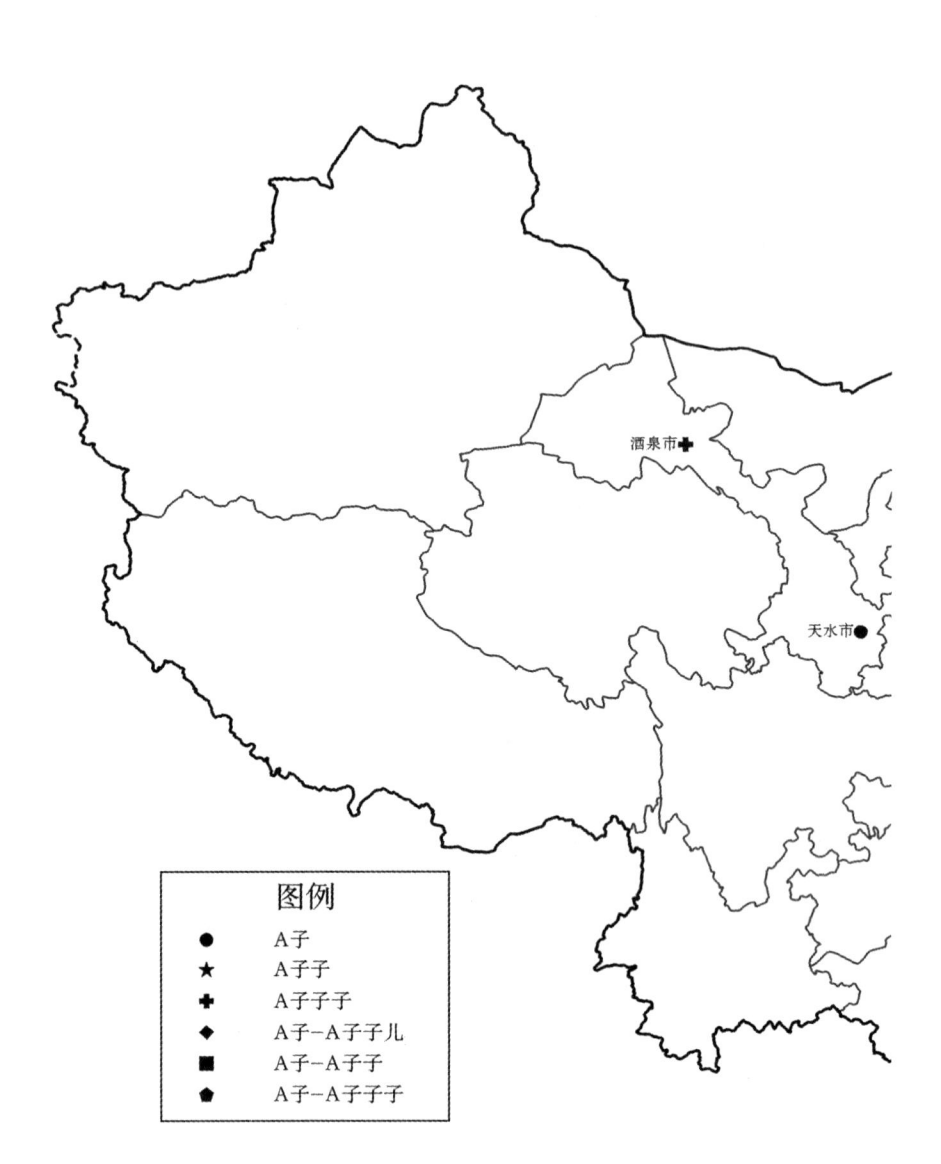

图例
- ● A子
- ★ A子子
- ✚ A子子子
- ◆ A子–A子子儿
- ■ A子–A子子
- ⬟ A子–A子子子

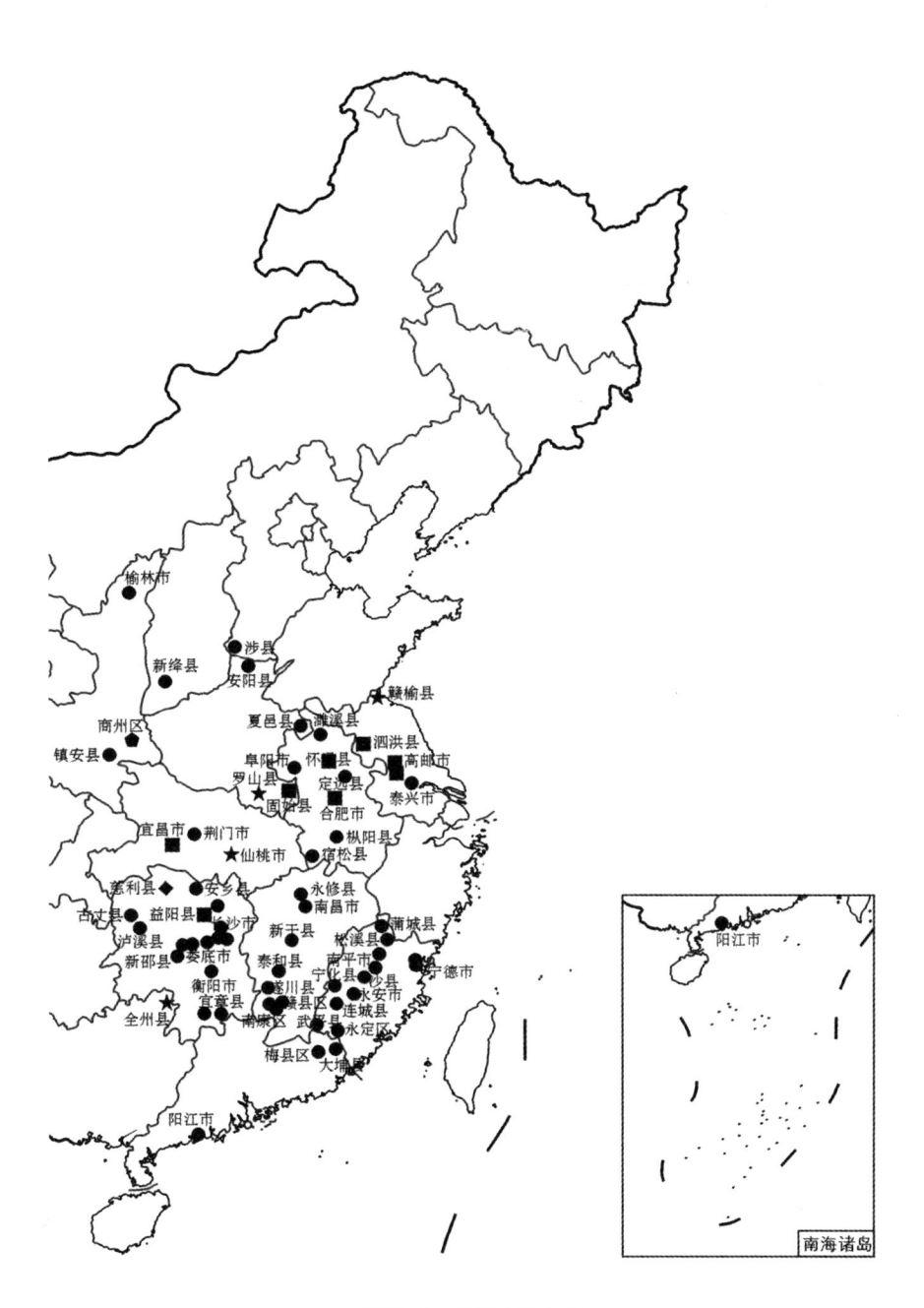

图附-3 子缀小称分布

★成都市

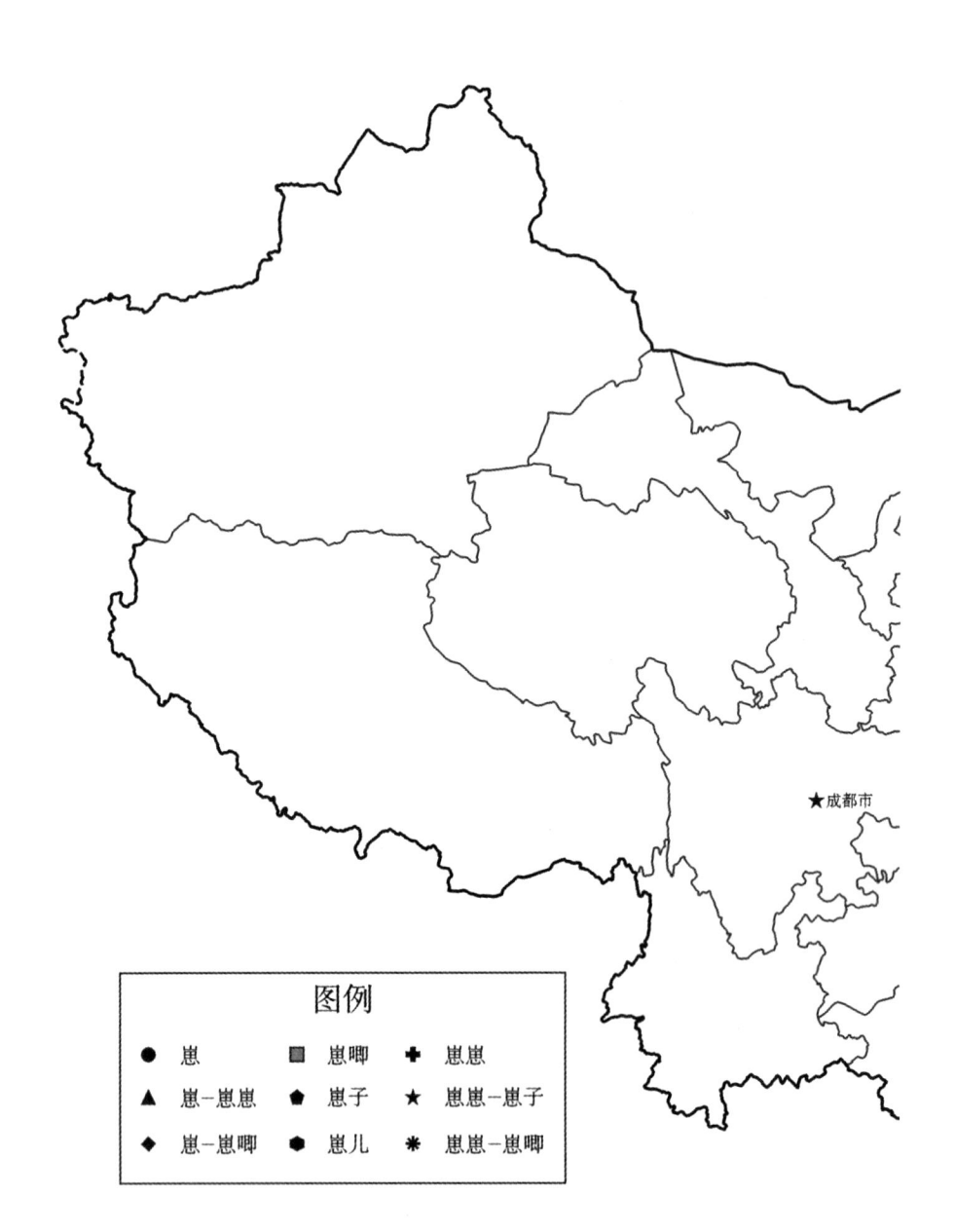

图例

● 崽	■ 崽唧	✚ 崽崽
▲ 崽-崽崽	⬟ 崽子	★ 崽崽-崽子
◆ 崽-崽唧	⬢ 崽儿	✳ 崽崽-崽唧

附 录

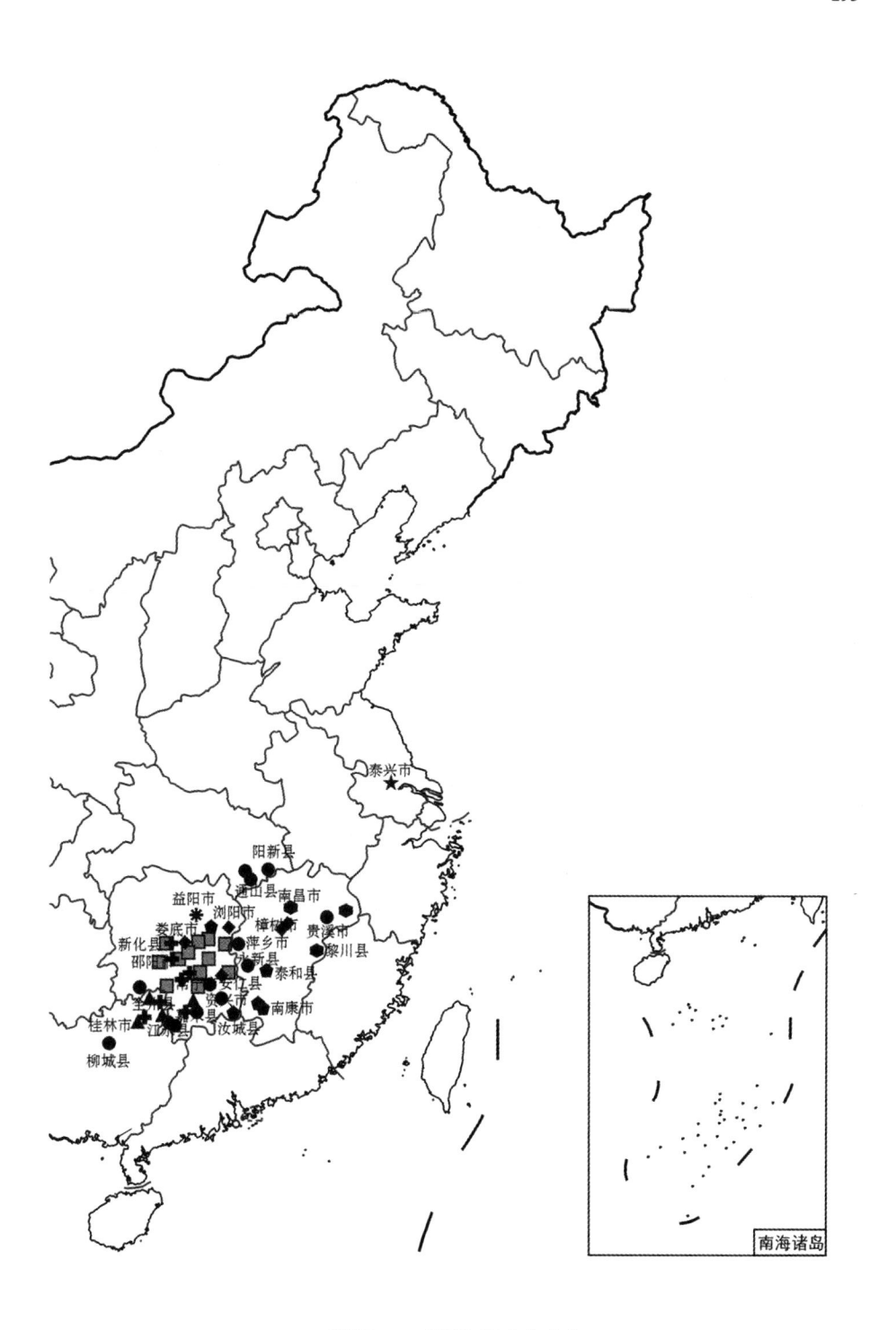

293

图附-4 "崽"类小称分布

图例

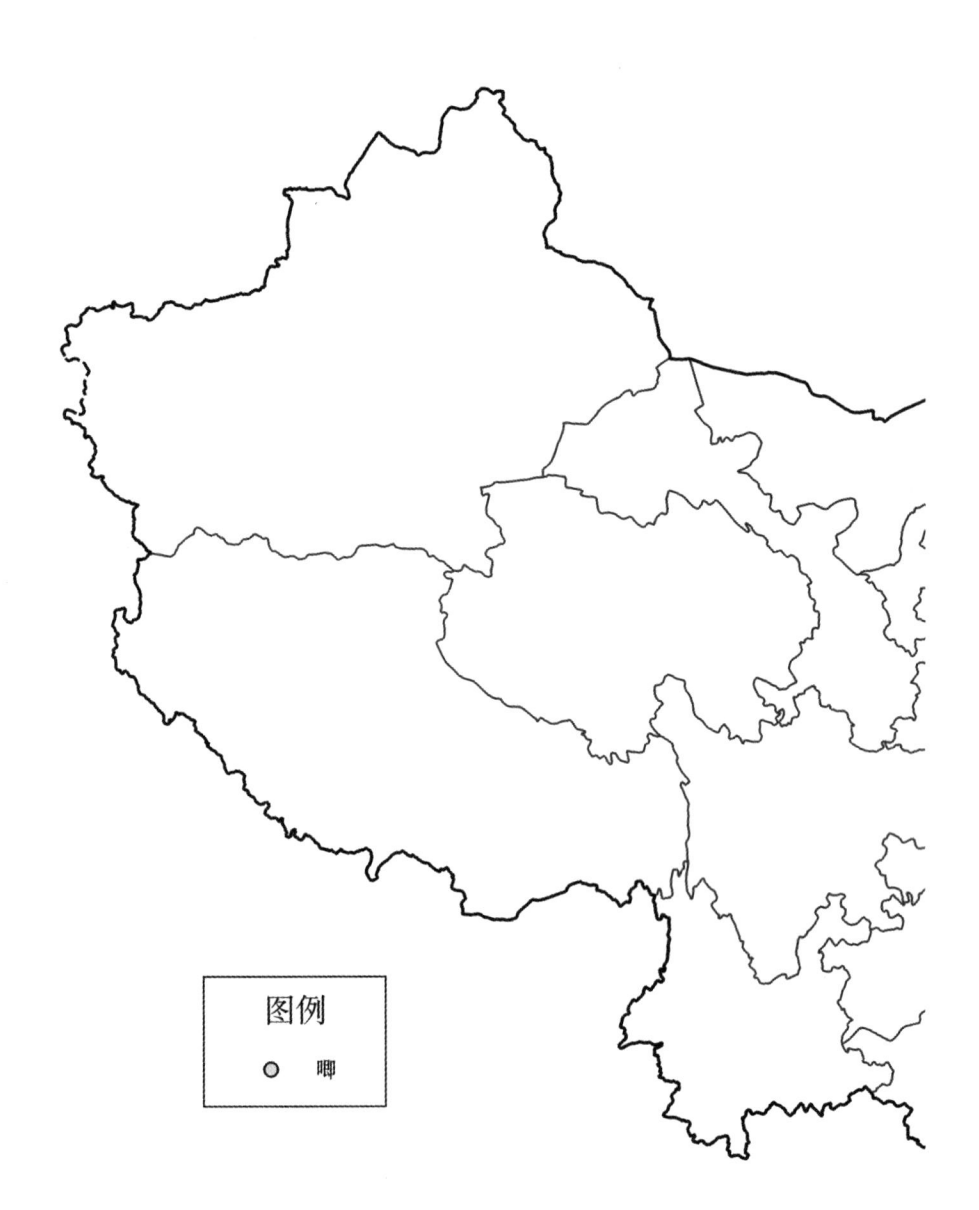

○ 唧

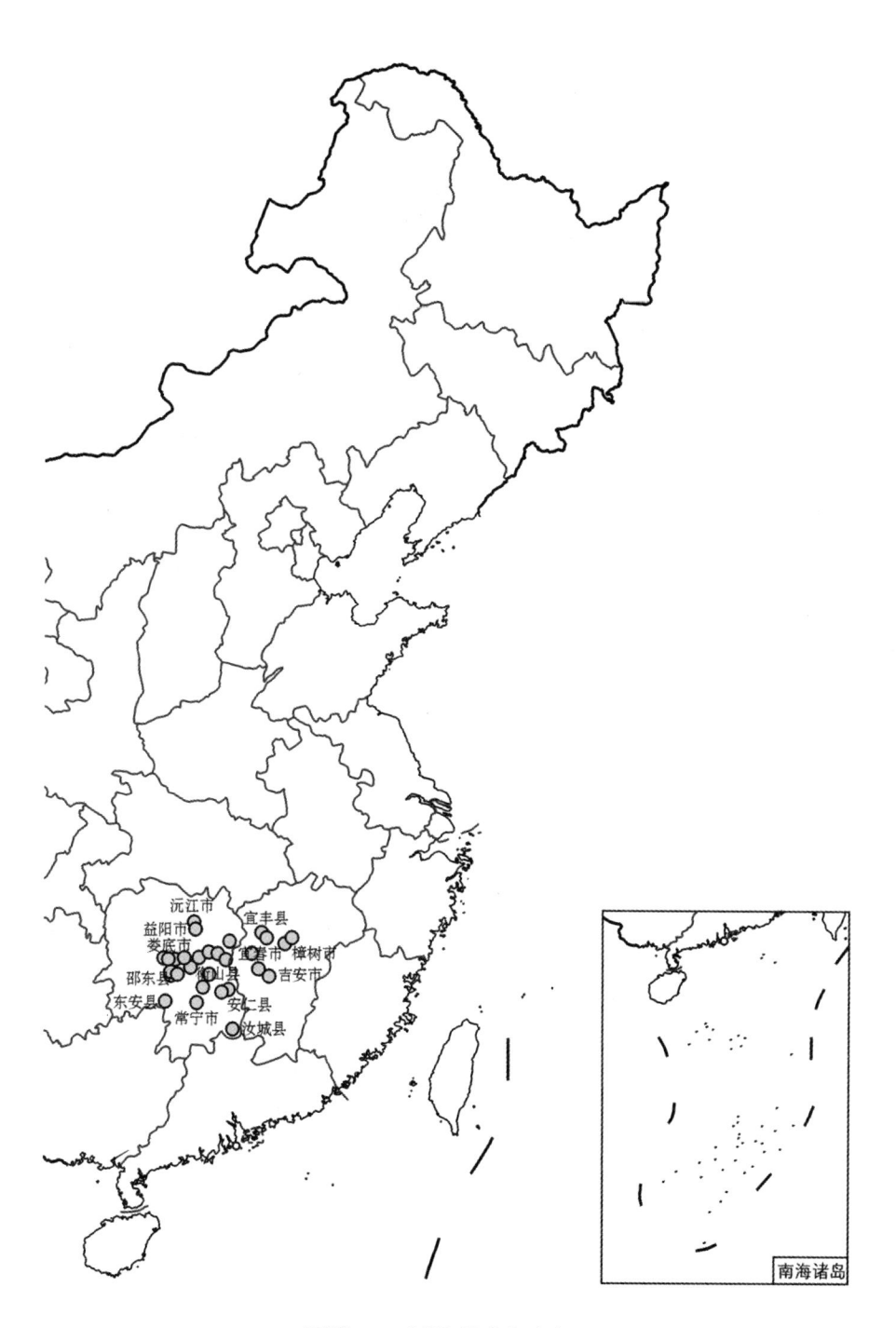

图附-5 "唧"缀小称分布

敦煌市 ■

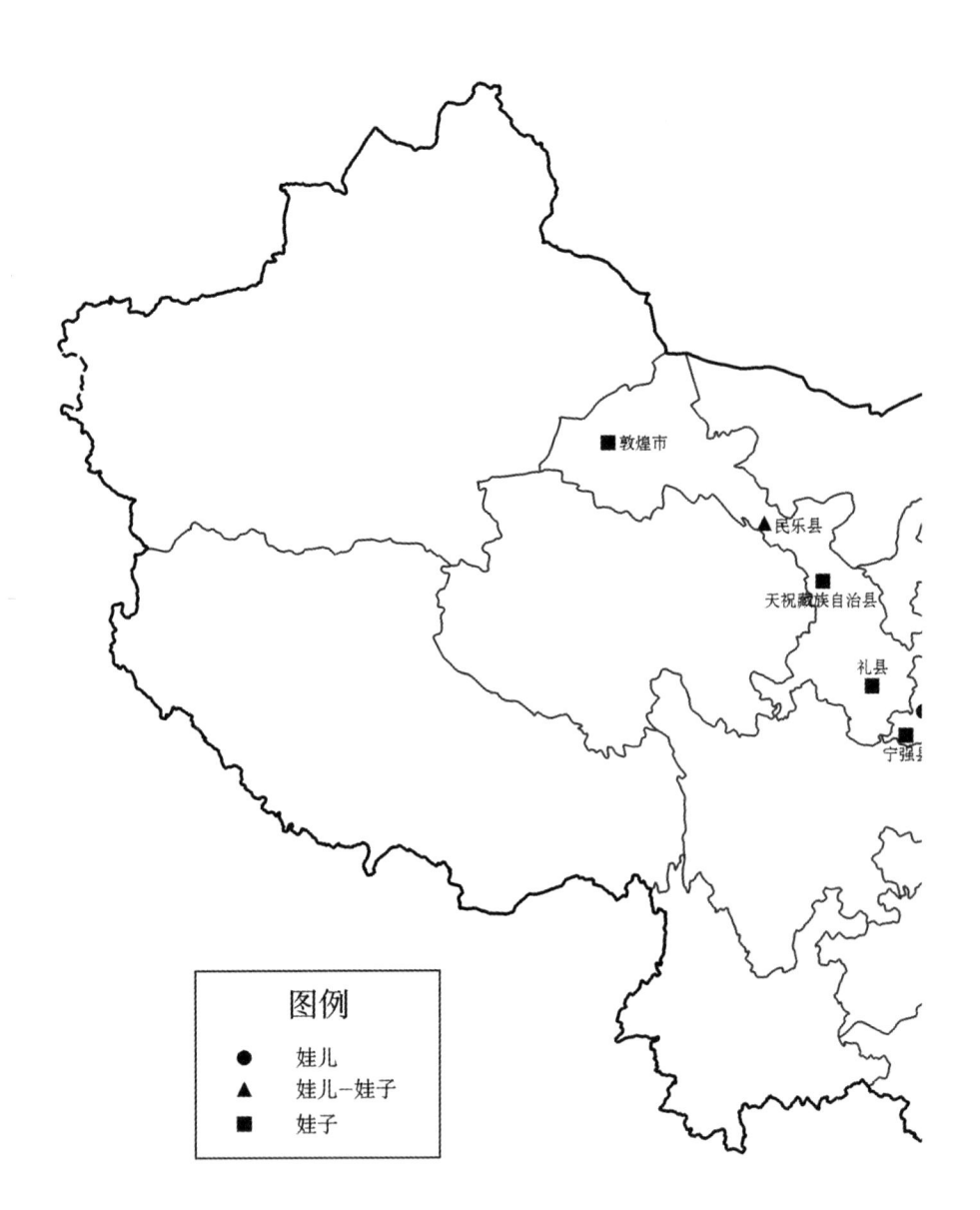

民乐县 ▲

天祝藏族自治县 ■

礼县 ■

宁强县

图例
● 娃儿
▲ 娃儿-娃子
■ 娃子

附 录

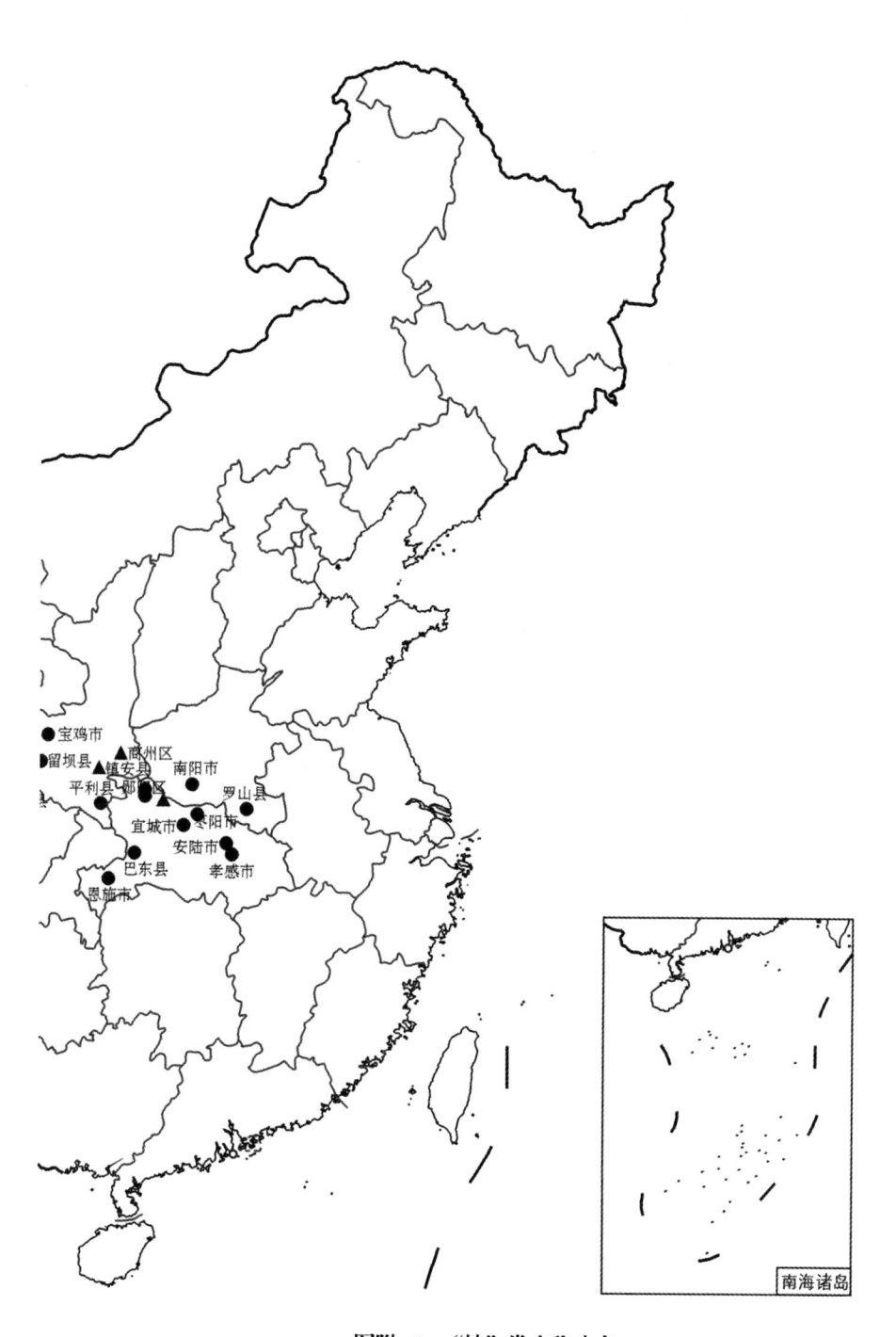

297

图附-6 "娃"类小称分布

图例
囡

附　录

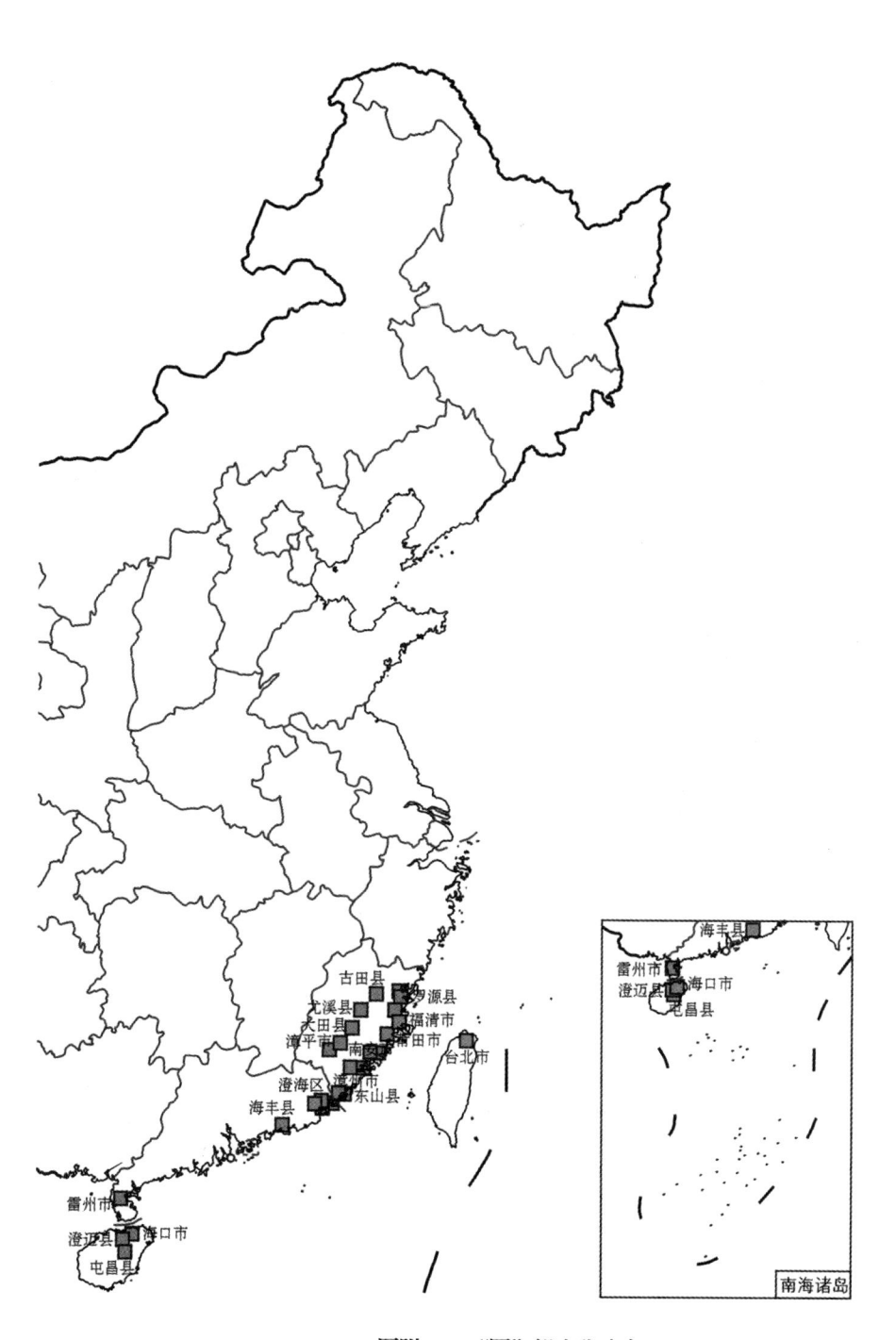

299

图附-7　"囝"缀小称分布

图例

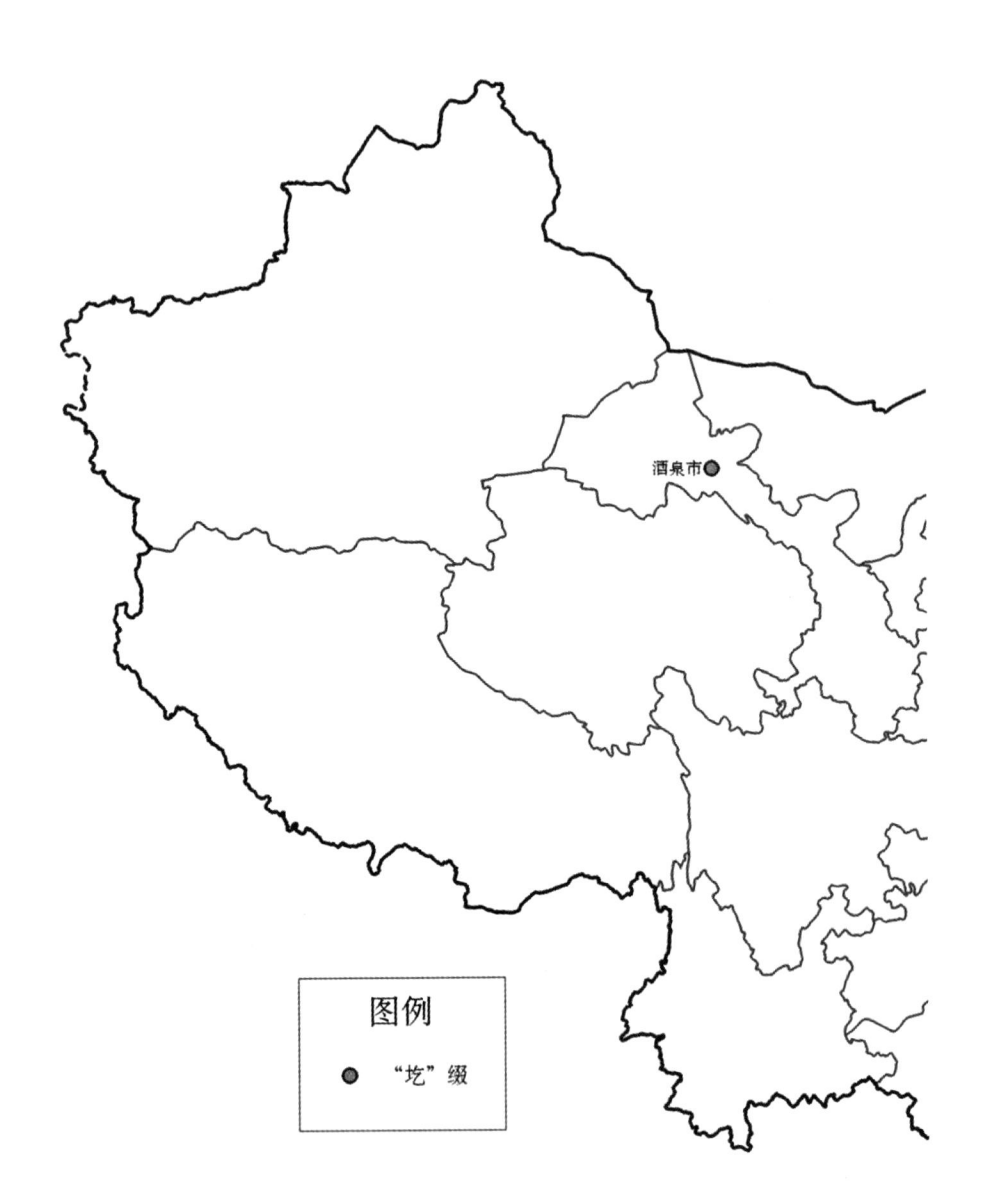

● "圪"缀

酒泉市

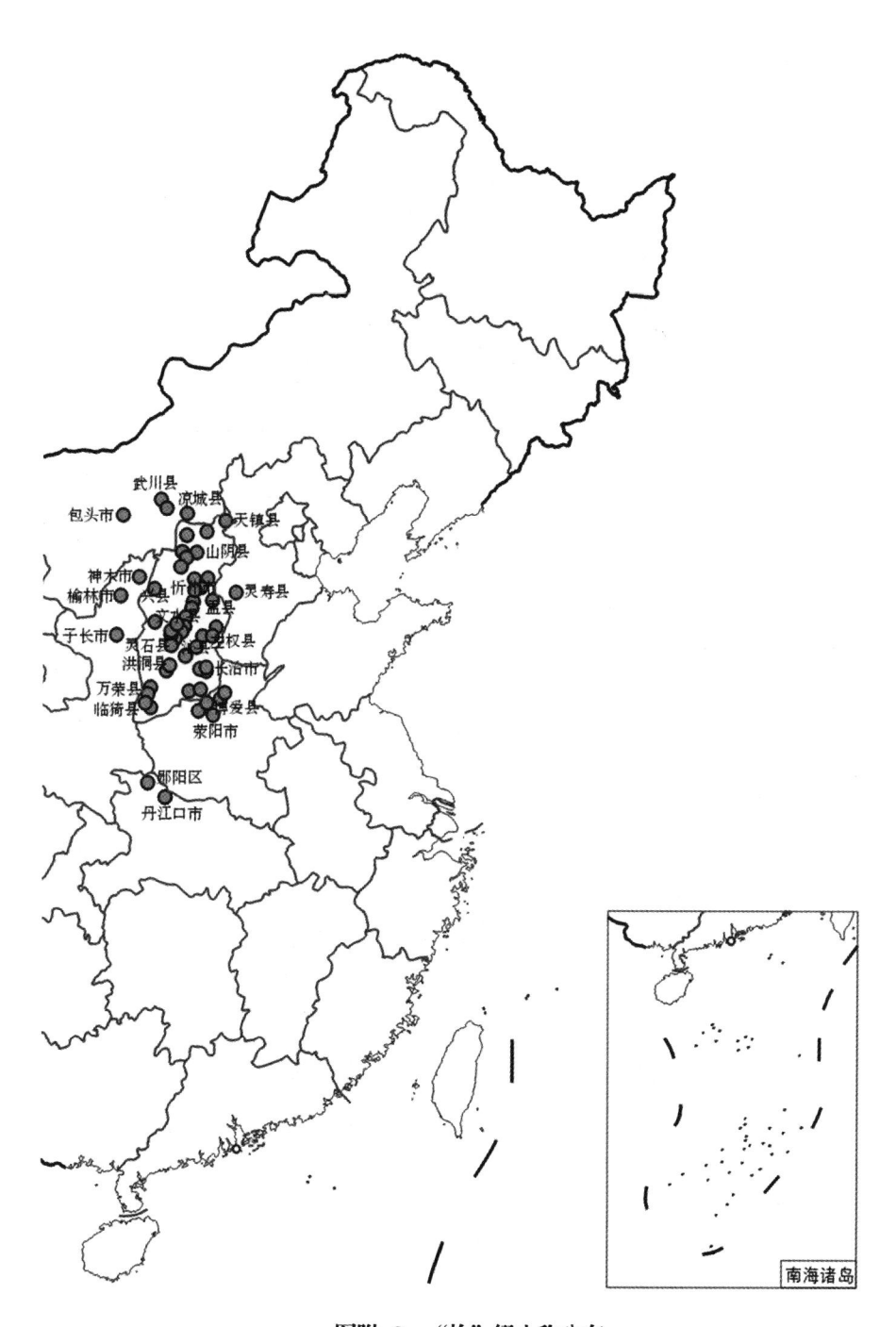

图附-8 "圪"缀小称分布

图例

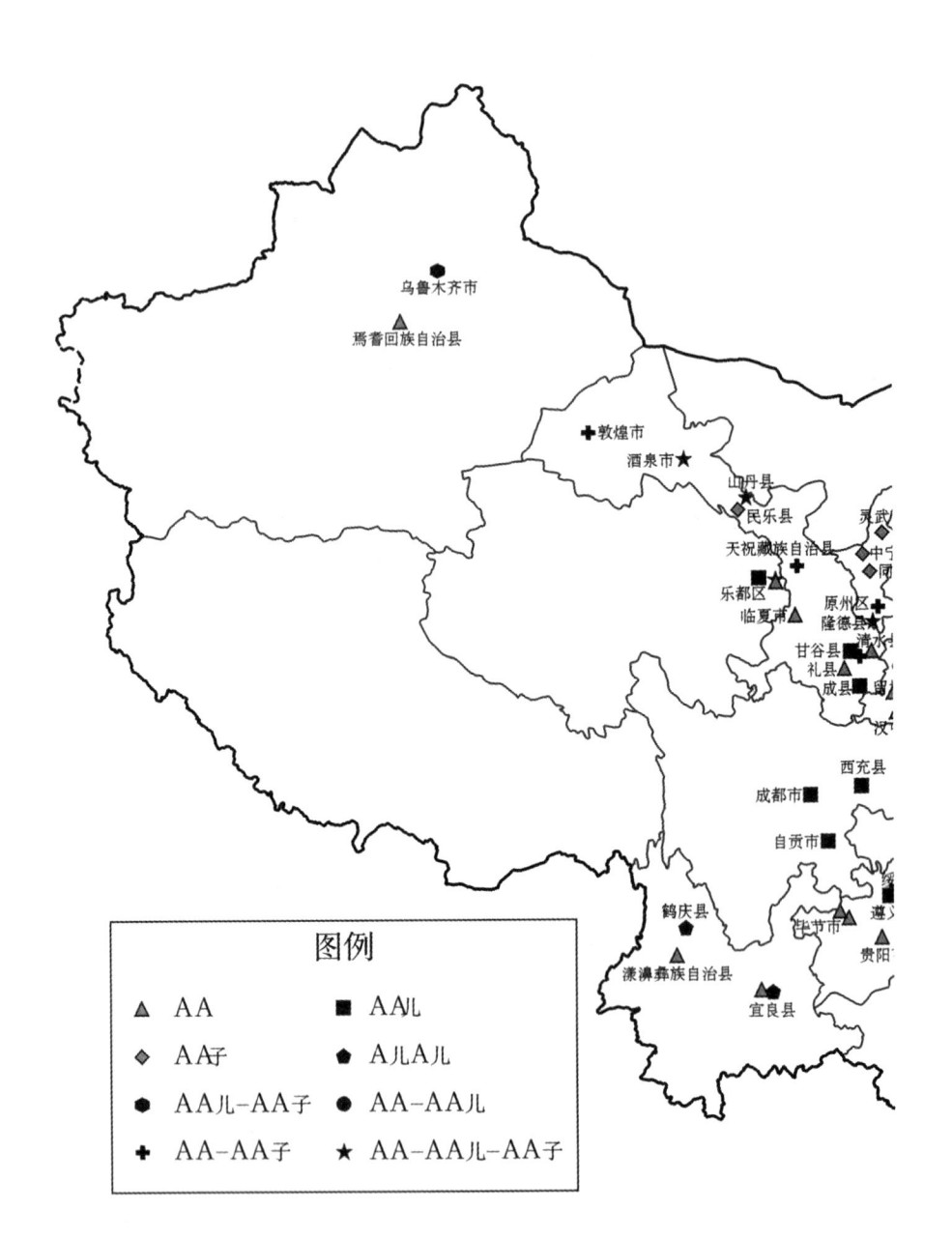

- ▲ AA
- ■ AA儿
- ◆ AA子
- ⬟ A儿A儿
- ⬢ AA儿-AA子
- ● AA-AA儿
- ✚ AA-AA子
- ★ AA-AA儿-AA子

附　录

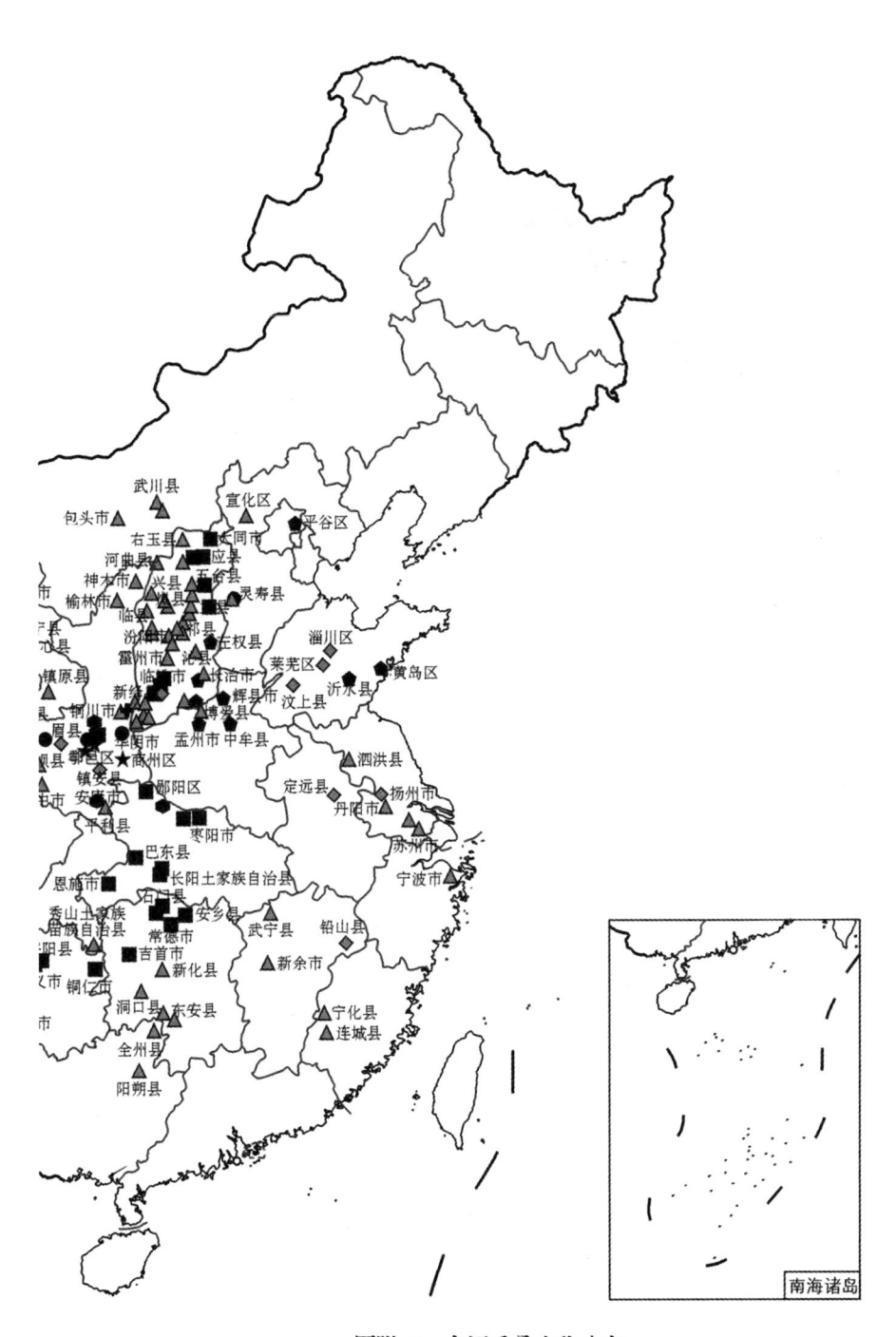

图附-9　名词重叠小称分布

304

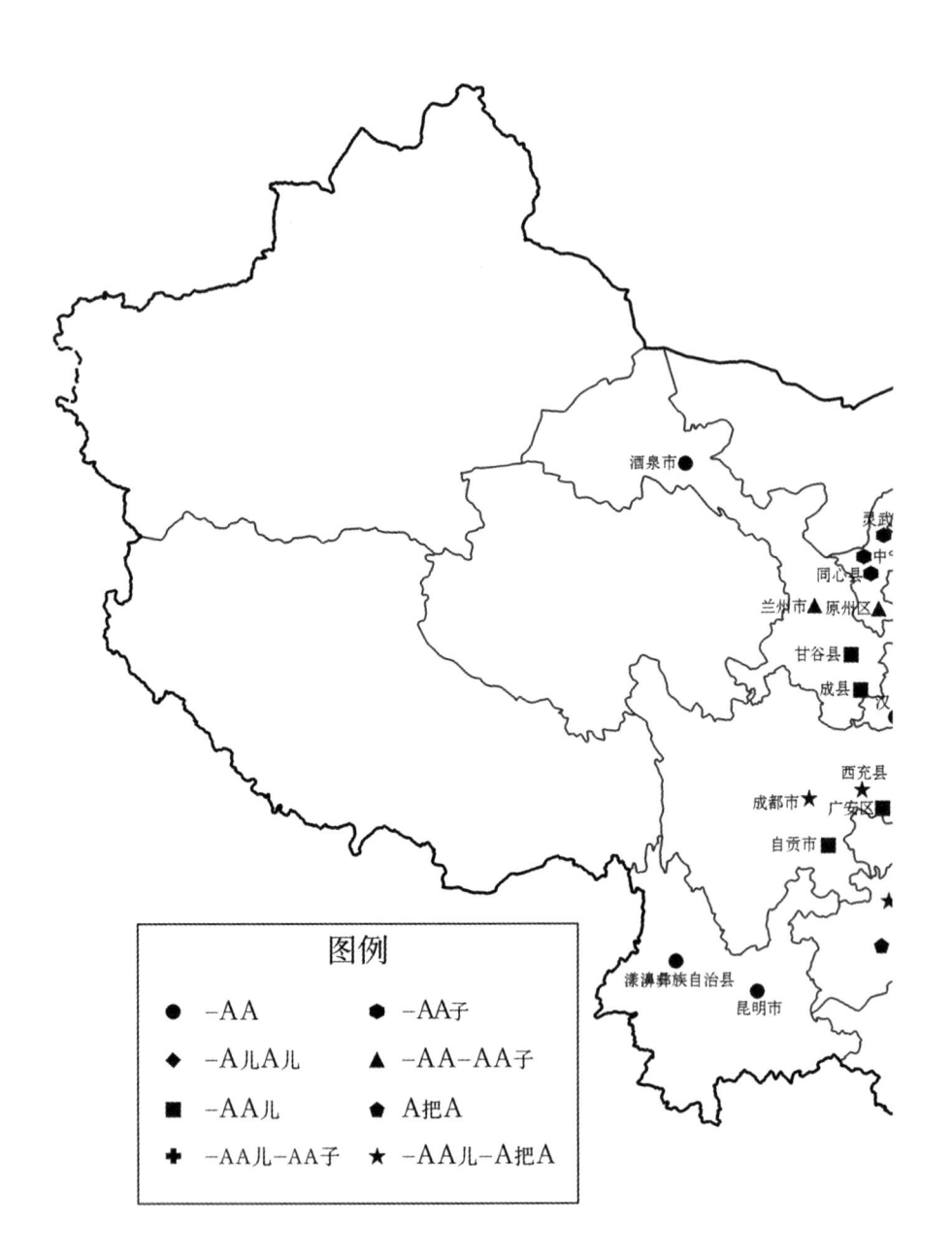

图例

- ● -AA
- ⬢ -AA子
- ◆ -A儿A儿
- ▲ -AA-AA子
- ■ -AA儿
- ⬟ A把A
- ✚ -AA儿-AA子
- ★ -AA儿-A把A

附 录

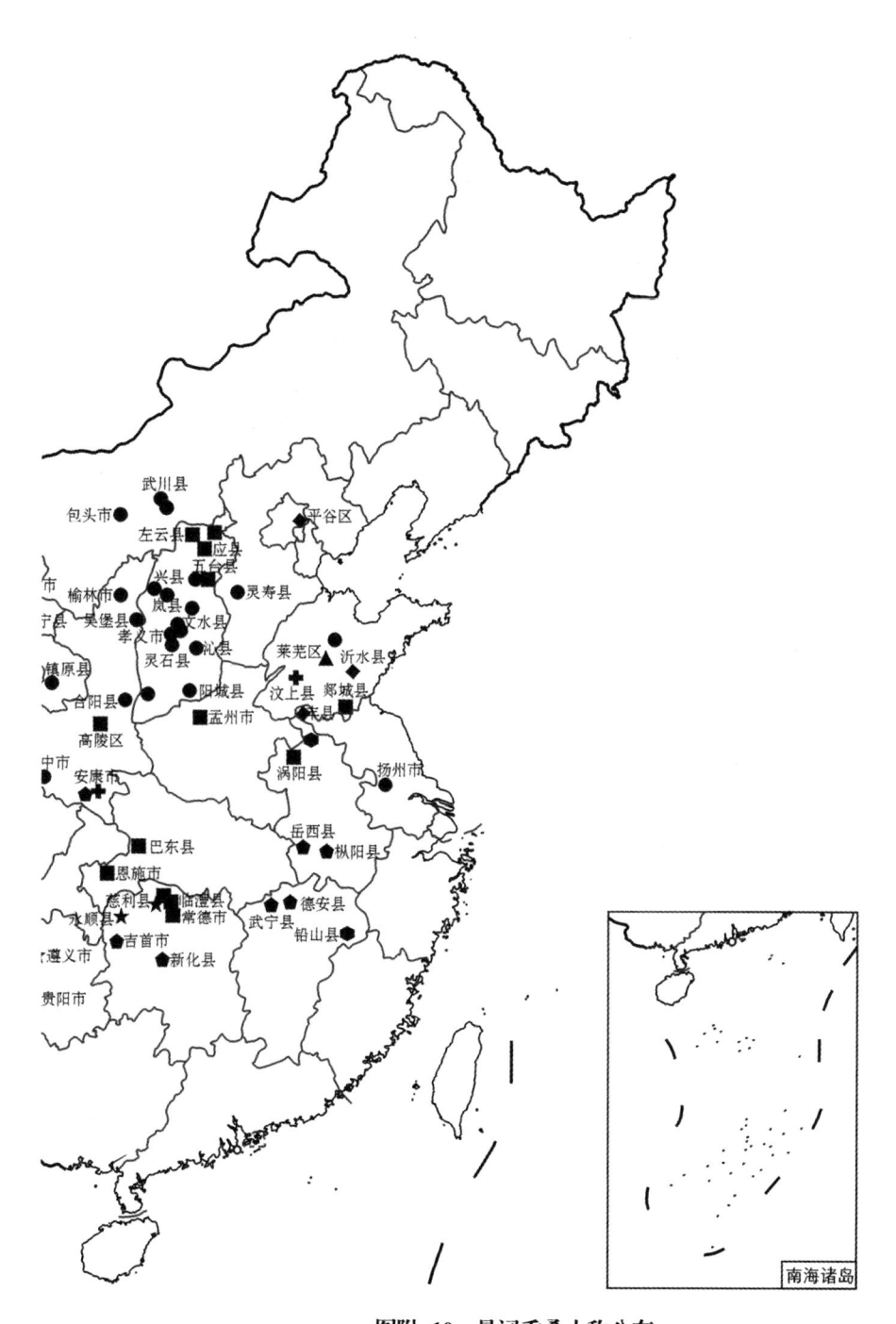

305

图附-10 量词重叠小称分布

图例
- ● 单纯变调
- ▲ 变调+变韵
- ■ 单纯变韵
- ☆ 变调；变韵+变调
- ◆ 变声+变韵+变调

附　录

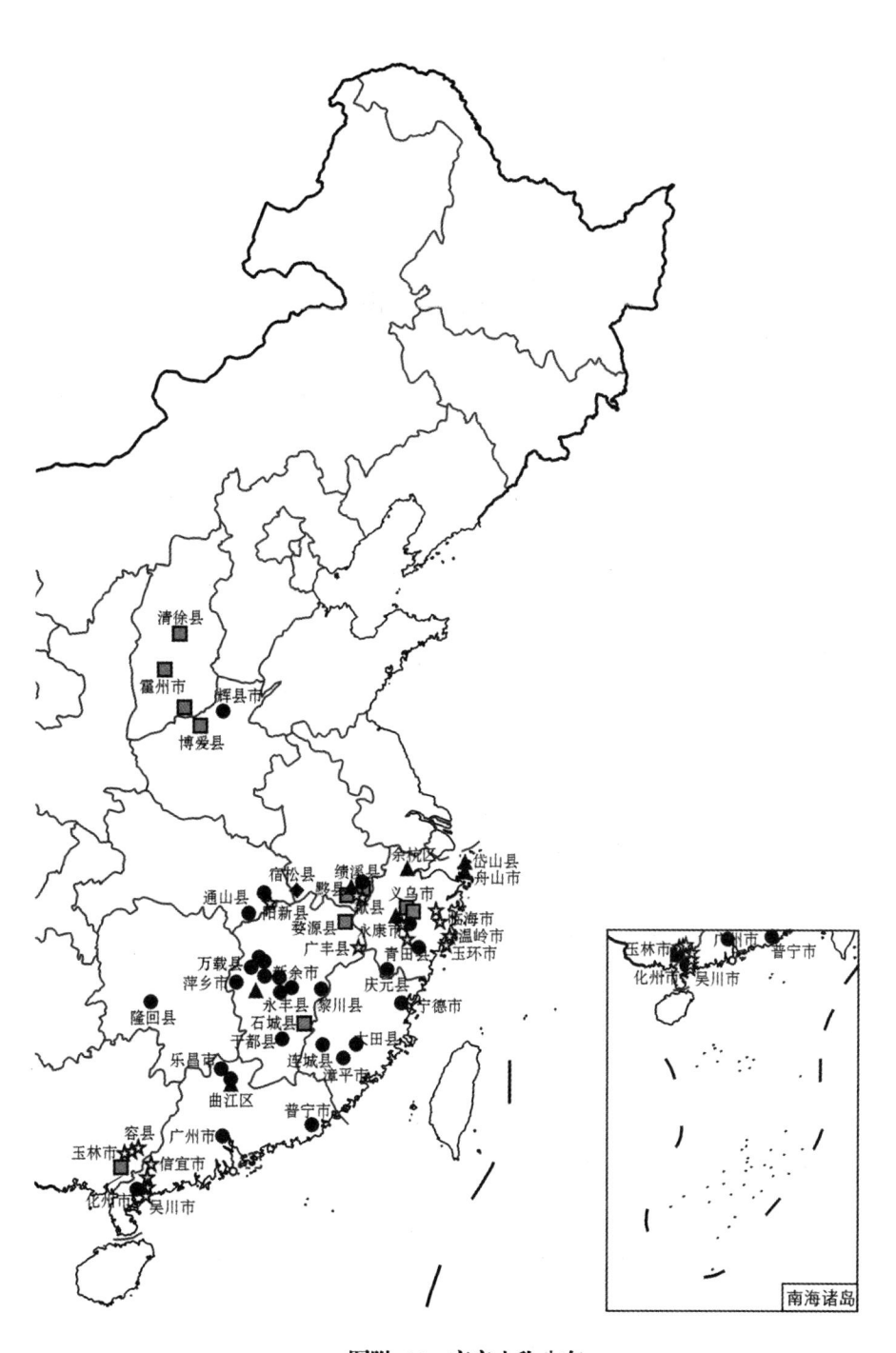

图附-11　变音小称分布

参考文献

艾红娟：《山东长山方言语音研究》，博士学位论文，浙江大学，2008年。

安华林：《固始话的"子"缀词》，《信阳师范学院学报》（哲学社会科学版）2005年第6期。

白平：《谈汉语中的子尾问题》，《山西大学学报》（哲学社会科学版）1997年第1期。

白云：《晋语"圪"字研究》，《语文研究》2005年第1期。

鲍厚星：《东安土话研究》，湖南教育出版社1998年版。

鲍厚星等：《长沙方言研究》，湖南教育出版社1999年版。

北京大学中国语言文学系语言学教研室编：《汉语方言词汇》（第2版），语文出版社1995年版。

闭克朝：《横县平话中的韵随调转现象》，《华中师范大学学报》（哲学社会科学版）1991年第1期。

蔡芳：《柳城县大埔镇客家话研究》，硕士学位论文，广西师范大学，2015年。

蔡华祥：《汉语词缀研究的历史分歧及其解决途径》，《南通大学学报》（社会科学版）2016年第5期。

蔡吉燕：《布依语派生名词词缀的分类及功能》，《贵州民族研究》2016年第5期。

蔡文婷：《关于合阳话中重叠、词缀问题的考察》，《语文学刊》2009年第23期。

蔡勇飞：《杭州方言儿尾的作用》，《杭州师院学报》（社会科学版）1987年第3期。

曹保平：《都昌方言重叠式的构成形式及特征》，《南昌大学学报》（人文社会科学版）2002年第4期。

曹芳宇：《汉语语素"儿"的性质》，《云南师范大学学报》（对外汉语教学与研究版）2010年第1期。

曹芳宇：《浅谈宋代附加语素"－儿"的发展》，《科学之友》（学术版）2006年第6期。

曹逢甫、刘秀雪：《闽语小称词语法化研究——语意与语音形式的对应性》，《语言暨语言学》2008年第3期。

曹逢甫：《语法化轮回的研究——以汉语鼻音尾/鼻化小称词为例》，《汉语学报》2006年第2期。

曹广衢：《温岭话入声变调同语法的关系》，《中国语文》1958年第7期。

曹思远：《甘肃镇原方言的重叠式研究》，硕士学位论文，陕西师范大学，2015年。

曹志耘、秋谷裕幸：《吴语婺州方言研究》，商务印书馆2016年版。

曹志耘：《南部吴语的小称》，《语言研究》2001年第3期。

曹志耘：《吴语汤溪方言合变式小称调的功能》，《中国语文》2011年第4期。

曹志耘主编：《汉语方言地图集·语法卷》，商务印书馆2008年版。

昌梅香：《吉安赣语的常用后缀》，硕士学位论文，暨南大学，2003年。

昌梅香：《江西吉安赣语"叽"后缀研究》，《广西社会科学》2007年第10期。

常俊之：《元江苦聪话参考语法》，中国社会科学出版社2011年版。

陈宝贤：《闽南漳平方言的"仔"化变调》，载林焘主编，北京大学汉语语言学研究中心《语言学论丛》编委会编《语言学论丛》（第28辑），商务印书馆2003年版。

陈才佳：《广西贺州桂岭本地话的"儿"小称》，《方言》2017年第2期。

陈才佳：《贺州桂岭本地话量词和数量词小称》，《贺州学院学报》2016年第2期。

陈昌仪：《赣方言概要》，江西教育出版社1991年版。

陈晨：《扬州方言中的"子"缀》，扬州师院学报（社会科学版）1981年第2期。

陈承融：《平阳方言记略》，《方言》1979年第1期。

陈传佳：《潮汕方言的"囝"》，《韩山师范学院学报》1997年第3期。

陈海洋主编：《中国语言学大辞典》，江西教育出版社1991年版。

陈宏：《贵州松桃大兴镇苗语研究》，博士学位论文，南开大学，2009年。

陈鸿运：《海南闽语的"囝"》，丁邦新、张双庆编《闽语研究及其周边方言的关系》，中文大学出版社2002年版。

陈晖：《涟源方言研究》，湖南教育出版社1999年版。

陈慧娜、庄初升：《龙岩话的"仔"尾》，《龙岩师专学报》1993年第1期。

陈姣：《从句法、语义、语用三平面看广安方言量词的重叠式》，《剑南文学》2013年第10期。

陈珂、张琳琳：《浅析怀远方言里的"子"缀词》，《怀化学院学报》2016年第4期。

陈李茂：《化州那务话的小称变调》，《广东石油化工学院学报》2017年第5期。

陈丽冰：《福建宁德方言小称后缀和小称变调》，《方言》2012年第4期。

陈满华：《安仁方言》，北京语言学院出版社1995年版。

陈茂山：《定襄方言志》，山西高校联合出版社1995年版。

陈明富、张鹏丽：《河南罗山方言的小称类型考察》，《黑龙江史志》2009年第4期。

陈荣华：《江西于都话的小称变调》，《中国语文》1998年第4期。

陈淑静：《平谷方言的两种构词方式》，《方言》1992年第4期。

陈淑梅：《鄂东方言的量范畴研究》，博士学位论文，华中科技大学，2006年。

陈淑梅：《鄂东方言的小称与主观小量》，《江汉学术》2014年第4期。

陈小荷：《丰城赣方言语法研究》，博士学位论文，北京大学，1989年。

陈小明：《"儿"、"仔"对粤语小称格局的影响》，载张洪年、张双庆、陈雄根主编《第十届国际粤方言研讨会论文集》，中国社会科学出版社 2005 年版。

陈小明：《粤语量词的表量方式》，《广西师范学院学报》2004 年第 1 期。

陈小燕：《广西贺州本地话的"－儿"尾——兼论粤语小称形式的发展和演变》，《广西师范大学学报》（哲学社会科学版）2006 年第 1 期。

陈孝玲：《钟祥方言胡集土语词汇的重叠式》，《广西民族学院学报》（哲学社会科学版）2004 年第 2 期。

陈秀：《湖北仙桃方言研究》，博士学位论文，华中师范大学，2015 年。

陈艳芸：《湖南城步新化话中"崽"的小称变调研究》，《绵阳师范学院学报》2018 年第 7 期。

陈瑶：《徽州方言音韵研究》，博士学位论文，福建师范大学，2009 年。

陈泽平：《19 世纪以来的福州方言：传教士福州土白文献之语言学研究》，福建人民出版社 2010 年版。

陈泽平：《福州话的小称后缀》，《福建师范大学学报》（哲学社会科学版）2011 年第 1 期。

陈忠敏：《论广州话小称变调的来源》，载潘悟云主编《东方语言与文化》，东方出版中心 2002 年版。

陈忠敏：《论吴语闽语两种表小称的语音形式及其来源》，《大陆杂志》1992 年第 5 期。

陈忠敏：《宁波方言"虾猪鸡"类字声调变读及其原因——兼论汉语南方方言表小称义的两种语音形式》，《语言研究》1992 年第 2 期。

陈遵平：《遵义方言儿化的分布、结构和功能》，《遵义师范学院学报》2009 年第 2 期。

程毅：《孝义（李家庄）方言重叠式名词研究》，硕士学位论文，青海师范大学，2013 年。

储泽祥：《邵阳方言研究》，湖南教育出版社 1998 年版。

褚福侠：《元曲词缀研究》，博士学位论文，山东大学，2007 年。

崔丽珍：《山西五台方言的重叠式研究》，硕士学位论文，山东大学，2010 年。

崔闪闪：《安阳方言中的"子"尾词研究》，硕士学位论文，河南大学，

2014 年。

崔振华:《益阳方言研究》,湖南教育出版社 1998 年版。

戴庆厦:《语法比较的几点思考》,《语言与翻译》2006 年第 1 期。

戴维·克里斯特尔(David Crystal):《现代语言学词典》,沈家煊译,商务印书馆 1997 年版。

戴昭铭:《天台方言研究》,中华书局 2006 年版。

邓婕:《泸溪李家田乡话研究》,博士学位论文,陕西师范大学,2017 年。

邓享璋:《闽中、闽北方言的名词后缀"子"》,《南平师专学报》2004 年第 3 期。

丁崇明:《昆明方言语法研究》,博士学位论文,山东大学,2005 年。

丁声树、吕叔湘、李荣等:《现代汉语语法讲话》,商务印书馆 2004 年版。

丁雪欢:《沅江话中的语缀"几"和"子"》,《汕头大学学报》2004 年第 1 期。

董思聪:《粤语的语缀"仔"及汉语小称标记的去语法化现象》,《粤语研究》2014 年第 15 期。

董秀芳:《汉语词缀的性质与汉语词法特点》,《汉语学习》2005 年第 6 期。

董玉芝:《〈抱朴子〉词缀研究》,《新疆教育学院学报》2005 年第 4 期。

董志翘、蔡镜浩:《中古虚词语法例释》,吉林教育出版社 1994 年版。

董志翘:《"儿"后缀的形成及其判定》,《语言研究》2008 年第 1 期。

窦林娟:《河南博爱方言小称研究》,《现代语文》(语言研究版)2017 年第 9 期。

段晓平:《量词的运用》,《电大教学》1999 年第 1 期。

段玉裁:《说文解字注》,中国戏剧出版社 2013 年版。

樊守媚:《南阳方言语法现象研究》,硕士学位论文,信阳师范学院,2012 年。

范慧琴:《定襄方言语法研究》,语文出版社 2007 年版。

范继淹:《重庆方言名词的重叠和儿化》,《中国语文》1962 年第 12 期。

范新干：《湖北通山方言的语素变调》，《方言》2007 年版第 2 期。

方光焘：《体系与方法·方光焘语言学论文集》，商务印书馆 1997 年版。

方梅：《北京话儿化的形态句法功能》，《世界汉语教学》2007 年第 2 期。

方松熹：《浙江吴方言里的儿尾》，《中国语文》1993 年第 2 期。

方松熹：《舟山方言研究》，社会科学文献出版社 1993 年版。

冯爱珍：《福清方言研究》，社会科学文献出版社 1993 年版。

冯泉英：《勾漏片方言词汇比较研究——以广西平南丹竹话词汇为基点》，硕士学位论文，广西大学，2013 年。

冯文娟：《菏泽方言中的语缀"的"》，《贵州工业大学学报》（社会科学版）2008 年第 10 期。

符德江：《秀山方言重叠研究》，硕士学位论文，浙江师范大学，2013 年。

付婷：《樟树方言的词缀研究》，硕士学位论文，江西师范大学，2006 年。

付欣晴：《汉语方言重叠式比较研究》，博士学位论文，华中师范大学，2013 年。

傅国通：《武义话的小称变音》，载上海市语文学会、香港中国语文学会编《吴语研究》（第三届国际吴方言学术研讨会论文集），上海教育出版社 2003 年版。

傅文臻：《丰城方言"叽"尾的语法化考察》，《汉字文化》2017 年第 14 期。

付欣晴：《抚州方言研究》，文化艺术出版社 2006 年版。

甘甲才：《中山客家话研究》，汕头大学出版社 2003 年版。

甘于恩：《广东四邑方言语法研究》，博士学位论文，暨南大学，2002 年。

甘于恩：《广东粤方言人称代词的单复数形式》，《中国语文》1997 年第 5 期。

高葆泰：《兰州方言的叠音名词》，《宁夏大学学报》（社会科学版）1984 年第 4 期。

高海珊：《丰县方言语法研究》，硕士学位论文，上海大学，2008 年。

高洁茹：《内蒙古武川方言重叠式和附加式研究》，硕士学位论文，陕西师范大学，2016 年。

高娟：《荆门方言中的"子"》，《湖北第二师范学院学报》2016 年第 10 期。

高名凯：《汉语语法论》，商务印书馆 1986 年版。

高名凯：《语法理论》，商务印书馆 1958 年版。

高然：《漳州方言与普通话在词语上的差异》，《漳州职业大学学报》1999 年第 1 期。

高顺斌：《固原方言的重叠式》，《宁夏大学学报》（人文社会科学版），2009 年第 6 期。

高婉瑜：《明初的小称词"子"与"儿"——以〈老乞大谚解〉和〈朴通事谚解〉为考察中心》，《淡江中文学报》2008 年第 19 期。

高婉瑜：《论粤语小称词及其语法化》，《台大中文学报》2007 年第 12 期。

高先：《胶南方言语法探析》，硕士学位论文，青岛大学，2010 年。

高晓莉：《灵石方言量词重叠式的研究》，《晋中学院学报》2014 年第 5 期。

高晓莉：《灵石方言名词的重叠式》，《科学之友》2008 年第 6 期。

高亚楠：《跨方言比较视角下汉语量词显赫功能及动因》，《中南大学学报》（社会科学版）2017 年第 5 期。

郜晋亮：《晋城方言重叠式研究》，硕士学位论文，青海师范大学，2011 年。

葛本仪：《汉语词汇研究》，山东教育出版社 1985 年版。

葛翠菱：《浙江象山鹤浦方言语音研究》，硕士学位论文，上海师范大学，2018 年。

龚娜：《湘方言程度范畴研究》，博士学位论文，湖南师范大学，2011 年。

顾海洋：《海安方言语音研究》，博士学位论文，南京大学，2016 年。

顾黔：《泰兴方言研究》，中华书局 2015 年版。

郭必之：《粤语方言小称变音的类型及其历史来源》，《汉学研究》2016 年第 2 期。

郭凤岚：《宣化方言及其时空变异研究》，语文出版社2007年版。

郭辉：《皖北濉溪方言的"子"尾词》，《方言》2007年第3期。

郭继懋：《再谈量词重叠形式的语法意义》，《汉语学习》1999年第4期。

郭良夫：《现代汉语的前缀和后缀》，《中国语文》1983年第4期。

郭攀、夏凤梅：《浠水方言研究》，华中师范大学出版社2016年版。

郭生：《在突破口上：邢福义谈建立中国特色的汉语语法学》，《光明日报》2004年10月21日。

郭校珍、张宪平：《娄烦方言研究》，山西人民出版社2005年版。

郭校珍：《山西晋语语法专题研究》，华东师范大学出版社2008年版。

郭宇丽：《榆林方言小称研究》，硕士学位论文，陕西师范大学，2012年。

郭正彦：《晋中方言中的特殊语法现象》，《语文研究》1981年第1期。

郭中：《论汉语小称范畴的显赫性及其类型学意义》，《中国语文》2018年第2期。

郭作飞：《从历时平面看汉语词缀演化的一般规律——以"老"、"子"为例》，《西北农林科技大学学报》（社会科学版）2005年第1期。

海洋：《〈红楼梦〉儿化词初探》，《中南民族学院学报》（哲学社会科学版）1994年第5期。

韩东：《山西孟县方言的"圪"字研究》，《语文知识》2011年第2期。

郝红艳：《类型学视角下的方言"子"尾研究》，《河南师范大学学报》（哲学社会科学版）2015年第2期。

郝玲玲：《江西永修话的语缀研究》，硕士学位论文，华东师范大学，2009年。

何慧璐：《浙江武义话语音研究》，硕士学位论文，云南师范大学，2013年。

何茂活：《山丹方言志》，甘肃人民出版社2007年版。

何天祥：《兰州方言里的叠字》，《兰州大学学报》1984年第1期。

何天贞：《阳新三溪话的小称形式》，《语言研究》1982年第2期。

何艳萍：《镇原方言语法研究》，硕士学位论文，西北师范大学，2010年。

何赟：《贵州思南方言的儿化》，《铜仁学院学报》2017年第8期。

贺凯林：《溆浦方言研究》，湖南教育出版社1999年版。

贺巍：《获嘉方言研究》，商务出版社1989年版。

贺巍：《洛阳方言研究》，社会科学文献出版社1993年版。

贺卫国：《湖南双峰方言含"唧"的称谓词》，《钦州学院学报》2010年第1期。

贺晓英：《语法化视角下后缀"子"的词类标记性研究》，《兰州教育学院学报》，2010年第6期。

侯超：《皖北中原官话语法研究》，博士学位论文，南京师范大学，2013年。

侯恒雷：《镇平方言儿化研究》，硕士学位论文，西南大学，2008年。

侯精一、温端政：《山西方言调查研究报告》，山西高校联合出版社1993年版。

侯精一：《平遥方言的重叠式》，《语文研究》1988年第3期。

侯精一：《现代晋语的研究》，商务印书馆1999年版。

侯精一：《长治方言志》，语文出版社1985年版。

胡光斌：《遵义方言的儿化韵》，《方言》1994年第3期。

胡光斌：《遵义方言儿化的分布与作用》，《方言》2005年第1期。

胡光斌：《遵义方言量词的重叠》，《遵义师范学院学报》2007年第1期。

胡光斌：《遵义方言名词的构词重叠》，《贵州师范大学学报》（社会科学版）1997年第2期。

胡海：《宜昌方言儿化现象初探》，《华中师范大学学报》（哲学社会科学版）1994年第4期。

胡雷：《长子方言语法特色研究》，硕士学位论文，湘潭大学，2009年。

胡绵绵：《德安方言量词重叠现象研究》，硕士学位论文，南昌大学，2017年。

胡明扬：《语法形式和语法意义》，《中国语文》1958年第3期。

胡明扬：《再论语法形式和语法意义》，《中国语文》1992年第5期。

胡秋平：《遂川客家方言调查研究》，硕士学位论文，云南师范大学，2015年。

胡双宝:《山西省方言志丛刊文水方言志》,《语文》编辑部 1984 年版。

胡双宝:《文水话的若干语法现象》,《语文研究》1981 年第 2 期。

胡松柏、林芝雅:《铅山方言研究》,文化艺术出版社 2008 年版。

胡松柏:《广丰方言的"儿"尾》,《上饶师专学报》(社会科学版) 1983 年第 2 期。

胡松柏:《广丰方言小称变调的类型、功能和分布》,载刘丹青主编《汉语方言语法研究的新视角第五届汉语方言语法国际学术研讨会论文集》,上海教育出版社 2013 年版。

华萍:《现代汉语语法问题的两个"三角"的研究——1980 年以来中国大陆现代汉语语法研究的发展》,《语言教学与研究》1991 年第 3 期。

华玉明:《汉语重叠系列之五试论量词重叠》,《邵阳师专学报》1994 年第 3 期。

黄伯荣:《汉语方言语法调查手册》,广东人民出版社 1957 年版。

黄伯荣主编:《汉语方言语法类编》,青岛出版社 1996 年版。

黄布凡、周发成:《羌语研究》,四川人民出版社 2006 年版。

黄成龙:《蒲溪羌语研究》,民族出版社 2007 年版。

黄丁华:《闽南方言虚字眼的"阿"和"仔"》,《中国语文》1958 年第 1 期。

黄芳:《水语小称标记"ti33"及与汉语方言的比较》,《湖北师范学院学报》(哲学社会科学版) 2014 年第 6 期。

黄剑岚主编:《福建省龙海县地方志编纂委员会编·龙海县志》,东方出版社 1993 年版。

黄景湖《大田县后路话的特殊音变》,《厦门大学学报》(哲学社会科学版) 1983 年第 S 期。

黄静丽:《广西平南大成话小称"儿"尾的基本类型研究》,《柳州师专学报》2014 年第 2 期。

黄明亮:《汉语词缀"子"的历时考察及认知性分析》,《淮阴工学院学报》2015 年第 6 期。

黄群建:《湖北阳新方言的小称音变》,《方言》1993 年第 1 期。

黄群建:《通山方言志》,武汉大学出版社 1994 年版。

黄群建:《阳新方言研究》,华中师范大学出版社 2016 年版。

黄珊：《韩城方言重叠研究》，硕士学位论文，陕西师范大学，2008年。

黄拾全：《安徽岳西赣语"AXA"式量词重叠及其主观性》，《南昌大学学报》（人文社会科学版）2010年第5期。

黄涛：《闽东罗源方言描写语法》，博士学位论文，福建师范大学，2016年。

黄宣：《祁阳方言个体量词研究》，硕士学位论文，广西民族大学，2016年。

黄雪贞：《江永方言研究》，社会科学文献出版社1993年版。

黄雪贞：《永定（下洋）方言形容词的子尾》，《方言》1982年第3期。

黄燕：《彭埠镇方言语音研究》，硕士学位论文，上海师范大学，2013年。

黄玉姣：《富川平地瑶八都话词法研究》，硕士学位论文，云南大学，2016年。

姬建丽，《阳城方言的重叠式》，《山西煤炭管理干部学院学报》2008年第1期。

贾采珠：《北京话儿化词典》，语文出版社1990年版。

贾迪扉：《词缀"儿"特殊性浅论》，《殷都学刊》2004年第2期。

贾海霞：《晋语柳林话重叠式研究》，硕士学位论文，中央民族大学，2010年。

贾华杰：《〈盛明杂剧〉"X–儿"形式研究》，硕士学位论文，山东大学，2010年。

贾琼：《兴县方言语法中的几个问题》，硕士学位论文，上海师范大学，2010年。

江荫褆：《朔县方言志》，山西高校联合出版社1991年版。

姜浩：《皖北涡阳方言量范畴表达形式及功能研究》，硕士学位论文，阜阳师范学院，2019年。

姜天送：《东北官话量范畴研究》，硕士学位论文，哈尔滨师范大学，2015年。

蒋斌：《"子"、"儿"的指称变化及构词功用》，《重庆三峡学院学报》2003年第2期。

蒋博：《泰州市区方言的"子"尾词形式及功能》，《大舞台》2010年第 11 期。

蒋冀骋、吴福祥：《近代汉语纲要》，湖南教育出版社 1997 年版。

蒋静：《湖北建始方言中名词的叠音现象》，《现代语文》2007 年第 7 期。

蒋平、沈明：《晋语的儿尾变调和儿化变调》，《方言》2002 年第 4 期。

蒋文华：《应县方言研究》，山西人民出版社 2007 年版。

蒋晓晓：《浙江省玉环话微探》，硕士学位论文，上海大学，2009 年。

蒋协众：《汉语方言量词重叠的类型学考察》，《南开语言学刊》2018 年第 1 期。

蒋协众：《湘方言重叠研究》，博士学位论文，湖南师范大学，2014 年。

蒋宗许：《汉语词缀研究》，巴蜀书社 2009 年版。

劲松：《社会语言学研究》，民族出版社 2009 年版。

康成玉：《邯郸涉县方言的"子"尾研究》，《现代语文》（语言研究版）2016 年第 7 期。

孔军：《儿化词的对外汉语教学研究》，硕士学位论文，中国海洋大学，2010 年。

寇春娟：《运城方言语法研究》，硕士学位论文，广西师范学院，2012 年。

兰玉英、曾为志：《成都洛带客家方言"子"尾的用法研究》，《西华大学学报》（哲学社会科学版）2007 年第 2 期。

兰玉英等：《泰兴客家方言研究》，文化艺术出版社 2007 年版。

乐玲华：《阜阳地区方言"子尾词"的初步考察》，《阜阳师范学院学报》（社会科学版）1985 年第 1 期。

雷冬平、胡丽珍：《汉语词汇化和语法化的多维探析》，学林出版社 2016 年版。

雷容：《汉语小称的语义演变机制》，《汉语学报》2017 年第 2 期。

雷容：《指小词的语义、语用功能及其认知机制》，《外语研究》2015 年第 4 期。

雷艳萍：《丽水畲话形容词 AA 式的变调》，《语言科学》2008 年第 2 期。

黎纬杰：《广州话的词尾"仔"》，《暨南大学学报》（哲学社会科学版）

1981 年第 3 期。

李彬：《毕节清水话中的重叠式名词》，《毕节师范高等专科学校学报》（综合版）2005 年第 3 期。

李城宗：《玉林市高峰镇客家方言研究》，硕士学位论文，广西大学，2013 年。

李崇兴：《宜都方言研究》，华中师范大学出版社 2014 年版。

李聪聪：《滑县方言变韵研究》，硕士学位论文，河南大学，2018 年。

李冬香：《粤北土话小称变音的变异研究》，《暨南学报》（哲学社会科学版）2010 年第 1 期。

李国正：《四川话儿化词问题初探》，《中国语文》1986 年第 5 期。

李欢：《梧州话语音研究》，硕士学位论文，云南师范大学，2016 年。

李建校等：《榆社方言研究》，硕士学位论文，山西人民出版社 2007 年版。

李健：《鉴江流域粤语的"儿"后缀和高升调》，《方言》1996 年第 3 期。

李教昌：《怒江傈僳语参考语法》，博士学位论文，上海师范大学，2018 年。

李静：《湖南邵东方言词缀研究》，硕士学位论文，湖南师范大学，2012 年。

李娟：《山西河曲方言重叠式名词的构词特点及其表义特征》，《忻州师范学院学报》2008 年第 1 期。

李康澄、何山燕：《汉语数量重叠式的历时考察及其类型》，《中南大学学报》（社会科学版）2010 年第 5 期。

李珂：《湖南茶陵方言"叽"尾词研究》，《株洲师范高等专科学校学报》2005 年第 1 期。

李蓝：《方言比较、区域方言史与方言分区——以晋语分音词和福州切脚词为例》，《方言》2002 年第 1 期。

李蓝：《贵州大方方言名词和动词的重叠式》，《方言》1987 年第 3 期。

李立成：《"儿化"性质新探》，《杭州大学学报》（哲学社会科学版）1994 年第 3 期。

李立林：《娄底湘语常用后缀研究》，硕士学位论文，暨南大学，

2007 年。

李丽娟：《甘肃成县方言重叠式研究》，硕士学位论文，陕西师范大学，2015 年。

李龄：《四川邛崃话里的后加成分"儿"和"儿子"》，《中国语文》1959 年第 1 期。

李芒：《广西北流白话的变调》，《梧州学院学报》2007 年第 5 期。

李明：《"儿化"浅谈》，《语言教学与研究》1980 年第 1 期。

李明：《从〈红楼梦〉中的词语看儿化韵的表义功能》，《世界汉语教学》1995 年第 1 期。

李琦：《现代汉语名词后缀"子"的用法探析》，《周口师范学院学报》2005 年第 1 期。

李启群：《吉首方言研究》，民族出版社 2002 年版。

李启群：《永顺方言中的儿化》，《吉首大学学报》（社会科学版）1992 年第 1 期。

李倩：《中宁方言"子"的语法功能和特殊变调》，载北京大学中文系《语言学论丛》编委会编《语言学论丛》（第 21 辑），商务印书馆 1983 年版。

李荣：《关于方言研究的几点意见》，《方言》1983 年第 1 期。

李荣：《汉语方言的分区》，《方言》1989 年第 4 期。

李荣：《汉语方言分区的几个问题》，《方言》1985 年第 2 期。

李荣：《汉语方言调查手册》，科学出版社 1957 年版。

李荣：《温岭方言的变音》，《中国语文》1978 年第 2 期。

李荣主编：《现代汉语方言大词典》，江苏教育出版社 2002 年版。

李如龙：《汉语方言的比较研究》，商务印书馆 2001 年版。

李如龙：《汉语方言学》（第二版），高等教育出版社 2007 年版。

李如龙：《论汉语方言的类型学研究》，《暨南学报》（哲学社会科学版）1996 年第 2 期。

李如龙：《论汉语方言的语流音变》，《厦门大学学报》（哲学社会科学版）2002 年第 6 期。

李如龙：《闽语的"囝"及其语法化》，《南开语言学刊》2005 年第 2 期。

李如龙：《厦门话的变调和轻声》，《厦门大学学报》（社会科学版）1962年第3期。

李善熙：《汉语"主观量"的表达研究》，博士学位论文，中国社会科学院研究生院，2003年。

李绍群：《湖南安乡黄山头话中的小称》，《湖南科技大学学报》（社会科学版）2011年第4期。

李思敬：《从〈金瓶梅〉考察十六世纪中叶北方话中的儿化现象》，载北京大学中文系语言学论丛编辑部《语言学论丛》（第12辑），商务印书馆1984年版。

李维琦：《祁阳方言研究》，湖南教育出版社1998年版。

李炜：《兰州方言名词、量词的重叠》，载汪国胜、谢晓明主编《汉语重叠问题》，华中师范大学出版社2009年版。

李文娟：《镇安云镇方言中的"子"尾词》，《安康学院学报》2008年第2期。

李仙娟：《临猗方言的重叠式》，《赤峰学院学报》（汉文哲学社会科学版）2008年第11期。

李小凡：《汉语方言连读变调的层级和类型》，《方言》2004年第1期。

李小军：《汉语语法化演变中的音变模式——附论音义互动关系》，载北京大学汉语语言学研究中心《语言学论丛》编委会编《语言学论丛》（第51辑），商务印书馆2015年版。

李小平：《山西临县方言AA式名词的构词特点》，《语文研究》1997年第1期。

李秀坤：《谢栋元语言学论稿》，上海外语教育出版社2016年版。

李秀明：《山东章丘方言中的"儿化"》，《现代语文》（语言研究版）2012年第12期。

李旭练：《都安壮语的屈折形态》，《民族语文》2008年第2期。

李旭平、刘鸿勇、吴芳：《湘西苗语中的大称和小称标记》，《中国语文》2016年第4期。

李延瑞：《"儿化"性质及普通话儿化韵的发展趋势》，《语文建设》1996年第10期。

李映忠：《甘肃省礼县燕河流域AA式名词概述》，《陇东学院学报》

2009 年第 1 期。

李映忠：《甘肃省礼县燕河流域子尾用法概述》，《陇东学院学报》2010 年第 4 期。

李永明：《潮州方言》，中华书局 1959 年版。

李永明：《衡阳方言》，湖南人民出版社 1986 年版。

李永明：《长沙方言》，湖南出版社 1991 年版。

李宇明：《汉语量范畴研究》，华中师范大学出版社 2000 年版。

李宇明：《论词语重叠的意义》，《世界汉语教学》1996 年第 1 期。

李宇明：《论数量词语的复叠》，《语言研究》1998 年第 1 期。

李玉珠：《广西灵川灵田水埠方言中的"崽"尾和"哩"尾》，《广西社会科学》2004 年第 5 期。

李云兵：《苗语的形态及其语义语法范畴》，《民族语文》2003 年第 3 期。

李志藩：《资兴方言》，海南出版社 1996 年版。

李作南、李仁孝：《呼和浩特方言中名词的重叠形式》，《内蒙古大学学报》（哲学社会科学版）1985 年第 4 期。

厉兵：《长海方言的儿化与子尾》，《方言》1981 年第 2 期。

练春招：《福建武平岩前方言的"子"尾》，《龙岩师专学报》2000 年第 4 期。

梁驰华：《广西平南大新白话的儿尾》，载张洪年、张双庆、陈雄根主编《第十届国际粤方言研讨会论文集》，社会科学出版社 2007 年版。

梁德曼：《成都方言名词的重叠式》，《方言》1987 年第 2 期。

梁建青：《文水方言语法研究》，硕士学位论文，西南大学，2006 年。

梁金荣：《临桂两江平话研究》，广西民族出版社 2005 年版。

梁玉璋：《福州方言的"囝"字》，《方言》1989 年第 3 期。

梁忠东：《玉林话的小称变音》，《广西师范大学学报》（哲学社会科学版）2002 年第 3 期。

林宝卿：《厦门话的常用词尾》，《中国语文》1982 年第 3 期。

林寒生：《闽东方言词汇语法研究》，云南大学出版社 2002 年版。

林华青：《吴川方言小称变音研究》，硕士学位论文，中山大学，2011 年。

林华勇、卢妙丹：《粤西粤语小称的形式和功能》，载中国语言学会

《中国语言学报》编委会编《中国语言学报》（第 17 期），商务印书馆 2016 年版。

林华勇、马喆：《广东廉江方言的"子"义语素与小称问题》，《语言科学》2008 年第 6 期。

林静：《山西右玉方言重叠式研究》，硕士学位论文，山西大学，2011 年。

林连通：《福建永春方言的"仔"尾》，《中国语文》1988 年第 2 期。

林伦伦：《澄海方言研究》，汕头大学出版社 1996 年版。

林霞：《南宋时期的词尾"－儿"》，《语言研究》2002 年第 A1 期。

林晓晓：《吴语路桥方言语音研究》，硕士学位论文，福建师范大学，2011 年。

林亦、覃凤余：《广西南宁白话研究》，广西师范大学出版社 2008 年版。

林玉婷：《枞阳方言语法研究》，硕士学位论文，广西师范学院，2017 年。

灵武市志编纂委员会编：《灵武市志》，宁夏人民出版社 1999 年版。

刘崇：《陕西高陵方言构词法》，硕士学位论文，山西师范大学，2009 年。

刘春梅：《广西平南（官成）话语音研究》，博士学位论文，中央民族大学，2012 年。

刘丹青：《方言语法调查研究的两大任务：语法库藏与显赫范畴》，《方言》2013 年第 3 期。

刘丹青：《汉语方言语法调查研究的三种模式》，载全国汉语方言学会《中国方言学报》编委会编《中国方言学报》（第 1 期），商务印书馆 2006 年版。

刘丹青：《试谈汉语方言语法调查框架的现代化》，载戴昭铭主编《汉语方言语法研究和探索——首届国际汉语方言语法学术研讨会论文集》，黑龙江人民出版社 2003 年版。

刘丹青：《苏州方言重叠式研究》，《语言研究》1986 年第 1 期。

刘丹青：《语法化理论与汉语方言语法研究》，《方言》2009 年第 2 期。

刘汉银：《南康客家方言语法研究》，硕士学位论文，云南师范大学，2006 年。

刘佳佳：《孟州方言重叠式研究》，硕士学位论文，河南大学，2008 年。

刘金勤、周先龙：《枣阳方言后缀"娃儿""儿"的语言学特征考察》，《江汉石油学院学报》2003 年第 1 期。

刘静：《山西大同方言的实词研究》，硕士学位论文，广西民族大学，2010 年。

刘珂：《陕西三原方言语法研究》，硕士学位论文，中央民族大学，2017 年。

刘俐李：《论焉耆方言的变调类型》，《语言研究》2000 年第 1 期。

刘伶：《敦煌方言志》，兰州大学出版社 1988 年版。

刘纶鑫：《贵溪樟坪畬话研究》，文化艺术出版社 2008 年版。

刘纶鑫：《客赣方言比较研究》，中国社会科学出版社 1999 年版。

刘纶鑫：《芦溪方言研究》，文化艺术出版社 2008 年版。

刘纶鑫：《江西上犹社溪方言的"子"尾》，《中国语文》1991 年第 2 期。

刘群：《现代汉语中词语儿化后的语义类型》，《襄樊学院学报》2002 年第 3 期。

刘仁江、蒋重母：《湖南涟源方言的"子"尾和"唧"尾》，《娄底师专学报》2000 年第 3 期。

刘若云、赵新：《汉语方言声调屈折的功能》，《方言》2007 年第 3 期。

刘世儒：《魏晋南北朝量词研究》，中华书局 1965 年版。

刘双林：《对湖南江华官话中"崽"字的考察》，《株洲师范高等专科学校学报》2007 年第 4 期。

刘玮：《灵寿方言重叠研究》，硕士学位论文，河北师范大学，2007 年。

刘秀芬、阎建军：《〈搜神记〉中"子"的用法考察及其虚化研究》，《中北大学学报》（社会科学版）2008 年第 4 期。

刘雪春：《儿化的语言性质》，《语言文字应用》2003 年第 3 期。

刘宇菲：《"子"词缀的形成与发展》，硕士学位论文，宁波大学，2011 年。

刘育林、刘肖杉：《现代晋语"圪"字新探》，《语文研究》2012 年第 4 期。

刘月华：《实用现代汉语语法》，外语教学与研究出版社 2001 年版。

刘照雄：《说儿化》，《语言文字应用》2003年第3期。

刘卓彤：《新化方言重叠式研究》，硕士学位论文，江西师范大学，2007年。

柳士镇：《魏晋南北朝历史语法》，南京大学出版社1992年版。

龙安隆、胡松柏：《永新方言研究》，中国社会科学出版社2013年版。

龙安隆：《邵武方言小称变调质疑》，《语言科学》2011年第3期。

龙果夫：《现代汉语语法研究》，中华书局1958年版。

卢小群：《嘉禾土话的语缀"子"和"崽"》，《桂林师范高等专科学校学报》2010年第2期。

卢小群：《湘语语法研究》，中央民族大学出版社2007年版。

卢诒常：《瑶族勉语标敏方言的构词变调与构形变调》，《民族语文》1985年第6期。

鲁冰、常乐：《河南中牟方言里的儿化》，《晋中学院学报》2015年第4期。

鲁允中：《普通话的轻声和儿化》，商务印书馆2011年版。

陆光镜：《重叠·指大·指小——汉语重叠式既能指大又能指小现象试析》，载汪国胜、谢晓明主编《汉语重叠问题》，华中师范大学出版社2009年版。

陆俭明：《八十年代中国语法研究》，商务印书馆1993年版。

陆俭明：《关于汉语方言语法调查研究之管见》，《语言科学》2004年第2期。

陆俭明：《周遍性主语及其他》，中国社会科学院语言研究所现代汉语研究室编《句型和动词》，语文出版社1987年版。

陆勤：《扬州方言重叠式研究》，《南京师范大学文学院学报》2011年第4期。

陆宗达、俞敏：《现代汉语语法》，群众书店1954年版。

罗常培：《普通语音学纲要》（修订本），商务印书馆1981年版。

罗常培、吕叔湘：《现代汉语规范问题》，《语言研究》1956年第1期。

罗康宁：《信宜话数词、代词、副词的变音》，《中国语文》1986年第3期。

罗荣华：《赣语上高话的主观量表达》，《汉语学报》2011年第2期。

罗昕如：《湘方言词汇研究》，湖南师范大学出版社 2006 年版。

罗昕如：《湘语与赣语比较研究》，湖南师范大学出版社 2011 年版。

罗昕如：《湘语在广西境内的接触与演变研究》，湖南师范大学出版社 2017 年版。

罗昕如：《新化方言研究》，湖南教育出版社 1998 年版。

吕建国：《湖南慈利方言的量词变化形式》，《韩山师范学院学报》（社科版）2010 年第 2 期。

吕建国：《湖南慈利方言儿化格式研究》，《嘉应学院学报》2011 年第 6 期。

吕叔湘：《中国文法要略》，商务印书馆 2014 年版。

吕叔湘：《汉英语法比较举例》，《外语教学与研究》1977 年第 2 期。

吕叔湘：《通过对比研究语法》，《语言教学与研究》1992 年第 2 期。

吕叔湘：《语文常谈》，生活·读书·新知三联书店 1980 年版。

吕叔湘主编：《现代汉语八百词》，商务印书馆 1999 年版。

吕晓玲：《鲁中莱芜方言"XX子"式子尾词》，载北京大学中文系《语言学论丛》编委会编《语言学论丛》（第 48 辑），商务印书馆 2013 年版。

吕枕甲：《运城方言志》，山西高校联合出版社 1991 年版。

吕志新：《自贡话的重叠式构词》，《自贡师专学报》1989 年第 4 期。

马建忠：《马氏文通》，商务印书馆 1983 年版。

马楠：《汉语儿缀演变的动态考察》，《汉语史研究集刊》2010 年第 0 期。

马楠：《金元时期的词缀"儿"》，《河南理工大学学报》（社会科学版）2013 年第 1 期。

马庆株：《关于重叠的若干问题：重叠（含叠用）、层次与隐喻》，载汪国胜、谢晓明主编《汉语重叠问题》，华中师范大学出版社 2009 年版。

马庆株：《汉语动词和动词性结构》，北京语言学院出版社 1992 年版。

马庆株：《汉语语义语法范畴问题》，北京语言文化大学出版社 1998 年版。

马文忠、梁述中：《大同方言志》，语文出版社 1986 年版。

马文忠：《晋方言里的"圪"字》，《大同高等专科学校学报》1995 年第 3 期。

马晓梅：《漾濞方言语法研究》，硕士学位论文，云南师范大学，2016 年。

马晓燕：《论〈歧路灯〉中的儿化词》，硕士学位论文，山东大学，2009 年。

马学良：《汉藏语概论》（第 2 版），民族出版社 2003 年版。

马重奇：《漳州方言研究》，纵横出版社 1994 年版。

麦耘：《广州话的声调系统与语素变调》，载［日］《中国语学研究·开篇》（第 20 卷），好文出版社 2000 年版。

麦耘：《广州话的特殊 35 调》，载詹伯慧主编《第二届国际粤方言研讨会论文集》，暨南大学出版社 1990 年版。

麦耘：《广州话的语素变调及其来源与嬗变》，《音韵与方言研究》，广东人民出版社 1995 年版。

毛淑平：《稷山方言重叠式研究》，硕士学位论文，山西师范大学，2012 年。

毛修敬：《北京话儿化的表义功能》，载北京大学中文系《语言学论丛》编辑部编《语言学论丛》（第 12 辑），商务印书馆 1984 年版。

门秀红：《应县方言语法研究》，硕士学位论文，西南师范大学，2005 年。

蒙瑞萍：《包头方言语法研究》，硕士学位论文，南开大学，2007 年。

孟轲：《孟子》，杨伯峻、杨逢彬注译，岳麓书社 2000 年版。

孟丽君：《内蒙古晋语凉城话中的"圪"字》，《文教资料》2015 年第 31 期。

孟庆海：《阳曲方言志》，社会科学文献出版社 1991 年版。

孟庆惠：《歙县方言的 AAB、BAA 式结构》，《安徽师大学报》（哲学社会科学版）1981 年第 4 期。

孟庆泰、罗福腾：《淄川方言志》，语文出版社 1994 年版。

孟庆泰：《山东淄博方言的重叠式》，《中国语文》2002 年第 2 期。

明生荣：《毕节方言的几种语流音变现象》，《方言》1997 年第 2 期。

莫超：《白龙江流域汉语方言语法研究》，博士学位论文，南京师范大学，2004 年。

莫水艳：《桂北平话名词后缀研究》，硕士学位论文，广西大学，2015年。

沐华：《浅议峨山彝语土话小称》，《中国民族博览》2016年第3期。

穆亚伟：《辉县方言语法研究》，博士学位论文，华中师范大学，2016年。

南安：《蕲春县青石镇樟树村方言儿化现象浅谈》，《湖北师范学院学报》（哲学社会科学版）1998年第5期。

南平市志编纂委员会：《南平市志》，中华书局1994年版。

欧青青：《从郴州话的小称看语言的更新》，《南开语言学刊》2010年第2期。

潘家懿：《海丰福佬话里的"仔"尾》，《汕头大学学报》1999年第3期。

潘家懿：《临汾方言志》，语文出版社1990年版。

潘攀：《〈金瓶梅词话〉的"儿"尾》，《语言研究》1996年第2期。

潘栖：《大同方言的儿化词研究》，硕士学位论文，辽宁师范大学，2014年。

潘悟云：《青田方言的连读变调和小称音变》，载复旦大学中国语言研究所《吴语论丛》，上海教育出版社1988年版。

潘允中：《汉语语法史概要》，中州书画社1982年版。

彭春芳：《试论杨家滩镇方言的"唧"尾》，《娄底师专学报》2003年第3期。

彭国钧：《云南鹤庆话中词尾"头"、"儿"、"子"的语法作用》，载彭国钧《语言文集》，云南美术出版社2005年版。

彭慧：《湖南永顺方言语法研究》，博士学位论文，湖南师范大学，2019年。

彭兰玉：《衡阳方言语法研究》，博士学位论文，湖南师范大学，2002年。

彭莉：《贵阳方言的名词重叠式》，《现代语文》（语言研究）2010年第12期。

彭鲜红：《浅析〈红楼梦〉语言的儿化特征》，《黄冈职业技术学院学报》2002年第3期。

彭小川、林奕高：《论汉语方言语法比较研究的"效度"问题》，《语文研究》2006年第2期。

彭泽润：《衡山方言研究》，湖南教育出版社1999年版。

彭宗平《北京话儿化词研究》，中国传媒大学出版社2005年版。

平田昌司：《"小称"与变调》，《CAAAL亚非语言数理研究》1983年第21期。

普忠良：《纳苏彝语语法研究》，博士学位论文，上海师范大学，2016年。

亓海峰、曾晓渝：《莱芜方言儿化韵初探》，《语言科学》2008年第4期。

祁淑玲：《天津方言的小称》，《河南机电高等专科学校学报》2018年第1期。

祁永敏：《河南罗山方言的"儿"字结构》，《天中学刊》2007年第3期。

钱曾怡主编：《汉语官话方言研究》，齐鲁书社2010年版。

钱奠香：《海南屯昌闽语语法研究》，云南大学出版社2002年版。

钱虹：《语言接触下的畲话语音变迁——以安徽宁国云梯畲话为例》，《广西民族大学学报》（哲学社会科学版）2015年第1期。

钱惠英：《屯溪方言的小称音变及其功能》，《方言》1991年第3期。

钱秀琴：《甘肃民乐方言的"子"尾词》，《学理论》2009年第6期。

钱绎著，李发舜、黄建中注释解说词《方言笺疏》，中华书局2013年版。

乔全生：《洪洞方言研究》，中央文献出版社1999年版。

乔全生：《晋方言语法研究》，商务印书馆2000年版。

郄远春：《成都客家话研究》，中国社会科学出版社2012年版。

秦坚：《后缀"子"的类型和意义》，《语言与翻译》2005年第1期。

秋古裕幸、陈泽平：《闽东区古田方言研究》，福建人民出版社2012年版。

秋谷裕幸：《浦城县观前、临江方言的子尾、子变音和小称变调》，《语言研究集刊》2015年第1期。

瞿霭堂、劲松：《论汉藏语言的共性和类型》，《民族语文》1998年第

4 期。

任学良:《汉语造词法》,中国社会科学出版社 1981 年版。

任一娇:《山西晋语名词重叠式》,硕士学位论文,天津师范大学,2017 年。

任永辉:《宝鸡方言的语法特点》,《宝鸡文理学院学报》(社会科学版) 2004 年第 1 期。

任永辉:《常德方言儿化的分布和作用》,《怀化学院学报》2006 年第 7 期。

任永辉:《咸阳方言的语法特点》,《咸阳师范学院学报》2005 年第 1 期。

阮桂君:《宁波方言语法研究》,华中师范大学出版社 2009 年版。

阮绪和、陈建华:《武宁话的重叠式》,《九江学院学报》2006 年第 3 期。

阮咏梅:《浙江温岭方言研究》,博士学位论文,苏州大学,2012 年。

单韵鸣:《广州话语法变异研究》,商务印书馆 2016 年版。

邵慧君、甘于恩:《闽语小称类型比较》,载丁邦新、张双庆编《闽语研究及其与周边方言的关系》,香港中文大学出版社 2002 年版。

邵慧君、万小梅:《江西乐安县万崇话的小称变调》,《方言》2006 年第 4 期。

邵慧君:《广东茂名粤语小称综论》,《方言》2005 年第 4 期。

邵慧君:《吴、粤语小称变音与"儿尾"》,博士学位论文,暨南大学,1994 年。

邵敬敏、周芍:《汉语方言语法研究的现状与思考》,《暨南学报》(人文社会科学版) 2005 年第 1 期。

邵敬敏:《形式与意义四论》,《语法研究和探索》(四),北京大学出版社 1988 年版。

邵明园:《书面藏语的小称》,《语言科学》2012 年第 3 期。

邵宜:《赣语宜丰话"约数(量)"的表示方式》,《韶关学院学报》(社会科学版) 2004 年第 11 期。

邵宜:《赣语宜丰话词汇变调的类型及其表义功能》,《方言》2006 年第 1 期。

邵宜：《赣语宜丰话的"唧"尾》，载邵宜、甘于恩主编《南方语言学》（第3辑），暨南大学出版社2011年版。

盛银花：《安陆方言的词缀"子、儿、娃儿"》，《培训与研究》（湖北教育学院学报）1999年第6期。

邵则遂：《天门方言研究》，华中师范大学出版社1991年版。

申向阳：《九寨沟方言研究》，四川大学出版社2014年版。

沈家煊：《语言的"主观性"和"主观化"》，《外语教学与研究》2001年第4期。

沈明：《山西方言的小称》，《方言》2003年第4期。

沈若云：《宜章土话研究》，湖南教育出版社1999年版。

沈雪瑜：《贵阳方言重叠研究》，硕士学位论文，山东大学，2018年。

施其生：《汉语方言中词组的"形态"》，《语言研究》2011年第1期。

施其生：《汕头方言量词和数量词的小称》，《方言》1997年第3期。

施其生：《一百年前广州话的阴平调》，《方言》2004年第1期。

施其生：《论汕头方言中的重叠》，《语言研究》1997年第1期。

石毓智、李讷：《汉语语法化的历程——形态句法发展的动因和机制》，北京大学出版社2004年版。

石毓智：《表现物体大小的语法形式的不对称性——"小称"的来源、形式和功能》，《语言科学》2005年第3期。

石毓智：《中古时期名词重叠式的发展及其影响》，《汉语史学报》2003年第1期。

石云孙：《释小》，黄山书社2011年版。

史翠玲：《〈西厢记〉中的"X-儿"形式考察》，《殷都学刊》2016年第4期。

舒化龙：《汉语发展史略》，内蒙古教育出版社1983年版。

松溪县志地方志编纂委员会编：《松溪县志》，中国统计出版社1994年版。

宋恩泉：《汶上方言志》，齐鲁书社2005年版。

宋开玉：《明清山东方言词缀研究》，博士学位论文，山东大学，2007年。

宋珊：《甘肃天祝县汉语方言语法研究》，硕士学位论文，兰州大学，2017年。

宋姝婧：《山西马坊方言研究》，硕士学位论文，广西师范大学，2012年。

宋欣桥：《盂县方言志》，山西高校联合出版社1991年版。

宋秀龄：《汾阳方言中的叠音名词》，《山西大学学报》（哲学社会科学版）1996年第4期。

宋艳艳：《枣庄方言量范畴研究》，硕士学位论文，陕西师范大学，2018年。

宋玉柱：《关于"－儿"的语法性质》，《语文月刊》1991年第2期。

宋玉柱：《关于量词重叠的语法意义》，载宋玉柱《现代汉语语法论集》天津人民出版社1981年版。

苏俊波：《丹江方言的小称》，《汉语学报》2009年第4期。

苏俊波：《郧县方言研究》，华中师范大学出版社2016年版。

孙常叙：《汉语词汇》，吉林人民出版社1957年版。

孙建华：《汉语方言小称变音的地理分布及其演变》，《语言研究》2018年第3期。

孙立新：《关中方言语法研究》，中国社会科学出版社2013年版。

孙立新：《眉县方言的语法特点》，《宝鸡文理学院学报》（社会科学版）2016年第2期。

孙立新：《陕西方言漫话》，中国社会出版社2004年版。

孙立新：《西安方言研究》，西安出版社2007年版。

孙锡信：《汉语历史语法要略》，复旦大学出版社1992年版。

孙雪英：《甘肃省甘谷话"AA＋儿"重叠式词语探析》，《现代语文》（语言研究版）2010年第11期。

孙益民：《湖南湘阴话"子尾"研究》，《云梦学刊》2004年第3期。

孙悦：《谈盘锦方言中儿化的一般规律》，《语文学刊》2014年第1期。

孙占鳌、刘生平：《酒泉方言研究》，兰州大学出版社2013年版。

［日］太田辰夫：《中国语历史文法》，蒋绍愚、徐昌华译，北京大学出版社2003年版。

覃东生：《宾阳话语法研究》，硕士学位论文，广西大学，2007年。

覃远雄：《汉语方言词的一种偏正结构及相关问题》，《方言》2015年第4期。

覃洲:《成都方言"儿"类后缀探析》,《现代语文》(学术综合版) 2017年第9期。

谭邦君主编:《厦门方言志》,北京语言学院出版社1996年版。

谭停:《襄阳话儿化现象研究》,硕士学位论文,广西大学,2017年。

谭鑫田等:《西方哲学词典》,山东人民出版社1992年版。

谭治琪:《陇东方言名词重叠式的构形、语法和语义特征》,《现代语文》(语言研究版) 2009年第21期。

唐爱华:《安徽宿松方言的变调》,《方言》2005年第2期。

唐爱华:《宿松方言研究》,文化艺术出版社、中国社会科学出版社 2005年版。

唐昌曼:《全州文桥土话研究》,广西民族出版社2005年版。

田丹、劲松:《比较中探究枣庄话儿词缀的意义和功能》,《山东广播电视大学学报》2012年第1期。

田恒金、郑莉:《湖北巴东话的名词后缀"娃儿"》,《燕赵学术》2014年第1期。

田娟:《山西霍州方言语音研究》,硕士学位论文,陕西师范大学, 2009年。

田娟娟:《山西孝义方言语法研究》,硕士学位论文,延安大学,2016年。

田希诚:《霍州方言的小称变韵》,《山西大学学报》(哲学社会科学版) 1992年第1期。

田兆胜、张元柏:《泰安方言与普通话》,泰安市新闻出版局1995年版。

田祚申:《巴东方言中的儿化》,《湖北大学学报》(哲学社会科学版) 1989年第5期。

涂光禄:《贵阳方言的重叠式》,《方言》2000年第4期。

万小梅:《江西赣语词汇变音探究》,硕士学位论文,华南师范大学, 2007年。

万幼斌:《鄂州方言的儿化》,《方言》1990年第2期。

汪锋:《应山话小称词缀演变规律初探》,载北京大学中文系《语言学论丛》编委会编《语言学论丛》(第24辑),商务印书馆2001年版。

汪国胜:《从语法研究角度看〈现代汉语方言大词典〉综合本》,《方言》2003年第4期。

汪国胜：《大冶方言语法研究》，湖北教育出版社 1994 年版。

汪国胜：《汉语方言的语法变调》，载汪国胜主编《汉语方言语法研究》，华中师范大学出版社 2007 年版。

汪国胜：《湖北大冶方言两种特殊的问句》，《方言》2011 年第 1 期。

汪国胜：《湖北大冶话的情意变调》，《中国语文》1996 年第 5 期。

汪国胜《可能式"得"字句的句法不对称现象》，《语言研究》1998 年第 1 期。

汪国胜：《谈谈方言语法研究》，《华中师范大学学报》（人文社会科学版）2014 年第 5 期。

汪国胜：《新时期以来的汉语方言语法研究》，《华中师范大学学报》（人文社会科学版）2000 年第 3 期。

汪敬尧、李延梅：《子长话的合成词构词法探析》，《延安教育学院学报》2003 年第 3 期。

汪平：《苏州方言的重叠式》，载汪国胜、谢晓明主编《汉语重叠问题》，华中师范大学出版社 2009 年版。

汪应乐：《玉山话"儿"尾特点》，《上饶师范学院学报》1991 年第 6 期。

王保锋：《萝卜寨羌语语法研究》，博士学位论文，中央民族大学，2017 年。

王彬：《铜仁方言重叠式名词研究》，硕士学位论文，上海师范大学，2009 年。

王春玲：《西充方言语法研究》，中华书局 2011 年版。

王丹荣：《襄樊方言名词、动词、形容词重叠初探》，《襄樊学院学报》2005 年第 3 期。

王德光：《贵州威宁苗语量词拾遗》，《民族语文》1987 年第 5 期。

王东、原新梅：《罗山朱堂话的几个名词后缀》，《信阳师范学院学报》（哲学社会科学版），2002 年第 2 期。

王芳：《安阳方言语法研究》，博士学位论文，华中师范大学，2015 年。

王芳：《重叠多功能模式的类型学研究》，博士学位论文，南开大学，2012 年。

王福堂：《汉语方言语音的演变和层次》，语文出版社 1999 年版。

王光全:《构词域与后缀"－子"的语义问题》,《世界汉语教学》2009年第3期。

王鹤璇:《汉中方言语法研究》,硕士学位论文,重庆师范大学,2010年。

王宏佳:《咸宁方言研究》,华中师范大学出版社2015年版。

王箕裘、钟隆林:《耒阳方言研究》,巴蜀书社2008年版。

王嘉玲:《太原方言"圪"字的虚化》,《现代语文》2018年第8期。

王健、高凤:《无锡方言的重叠式名词》,《常熟高专学报》2003年第3期。

王洁:《合肥话派生式"子"缀词初探》,《合肥师范学院学报》2008年第5期。

王静:《〈儿女英雄传〉儿化词浅析》,《安庆师范学院学报》(社会科学版)2010年第4期。

王力:《汉语史稿》,中华书局2015年版。

王力:《中国语法理论》,中华书局2015年版。

王立:《北京话儿化成分的语义特点及语素身份》,《语言文字应用》2001年第4期。

王立群:《汉语方言词缀的类型学研究——以石首话的"子"和北京话的"儿"为例》,硕士学位论文,首都师范大学,2008年。

王丽彩:《河北鸡泽话中的小称词缀研究》,《广西社会科学》2008年第3期。

王利:《长治县方言研究》,山西人民出版社2007年版

王临惠:《山西方言"圪"头词的结构类型》,《中国语文》2001年第1期。

王玲玲:《汉语单音节形容词重叠式的方言差异及历史发展》,《首都师范大学学报》(社会科学版)2013年第4期。

王求是:《孝感方言的儿化》,《孝感学院学报》2009年第4期。

王柔曼:《新干方言词缀研究》,硕士学位论文,江西师范大学,2015年。

王三敏、杨莉:《商州方言的小称形式》,《商洛学院学报》2010年第1期。

王姝、王光全:《后缀"－子"、"－儿"指小指大辨》,《汉语学习》2012年第1期。

王淑一：《永州方言的重叠式名词》，《湖南科技学院学报》2006 年第 8 期。

王树瑛：《恩施方言研究》，华中师范大学出版社 2017 年版。

王双成：《西宁方言的重叠式》，《青海师范大学民族师范学院学报》2009 年第 1 期。

王廷贤等：天水市地方志办公室编《天水方言》，甘肃文化出版社 2004 年版。

王文斌：《什么是形态学》，上海外语教育出版社 2014 年版。

王文卿：《晋源方言研究》，语文出版社 2007 年版。

王文胜：《浙江丽水方言的语音特点》，《丽水师范专科学校学报》2002 年第 1 期。

王希哲：《左权方言志》，山西高校联合出版社 1991 年版。

王霞：《湖南慈利话的重叠儿化量词、量词结构及主观量》，《牡丹江大学学报》2009 年第 1 期。

王先谦：《释名疏证补》，上海古籍出版社 1984 年版。

王晓君：《赣语新余方言研究》，硕士学位论文，上海大学，2004 年。

王晓培：《河南辉县盘上话的名词小称变韵和变调》，《方言》2014 年第 1 期。

王晓婷：《清徐方言重叠式研究》，硕士学位论文，山西大学，2014 年。

王燕晶：《自贡方言量词重叠及其主观量》，《北方文学》（下半月）2012 年 7 月。

王毅：《湖南祁东方言的名词重叠式》，《钦州学院学报》2017 年第 6 期。

王玉佳：《即墨方言研究》，硕士学位论文，广西民族大学，2016 年。

王埁程：《从语言库藏类型学视角看文水方言中的小称范畴》，《语文教学通讯》（D 刊学术刊）2016 年第 6 期。

王媛媛：《汉语"儿化"研究》，博士学位论文，暨南大学，2007 年。

王媛媛：《南方方言"儿"类标记词虚化现象研究》，载邵敬敏主编《21 世纪汉语方言语法新探索——第三届国际汉语方言语法国际研讨会论文集》，暨南大学出版社 2008 年版。

王云路：《说"儿"》，《杭州大学学报》（哲学社会科学版）1998 年第

3 期。

韦蓝海：《东兰县巴拉壮语语音屈折试析》，硕士学位论文，中央民族大学，2016 年。

韦学纯：《水语描写研究》，博士学位论文，上海师范大学，2011 年。

魏钢强：《萍乡方言词典》，江苏教育出版社 1998 年版。

温昌衍、温美姬：《"子变"补说》，《中国语文》2004 年第 1 期。

温春燕：《祁县方言重叠式名词研究》，硕士学位论文，山东师范大学，2005 年。

温端政：《试论晋语的特点与归属》，《语文研究》1997 年第 2 期。

温端政：《忻州方言志》，语文出版社 1985 年版。

温端政：《浙南闽语里的"仔""子"和"崽"》，《中国语文》1958 年第 5 期。

温珍琴：《南康方言的"子"字探析》，《牡丹江大学学报》2009 年第 11 期。

翁颖萍：《从儿缀词看〈水浒传〉中的杭州方言因素》，《浙江树人大学学报》（人文社会科学版）2016 年第 1 期。

吴芳：《揭阳闽语小称后缀研究》，北京师范大学全国博士生学术论坛——中国语言文学，2007 年。

吴非：《一九四九年以前量词研究综述》，《新疆师范大学学报》（哲学社会科学版）1995 年第 4 期。

吴福祥：《汉语历史语法研究的检讨与反思》，《汉语史学报》2005 年第 1 期。

吴慧：《江西樟树方言的跨类词缀"叽"》，《新余学院学报》2011 年第 1 期。

吴继光：《也谈普通话里表示儿化的"儿"》，《汉语学习》1988 年第 2 期。

吴建生、李改样：《永济方言志》，山西高校联合出版社 1990 年版。

吴启主：《常宁方言研究》，湖南教育出版社 1998 年版。

吴维：《广西北通粤语类儿化现象探究》，《广西科技师范学院学报》2016 年第 5 期。

吴贤英：《慈利方言量词的重叠》，《作家》2010 年第 4 期。

吴燕：《包头方言"圪"头词研究》，《阴山学刊》2011年第4期。

吴云霞：《万荣方言语法研究》，博士学位论文，厦门大学，2002年。

伍巍、王媛媛：《徽州方言的小称研究》，《语言研究》2006年第1期。

伍巍：《广东曲江县龙旧土话的小称》，《方言》2003年第1期。

伍巍：《尤溪方言的小称词缀分析》，张双庆、詹伯慧主编《第三届国际闽方言研讨会论文集》，香港中文大学《中国语文研究·闽方言研究专辑》，1995年。

伍云姬、沈瑞清：《湘西古丈瓦乡话调查报告》，上海教育出版社2010年版。

武黄岗：《晋语长子方言"圪"研究》，《语文学刊》2013年第12期。

席钰、高晓梅：《共时和历时视阈下的山西沁源方言"圪"》，《品位经典》2019年第6期。

夏剑钦：《浏阳方言研究》，湖南教育出版社1998年版。

夏俐萍、严艳群：《湘赣语小称标记"唧"的主观化及形态演变——以湖南益阳方言为例》，《方言》2015年第3期。

冼文婷：《广东阳江话研究》，硕士学位论文，广西大学，2016年。

向道华：《镇龙方言儿尾》，《首都师范大学学报》（社会科学版）1998年第4期。

向嵘：《恩施方言的重叠式初探》，《科教文汇》（下旬刊）2007年第9期。

向熹：《简明汉语史（下）》，高等教育出版社1993年版。

项梦冰：《连城客家话语法研究》，语文出版社1997年版。

项梦冰：《是"V/A 儿"还是"N 儿"》，《语文建设》1994年第8期。

肖春燕：《赣县客家方言词汇研究》，硕士学位论文，云南师范大学，2013年。

肖建华：《神池方言语法探究》，硕士学位论文，华东师范大学，2006年。

萧黎明：《从郭璞注看名词"子"尾的产生》，《中国语文》1997年第4期。

谢留文：《南昌县（蒋巷）方言的"子"尾和"里"尾》，《方言》1991年第2期。

谢萌：《临澧方言研究》，硕士学位论文，广西民族大学，2012年。

谢奇勇：《新田南乡土话研究》，湖南教育出版社2006年版。

谢新暎：《浅谈〈红楼梦〉的儿化词》，《宁德师专学报》（哲学社会科学版）2005年第4期。

谢永昌：《梅县客家方言志》，暨南大学出版社1994年版。

谢元春：《冷水江方言的"仔"和"唧"》，《湖南省政法管理干部学院学报》2002年第（A1）期。

谢自立：《天镇方言志》，山西高校联合出版社1990年版。

辛菊：《稷山方言重叠式合成名词的构成及意义》，《语文研究》2009年第2期。

辛永芬：《浚县方言语法研究》，中华书局2006年版。

邢福义：《汉语语法学》，东北师范大学出版社1996年版。

邢福义：《现代汉语语法研究的三个"充分"》，《湖北大学学报》（哲学社会科学版）1991年第6期。

邢福义：《现代汉语语法研究中的两个"三角"》，《云梦学刊》1990年第1期。

邢向东、蔡文婷：《合阳方言调查研究》，中华书局2010年版。

邢向东：《论内蒙古晋语的语法特点》，《内蒙古师大学报》（哲学社会科学版）1995年第1期。

邢向东：《陕北吴堡话的重叠式构词和词的重叠》，《延安大学学报》（社会科学版）2013年第2期。

邢向东：《神木方言的语法特点》，《内蒙古师大学报》（哲学社会科学版）1985年第4期。

邢向东主编：《平利方言调查研究》，中华书局2009年版。

熊正辉：《南昌方言的子尾》，《方言》1979年第3期。

徐海英：《古汉语中"兒"字用法概说》，《忻州师范学院学报》2003年第3期。

徐慧：《益阳方言语法研究》，湖南教育出版社2001年版。

徐瑞蓉：《闽方言"囝"的词义演变》，《语文研究》2000年第2期。

徐通锵：《宁波方言的"鸭"［ε］类词和"儿化"的残迹》，《中国语文》1985年第3期。

徐通锵：《音节的音义关联和汉语的变音》，《语文研究》2003年第

3期。

徐小兵：《词缀"儿"的语用功能研究》，《咸宁学院学报》2009年第4期。

徐越：《杭嘉湖方言语音研究》，博士学位论文，北京语言大学，2005年。

徐越：《杭州方言儿缀的修辞功能》，《修辞学习》2006年第2期。

许宝华、[日]宫田一郎：《汉语方言大词典》，中华书局1999年版。

[古希腊]亚里士多德：《形而上学》，吴寿彭译，商务印书馆1959年版。

闫慧：《宝鸡方言语法初探》，硕士学位论文，陕西师范大学，2007年。

严学宭：《论汉语同族词内部屈折的变换模式》，《中国语文》1979年第2期。

言岚：《湖南株洲方言中的"叽"尾》，《零陵学院学报》2002年第A1期。

言岚：《醴陵（板杉）方言研究》，西安地图出版社2007年版。

颜峰：《郯城方言的重叠式》，《语文学刊》2011年第5期。

颜森：《黎川方言的仔尾和儿尾》，《方言》1989年第1期。

颜艳莎：《醴陵方言词汇研究》，硕士学位论文，河北师范大学，2013年。

颜之推：《颜氏家训》，北京燕山出版社1995年版。

杨冰：《陕西留坝话重叠、附加等构词和构形方式研究》，硕士学位论文，华侨大学，2013年。

杨根增：《夏邑话"子"尾词研究》，硕士学位论文，广西民族大学，2009年。

杨贺：《中古汉语词缀研究》，山东大学出版社2016年版。

杨宏峰：《新青年简体典藏全本》（第1—4号），宁夏人民出版社2011年版。

杨晖：《云南宜良方言的语法特点》，《现代语文》（语言研究版）2010年第5期。

杨建国：《近代汉语引论》，黄山书社1993年版。

杨静：《安康城区方言的重叠式》，《语言科学》2008年第2期。

杨琳：《浅析襄阳方言的名词性小称》，《现代语文》（学术综合版）2017年第11期。

杨秋玲：《词缀及类词缀的"子"》，《开封大学学报》2004 年第 3 期。

杨苏平：《隆德方言研究》，博士学位论文，河北大学，2015 年。

杨通银：《侗语芊头话的昵称变调研究》，《语言科学》2016 年第 6 期。

杨秀芳：《台湾闽南语语法稿》，大安出版社 1991 年版。

杨秀明：《从〈祖堂集〉看唐末闽南方言"仔"缀语词的发展》，《韶关学院学报》2008 年第 11 期。

杨彦宝：《汉语方言名词后缀"子""儿"的地理分布差异分析》，《河南科技学院学报》2015 年第 7 期。

杨银梅：《陕西铜川方言研究》，硕士学位论文，陕西师范大学，2004 年。

杨永成：《合肥方言的"子"尾词和"头"尾词》，《合肥学院学报》（社会科学版）2012 年第 4 期。

杨永泉：《关于现代汉语词的重迭问题》，《青海民族学院学报》1982 年第 2 期。

杨月蓉：《重庆方言量词的语法特点》，《渝州大学学报》（社会科学版）2000 年第 2 期。

杨增武、崔霞：《山阴方言研究》，山西人民出版社 2007 年版。

杨振兰：《汉语后缀"子"的范畴化功能》，《山东大学学报》（哲学社会科学版）2007 年第 5 期。

杨正超：《中原官话唐河方言形容词短语儿化研究——兼与其他次方言同类现象比较》，《暨南学报》（哲学社会科学版）2013 年第 2 期。

姚兰：《湘乡方言中的"子"尾和"唧"尾》，硕士学位论文，江西师范大学，2007 年。

姚丽娟：《绥阳方言研究》，硕士学位论文，华东师范大学，2007 年。

姚勤智：《平遥方言名词重叠式》，《忻州师范学院学报》2005 年第 1 期。

姚亦登：《江苏高邮话中的"子"缀》，《扬州大学学报》（人文社会科学版）2008 年第 6 期。

姚玉敏：《也谈早期粤语中的变调现象》，《方言》2010 年第 1 期。

叶国泉、唐志东：《信宜方言的变音》，《方言》1982 年第 1 期。

叶南：《四川省五通桥城区方言的儿尾》，《西南民族大学学报》（人文社科版）2004 年第 2 期。

易亚新：《常德方言语法研究》，学苑出版社 2007 年版。

易亚新：《石门方言的"非重叠+儿"与"重叠+儿"》，《湖南师范大学学报》（社会科学版）2005 年第 1 期。

殷润林：《自贡方言语法研究》，硕士学位论文，云南师范大学，2005 年。

殷相印：《微山方言语法研究》，博士学位论文，南京师范大学，2006 年。

尹百利：《河南罗山方言的"子"尾》，《语文知识》2013 年第 2 期。

应雨田：《湖南安乡方言的儿化》，《方言》1990 年第 1 期。

游汝杰：《汉语方言学导论》，上海教育出版社 1992 年版。

游汝杰：《汉语方言学的现状和愿景》，《暨南学报》（哲学社会科学版）2005 年第 5 期。

于宝娟：《量词、数量短语重叠后的语义及句法功能》，《内蒙古教育学院学报》2000 年第 2 期。

余凯：《梧州话语法研究》，硕士学位论文，广西大学，2009 年。

余颂辉：《汉语方言中低频的小称变调》，《语言科学》2009 年第 3 期。

俞敏：《汉语的爱称和憎称的来源与区别》，《中国语文》1954 年第 2 期。

禹剑：《荥阳方言的"圪"字研究》，《河南科技学院学报》2016 年第 7 期。

喻遂生：《重庆话名词的重叠构词法》，北京大学中文系《语言学论丛》编委会编《语言学论丛》（第 15 辑），商务印书馆 1988 年版。

袁家骅等：《汉语方言概要》（第 2 版），语文出版社 2001 年版。

袁亚玲：《河津方言的语法特点》，硕士学位论文，西安外国语大学，2015 年。

岳秀文：《安徽定远方言中的"子"尾》，《池州学院学报》2010 年第 2 期。

翟灏：《通俗篇》，商务印书馆 1938 年版。

翟维娟：《山西新绛方言的儿化、子尾和重叠》，硕士学位论文，天津师范大学，2015 年。

詹伯慧、黄家教:《谈汉语方言语法材料的收集和整理》,《中国语文》1965 年 3 月。

詹伯慧:《汉语方言语法研究的回顾与前瞻》,《语言教学与研究》2004 年第 2 期。

占雪婷:《贵溪赣方言语法研究》,硕士学位论文,广西师范学院,2018 年。

张爱民:《形容词重叠式作状语与作其他成分的比较》,《语言教学与研究》1996 年第 2 期。

张安生:《同心方言研究》,宁夏人民出版社 2000 年版。

张斌、胡裕树:《汉语语法研究》,商务印书馆 1989 年版。

张成材:《论汉语方言儿尾的表现形式和表意功能》,载莫超主编《西北语言与文化研究》(第 1 辑),华东师范大学出版社 2013 年版。

张成材:《商州(张家塬)方言的儿尾》,《语言研究》2000 年第 4 期。

张涤华:《张涤华文集》(第 1 集),安徽师范大学出版社 2011 年版。

张贵艳:《江西赣方言小称研究》,硕士学位论文,江西师范大学,2017 年。

张桂权:《资源延东土话中的名词附缀》,《桂林师范高等专科学校学报》(综合版)2003 年 3 月。

张慧丽:《郾城方言的两种小称变调和音步模式——兼论亲密与音长的可能关联》,《语言研究》2014 年第 2 期。

张晶:《临汾方言与太原方言、西安方言词法比较》,硕士学位论文,云南大学,2011 年。

张静芬:《云澳闽南方言"囝"的功能及演变》,北京大学中国语言学研究中心《语言学论丛》编委会编《语言学论丛》(第 55 辑),商务印书馆 2017 年版。

张均如等:《壮语方言研究》,四川民族出版社 1999 年版。

张俊英:《原平方言重叠式研究》,硕士学位论文,山西大学,2010 年。

张林林:《九江话里的儿化现象和儿尾》,《江西师范大学学报》1992 年第 2 期。

张梦井:《汉语名词后缀"子"的形态学研究》,《惠州大学学报》(社会科学版)2001 年第 1 期。

张敏、周烈婷：《粤方言的"儿化"现象：从广西玉林话的小称音变说起》，第四届国际粤方言研讨会论文，香港城市理工学院 1993 年版。

张敏：《从类型学和认知语法的角度看汉语重叠现象》，《国外语言学》1997 年第 2 期。

张宁：《昆明方言的重叠式》，《方言》1987 年第 1 期。

张鹏：《〈红楼梦〉词缀研究》，硕士学位论文，西南大学，2008 年。

张淑敏：《兰州话量词的用法》，《中国语文》1997 年第 2 期。

张桃：《宁化客家方言语法研究》，博士学位论文，厦门大学，2004 年。

张廷兴等：《沂水方言志》，语文出版社 1994 年版。

张文林：《洪洞方言中名词重叠现象浅析》，《现代语文》（语言研究）2009 年第 1 期。

张文轩：《临夏方言的叠音名词和叠音形容词》，《兰州大学学报》1988 年第 3 期。

张贤敏：《光山方言儿化的分布及语义分析》，《信阳师范学院学报》（哲学社会科学版）2012 年第 5 期。

张晓宏：《焦作方言中的"圪"前缀》，《焦作教育学院学报》2002 年第 1 期。

张晓静：《河北武邑方言语法研究》，博士学位论文，福建师范大学，2014 年。

张晓勤：《宁远平话研究》，湖南教育出版社 1999 年版。

张晓勤：《永州方言研究》，广西民族出版社 2002 年版。

张一舟等：《成都方言语法研究》，巴蜀书社 2001 年版。

张益梅：《介休方言志》，山西高校联合出版社 1991 年版。

张则顺：《汉语名词重叠研究的类型学视角》，《湘潭师范学院学报》（社会科学版）2009 年第 3 期。

张振铎：《沁县方言志》，山西高校联合出版社 1990 年版。

张振兴：《汉语方言调查研究的未来走向》，《云南师范大学学报》（哲学社会科学版）2009 年第 2 期。

赵从春总纂，王先顺主编：《安福县志》，中共中央党校出版社 1995 年版。

赵冬梅：《临澧方言的儿化和儿尾》，《韶关学院学报》（社会科学版）2002年第4期。

赵冬梅：《粤北土话小称研究》，硕士学位论文，暨南大学，2002年。

赵克诚：《近代汉语语法》，陕西师范大学出版社1987年版。

赵平：《河津方言概况》，《安徽文学》（下半月）2013年第4期。

赵日新：《徽语的小称音变和儿化音变》，《方言》1999年第2期。

赵雪：《镇安米粮方言语法研究》，硕士学位论文，延安大学，2015年。

赵元任：《北京、苏州、常州语助词的研究》，《清华大学学报》（自然科学版）1926年2月。

赵元任：《汉语口语语法》，吕叔湘译，商务印书馆1979年版。

赵则玲、郑张尚芳：《浙江景宁畲话的语音特点》，《民族语文》2002年第6期。

郑丹：《赣语隆回司门前话的入声小称调》，《中国语文》2012年第2期。

郑明中：《从优选理论探讨徽语鼻化小称的历时演变》，《华语文教学研究》2011年第1期。

郑庆君：《常德方言研究》，湖南教育出版社1999年版。

郑庆君：《湖南常德方言的名词重叠及其儿化》，《武陵学刊》1997年第2期。

郑有仪：《北京话和成都话、重庆话的儿化比较》，《重庆师院学报》（哲学社会科学版）1987年第2期。

郑张尚芳：《汉语方言表"孩子"义的七个词根的语源》，《语文研究》2008年第1期。

郑张尚芳：《温州方言的儿尾》，《方言》1979年第3期。

郑张尚芳：《温州方言儿尾词的语音变化（一）》，《方言》1980年第4期。

郑张尚芳：《温州方言儿尾词的语音变化（二）》，《方言》1981年第1期。

志村良治：《中国中世语法史研究》，江蓝生、白维国译，中华书局1995年版。

钟武媚：《粤语玉林话语法研究》，硕士学位论文，广西大学，2011年。

钟蔚苹、郭必之：《粤东闽语的小称后缀"儿"：形式、功能、来源及演变》，北京大学中文系《语言学论丛》编委会编《语言学论丛》（第57辑），商务印书馆2018年版。

周本良：《临桂义宁话研究》，广西民族出版社2005年版。

周定一：《〈红楼梦〉里的词尾"儿"和"子"》，《中国语言学报》1985年第2期。

周国鹃：《丹阳方言的重叠式名词》，《苏州教育学院学报》2013年第2期。

周海霞：《牛蹄乡赣语方言岛方言的小称研究》，《安康学院学报》2013年第2期。

周红兵：《现代汉语重叠式名词的主观性特征刍议——以湖南宁远水市话为例》，《长江大学学报》（社科版），2013年第7期。

周洪学：《湖南安仁方言语法研究》，博士学位论文，华中师范大学，2012年。

周建民：《〈金瓶梅〉中的词尾"儿"、"子"、"头"》《武汉教育学院学报》（哲学社会科学版）1990年第3期。

周娟：《论襄樊方言中的词缀》，《武汉工程职业技术学院学报》2007年第3期。

周敏莉：《新邵寸石方言"子"和"唧"的研究》，硕士学位论文，湖南师范大学，2006年。

周琴：《泗洪方言语法研究》，博士学位论文，南京师范大学，2007年。

周婷：《湘北官话小称研究》，博士学位论文，湖南师范大学，2016年。

周一民：《北京话儿化的社会文化内涵》，《北京社会科学》2011年第5期。

周一民：《北京口语语法词法卷》，语文出版社1998年版。

周跃红、陈宝钧主编：《诏安县志》，方志出版社1999年版。

周长楫、林宝卿：《永安方言》，厦门大学出版社1992年版。

周长楫、欧阳忆耘：《厦门方言研究》，福建人民出版社1997年版。

周祖瑶：《广西容县方言的小称变音》，《方言》1987年第1期。

朱爱娴：《语法视域下后缀"子"的功能意义探究》，《兰州教育学院学报》2017年第3期。

朱德熙：《北京话、广州话、文水话和福州话里的"的"字》，《方言》1980年第3期。

朱德熙：《从方言和历史看状态形容词的名词化》，《方言》1993年第2期。

朱德熙：《语法答问》，商务印书馆1985年版。

朱德熙：《语法讲义》，商务印书馆1982年版。

朱德熙：《潮阳话和北京话重叠式象声词构造——为第十五届国际汉藏语言学会议而作》，《方言》1982年第3期。

朱茂汉：《名词后缀"子"、"儿"、"头"》，《安徽师大学报》（哲学社会科学版）1982年第1期。

朱文夫、冯薇：《泗洪方言的"子"尾》，《浙江海洋学院学报》（人文科学版）2004年第4期。

朱晓农：《亲密与高调——对小称调、女国音、美眉等语言现象的生物学解释》，《当代语言学》2004年第3期。

竺家宁：《中古汉语的"儿"后缀》，《中国语文》2005年第4期。

庄初升、林立芳：《曲江县白沙镇大村土话的小称变音》，《方言》2000年第3期。

庄初升：《粤北土话音韵研究》，中国社会科学出版社2004年版。

禚韬：《龙口方言与普通话"儿化"比较研究》，硕士学位论文，中央民族大学，2010年。

曾春燕：《高州方言的变音》，《现代语文》（学术综合版）2014年第7期。

曾建生：《舒声促化：粤语恩平沙湖话的一种小称形式》，《语言研究》2015年第4期。

曾立英：《说宜昌方言的"子"尾》，《三峡文化研究丛刊》2002年第00期。

曾莉莉：《赣语丰城话"叽"尾小称功能的磨损与强化》，载甘于恩主编《南方语言学》（第10辑），世界图书出版公司2016年版。

曾莉莉：《赣语丰城话的"叽、仔、子"尾》，《宜春学院学报》2014年第10期。

曾献飞：《汝城方言研究》，文化艺术出版社2006年版。

曾艳萍:《合江方言语音研究》,硕士学位论文,西南大学,2011年。
曾毓美:《湘潭方言语法研究》,湖南大学出版社2001年版。
宗丽:《长阳方言的重叠和小称》,《江汉学术》2013年第1期。

后　　记

此书是在我的博士学位论文基础上修改完成的。

敲完论文最后一个句号，我呆坐良久，如在梦中，这个小小的圆圈，我在桂子山下画了四年。一路上，有太多关心和帮助我的人，想借此机会表达一下心中的感激。

回首华师求学之路，首先要感恩我的导师汪国胜教授，春风化雨，润物无声，是老师的悉心指导，让我不断成长蝶变，和老师相处的所有时光皆因美好而难忘。记得第一次走进语言所，是2016级博士研究生入学典礼，汪老师对学子们的殷殷寄语，至今萦绕在耳。从最初我对毕业论文选题的犹豫不定，到面对纷繁复杂语料的束手无策，到最后毕业论文提纲的犹疑推敲，每个关键节点不知其解时，老师都会适时点拨，令我豁然开朗，而当我对着论文愁肠百结，夜不能寐，寝食难安时，老师总是叮嘱我要保重好身体，不要太着急。每每想起，一股暖流涌上心间。原本崎岖的路，有了老师的鼓励和帮助，忽然显得平坦起来。

博二期间，汪老师鼓励我加入国家语言资源保护工程的调查工作。最初，我是犹豫的，撰写毕业论文必须全力以赴，心无旁骛，很担心论文会半途而废。但老师鼓励我大胆去做，于是我斗胆承担了2018年广东乳源桂头的濒危语言调查项目。在这一年里，从田野生活中获取宝贵的第一手资料，使我看到了活的语言资料的魅力所在，这成为我读博生涯的一次非常难得的学习机会。这样的一次经历，让我爱上了田野调查，更有志于以后在此方面发展。汪老师不仅是我学术上的引路人，更是我人生的领航者。遇此良师，幸如之何。工作后，一边要兼顾教学，一遍要兼顾科研，修改毕业论文的时间少了很多。这时，是老师的叮咛，让我慢慢静下心来，再回到工作岗位后，重新审视自己的毕业论文。

还要感谢四年来我遇到的每位老师。我所求助的每一位老师，无不给我如沐春风的感觉。匡鹏飞教授治学严谨求实，令我心生敬意。谢晓明教授思维活跃，很多论文题目来源于对生活的发现，从他的身上，我学习到了要关注语言生活的重要性。姚双云教授思路开阔，内外兼修，学贯东西，将国内与国外的语言研究很好地结合起来。曹海东教授从自己的论文入手，教我们如何对一个"词语"进行考证，百忙之中还多次帮我修改课堂论文。刘永红教授学识渊博，为人谦逊，特别鼓励我要多读书。朱芸老师是我们的辅导员老师，工作认真细致，待人谦和温婉，学生每有困难，总是第一时间予以帮助和解答。

感谢我的同门师兄弟姐妹们。王宏佳、阮桂君、刘楚群、张义、王桂亮、侯冬梅、余乐、贾迪扉、李塱、裴足华、聂有才、别尽秋、王毅等，他们都为我的毕业论文提出了非常宝贵的意见。还有我的博士好友吴胜伟、崔晋苏、张利蕊、王倩、袁昱菡、高逢亮、万晓莉、陈建斌、刘华林等，忘不了桂子山下，我们如切如磋，如琢如磨。感谢我的几任室友，刘文倩、杨景芳、孙岩，她们给了我非常美好而难忘的宿舍回忆。

感谢我的领导和同事。首先是我的领导仲红卫院长。仲院长的支持与关爱，使我安心脱产学习，没有后顾之忧。其次，要感谢我的前同事，现广州大学文学院谢国剑教授，读博期间，谢老师多次与我联系，关心我的学业，并对我的小论文写作提出了非常宝贵的修改意见。

感谢我的亲人，我的父母双亲，为了圆女儿的梦想，不顾年迈，毅然肩负起帮我照顾孩子的重担。此时此刻，他们比谁都更盼望我早日毕业。如今，我的母亲已离我而去，子欲养，而亲不待。今年刚好是母亲逝世一周年，借此书的出版来告慰我的母亲，我想这也是对她最大的安慰。我的丈夫刘波，尊重我的选择，默默支持和守望，每有孤独失意时，他就是我安全的港湾。最后特别要感谢的是我的宝贝刘明宇，离开家的时候，还是懵懂的幼儿园小朋友，如今归来，已然是翩翩少年了。在我无助的日子里，是你紧紧地搂着我，给妈妈朴拙的安慰，妈妈知道，在你最需要妈妈的时候，不能陪在你身边，在你的记忆中，妈妈还是那个每天晚上，给你讲故事的妈妈。在未来的日子，希望我的爱可以慢慢滋润你的心田，填满你成长的每一个印迹。愿此以后，我们一路相伴，共同成长。

"欲达高峰，必忍其痛；欲戴王冠，必承其重。"博士研究生期间的学习生活，没有想象的轻松，当真正身处其中，会觉得这样的生活单纯而快乐。当学海无涯苦作舟，渐渐达到彼岸时，越发觉得这是人生难得的历练。在未来的日子里，我将秉承"抬头看山，路在脚下"的语言所所训，满怀对母校的眷恋和感恩，继续带着这份初心，踏上人生新的征程。

本书的写作是一个不断学习的过程。由于引用了大量文献，但因为时间和学力的不足，书中难免会出现一些错漏和不足，真诚地希望出版后能听到学界的批评和指正，以待来日修改和完善。

刘大伟

2022 年 5 月 4 日

《汉语方言语法研究丛书》书目

安陆方言语法研究
安阳方言语法研究
长阳方言语法研究
崇阳方言语法研究
大冶方言语法研究
丹江方言语法研究
高安方言语法研究
河洛方言语法研究
衡阳方言语法研究
辉县方言语法研究
吉安方言语法研究
浚县方言语法研究
罗田方言语法研究
宁波方言语法研究
武汉方言语法研究
宿松方言语法研究
汉语方言持续体比较研究
汉语方言完成体比较研究
汉语方言差比句比较研究
汉语方言物量词比较研究
汉语方言被动范畴比较研究
汉语方言处置范畴比较研究
汉语方言否定范畴比较研究
汉语方言可能范畴比较研究
汉语方言小称范畴比较研究
汉语方言疑问范畴比较研究

石城方言语法研究
山西方言语法研究
固始方言语法研究
海盐方言语法研究
临夏方言语法研究
祁门方言语法研究
宁都方言语法研究
上高方言语法研究
襄阳方言语法研究
苏皖方言处置式比较研究